Recht –
schnell erfasst

Springer
*Berlin
Heidelberg
New York
Barcelona
Hongkong
London
Mailand
Paris
Tokio*

Rainer Koitz

Informatikrecht

Schnell erfasst

Springer

Reihenherausgeber
Dipl.-Jur. Claas Hanken
Dr. Detlef Kröger

Autor
Prof. Dr. Rainer Koitz
Hochschule für Technik
und Wirtschaft Dresden (FH)
FB Informatik/Mathematik
PF 120701
01008 Dresden
koitz@informatik.htw-dresden.de

Graphiken
Reinald Fenke

ISSN 1431-7559
ISBN 3-540-65290-6 Springer-Verlag Berlin Heidelberg New York

Die Deutsche Bibliothek - CIP-Einheitsaufnahme
Koitz, Rainer: Informatikrecht: schnell erfasst / Rainer Koitz. - Berlin; Heidelberg; New York; Barcelona; Hongkong; London; Mailand; Paris; Tokio: Springer, 2002
  (Recht - schnell erfasst)
  ISBN 3-540-65290-6

Dieses Werk ist urheberrechtlich geschützt. Die dadurch begründeten Rechte, insbesondere die der Übersetzung, des Nachdrucks, des Vortrags, der Entnahme von Abbildungen und Tabellen, der Funksendung, der Mikroverfilmung oder der Vervielfältigung auf anderen Wegen und der Speicherung in Datenverarbeitungsanlagen, bleiben, auch bei nur auszugsweiser Verwertung, vorbehalten. Eine Vervielfältigung dieses Werkes oder von Teilen dieses Werkes ist auch im Einzelfall nur in den Grenzen der gesetzlichen Bestimmungen des Urheberrechtsgesetzes der Bundesrepublik Deutschland vom 9. September 1965 in der jeweils geltenden Fassung zulässig. Sie ist grundsätzlich vergütungspflichtig. Zuwiderhandlungen unterliegen den Strafbestimmungen des Urheberrechtsgesetzes.

Springer-Verlag Berlin Heidelberg New York
ein Unternehmen der BertelsmannSpringer Science+Business Media GmbH

http://www.springer.de

© Springer-Verlag Berlin Heidelberg 2002

Die Wiedergabe von Gebrauchsnamen, Handelsnamen, Warenbezeichnungen usw. in diesem Werk berechtigt auch ohne besondere Kennzeichnung nicht zu der Annahme, dass solche Namen im Sinne der Warenzeichen- und Markenschutz-Gesetzgebung als frei zu betrachten wären und daher von jedermann benutzt werden dürften.

SPIN 10701276   64/2202-5 4 3 2 1 0 - Gedruckt auf säurefreiem Papier

Vorwort

Informatiker und andere an Entwicklung und Benutzung von Informations- und Kommunikationstechnologien (IuKT) Beteiligte sind täglich mit Rechtsfragen konfrontiert. Ihre Unterstützung ist primäres Ziel dieses Buches. Sie sollen Hilfe bei häufigen, von ihnen zu bewältigenden rechtlichen Problemen finden. Das betrifft die Vorbereitung und Erfüllung von Verträgen im Informatiksektor ebenso wie die Einhaltung verschiedener gesetzlicher Verpflichtungen und Verbote zum Rechtsschutz sowie die Klärung von Rechtsstreitigkeiten.

Rechtsfragen von IuKT gehören zunehmend zur juristischen Tätigkeit, sowohl in der Jurisprudenz wie bei Rechtsanwälten, Wirtschafts- und Verwaltungsjuristen. Angestrebt wird jedoch kein vollständiges Kompendium, sondern dem Anliegen der Reihe »Recht schnell erfaßt« entsprechend vielmehr ein Überblick zu den in Zusammenarbeit zwischen Juristen, Informatikern und anderen Benutzern der Technologien wichtigen rechtlichen Invarianten. Nicht zuletzt soll auch die Aus- und Weiterbildung dieser Berufsgruppen unterstützt werden.

Adressaten sind also Praktiker und Studenten. Das Buch basiert auf an der Hochschule für Technik und Wirtschaft Dresden (FH) durchgeführten Lehrveranstaltungen für Informatik-Studiengänge zum Wirtschaftsrecht, DV-Recht, Multimedia-Recht und Datenschutz.

Rechtsfragen von IuKT betreffen zwangsläufig sehr viele, oft komplexe und nur partiell homogene Rechtsnormen, die zudem in erheblichen Teilen Änderungen unterliegen. Leichte Verständlichkeit ist daher eine Illusion, leichtere Verständlichkeit ein Anliegen des Autors.

Das Buch soll auch ohne spezielle rechtliche Vorkenntnisse lesbar sein. Die wichtigsten Rechtsnormen sind in die einzelnen Abschnitte eingefügt. Dennoch ist die Arbeit mit dem Gesetzestext für eine aktive Bewältigung unverzichtbar. Alle Rechtstexte sind erreichbar unter: <http://bundesrecht.juris.de/bundesrecht/GESAMT_index.html>.

Für die Informatikpraxis per se ebenso wie für das Verständnis der Kapitel zum Software-Recht, zum Multimedia- und Datenkommunikationsrecht und zum Datenschutz wichtige rechtliche Voraussetzungen werden in den beiden der Einführung nachfolgenden Kapiteln dargestellt. Juristen und juristisch entsprechend vorgebildete Leser können diese Kapitel in größeren Teilen überspringen. Sie werden jedoch überrascht sein, in welchem Umfang ihnen wohlbekannte Strukturen und Abläufe auch für IuKT wichtig sind.

Mein Dank für die Unterstützung gebührt Frau Jutta Becker und Frau Brigitte Reschke sowie Herrn Roland Leuschel, Herrn Dr. Detlef Kröger und besonders Herrn Claas Hanken. Unendlich dankbar bin ich Christl Katzung, die auch bei größter Belastung und Anspannung nie verzagt hat.

Berlin, im Mai 2002   Rainer Koitz

Inhaltsübersicht

Einführung	1
Schuldrechtliche Grundlagen	15
Grundzüge des Rechtsschutzes	77
Software-Recht	121
Multimedia- und Datenkommunikationsrecht	171
Datenschutz	231
Register	293

Zivilrecht	Öffentliches Recht	Internationales Recht
	Verfassungsrecht Die Verfassung legt die Grundordnung des Staates und die Grundsätze des gesellschaftlichen Zusammenlebens fest	**Europarecht** In West- und Zentraleuropa geltendes inter- und supranationales Recht mit teilweise erheblichen innerstaatlichen Wirkungen
Bürgerliches Recht Das Recht des täglichen Lebens. Es regelt die privaten Lebensverhältnisse aller Personen untereinander	**Verwaltungsrecht** Es bestimmt die Beziehungen zwischen staatlichen Organen (Behörden) sowie zwischen Staat und Bürgern	**Strafrecht** Es regelt Umfang und Inhalt der Strafbefugnisse des Staates gegenüber den seiner Hoheitsgewalt unterstellten Personen
Handelsrecht Das Sonderrecht der Kaufleute und der Handelsgesellschaften. Es regelt die »großen« Geschäfte des Wirtschaftslebens	**Steuerrecht** Es regelt die staatlichen Befugnisse (Finanzamt) der Steuererhebung gegenüber allen steuerpflichtigen Personen	
Arbeitsrecht Das Sonderrecht der Arbeitnehmer. Es regelt die Beziehungen zwischen Arbeitnehmer und Arbeitgeber		**Informatikrecht** Es regelt die Beziehungen der an Erarbeitung und Benutzung von Informations- und Kommunikationstechnologien Beteiligten

Informatikrecht umfaßt und erweitert die für den Informatikeinsatz beachtlichen herkömmlichen Rechtsgebiete

Abkürzungsverzeichnis

AfP	Zeitschrift für Medien und Kommunikationsrecht (bis 1985: Archiv für Presserecht)
AGB	Allgemeine Geschäftsbedingungen
AGBG	Gesetz zur Regelung des Rechts der Allgemeinen Geschäftsbedingungen
ArzneiMG	Arzneimittelgesetz
ASP	Application Service Providing
ATG	Auftraggeber
ATN	Auftragnehmer
AtomG	Atomgesetz
AÜG	Arbeitnehmerüberlassungsgesetz
BDSG	Bundesdatenschutzgesetz
BGB	Bürgerliches Gesetzbuch
BGBalt	nach der Schuldrechtsmodernisierung seit 01.01.02 ungültige BGB-Norm(en)
BGB-InfoV	Verordnung über Informationspflichten nach Bürgerlichem Recht
BGBM	nach der Schuldrechtsmodernisierung seit 01.01.02 gültige BGB-Norm(en)
BGH	Bundesgerichtshof
BMJ	Bundesministerium der Justiz
BPatG	Bundespatentgericht
BVerfG	Bundesverfassungsgericht
c.i.c.	culpa in contrahendo (Verschulden bei Vertragsschluß)
CDI	Compact Disc Interactive
CD-ROM	Compact Disc – Read Only Memory
CISG	Convention on Contracts for the International Sale of Goods (UNKK)
CMMV	Clearingstelle Multimedia für Verwertungsgesellschaften von Urheber- und Leistungsschutzrechten GmbH

COM-Datei	Command-Datei
CPU	Central Processing Unit
CR	Computer und Recht (Zeitschrift)
DENIC	Deutsches Network Information Center
DIN	Deutsche Industrienorm
DSB	Datenschutzbeauftragter
DV	Datenverarbeitung
DVD	Digital Versatile Disk
E-Commerce	Electronic Commerce
EDI	Electronic Data Interchange
EDIFACT	Electronic Data Interchange for Administration, Commerce and Transport
EGBGB	Einführungsgesetz zum Bürgerlichen Gesetzbuch
EG-Richtlinie	Richtlinie .../EG des Europäischen Parlaments und des Rates
E-Mail	Electronic-Mail
EXE-Datei	Execute-Datei
FernAbsG	Fernabsatzgesetz
FormG	Gesetz zur Anpassung der Formvorschriften des Privatrechts und anderer Vorschriften an den modernen Rechtsgeschäftsverkehr
FTP	File Transfer Protocol
GebrMG	Gebrauchsmustergesetz
GEMA	Gesellschaft für musikalische Aufführungs- und mechanische Vervielfältigungsrechte
GenTG	Gentechnikgesetz
GG	Grundgesetz
GWB	Gesetz gegen Wettbewerbsbeschränkungen
HaftpflG	Haftpflichtgesetz
HGB	Handelsgesetzbuch
HTML	Hypertext Markup Language
IANA	Internet Assigned Numbers Authority

ISO	International Organization for Standardization (-Norm)
IuKDG	Informations- und Kommunikationsdienstegesetz
IuKT	Informations- und Kommunikationstechnologien
JurPC	Internet-Zeitschrift für Rechtsinformatik, <www.jurpc.de>
K&R	Kommunikation & Recht (Zeitschrift)
KG	Kammergericht
KUG	Kunsturhebergesetz
LDSG	Landesdatenschutzgesetz
LG	Landgericht
LuftVG	Luftverkehrsgesetz
MarkenG	Markengesetz
MB	Megabyte
MDStV	Mediendienste-Staatsvertrag
MP3	MPEG Layer-3 (Audio-Kompression)
MPEG	Moving Picture Experts Group(-Standard)
NachwG	Nachweisgesetz
NJW	Neue Juristische Wochenschrift
NJWE-WettbR	NJW-Entscheidungsdienst / Wettbewerbsrecht
NJW-RR	NJW-Rechtsprechungs-Report Zivilrecht
OEM	Original Equipment Manufacturer
OLG	Oberlandesgericht
PatG	Patentgesetz
PC	Personal Computer
PGP	Pretty Good Privacy (-Software)
ProdHaftG	Produkthaftungsgesetz
RAM	Random Access Memory
RBÜ	Revidierte Berner Übereinkunft zum Schutz von Werken der Literatur und Kunst
ROM	Read Only Memory

SigG	Signaturgesetz
SigV	Signaturverordnung
StGB	Strafgesetzbuch
StPO	Strafprozeßordnung
TBM	Tatbestandsmerkmal
TCP/IP	Transmission Control Protocol / Internet Protocol
TDDSG	Teledienstedatenschutzgesetz
TDG	Teledienstegesetz
TDSV	Telekommunikations-Datenschutzverordnung
TKG	Telekommunikationsgesetz
TKÜV	Telekommunikationsüberwachungsverordnung
TRIPs	Übereinkommen über handelsbezogene Aspekte der Rechte des geistigen Eigentums
UmweltHG	Gesetz über die Umwelthaftung
UNKK	UN-Kaufrechtskonvention (CISG)
UrhG	Urheberrechtsgesetz
UrhWG	Urheberrechtswahrnehmungsgesetz
UWG	Gesetz gegen den unlauteren Wettbewerb
VerbrKrG	Verbraucherkreditgesetz
VG	Verwertungsgesellschaft
VwVfG	Verwaltungsverfahrensgesetz
WHG	Wasserhaushaltsgesetz
WUA	Welturheberrechtsabkommen
WWW	World Wide Web
ZPO	Zivilprozeßordnung

Einführung

1. Informatikrecht – was ist das?   2
2. Gliederung   6
3. Schritte der Fallbearbeitung   9
4. Strafrecht   11

1. Informatikrecht – was ist das?

Fast jeder Bereich des beruflichen und privaten Lebens ist heute durch IuKT bestimmt: Geschäftstätigkeit mittels digitalem Datenaustausch, Steuerung von Produktionsprozessen, Erstellung, Verwaltung und Austausch von Dokumenten, Sprachverarbeitung, Verknüpfung von Fernsehen und Datenkommunikation, Planung und Gestaltung der Freizeit sind von jedem erlebbare Beispiele der Informatikentwicklung. Grenzen der Computernutzung sind jedoch nicht abzusehen: Weltweite Konzentrationsprozesse in der Wirtschaft, mobiler Datenzugriff und Telelearning sind erkennbare Meilensteine (zunächst) weiterer Evolution.

Grenzen der Informatikentwicklung sind nicht absehbar.

DIGITALE REVOLUTION

Häufig werden zunehmende Digitalisierung von Informationen und weltweiter Datenaustausch als Kennzeichen einer »dritten industriellen Revolution« (Steinmüller) oder einer »digitalen Revolution« angesehen. Charakteristisch für den Umbau der Gesellschaft sind jedoch nicht nur neue Kommunikationsformen, Neuer Markt und weltweiter, bisherige zeitliche Grenzen überschreitender Einsatz von Informationstechnologien.

Digitale Revolution?

Einführung

In erheblichem Umfang verändern IuKT zwar den Ablauf der herkömmlichen Produktions-, Austausch- und Dienstleistungsprozesse. Diese prägen als solche aber weiter Wirtschaft und Gesellschaft. Oft übersehene Konsequenz sind in erheblichem Umfang auch für den Informatiksektor zutreffende herkömmliche, jedenfalls in verschiedenen Anwendungsbereichen zu beachtende Rechtsvorschriften. So betreffen häufige Fälle nichtgehöriger Vertragserfüllung im Informatikbereich den Schuldnerverzug. Verständlicherweise sind dafür keine informatikspezifischen Rechtsnormen statuiert. Dennoch sollte die Beachtung der BGB-Verzugsregelungen für jeden Entwickler und Benutzer von IuKT in der Vertragspraxis außer Frage stehen. Ebenso sind im Informatiksektor auch und historisch zuerst für andere Objektbereiche zutreffende Regelungen zum Gesellschaftsrecht, zu Rechtsformen, zum Vertragsabschluß, zur Vertragserfüllung, zu anderen Störungen bei der Vertragserfüllung, zur außervertraglichen Haftung, zum Wettbewerbsrecht, zum gewerblichen Rechtsschutz und zum Strafrecht relevant.

Auch herkömmliche Rechtsvorschriften prägen IuKT-Einsatz.

Die gegenwärtige Ernüchterung am Neuen Markt verdeutlicht zudem, daß wirtschaftlich und rechtlich solide Verhaltensweisen unumgängliche Entwicklungsvoraussetzungen des elektronischen Geschäftsverkehrs sind. Rechtlich nachlässige, schnelle Geschäfte sind heute als Beispiele evolutionärer Nebenäste erkennbar. Die Ablehnung des Internets als rechtsfreier Raum oder eines isoliert von herkömmlichen Rechtsgebieten bestehenden Cyberlaw ist nunmehr auch praktisch belegt.

Neuer Markt – rechtliche Herausforderung

Das Informatikrecht beinhaltet also rechtliche Regelungen zur Erarbeitung und Benutzung von IuKT. Diese Tätigkeiten werden stets durch Menschen, individuelle und kollektive Rechtssubjekte, ausgeübt, zumindest vorbereitet. Das Informatikrecht regelt daher die Beziehungen der an Erarbeitung und Benutzung von IuKT Beteiligten.

Informatikrecht – Regelung der Beziehungen zwischen den an Erarbeitung und Benutzung von IuKT Beteiligten

Die oben skizzierte, teils evolutionäre, teils revolutionäre Entwicklung hat folgende Konsequenzen für das Informatikrecht:

- Zentrale Probleme sind die Austauschbeziehungen bei digitalisierten Wirtschaftsgütern und Dienstleistungen sowie der Rechtsschutz der daran, vor allem an der Entwicklung Beteiligten und der Rechtsschutz der mit IuKT Konfrontierten.

Informatikrecht – Austauschbeziehungen und Rechtsschutz

Einführung

Bisherige Rechtsgebiete

Veränderung

Prägung durch IuKT

- Das Informatikrecht berührt nahezu alle (herkömmlichen) Rechtsgebiete.
- Das Informatikrecht ist zu jedem Zeitpunkt weiterer Veränderung unterworfen.
- Das Informatikrecht dominiert keinesfalls die Informatikentwicklung, vielmehr bestimmen die weiterer Entwicklung unterworfenen, benutzbaren IuKT das Informatikrecht.

Da fast alle herkömmlichen rechtlichen Regelungsbereiche dem Informatikeinsatz unterliegen, hatte der Gesetzgeber bisher weitgehend auf komplexe neue gesetzliche Regelungen verzichtet. Eine Ausnahme waren die im fünften Kapitel erläuterten Datenschutzgesetze. Deren spätere Entwicklung einschließlich der in Deutschland erst 2001 erfolgten Umsetzung der EG-Richtlinie zum Datenschutz von 1995 (95/46/EG) verdeutlicht jedoch die insgesamt schwerfällige Rechtsetzung: Der Gesetzgeber vertraut in erheblichem Umfang auf die Rechtsprechung, die bestehende Gesetze und Verordnungen auf neue Rechtsprobleme anzuwenden hat. Daß ein solches Verhalten praktikabel ist, zeigt die Vertragspraxis im Informatikbereich. Um diese zu verstehen, sind die im ersten Kapitel skizzierten Grundkenntnisse des Bürgerlichen Rechts und des Handelsrechts unverzichtbar.

Schwerfällige Rechtsetzung

Schuldrechtsreform – Modernisierung des Vertragsrechts für den Informatiksektor?

Auch die seit Januar 2002 gültige Schuldrechtsreform hat erhebliche, überwiegend positive Konsequenzen für das Informatikrecht und dessen Anwendung. Eine durchgängige Modernisierung des Vertragsrechts für den Informatiksektor ist damit jedoch nicht erfolgt. Nach der BGB-Modernisierung neue oder geänderte Normen werden in diesem Buch durch »BGBM« gekennzeichnet, während unveränderte §§ durch »BGB«-Zuordnung erkennbar sind. Ausnahmsweise wurden mit »BGBalt« frühere Normen benannt.

Neue Rechtsnormen

Umsetzung von EG-Richtlinien

Nur zu einigen Rechtsproblemen der Informatik sind neue Rechtsnormen statuiert worden. Beispiele sind das Signaturgesetz (SigG), das Teledienstegesetz und das Gesetz über rechtliche Rahmenbedingungen für den elektronischen Geschäftsverkehr. Oft geschieht das in Umsetzung von EG-Richtlinien, wie bei der mehrfachen Novellierung des Urheberrechtsgesetzes (UrhG). Verschiedentlich betreffen neue Regelungen den Informatiksektor ebenso wie andere Anwendungsbereiche. Ein Beispiel ist das seit 2000 gültige, nunmehr auch in das BGB integrierte Fernabsatzgesetz.

Die neuen Rechtsvorschriften, oft Teile davon, vor allem die umfangreiche Rechtsprechung zu IuKT lassen sich so verschiedenen klassischen Rechtsgebieten zuordnen: z.b. die Rechtsprechung über Softwareverträge zum Bürgerlichen Recht und zum Handelsrecht; Befugnisse des Arbeitgebers an von Arbeitnehmern erstellten Computerprogrammen (§ 69b UrhG) zum Arbeitsrecht, das den Datenschutz prägende informationelle Selbstbestimmungsrecht nach dem Verständnis des BVerfG zum Verfassungsrecht, öffentliche Stellen betreffende Datenschutzvorschriften zum Verwaltungsrecht und Datenschutzbestimmungen für nicht öffentliche Stellen zum Privatrecht, Strafvorschriften im Bundesdatenschutzgesetz (wie die des UrhG und des UWG) zum Strafrecht, für die Informatik immer wichtigere EG-Richtlinien zum Europarecht.

Zuordnung zu klassischen Rechtsgebieten – Beispiele

Auch bisher schon die Grenzen zwischen Zivilrecht und öffentlichem Recht überschreitende Rechtsgebiete werden durch die Computernutzung erweitert, so Wirtschafts- und Wettbewerbsrecht durch SigG und Telekommunikationsgesetz.

Zuordnung zu klassischen Rechtsgebieten – Beispiele

Bei der ständigen Veränderung und Erweiterung kaum verwunderlich sind die unterschiedlichen Bezeichnungen (so auch Informationsrecht, DV-Recht, Computerrecht, für einen immer wichtigeren Teil: Internetrecht) und verschiedentlich geäußerte Zweifel am Bestehen eines solchen Rechtsgebietes. Diese sind verständlich, wenn man sich das zwangsläufige Fehlen einer einheitlichen (über die allgemeinen Schritte der Fallbearbeitung hinaus anwendbaren) Methodik und partiell erheblich divergierende Gerichtsentscheidungen und Literaturauffassungen verdeutlicht. Andererseits haben Rechtsprechung, Schrifttum und Gesetzgebung wesentliche Invarianten für IuKT zum Vertragsrecht, zum Schutz von Arbeitsergebnissen und Kennzeichnungen, zum Verbraucherschutz und zum Persönlichkeitsrechtsschutz herausgearbeitet. Letztlich sprechen Gemeinsamkeiten in der Anwendungssphäre, die Akzeptanz der Informatik als Strukturdisziplin, für die gemeinsame Darstellung wichtiger Normen, Zusammenhänge und Gerichtsentscheidungen.

Informatikrecht – Zweifel an Begriff und Existenz

Für die Vermittlung wichtiger Teile schien sowohl aus Sicht der Ausbildung wie der Praxis das Konzept der Reihe »Recht – schnell erfaßt« mit Konzentration auf das Wesentliche, Übersichtlichkeit der Darstellung, Abdruck und Kommentierung wichtiger Normen sowie Untersetzung durch praktische Beispiele besonders geeignet.

Einführung

2. Zur Gliederung

Informatikrecht – welche Objekte, welche Rechtsinstitute?

Eine auf das Wesentliche konzentrierte Darstellung des Informatikrechts sollte zwei Fragen beantworten:
- Welche Objekte bestimmen die IuKT-Regelungen?
- In welche Rechtsinstitute ist Informatikrecht eingebettet?

Objekte – Informatikprodukte

Die IuKT-Objekte sollen hier als Informatikprodukte bezeichnet werden. Entwicklung von Informatikprodukten ist – trotz auch dabei zunehmender Rechnerunterstützung – menschliche Tätigkeit. Schwerpunktbereiche sind die Erarbeitung, Änderung und Erweiterung von:
- Software,
- Datenbankprodukten und
- Multimediasystemen.

Software

Software ist nach ISO 2382-1 und ISO 8402 ein geistiges Produkt, das aus Programmen, Verfahren und allen dazugehörigen Beschreibungen besteht, die zur Arbeit mit einem Datenverarbeitungssystem gehören.

Softwareprodukt

Auf dieser Basis wird dann ein Softwareprodukt als ein vollständiger Satz der genannten Komponenten und dazugehöriger Daten für die Lieferung an einen Anwender definiert.

Datenbankprodukt – s. viertes Kapitel, 2.

Unter einem Datenbankprodukt ist in Anlehnung an §§ 4 und 87a UrhG zu verstehen: eine Sammlung von unabhängigen Elementen, die systematisch oder methodisch angeordnet und einzeln mit Hilfe elektronischer Mittel oder auf andere Weise zugänglich sind.

Der Begriff Datenbank wird vermieden, weil er durch die Neufassung des UrhG nach Art. 7 IuKDG für den Investitionsschutz eines Datenbankherstellers vergeben wurde. In diesem Sinne umfassen Datenbankprodukte Datenbankwerke und Datenbanken.

Multimediasystem

Multimediasysteme lassen sich beschreiben als Kombinationen von Hardware, Software- und Datenbankprodukten, die dem Anwender visuell und akustisch, offline oder online eine Interaktion mit dem System ermöglichen.

Eine allgemein anerkannte Definition eines Multimediasystems ist nicht bekannt. Dennoch finden sich die angeführten Merkmale in zahlreichen Beschreibungen. Zudem werden Gemeinsamkeiten und Besonderheiten der einzelnen Informatikprodukte deutlich.

Die zentralen Kapitel betreffen einen Überblick zum Software-Recht sowie zum Multimedia- und Datenkommunikationsrecht. Rechtsfragen der Entwicklung, Überlassung, Anpassung und Benutzung von Software werden im dritten Kapitel behandelt. Auf Grundlage konsolidierter gesetzlicher Regelungen werden zum Rechtsschutz Entwickler und Benutzer beraten. Anschließend wird der Inhalt solider Verträge verdeutlicht, um dann Rechte und Pflichten bei wesentlichen Störungen zu erörtern. In die Darstellung einbezogen werden sollen jeweils Möglichkeiten und Grenzen konkreter und in der Informatik verbreiteter Allgemeiner Geschäftsbedingungen. Abgerundet wird das Kapitel durch einen Abschnitt zur rechtlich weniger problematischen Hardware (-Kopplung) und zur vieldiskutierten, bisher aber noch nicht die Rechtsprechung berührenden außervertraglichen Softwarehaftung.

Drittes Kapitel: Software-Recht

Das vierte Kapitel verbindet Rechtsfragen von Multimedia mit denen von Rechnernetzen, weil komplexe Entwicklung und Benutzung verschiedener Medien weitgehend in Kommunikationssystemen erfolgen. Das betrifft sowohl den zunächst erörterten Rechtsschutz von Multimedia wie auch den dann skizzierten Rechtsschutz von Datenbankprodukten.

Viertes Kapitel: Multimedia- und Datenkommunikationsrecht

Obwohl in den Überschriften bewußt nicht genannt, umfaßt das Multimedia- und Datenkommunikationsrecht auch Rechtsprobleme des Internets. Von diesen wird anschließend der für Domain-Namen immer wichtigere Kennzeichenschutz dargestellt. Die nächsten Abschnitte zu Rechtsfragen des elektronischen Geschäftsverkehrs und kryptographischer Verfahren sowie zur Provider-Haftung betreffen neben dem Internet auch andere IuKT-Bereiche. Das Kapitel schließt mit einer Skizze der im eigentlichen problematischen internationalen Anspruchsdurchsetzung aus Online-Beziehungen.

Den Abschluß bildet ein Kapitel zum Datenschutz, der aus dem Informatikrecht nicht mehr wegzudenken ist. Computerbenutzung, Benutzung von Informatikprodukten löst sich auf in verschiedene Operationen mit Daten durch Abarbeitung von Computerprogrammen. Und diese Daten bilden in erheblichem Umfang natürliche Personen ab, deren Persönlichkeitsrechtsschutz Gegenstand der

Fünftes Kapitel: Datenschutz

Einführung

Datenschutzvorschriften ist. Skizziert werden die Grundstrukturen und wichtige Regelungen des novellierten Bundesdatenschutzgesetzes sowie neuere Rechtsvorschriften zum Datenschutz in Rechnernetzen.

<small>Invariante – Digitalisierung von Produkten und Beziehungen</small>

Aus informatischer Sicht sind die Kapitel drei bis fünf durch die Digitalisierung der Produkte und Beziehungen bestimmt. Enormer Entwicklungsaufwand bewirkt immer schnellere komplexe und individuelle Operationen. Derzeit feststellbare Folge ist die Zunahme neuer und geänderter Vorschriften des Informatikrechts, die mit dem Stand Mai 2002 erörtert werden. Erkennbare, aber noch nicht definitive Neuerungen werden nur kurz angesprochen.

<small>Invariante – Interessenkonflikte</small>

Zugleich bewirkt die leichte Reproduzierbarkeit der Produkte Interessenkonflikte zwischen Entwicklern und Benutzern von IuKT. Auch bewirkt die weitgehend beliebige Verknüpfbarkeit gespeicherter personenbezogener Daten Interessenkonflikte zwischen abgebildeten natürlichen Personen auf der einen Seite sowie Entwicklern und Benutzern von IuKT auf der anderen Seite.

<small>Erstes Kapitel: schuldrechtliche Grundlagen</small>

Wie schon im vorigen Abschnitt angedeutet, muß die Darstellung aus rechtlicher Sicht weiter berücksichtigen, daß das Informatikrecht neuartige und herkömmliche Rechtsfragen verbindet. Daher werden für die zentralen Kapitel wesentliche rechtliche Voraussetzungen gewissermaßen vor die Klammer gezogen: Das erste Kapitel gibt einen Überblick zu schuldrechtlichen Grundlagen, die für Verträge über Informatikprodukte im dritten und vierten Kapitel spezifiziert werden. Verschiedentlich sind die Grundlagen in der Informatikpraxis für die rechtliche Problemlösung bereits ausreichend. Die Einbeziehung dieses ersten Kapitels ist diskutabel, weil es anscheinend kaum Novitäten gegenüber Bürgerlichem Recht und Handelsrecht aufweist und für beide Rechtsgebiete bewährte Bände zur Reihe gehören:

<small>Ausführliche Bücher in der Verlagsreihe</small>

- Bürgerliches Recht: schnell erfasst / Peter Katko.
- Handelsrecht: schnell erfasst / Joachim Gruber.

Auf Abschnitte beider Bücher wird jeweils in den Marginalien verwiesen, und ausnahmsweise wurde wegen der dortigen Darstellung auf wichtige Gesetzestexte weitgehend verzichtet. Dennoch sind die Schwerpunkte nicht identisch, schien eine auf die Vertragspraxis der Informatik konzentrierte Übersicht erforderlich, wenigstens für Nichtjuristen.

Entsprechend werden im zweiten Kapitel Grundzüge des Rechtsschutzes skizziert als Basis der in den nachfolgenden Kapiteln erörterten spezifischen Rechtsschutzprobleme.

Zweites Kapitel: Grundzüge des Rechtsschutzes

Diese Art der Darstellung mag ungewöhnlich sein. Für juristisch vorgebildete Leser wäre sie auch nicht erforderlich. Sie werden bedarfsweise die übergreifenden Regelungen und Zusammenhänge berücksichtigen, ohne im Einzelfall eine Zuordnung zum Informatikrecht zu hinterfragen. Studierende und an IuKT Beteiligte anderer Fachrichtungen verkennen aber das Informatikrecht, wenn sie sich auf neue Rechtsvorschriften und den jeweiligen Fokus der Rechtsprechung beschränken. Zugleich verdeutlicht die Art der Darstellung auch Brüche zwischen bisherigem und neuem Recht, wenngleich diese nicht im Mittelpunkt des Buches stehen.

Berücksichtigung von Lesern mit und ohne juristische Vorbildung

3. Schritte der Fallbearbeitung

Wie bereits erläutert, weist das Informatikrecht keine eigene Methodik auf. Dazu steht nicht im Widerspruch, daß bei der Bearbeitung konkreter Rechtsfälle die in anderen Rechtsgebieten bewährten methodischen Grundsätze unverzichtbar sind.

Methodik der Fallbearbeitung – nicht spezifisch

Regelmäßig wird in Rechtsvorschriften an die Erfüllung bestimmter Voraussetzungen, den Tatbestand, die normierte Folge geknüpft, die Rechtsfolge. Der Tatbestand rekrutiert häufig aus mehreren Voraussetzungen, den Tatbestandmerkmalen (TBM1, TBM2, ... TBMn).

Rechtsvorschriften – Tatbestandsmerkmale und Rechtsfolge

Bspw. hat der Rechtsinhaber eines urheberrechtlich geschützten Computerprogramms (TBM1) nach § 69c UrhG (genauer im dritten Kapitel, 1.2.) das Ausschließlichkeitsrecht zur Vervielfältigung, Bearbeitung und Verbreitung von Programmexemplaren (Rechtsfolge). Ausnahmen betreffen nach § 69c Nr. 3 S. 2 die Verbreitung eines im Wege der Veräußerung erhaltenen Programmexemplars (TBM2), nach § 69d I die für eine bestimmungsgemäße Benutzung notwendige Vervielfältigung und Bearbeitung (TBM3), nach § 69d II die Erstellung einer für die Sicherung künftiger Benutzung erforderlichen Sicherungskopie (TBM4) sowie nach § 69e die Dekompilierung zum Zwecke nicht anders erreichbarer Interoperabilität (TBM5).

Oft müssen alle Tatbestandsmerkmale (kumulativ – »und«-Beziehung) erfüllt sein, um die normierte Rechtsfolge eintreten zu lassen. Verschiedentlich brauchen Tatbestandsmerkmale nur alter-

Tatbestandsmerkmale – Verknüpfung

nativ erfüllt sein (»oder«-Beziehung). Auch Kombinationen kumulativer und alternativer Verknüpfungen, auch Negation einzelner Tatbestandsmerkmale sind möglich.

Im obigen Beispiel wäre der Tatbestand für die Genehmigungspflicht der Vervielfältigung, Bearbeitung oder Verbreitung eines Computerprogramms: TBM1 und (nicht TBM2) und (nicht TBM3) und (nicht TBM4) und (nicht TBM5)

Für die Fallbearbeitung hat sich die nachfolgend dargestellte Schrittfolge bewährt:

Sachverhaltsermittlung – rechtlich relevante Merkmale

Ausgangspunkt ist die Feststellung rechtlich möglicherweise beachtlicher Teile des konkreten Praxissachverhalts. Ziel der Sachverhaltsermittlung ist zwar eine detaillierte Erfassung der realen Voraussetzungen. Die Schwierigkeit besteht aber darin, nicht schlechthin alle Umstände und Fakten festzuhalten, sondern genau die rechtlich relevanten Merkmale. Da sich diese Relevanz durch die anwendbaren Rechtsvorschriften ergibt, ist zunächst ein detaillierter Rohsachverhalt zu erarbeiten.

Sachverhaltsermittlung – Fragestellung erarbeiten

Soweit die Fragestellung nicht vorgegeben ist, muß sie aus dem Sachverhalt abgeleitet werden; ggf. sind Varianten festzulegen. Meist zielen Fragestellungen auf Ansprüche der Beteiligten.

Rechtsermittlung

Die Suche nach möglicherweise zutreffenden Rechtsnormen erfordert die Auswertung der einschlägigen Rechtsvorschriften mit Blick auf die gestellte Rechtsfrage: Enthalten die Rechtsvorschriften die gewünschte Rechtsfolge, meist die Anspruchsgrundlage? Dann ist der Tatbestand der ermittelten Rechtsnorm in die einzelnen Tatbestandsmerkmale zu zerlegen.

Suche nach Gegennormen

Weiter sind solche Normen zu suchen, die der gewünschten Rechtsfolge entgegenstehen könnten (Einreden und Einwendungen). Ein Beispiel ist die Verjährung etwaiger Ansprüche.

Bei festgestellten Gegennormen ist zu prüfen, ob der Anspruch bzw. die Rechtsfolge dennoch durchsetzbar ist. Im Fall der Verjährung betrifft das etwa Hemmung und Verjährungsneubeginn.

Subsumtion – Zuordnung von Sachverhalt und Tatbestand

Der dann entscheidende Arbeitsschritt ist die sog. Subsumtion: die Prüfung, ob die im Sachverhalt bestimmten Tatsachen alle Tatbestandsmerkmale so erfüllen, daß die gewünschte Rechtsfolge zutrifft.

Erst hier zeigt sich der Erfolg der vorhergehenden Schritte. Erreicht die Subsumtion kein positives Ergebnis, ist das »Hin- und Herwandern des Blickes zwischen Sachverhalts- und Normenermittlung« bei einem der vorhergehenden Schritte fortzusetzen. Sind alle Möglichkeiten ausgeschöpft, muß die gestellte Frage negativ beantwortet werden.

Subsumtion – häufige Rückkopplung

Letzter Schritt ist die Ergebnisformulierung in der Art eines Gutachtens. Bei positivem Ergebnis ist die zutreffende Rechtsfolge aus den anwendbaren Rechtsvorschriften und der Übereinstimmung der Tatbestandsmerkmale mit dem Sachverhalt zu begründen. Soweit mehrere Rechtsnormen zutreffen, insbesondere bei Anspruchskonkurrenz, ist ggf. eine auszuwählen.

Ergebnisformulierung

Für Details wird auf die Einführung im Band »Bürgerliches Recht – schnell erfasst« von Peter Katko verwiesen.

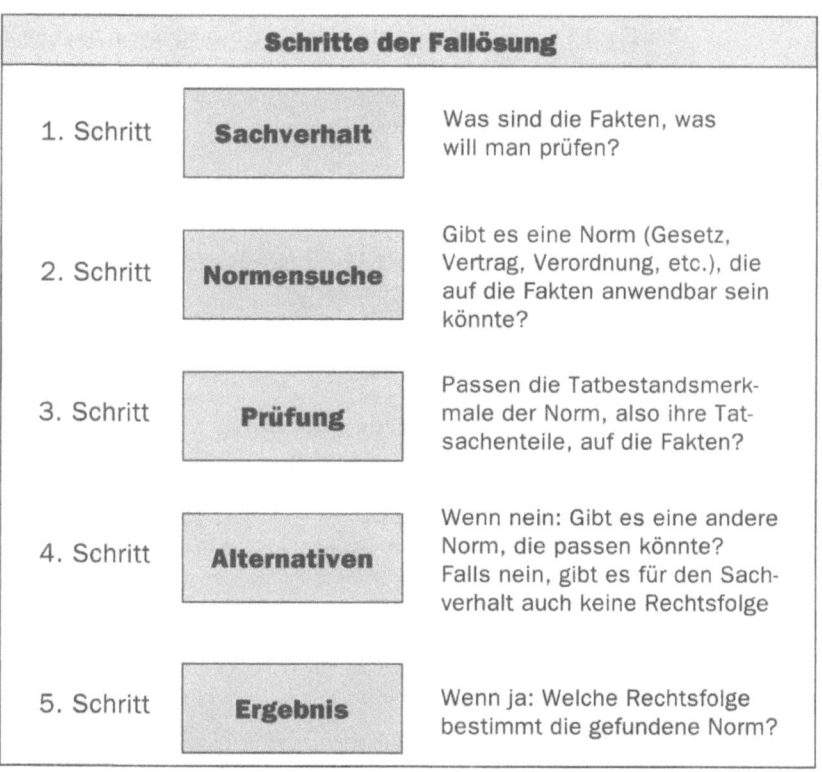

4. Strafrecht

Unzweifelhaft dem Informatikrecht zuzurechnen sind Strafrechtsnormen, deren Gegenstand häufig als Computerkriminalität bezeichnet wird. Eine grobe Klassifikation kann nach der gesetzlichen Regelung der Straftatbestände erfolgen:

<small>Computerkriminalität – Klassen von Rechtsnormen</small>

- <u>für</u> Entwicklung und Benutzung von <u>IuKT</u> in das <u>Strafgesetzbuch</u> (StGB) aufgenommene Vorschriften;
- (herkömmliche) <u>Strafrechtsnormen</u>, deren Tatbestandsvoraussetzungen durch den immer umfassenderen Anwendungsbereich nunmehr auch bei Entwicklung und Benutzung <u>von IuKT erfüllt</u> sein können;
- Entwicklung und Benutzung von <u>IuKT betreffende strafrechtliche Vorschriften zum Rechtsschutz</u> (da die Regelungen in anderen Gesetzen als dem StGB enthalten sind, werden diese häufig als Nebenstrafgesetze eingeordnet).

Für die weiteren Voraussetzungen der Strafandrohung nach StGB (subjektive Tatbestandsmäßigkeit, rechtswidrige und schuldhafte Handlung) muß hier auf weitere Literatur (z.B. Strafrecht – schnell erfaßt / Frank Weller) verwiesen werden.

IuKT nach der erkennbaren Intention des Gesetzgebers betreffende StGB-Normen sind:

<small>Für IuKT in StGB aufgenommene Normen</small>

- § 202a StGB – Ausspähen von Daten;
- § 263a StGB – Computerbetrug;
- § 269 StGB – Fälschung beweiserheblicher Daten;
- § 270 StGB – Täuschung im Rechtsverkehr bei Datenverarbeitung;
- § 274 StGB – Urkundenunterdrückung;
- § 303a StGB – Datenveränderung;
- § 303b StGB – Computersabotage.

Zu nunmehr auch IuKT betreffenden herkömmlichen Strafrechtsnormen zählen:

- § 86 StGB – Verbreiten von Propagandamitteln verfassungswidriger Organisationen;
- § 86a StGB – Verwendung von Kennzeichen verfassungswidriger Organisationen;
- § 111 StGB – Öffentliche Aufforderung zu Straftaten;
- § 129a – Bildung terroristischer Vereinigungen;
- § 130 StGB – Volksverhetzung;
- § 130a StGB – Anleitung zu Straftaten;
- § 131 StGB – Gewaltdarstellung;
- § 184 StGB – Verbreitung pornographischer Schriften;
- § 185 StGB – Beleidigung;
- § 186 StGB – Üble Nachrede;
- § 187 f StGB – Verleumdung;
- § 189 StGB – Verunglimpfung des Andenkens Verstorbener;
- § 203 StGB – Verletzung von Privatgeheimnissen;
- § 204 StGB – Verwertung fremder Geheimnisse;
- § 261 StGB – Geldwäsche;
- § 263 StGB – Betrug;
- § 268 StGB – Fälschung technischer Aufzeichnungen;
- § 284 f StGB – Illegales Glücksspiel;
- § 287 StGB – Unerlaubte Veranstaltung von Lotterien;
- § 21 Gesetz über die Verbreitung jugendgefährdender Schriften und Medieninhalte – Unerlaubte Verbreitung, Bereithaltung oder sonstiges Zugänglichmachen jugendgefährdender Schriften und Medieninhalte;
- § 95 ArzneiMG – Illegaler Arzneimittelversand.

Inzwischen auch IuKT betreffende Normen

Eine zusätzliche Erweiterung dieser Normenklasse dürfte mit der Expansion des elektronischen Geschäftsverkehrs absehbar sein (Subventionsbetrug, Kreditbetrug, Wucher, Untreue u.a.).

Die beiden erstgenannten Klassen von Strafrechtsnormen werden im weiteren ihres Umfanges wegen nicht erörtert. Sie setzen Grenzen für Entwicklung und Benutzung von IuKT, sind aber erst anzuwenden, wenn der Mißbrauch das eigentliche Ziel der IuKT ist.

Obige Normen – im Buch nicht erörtert

Strafrechtsnormen – Rechtsschutz

Den Rechtsschutz auch bei IuKT betreffende Strafrechtsnormen sind:

- § 106 UrhG – Unerlaubte Verwertung urheberrechtlich geschützter Werke;
- § 108 UrhG – Unerlaubte Eingriffe in verwandte Schutzrechte;
- § 17 UWG – Verrat von Geschäfts- und Betriebsgeheimnissen;
- § 18 UWG – Vorlagenfreibeuterei;
- § 20 UWG – Verleiten oder Erbieten zum Geheimnisverrat;
- § 143 MarkenG – Markenrechtsverletzungen;
- § 43 BDSG – Unbefugte Verwendung personenbezogener Daten.

Diese Vorschriften berühren IuKT-Entwicklung und -Benutzung unmittelbar. Auch sie setzen Grenzen, doch sind diese bei der Digitalisierung von Produkten und Operationen oft nicht ohne weiteres erkennbar. Gravierende Merkmale sind in der Informatikpraxis häufig unbekannt. Die wichtigsten Normen und ihre Voraussetzungen werden daher mit den verschiedenen Rechtsschutzvorschriften in den Kapiteln zwei bis fünf näher erläutert.

1. Kapitel

Schuldrechtliche Grundlagen

1.	Stellvertretung im Geschäftsverkehr	16
2.	Vertragsvorbereitung und -abschluß	17
3.	Vertragsbindung	23
4.	Vertragsinhalt	28
5.	Informatisch relevante Vertragsarten	30
6.	Vertragliche Haftung	41
7.	Häufige Vertragsverletzungen	47
8.	Rechtsdurchsetzung	62
9.	Inhaltskontrolle von AGB-Klauseln	67
10.	Außervertragliche Haftung	69
11.	Wiederholungsfragen	76

1. Stellvertretung im Geschäftsverkehr

Entwicklung, Überlassung, Anpassung und Benutzung von Informatikprodukten erfolgen regelmäßig arbeitsteilig.

Beteiligt sind oft Beschäftigte von Unternehmen. Verschiedentlich agieren auch andere Subjekte füreinander: bspw. der Subunternehmer für den Auftragnehmer oder der Händler für den Hersteller.

Dabei ist zwischen zwei Arten von Handlungen zu unterscheiden:

Stellvertretung bezieht sich nur auf rechtsgeschäftliches Handeln im Namen des Vertretenen

- Tatsächliches Tun ohne erkennbaren Rechtsfolgewillen – rechtlich kein Problem der Stellvertretung.
- Abgabe oder Entgegennahme einer Willenserklärung für einen anderen: Recht der Stellvertretung.

Voraussetzung: Geschäftsfähigkeit des Vertreters

Der Vertreter muß auf den Vertretenen bezogene Vertretungsmacht besitzen. Voraussetzung ist die Geschäftsfähigkeit des Vertreters, wobei nach § 165 BGB beschränkte Geschäftsfähigkeit ausreicht.

Wirkung erfolgter Vertretung nach § 164 BGB:

Bestehende Vertretungsmacht

- eigene Willenserklärung des Vertreters
- Abgabe erkennbar in fremdem Namen (im Geschäftsbereich von Unternehmen häufig durch Computerbenutzung)
- Vertretungsmacht wirksam erteilt, § 167 BGB
- Vertretungsmacht nicht erloschen, § 168 BGB, oder
- keine Kenntnis des gutgläubigen Dritten vom Wegfall der Vertretungsmacht, §§ 170 ff. BGB

➢ Rechtsfolgen treffen allein und unmittelbar den Vertretenen

Fehlende Vertretungsmacht

Gibt dagegen ein Vertreter ohne Erklärungsmacht Erklärungen ab, oder überschreitet er seine Vertretungsmacht, sind die Folgen:

- einseitiges Rechtsgeschäft – Unwirksamkeit, § 180 S. 1 BGB
- <u>Vertrag</u> – Möglichkeit der Genehmigung durch den Vertretenen, §§ 177 I, 182, 184 BGB.

Vertreterhaftung des § 179 BGB umfaßt:
- *fehlende Vollmacht*
- *fehlende handelsrechtliche oder gesetzliche Vertretungsmacht sowie*
- *fehlende Vertretungsmacht von Gesellschaften (s. Handelsrecht)*

Folgen verweigerter Zustimmung:

- Vertragsschluß ohne Vertretungsmacht, § 179 I BGB
- Vertretener verweigert Genehmigung, § 177 BGB
- keine Kenntnis des Dritten, § 179 III BGB

Anspruch

➢ Vertragserfüllung, § 179 I BGB oder
➢ Schadensersatz, § 179 I, II BGB

2. Vertragsvorbereitung und -abschluß

Auch Informatikleistungen erfolgen überwiegend auf vertraglicher Grundlage: wechselseitige Verpflichtungen einer Person (Schuldner) gegenüber einer anderen Person (Gläubiger) zur Leistung.

Der Softwareentwickler ist Schuldner der Softwareerstellung, der Auftraggeber schuldet Abnahme und Bezahlung.

Schuldner-/Gläubiger-Beziehungen können jedoch auch kraft Gesetz begründet werden: gesetzliche Schuldverhältnisse.

Kopiert bspw. ein Student im Betriebspraktikum urheberrechtlich geschützte Software, so besteht zwar regelmäßig kein Vertrag zwischen ihm und dem Softwareentwickler. Selbstverständlich hat dieser aber einen Anspruch auf Vernichtung unberechtigt erstellter Kopien und evtl. auf Schadensersatz nach UrhG.

Grundlegend im Recht der Schuldverhältnisse sind weiter die Rechtsgeschäfte:

Handlungen einer oder mehrerer Personen zur gezielten Herbeiführung privatrechtlicher Folgen. Eine oder mehrere Willenserklärungen sind dabei der wesentliche Bestandteil.

So erfordert Softwareüberlassung das Einverständnis von Überlasser und Benutzer, Anpassung evtl. die Zustimmung des Entwicklers.

Unterschieden wird nach notwendig aktiv Beteiligten. Ein einseitiges Rechtsgeschäft erfordert die Willenserklärung nur einer Person.

Zum Beispiel ist die bei einigen (aber nicht allen!) Informatikverträgen mögliche Kündigung ein einseitiges Rechtsgeschäft des Kündigenden. Sie bedarf keiner Willenserklärung des Vertragspartners, beim Arbeitsvertrag aber ggf. der Anhörung des Betriebsrats.

Ein mehrseitiges Rechtsgeschäft stellt auf Willenserklärungen mehrerer Personen ab. Die in der Informatik wichtigsten mehrseitigen Rechtsgeschäfte sind die Verträge. Die für das Zustandekommen auch im Informatiksektor grundlegenden gesetzlichen Regelungen werden nachfolgend skizziert; Besonderheiten beim elektronischen Geschäftsverkehr sind ein Gegenstand des vierten Kapitels.

_{Seitennotizen:}
- Schuldner und Gläubiger
- Gesetzliche Schuldverhältnisse
- Rechtsgeschäfte (s. Bürgerliches Recht)
- Einseitiges Rechtsgeschäft
- Verträge – mehrseitige Rechtsgeschäfte

2.1. Vertragsabschluß

Antrag (Angebot) und Annahme – zwei übereinstimmende Willenserklärungen

Ein Vertrag ist eine Willenseinigung durch inhaltlich übereinstimmende, aufeinander bezogene Willenserklärungen von mindestens zwei Personen: nach §§ 145 ff BGB Antrag (in der Praxis häufig: Angebot, Offerte) und Annahme (Annahmeerklärung). Ein Angebot kann jeder der potentiellen Vertragspartner unterbreiten.

Angebot, Annahme – Gestaltungsfreiheit

Dabei stehen die meisten BGB-Normen der Gestaltung durch die Vertragspartner frei. Erst wenn und soweit diese nicht disponieren, ergibt sich der Vertragsinhalt aus den BGB-Normen.

So wird die Vergütung für eine Produktentwicklung (Software, Datenbank, Multimedia...) nach § 641 I BGB mit der Abnahme fällig; jedoch kann auch ein anderer Zahlungsmodus vereinbart werden.

DISPOSITION DER VERTRAGSPARTNER

Für die Disposition bestehen aber folgende Beschränkungen:

Grenzen der Gestaltungsfreiheit

- Angebot und Annahme dürfen absolute, nach dem Gesetz bestehende Rechte nicht ändern. Ob z.B. für ein Informatikprodukt in Deutschland das Urheberrecht besteht, hängt nicht von etwaigen vertraglichen Vereinbarungen ab, sondern von der Erfüllung der im UrhG definierten Voraussetzungen.

- Das BGB vermittelt insoweit einen Typenzwang, als es keinesfalls die Zuordnung beliebiger Rechte und Pflichten zu jedem der ausgeregelten Vertragstypen gestattet. So kann ein Softwarevertrag nicht als Darlehensvertrag (§§ 607 ff BGB) gestaltet werden. Andererseits steht es den Vertragspartnern frei, einen eigenen Vertragstyp (»sui generis«) zu erarbeiten.
- Keine Disposition erlauben die (wenigen) zwingenden Normen des BGB. So ist eine vertragliche Haftungsfreistellung bei vorsätzlicher Vertragsverletzung nach § 276 III BGBM unwirksam.
- Für mehrere Verträge vorbereitete Klauseln (Allgemeine Geschäftsbedingungen) unterliegen zusätzlichen Restriktionen.

Grenzen der Gestaltungsfreiheit

Für ein Angebot treffen folgende Charakteristika zu:
- personelle Bestimmtheit,
- inhaltliche Bestimmtheit,
- empfangsbedürftige Willenserklärung,
- zeitlich begrenzte Bindung des Anbietenden.

Angebot – Charakteristika (s. Bürgerliches Recht)

Grundzüge der Annahme sind:
- Verspätete wie modifizierende Annahme sind nach § 150 BGB ein neues Angebot. Erst wenn dieses vom ursprünglich Anbietenden angenommen wird, kommt der Vertrag zustande.
- Die Annahme ist grundsätzlich eine empfangsbedürftige Willenserklärung. Dieser gleichgestellt wird nach § 151 BGB eine Betätigung entsprechend Verkehrssitte oder Absicht des Anbietenden, durch die der Annehmende seinen Annahmewillen ausdrückt, praktisch durch erste Schritte zur Vertragserfüllung.
- Schweigen führt auch unter Kaufleuten im allgemeinen zum Erlöschen des Angebots.
- Der Vertrag kommt nach § 154 BGB erst zustande, wenn die Parteien über alle von ihnen gewünschten Punkte Einigung erzielt haben, egal ob die Punkte aus Sicht des Vertrags oder der Parteien wesentlich oder unwesentlich sind. Egal ist auch, ob die Annahme in einem Schritt erklärt wurde oder aus mehreren Erklärungen resultiert (wie häufig bei komplexen Verträgen, etwa zur Neugestaltung betrieblicher Informationssysteme).

Annahme – Grundzüge (s. Bürgerliches Recht)

Vielfach mißverstanden wird das kaufmännische Bestätigungsschreiben, das keine Annahmeerklärung i.S.d. § 145 BGB ist.

kaufmännisches Bestätigungsschreiben (s. Handelsrecht)

2.2. AGB-Einbeziehung

AGB sind oft das »Kleingedruckte« auf der Rückseite von Geschäftspapieren

Individuelles Aushandeln von Vertragsbedingungen ist zur Ausnahme geworden. Auch im Hardware-, Software-, Multimedia- und Online-Bereich dominieren vorgefertigte Vertragsklauseln – Allgemeine Geschäftsbedingungen (AGB). Häufig gehen jedoch Rationalisierung und Einschränkung der Vertragsfreiheit Hand in Hand. Das nunmehr in das BGB integrierte AGB-Gesetz (§§ 305 – 310 BGBM) will dem entgegenwirken.

AGB-Charakteristika sind nach § 305 I BGBM im einzelnen:

Wann sind Vertragsbedingungen AGB?

- Vertragsbedingungen (den Vertragsabschluß oder beliebige Rechte und Pflichten der Partner betreffend)
- eine, wenige oder die meisten Vertragsregelungen betreffend (typisch: vorgefertigte Verträge, in die insbes. Vertragspartner, Leistungsgegenstand, Leistungstermin eingefügt werden, und Bedingungskomplexe, auf die verwiesen wird)
- eine Vielzahl von Verträgen betreffende Bedingungen (entscheidend: Aufstellung und nicht Anwendung für eine Vielzahl – minimal 3)
- bei Vertragsabschluß von einer Partei gegenüber der anderen gestellte Bedingungen (Jeder Partner kann also AGB in Angebot oder Annahmeerklärung einbringen.)
- keine Individualvereinbarungen (Inhalt beim Vertragsabschluß tatsächlich zur Disposition des Adressaten stehend)
- nicht dem Arbeitsrecht u.a. für die Informatik marginalen Rechtsgebieten zuzurechnende Bedingung (nach § 310 IV BGBM; Schutz durch andere Normen)

ABG-Einbeziehung gegenüber Verbrauchern (1)

Nach § 305 II BGBM sind gegenüber Verbrauchern (s. § 310 BGBM) drei notwendige Voraussetzungen für die AGB-Einbeziehung in den Vertrag gefordert:

1. Hinweis bei Vertragsabschluß (Hinweis in Verkaufsgespräch reicht ebenso aus wie in kaufmännischem Bestätigungsschreiben oder Annahmeerklärung, wenn diesen nicht widersprochen wird).
2. Möglichkeit zumutbarer Kenntnisnahme – Konsequenzen:

- Unter Anwesenden ist die Kenntnisnahme zumindest anzubieten.
- Unter Abwesenden ist die Übersendung hinreichend.
- Besondere Anforderungen stellen Gerichte an online abrufbare AGB. Diese sind zwar grundsätzlich zulässig, sollen jedoch kurz, präzise und klar gegliedert sein. Die Gestaltung muß die Kenntnisnahme vom Bildschirm aus ermöglichen. Die Rechtsprechung bewertet daher umfangreiche elektronische AGB überaus kritisch.
- Bedingungen in Schutzhüllen- u. ä. Verträgen, die Benutzer erst nach Vertragsabschluß zur Kenntnis nehmen können, sind bereits nach § 305 II BGBM kein Vertragsbestandteil.
- Abdruck auf Rechnungen oder Lieferscheinen reicht nicht aus, wenn diese erst während der Vertragserfüllung übergeben werden.
- Alleinige Möglichkeit der Kenntnisnahme etwa durch AGB-Beifügung ohne Hinweis im Angebot ist ebenfalls nicht ausreichend.

ABG-Einbeziehung gegenüber Verbrauchern (2)

3. Einverständnis der anderen Vertragspartei (regelmäßig »konkludent« mit der Annahme erklärt; AGB des Annehmenden sind aber auch bei Erfüllung der obigen zwei Voraussetzungen nach § 150 II BGB neues Angebot).

Wie AGB gegenüber einem Unternehmer in den Vertrag einbezogen werden, ist in den Vorschriften über AGB nicht geregelt. Die Rechtsprechung nimmt die Einbeziehung an, wenn der Unternehmer wußte oder wissen mußte, daß der Vertragspartner seinen Verträgen regelmäßig AGB zugrunde legt, und ihm selbst die Kenntnisnahme möglich war.

AGB-Einbeziehung gegenüber Unternehmern

Sind AGB nicht in den Vertrag einbezogen worden oder unwirksam, bleibt der Vertrag nach § 306 BGBM im übrigen wirksam, wenn die sonstigen Voraussetzungen für das Zustandekommen nach §§ 145 ff BGB erfüllt sind. An Stelle der nicht einbezogenen (oder unwirksamen) Klauseln treten die entsprechenden gesetzlichen Regelungen (BGB, HGB, UrhG, MarkenG, TDG, BDSG, TDDSG u.a.).

Anstelle nicht einbezogener oder unwirksamer AGB gelten die gesetzlichen Regelungen!

Ein besonderes Problem sind sich widersprechende AGB der Vertragspartner, insbes. beiderseitige Abwehrklauseln. Die neuere Rechtsprechung geht dann davon aus, daß überhaupt keine AGB (ggf. nur die übereinstimmenden Klauseln) in den Vertrag einbezogen und statt ihrer die entsprechenden gesetzlichen Regelungen anzuwenden sind. Dies gilt allerdings nur, soweit jeder Partner ansonsten seine Zustimmung zum Vertrag äußert oder zeigt.

Auch sich widersprechende AGB hindern den Vertragsabschluß nicht!

2.3. Vorvertragliche Vertrauensbeziehung

Viele Informatiker nehmen an, daß ihnen Pflichten gegenüber Vertragspartnern erst durch einen Vertragsabschluß entstehen. Das führt teilweise zu nachlässigen und unkorrekten Vertragsgesprächen. Bisher hatte die Rechtsprechung dem mit einem gewohnheitsrechtlichen gesetzlichen Schuldverhältnis Rechnung getragen, das bereits durch die Aufnahme von Vertragsverhandlungen begründet wird. Nunmehr entsteht nach § 311 II BGBM dadurch ein rechtsgeschäftsähnliches Schuldverhältnis.

Bäckermeister X bemüht sich beim Software- und Hardwarehändler Y um eine Rechnerlösung für seine Bäckereiabrechnung mit dem Hinweis, daß er mit Computern überhaupt nicht vertraut sei. Y berät so, daß X ein völlig überdimensioniertes System von Y kauft.

Auch die Vertragsvorbereitung erfordert nach § 241 II BGBM besondere Rücksicht auf die Rechte, Rechtsgüter und Interessen des anderen Teils. Wesentliche Verhaltenspflichten sind:

- Schutzpflicht gegenüber Leben und Gesundheit des potentiellen Vertragspartners,
- Einhaltung bei Vertragsverhandlungen gegebener Zusagen,
- Geheimhaltung von Betriebsgeheimnissen,
- Aufklärungs- und Beratungspflichten.

Die schuldhafte Verletzung vorvertraglicher Pflichten wird als culpa in contrahendo (c.i.c.) bezeichnet. Soweit die Pflichtverletzung nicht durch das evtl. dennoch zustande gekommene Vertragsverhältnis egalisiert wird, haftet der Verletzer mit Schadensersatz.

Schadensersatz aus culpa in contrahendo:

- auf einen Vertragsabschluß gerichteter Kontakt
- Verletzung einer vorvertraglichen Pflicht
- Vertretenmüssen (§ 280 I S. 2 BGBM)
- Schädigung; keine Egalisierung durch Vertrag, falls dieser trotz vorvertraglicher Pflichtverletzung zustande gekommen ist
> Schadensersatz nach § 280 I S. 1 BGBM

(meist Ausgleich der im Vertrauen auf Verhalten des Verhandlungspartners umsonst getätigten Aufwendungen, im Extremfall Schadensersatz statt der Leistung – § 282 BGBM).

3. Vertragsbindung

Prinzip wie Normalität ist die Erfüllung: »pacta sunt servanda«.

Haben Hardwareverkäufer V und K die Lieferung eines Computers mit einer 0815-CPU vereinbart, so ist das Vertragsverhältnis beendet, wenn alle damit verbundenen Schuldverhältnisse (Übergabe, Eigentumsübertragung, Zahlung, Gewährleistung) erfüllt sind.

Dennoch kann ein abgeschlossener Vertrag rechtlich fehlerhaft sein, oder das Vertragsverhältnis kann unter definierten Voraussetzungen durch bestimmte Erklärungen der Partner beendet werden.

V kann bspw. bei der Preisangabe im Angebot irren. K kann Nacherfüllung fordern, wenn ein Speicherbaustein defekt ist.

Verträge sind zu erfüllen!

Andere Möglichkeiten der Vertragsbeendigung

3.1. Vertragsbeendigung

Nach § 362 I BGB erlischt das Schuldverhältnis durch Bewirken der geschuldeten Leistung an den Gläubiger. Erfaßt ist damit nicht das ganze Vertragsverhältnis, sondern das einzelne, eine Leistungspflicht begründende Schuldner-Gläubigerverhältnis.

Die gleiche Rechtsfolge wie die Erfüllung, nämlich das Erlöschen des Schuldverhältnisses, haben Erfüllungssurrogate. Von diesen sind die Annahme an Erfüllung Statt und die Aufrechnung im Informatiksektor praktisch.

Soweit die Voraussetzungen erfüllt sind, kann der Vertrag als Ganzes durch einseitige empfangsbedürftige Willenserklärung eines Partners aufgehoben werden. Auch von Informatikern erklärte Vertragsstornierungen haben allerdings im BGB keine Grundlage.

Gestaltungsrechte zur Vertragsbeendigung sind:

- Rücktritt
- Kündigung

Rücktritt vom Vertrag ist nur möglich, wenn ein besonderes Rücktrittsrecht in Vertrag oder Gesetz vorgesehen ist. Rücktritt zielt nach §§ 346 ff BGBM auf rückwirkende Aufhebung des Vertrags.

Schuldverhältnisse können durch Erfüllung oder durch Erfüllungssurrogate erlöschen

Vertragsbeendigung durch einseitige empfangsbedürftige Willenserklärung

Rücktritt

Schuldrechtliche Grundlagen

Kündigung
(s. Bürgerliches Recht)

Anders als der Rücktritt beendet die Kündigung das Vertragsverhältnis nur für die Zukunft. Das Recht auf Kündigung ist jetzt nicht mehr nur für einzelne Vertragstypen, sondern in § 314 BGBM generell für Dauerschuldverhältnisse (so Miet-, Dienst- und Werkvertrag bis zur Werkvollendung) beim Vorliegen eines wichtigen Grundes nach § 314 I S. 2 BGBM geregelt.

3.2. Nichtigkeit des Vertrags

In der Informatikpraxis resultierte die Nichtigkeit bisher nur in Einzelfällen aus Vertragsmängeln; weitere sind jedoch denkbar.

Nichtigkeit –
Voraussetzungen

Die Nichtigkeit eines Vertrags kann resultieren

- aus einem Verstoß gegen ein gesetzliches Verbot (§ 134 BGB)
- aus einem Verstoß gegen die guten Sitten (§ 138 I BGB)
- aus Nichteinhaltung gesetzlich vorgeschriebener Form (z.B. Schriftform), § 125 BGB

3.3. Anfechtbarkeit des Vertrags

Anfechtung von
Willenserklärungen

Auch das Privatrecht berücksichtigt, daß manche, aber nicht alle irrtümlich abgegebenen Willenserklärungen revidiert werden können: vor allem durch Anfechtung des Angebots oder der Annahme. In der Informatik wichtige Voraussetzungen und Folgen der Anfechtung zeigt die nebenstehende Übersicht.

Erklärungsirrtum

Unter den Anfechtungsgründen dominiert der Erklärungsirrtum nach § 119 I 2. Alt. BGB: Der Erklärende will die von ihm gewählten Zeichen nicht übermitteln, dafür aber andere.

Er verspricht (100.000 statt 10.000) oder vertippt sich (167 statt 176), verschickt einen Entwurf statt seines konsolidierten Textes per E-Mail oder fügt versehentlich einen falschen Textbaustein hinzu.

Anfechtung des Vertrages

Erheblicher Irrtum
§ 119 I BGB

Anfechtung kann nur unverzüglich nach Kenntnis des Anfechtungsgrundes erfolgen
§ 121 BGB

Erklärungs-irrtum bei	Inhalts-irrtum bei	Eigenschafts-irrtum bei	Fehlerhafte Übermittlung von
§ 119 I 2. Alt. BGB	§ 119 I 1. Alt. BGB	§ 119 II BGB	§ 120 BGB

Angebot oder Annahmeerklärung

➤ Irrender kann Vertrag anfechten

Anfechtung ist nur gegenüber Vertragspartner möglich
§ 143 I, II BGB

➤ Erfolgte Anfechtung:
Vertrag gilt als von Anfang an nichtig
§ 142 I BGB

➤ Anfechtender hat den Schaden zu ersetzen, der durch Vertrauen aus seine Erklärung entstanden ist
§ 122 I BGB

Inhaltsirrtum

Beim Inhaltsirrtum nach § 119 I 1. Alt. BGB will der Erklärende die gewählten Zeichen übermitteln, ordnet aber der daraus gebildeten Nachricht eine unzutreffende Bedeutung zu. Es versteht sich, daß hier im Streitfall der wirkliche Erklärungswille genau zu prüfen ist: Auslegung (§§ 133, 157 BGB) geht vor Anfechtung!

Nimmt also ein Softwareerwerber tatsächlich an, die Überlassung umfasse einen Up-to-date-Service, so ist er andernfalls zur Anfechtung berechtigt, muß dann aber mit Schadensersatzansprüchen des Überlassers rechnen.

Übermittlungsirrtum

Auch beim Übermittlungsirrtum nach § 120 BGB fallen wirklicher Wille des Anbietenden und tatsächlich Erklärtes (aus Empfängersicht – § 130 BGB!) auseinander, so daß die Rechtsfolgen mit denen der eben skizzierten Irrtümer übereinstimmen.

Nicht nur der Irrtum eines Boten, sondern bspw. auch Übertragungsfehler im Rechnernetz werden nach § 120 BGB den in § 119 BGB geregelten Irrtümern gleichgestellt. Irrtum des Vertreters fällt dagegen nach § 166 I BGB nicht unter die Voraussetzungen des § 120 BGB.

Eigenschaftsirrtum

Unter den Motivirrtümern, die grundsätzlich nicht zur Anfechtung berechtigen, bildet der Eigenschaftsirrtum nach § 119 II BGB die Ausnahme. Gemeint sind Eigenschaften, die nach Vertragszweck oder Verkehrsauffassung für den Vertragsabschluß wesentlich sind.

Zu den verkehrswesentlichen Eigenschaften zählen bspw. die informatischen Fähigkeiten des Auftragnehmers oder für die Preisbildung erhebliche Eigenschaften, nicht dagegen Wert oder Preis einer Sache (!) sowie interne Kalkulationen des Erklärenden. Folglich ermöglichen auch Unkorrektheiten in Dateien des Anbietenden keine Anfechtung (LG Frankfurt/M., CR 1997, 738). Verkehrswesentliche Eigenschaften, für die bereits die Sachmängelhaftung aus Kauf-, Werk- oder Mietvertrag beansprucht werden kann, sind einer Anfechtung nicht mehr zugänglich.

3.4. Geschäftsgrundlage

Ändern sich von den Vertragspartnern als Grundlage des Vertragsabschlusses eingeordnete Voraussetzungen gravierend, so hatte bisher die Rechtsprechung in Anwendung von § 242 BGB einen Anspruch auf Vertragsanpassung bejaht.

Wegfall der Geschäftsgrundlage – bisher Rechtsprechung

Systemanbieter S hat die Systembetreuung für den Kunden K übernommen, dessen Anwenderprogramme unter dem Betriebssystem U4 abgearbeitet werden. S schließt mit Entwickler E einen Vertrag über die Erarbeitung eines Programmsystems unter U4 für den Einsatz bei K ab. Nach Vertragsabschluß entscheidet sich K für das neu auf dem Markt angebotene Betriebssystem W2. S begehrt daher von E die Fertigstellung des Programmsystems unter W2.

Mit derartigen Änderungen des Geschäftsgrundlage im Informatikbereich mußten sich Gerichte selten befassen. Problem und Konsequenzen sind jetzt in § 313 BGBM statuiert. Damit und mit Vertiefung der IuKT dürfte der Rechtsbehelf vom »Wegfall der Geschäftsgrundlage« auch hier wichtiger werden. Die neue Kodifizierung (»Störung der Geschäftsgrundlage«) sollte insbes. zur vertraglichen Fixierung der Geschäftsgrundlage anregen, so die Abhängigkeit von anderen IuKT-Projekten und die Kalkulationsgrundlagen.

Wegfall der Geschäftsgrundlage – jetzt § 313 BGBM

Wegfall der Geschäftsgrundlage (§ 313 BGBM):

- objektive Geschäftsgrundlage: schwerwiegende Veränderung von Umständen, die Vertragsgrundlage geworden sind (I), oder
- subjektive Geschäftsgrundlage: wesentliche Vorstellungen, die Vertragsgrundlage geworden sind, stellen sich als falsch heraus (II);
- jeweils nach Vertragsabschluß (I, II);
- Parteien hätten Vertrag nicht oder mit anderen Inhalten abgeschlossen, wenn sie Änderung vorausgesehen (I) oder richtige Vorstellungen gehabt hätten (II);
- Festhalten am Vertrag ist für einen Teil unter Berücksichtigung aller Umstände des Einzelfalls – insbes. der vertraglichen oder gesetzlichen Risikoverteilung – unzumutbar (I, II).
- ➤ grundsätzlich Anspruch auf Vertragsanpassung (III);
- ➤ falls Anpassung nicht möglich oder nicht zumutbar, Rücktritt oder – bei Dauerschuldverhältnissen – Kündigung (III).

Anspruch

4. Vertragsinhalt

Für fast alle Verträge, auch im Informatiksektor, treffen allgemeine Zuordnungen und Normen zu, die nachfolgend skizziert werden.

4.1. Hauptpflichten und Nebenpflichten

Leistungspflichten

Jedes Schuldverhältnis begründet Leistungspflichten (§ 241 I BGBM), die Haupt- oder Nebenpflichten sein können. Hauptpflichten betreffen die Leistungen, deren Erbringung aus Sicht der Vertragspartner der eigentliche Zweck des Schuldverhältnisses ist.

So ist die Erstellung des vereinbarten Produkts Hauptpflicht des Auftragnehmers beim Vertrag über Multimediaentwicklung; Abnahme und Bezahlung sind Hauptpflichten des Auftraggebers.

Für Hauptpflichten ergeben sich folgende Konsequenzen:

Hauptpflichten – Konsequenzen

- bei Vertragsabschluß ist zumindest Einigung über ihre Bestimmbarkeit erforderlich;
- Abhängigkeitsverhältnis bei gegenseitigen Verträgen (dazu zählen die informatisch wichtigen Verträge);
- Unwirksamkeit eines Haftungsausschlusses in AGB bereits für leichte Fahrlässigkeit nach § 307 BGBM (s. 9.);
- Einrede des nichterfüllten Vertrags nach § 320 BGB möglich (bei nichterbrachter Vorleistung).

Bei vereinbarter Spezifikationserstellung durch den Auftraggeber ist z.B. kein Verzug des Programmentwicklers gegeben, wenn er die Spezifikation nicht erhält.

Nebenpflichten

Nebenpflichten unterstützen die vertragsgerechte Erfüllung durch Vorbereitung, Durchführung und Sicherung der Hauptpflichten.

Ordnungsgemäße Hardwareverpackung ist bspw. unselbständige Nebenpflicht, Leihverpackungsrückgabe selbständige Nebenpflicht.

Leistung nach Treu und Glauben

Wohlverhaltenspflichten

Soweit Nebenpflichten nicht aus Vertrag oder ausnahmsweise aus Gesetz (z.B. § 618 BGB; § 5 BDSG) folgen, resultieren sie aus der Anwendung des § 242 BGB auf Hauptpflichten oder aus der nach § 241 II BGBM gebotenen »Rücksicht auf die Rechte, Rechtsgüter und Interessen des anderen Teils«. Auch ohne Anknüpfung an Leistungspflichten können so im Informatikbereich Pflichten bestehen zur Beratung oder zur Zusammenarbeit.

4.2. Leistungsmodalitäten

Folgende dispositive BGB-Normen über Leistungsmodalitäten sind für Verträge im Informatiksektor wesentlich:

- Umfang der Leistung (§ 266 BGB)
- Ort der Leistung (§§ 269 f BGB)
- Zeit der Leistung (§ 271 BGB)

Art und Weise der Leistung (s. Bürgerliches Recht)

4.3. Gattungs- und Stückschuld

Auch für einige informatische Leistungen ist die Unterscheidung zwischen Gattungs- und Speziesschuld wichtig (§§ 276 I BGBM – marktbezogene Gattungsschuld impliziert vom Schuldner zu vertretendes Beschaffungsrisiko , 300 II, 524 II BGB; 373 ff HGB).

Unterscheidung zwischen
- *Gattungsschuld*
- *Speziesschuld*

Gattungsschuld setzt voraus, daß die Leistung einer Sache geschuldet wird, und beinhaltet die Verpflichtung zur Leistung einer nur nach allgemeinen Merkmalen bestimmten Sache. Analoge Anwendung des § 243 BGB auf Dienst- und Werkleistung, Gebrauchsüberlassung und Rechteverschaffung ist möglich.

Gattungsschuld § 243 BGB

Man kauft einen Computer mit 1234-Prozessor und x MB RAM.

Unter Speziesschuld oder Stückschuld ist die Verpflichtung zur Leistung einer individuell (genau) bestimmten Sache zu verstehen.

Speziesschuld

Man kauft bspw. Hardware mit der Seriennummer ...

Der rechtlich wesentliche Unterschied zwischen Stück- und Gattungsschuld besteht darin, daß bei ersterer die Leistungspflicht auf die individuell bestimmte Sache beschränkt ist. Dagegen impliziert Gattungsschuld ggf. eine Beschaffungspflicht, denn der Schuldner trägt nach § 276 I BGBM das Beschaffungsrisiko. Verwirrung herrscht darüber, ob Softwareüberlassung Gattungsschuld sei.

Softwareüberlassung – Gattungsschuld? (s. drittes Kapitel, 3.2.)

4.4. Geldschuld

Verträge im Informatiksektor sind überwiegend entgeltliche Verträge. Wichtige Normenkomplexe zu Geldschulden betreffen:

- die Regelung des Zahlungsortes (§ 270 BGB)
- die Bestimmungen zur Aufrechnung (§§ 387 BGB)

Zahlungsort Aufrechnung (s. Bürgerliches Recht)

5. Informatisch relevante Vertragsarten

Vertrag »sui generis« wird selten erarbeitet

Die Vertragstypen des BGB (§§ 433 ff) sind keine zwingenden Vorgaben: Die Partner können für ihr spezielles Rechtsverhältnis einen spezifischen Vertrag »sui generis« ohne Beachtung der BGB-Vertragsregelungen gestalten. In der Informatik wird diese Möglichkeit selten genutzt.

Dispositive BGB-Normen

Soweit eine der BGB-Typen gewählt oder für die Hauptpflichten zutreffend ist, steht es den Vertragspartnern frei, die im BGB normierten Rechte und Pflichten zu modifizieren und zu erweitern. Die Vereinbarungen haben dann Vorrang. Ausnahmen bilden einerseits wenige zwingende Normen wie §§ 444 BGBM zur Nichtigkeit einer Haftungsbeschränkung für Mängel, wenn der Verkäufer den zur Gewährleistung verpflichtenden Mangel arglistig verschweigt.

AGB sind häufig

Auch Benutzer von Informatikprodukten sollten AGB »verstehen«

Die zweite Fallgruppe ist in der Informatik typisch. Zwar werden AGB meist nur durch eine Seite verwendet, nämlich durch die Erbringer der Informatikleistungen. Möglichkeiten und Konsequenzen der Gestaltung sind jedoch ein wichtiges Argument auch für die Benutzer, sich mit dem Vertragsrecht vertraut zu machen.

Wichtige BGB-Vertragstypen im Informatiksektor

Die BGB-Vertragsbezeichnungen werden in der Informatik oft nicht verwendet. Jedoch verweisen Rechtsprechung oder Pflichtenkonstellationen für unterschiedliche Voraussetzungen auf verschiedene BGB-Vertragstypen, die teilweise auch kombiniert werden:

- Kaufvertrag – z.B. Hardwarekauf; Überlassung von Informatik-Produkten auf Dauer gegen Einmalentgelt; Update-, Patches-, Upgrade-Lieferungen
- Werkvertrag – z.B. Entwicklung (von Teilen, auch Spezifikation), Installation, Erweiterung / Aktualisierung eines Informatik-Produkts; Website-Erarbeitung; Gutachtenerstellung; Werbemaßnahmen; Hardware-Wartung; Rechenzentrums-Errichtung
- Mietvertrag – z.B. befristete Überlassung von Hardware und Informatik-Produkten (auch Leasing); Webhosting – befristete Überlassung von Speicherplatz oder Software; zunehmend Application Service Providing (ASP)

- Dienstvertrag – z.B. Arbeitsvertrag; Beratung; Schulung; Tätigkeit als Datenschutzbeauftragter; Entwicklungstätigkeit ausschließlich nach Weisung des Auftraggebers; Access-Providing; Webhosting – Netzverfügbarkeit; Informationsbereitstellung

5.1. Kaufvertrag

Rechtsgrundlagen sind bei Anwendung deutschen Rechts:
- die §§ 373 ff HGB über den Handelskauf (im Geltungsbereich des HGB), die nur wenige Aspekte regeln,
- die §§ 433 ff BGBM über den Kauf,
- ergänzend die allgemeinen HGB/BGB-Bestimmungen sowie
- Regelungen in Einzelgesetzen (wie ProdHaftG).

Handelskauf (s. Handelsrecht)

Kauf (s. Bürgerliches Recht)

Die Bundesrepublik Deutschland ist Mitglied der UNKK (CISG). Diese Konvention wird auf den internationalen Warenkauf im Rahmen ihres Geltungsbereichs (insbes. mit Partnern aus anderen Mitgliedsstaaten) angewendet. Internationale Warenkäufe außerhalb des UNKK-Geltungsbereichs und andere Kaufverträge mit Ausländern werden, soweit das maßgebende Kollisionsrecht auf deutsches Recht verweist, nach den o.g. Rechtsgrundlagen beurteilt.

UN-Kaufrechtskonvention

Das BGB-Kaufrecht entsprach bisher nicht den heutigen globalen Verhältnissen in Wirtschaft und Kommunikation. Auch deshalb wurden die §§ 433 ff BGB in der Informatikpraxis häufig durch abweichende Vertragsvereinbarungen und AGB verdrängt. Am Prinzip der AGB-Einbeziehung (s. 9.) wird sich nichts ändern, wenngleich hier insbes. die Regelungen für den Verbrauchsgüterkauf neue Grenzen setzen.

Die BGB-Regelung erfaßt nach §§ 433, 453 BGBM den Sach- wie den Rechtskauf. Erforderlich ist folglich eine Einigung über Kaufgegenstand und Preis, wobei die Bestimmbarkeit nach Art, Umfang und Höhe genügt. Der Sachkauf basiert auf der Legaldefinition des § 90 BGB.

Voraussetzungen für den Kaufvertrag

Offensichtlich zählt Hardware dazu. Für Software sei zunächst nur auf eine notwendige Sacheigenschaft hingewiesen: die Materialisierung im Arbeitsspeicher zum Zweck der Abarbeitung.

Schuldrechtliche Grundlagen

Verkäuferpflichten beim Sachkauf

Verkäuferpflichten beim Sachkauf sind nach § 433 I BGBM:
- ➤ Übergabe der Sache,
- ➤ Verschaffung des Eigentumsrechts an der Sache und
- ➤ Verschaffung der Sache frei von Sach- und Rechtsmängeln.

Übergabe

Übergabe der Sache:
- bedeutet im Sinne des BGB Verschaffung des unmittelbaren körperlichen Besitzes (§ 854 BGB),
- hat am Leistungsort nach § 269 zu erfolgen: Soweit vertraglich nicht anders vereinbart, ist die Sache dem Käufer oder einem von ihm beauftragten Dritten am Schuldnersitz zu übergeben.

Verpflichtungsgeschäft und Verfügungsgeschäft (s. Bürgerliches Recht)

Die Eigentumsverschaffung betrifft zunächst (nur) das sog. Verpflichtungsgeschäft: die Pflicht des Verkäufers, alle zur Eigentumsübertragung erforderlichen Handlungen vorzunehmen. Der Eigentumsübergang (das sog. Verfügungsgeschäft) vollzieht sich nach anderen Regeln (s. insbes. §§ 929-931 BGB).

Weitere Hauptpflicht des Verkäufers ist nach § 433 I S. 2 BGBM die Verschaffung des Kaufgegenstandes frei von Sach- und Rechtsmängeln. Lieferung einer mangelhaften Kaufsache ist damit keine Erfüllung; der Verkäufer haftet ggf. nach §§ 280 ff BGBM.

Rechtsmängel

Die Sache ist nach § 435 BGBM frei von Rechtsmängeln, wenn Dritte keine auf die Kaufsache bezogenen oder nur die im Vertrag bestimmten Rechte gegen den Käufer geltend machen können.

Die Kaufsache darf also bspw. nicht verpfändet, vermietet oder durch das Urheberrecht eines Dritten derart geschützt sein, daß dieser der Benutzung entgegentreten kann.

Gravierende Änderung der Haftung für Mängel – s. 7.3

Für Sach- und Rechtsmängel haftet der Verkäufer nach § 437 BGBM. Zentraler Anspruch ist verschuldensunabhängig die Nacherfüllung nach § 439 BGBM, untersetzt durch nachrangige Rechte (Rücktritt, Minderung, Schadensersatz, Aufwendungsersatz).

Käuferpflichten

Käuferpflichten sind nach § 433 II BGB:
- Kaufpreiszahlung und
- Abnahme der gekauften Sache.

Kaufpreiszahlung

Ort, Zeit und weitere Bedingungen der Zahlung werden regelmäßig im Vertrag vereinbart. Daraus ergibt sich häufig die Vorleistungspflicht eines Vertragspartners. Sonst ist der Kaufpreis Zug um Zug gegen Übereignung der Kaufsache zu zahlen (§ 320 BGB).

Abnahme bedeutet hier tatsächliche körperliche Entgegennahme der Kaufsache. Rechtscharakter und differenzierte Verletzungsfolgen resultieren aus der Doppelstellung des Käufers:

Abnahme der Kaufsache

- Der Käufer ist Gläubiger der Übergabeverpflichtung des Verkäufers und Schuldner der Abnahme.
- Er haftet aus Gläubigerverzug (§§ 293 ff BGB), wenn er die angebotene Kaufsache nicht annimmt, und mit Verzugsschadensersatz bei Verzug mit der Abnahme.

Gravierende Änderungen beinhalten auch die neuen Regelungen der §§ 474 – 479 BGBM zum Verbrauchsgüterkauf, die die EG-Richtlinie zum Verbrauchsgüterkauf vom 25. Mai 1999 umsetzen. Sie gelten nach § 474 I BGBM ergänzend zu den allgemeinen Kaufrechtsbestimmungen für den Kauf von beweglichen Sachen durch einen Verbraucher von einem Unternehmer und sind damit im konventionellen Informatiksektor ebenso wie im elektronischen Geschäftsverkehr zu beachten.

Verbrauchsgüterkauf betrifft auch den Informatiksektor

Käufe zwischen Verbrauchern oder zwischen Unternehmern sowie Verkäufe von einem Verbraucher an einen Unternehmer werden folglich nicht von den §§ 474 ff BGBM erfaßt. Allerdings können bei Kaufverträgen zwischen Unternehmern Regreßforderungen nach § 478 BGBM mit Bezug auf weitere Sonderregelungen des Verbrauchsgüterkaufs entstehen, wenn die Kaufsache letztlich an einen Verbraucher verkauft wurde.

Regreß in der Lieferkette

Die weiteren Bestimmungen zum Verbrauchsgüterkauf betreffen:

- die Unabdingbarkeit der Hauptpflichten, der Rechte aus Mängeln und der weiteren Sonderbestimmungen des Verbrauchsgüterkaufs zum Nachteil des Verbrauchers nach § 475 I BGBM; die §§ 433 – 435, 437, 439 – 443, 474 – 477 BGBM sind zwingende Normen zugunsten des Käufers. Eine Ausnahme gilt nach § 475 III BGBM lediglich für Schadensersatzansprüche des Käufers.

Unabdingbarkeit zum Nachteil des Käufers

- die Unabdingbarkeit der zweijährigen Verjährungsfrist für Mängelansprüche bei neuen und einer einjährigen Verjährungsfrist bei gebrauchten Waren zum Nachteil des Verbrauchers nach § 475 II BGBM (s. 8.2.).

Keine Verkürzung der Verjährungsfrist für Mängelansprüche

34   *Schuldrechtliche Grundlagen*

Beweislastumkehr für Mängel
- die Beweislastumkehr für innerhalb von sechs Monaten nach Gefahrübergang auftretende Mängel nach § 476 BGBM (s. 7.2.): Grundsätzlich muß dann der Verkäufer nachweisen, daß die Kaufsache bei Gefahrübergang nicht mangelhaft war, wenn er für den Mangel nicht einstehen will.

§ 477 BGBM: Anforderungen an den Inhalt der Garantieerklärung
- formelle Anforderungen an Garantieerklärungen nach § 477 BGBM, deren Verletzung durch den Verkäufer die Garantieansprüche des Käufers aber nicht einschränken.

5.2. Werkvertrag

Wesen des Werkvertrages

Der Werkvertrag ist ein entgeltlicher, auf Herstellung eines Werkes gerichteter gegenseitiger Vertrag zwischen Unternehmer (Hersteller, Entwickler, Auftragnehmer) und Besteller (Auftraggeber).

Gegenstand kann nach § 631 II BGB sowohl Herstellung wie Veränderung einer Sache sein, als auch ein anderer, durch lebendige Arbeit erreichbarer Erfolg (selbst wenn dieser ggf. flüchtig ist). Der zu bewirkende Erfolg ist auch Abgrenzungskriterium zu anderen Vertragstypen, die ebenfalls Arbeit voraussetzen. So wird beim Dienstvertrag (nur) Arbeitseinsatz geschuldet. Oft ist die Abgrenzung schwierig, zumal Tätigkeit und durch sie bewirkter Erfolg eng zusammenhängen können. Auch Mischformen sind praktisch.

Zu bewirkender Erfolg

Wird bspw. ein Informatiker zur Beratung als Datenschutzbeauftragter (=Dienstvertrag) verpflichtet sowie zur Gutachtenanfertigung über konkrete Datenschutzmaßnahmen (=Werkvertrag), sind Dienst- und Werkvertragsnormen kombiniert anzuwenden.

Werklieferungsverträge (s. Bürgerliches Recht)

Abgrenzungsschwierigkeiten können sich auch zwischen Werk- und Kaufvertrag ergeben, insbes. wenn Werkherstellung (speziell einer Sache) mit Lieferung verbunden ist und das Material im wesentlichen vom Hersteller gestellt wird: Werklieferungsverträge. Für diese ist die rechtliche Einordnung mit § 651 BGBM derart geändert, daß die Konsequenzen für den Informatiksektor noch nicht abschließend geklärt sind und wiederum die Vertragsgestaltung besonderer Aufmerksamkeit bedarf.

Für Werklieferungsverträge über vertretbare Sachen (§ 91 BGB) gilt nach § 651 S. 3 i.V.m. S. 1 BGBM uneingeschränkt Kaufrecht. Im Informatiksektor betrifft dies Hardware, die als Serienware aus der Produktion des Herstellers zu liefern ist.

Handelt es sich dagegen um Werklieferungsverträge über nicht vertretbare, bewegliche Sachen, gilt für einige der wesentlichen Rechte und Pflichten wiederum nach § 651 S. 3 BGBM Werkvertragsrecht. Das trifft aber insbes. nicht für die Abnahme zu.

Werklieferungsverträge über nicht vertretbare, bewegliche Sachen

Zur Einordnung der Softwareentwicklung als Werkvertrag oder als Werklieferungsvertrag über eine nicht vertretbare Sache ist lange gestritten worden. Mit einer im Oktober 2001 gefällten Entscheidung (JurPC Web-Dok. 252/2001) hat der BGH zuletzt die Erbringung von individuellen Programmierleistungen als reinen Werkvertrag und nicht als Werklieferungsvertrag nach § 651 BGBalt eingeordnet. Allerdings betraf die Entscheidung Entwicklungsleistungen an einer vom Auftraggeber gestellten Software.

BGH-Positionierung?

Es bleibt abzuwarten, ob die Rechtsprechung der BGH-Entscheidung auch für die Entwicklung von Software und anderen Informatikprodukten folgen wird. Die Betonung der individuellen Programmierleistung, im eigentlichen die erfolgsbezogene Know-how-Erarbeitung und -Verfügbarmachung sprechen für die Anwendung des Werkvertragsrechts.

Einordnung der Entwicklung von Software und von anderen Informatikprodukten nach § 651 BGBM ist ungeklärt

Hauptpflicht des Unternehmers ist die Werkherstellung. Die Maßgaben des § 631 BGB und die in § 633 II BGBM vorgegebenen Beschaffenheitskriterien – Anknüpfung für die Gewährleistungsverpflichtung – setzen ein vom Unternehmer dem Besteller gegebenes Versprechen voraus. Wie dieses zu erfolgen hat, regelt das BGB nicht. Besteller sind bereits hier vor extensiver Interpretation (»der Entwickler muß doch wissen, was informatisch erforderlich ist«) zu warnen. Grundsätzlich schuldet der Entwickler nur Umsetzung der vereinbarten Aufgabenstellung, wie Gerichte gerade für Werk- und Werklieferungsverträge der Informatik mehrfach bestätigt haben.

Werkherstellung

Weitere Hauptpflicht des Unternehmers ist nach § 633 I BGBM die Verschaffung des Werkes frei von Sach- und Rechtsmängeln. Das Werk ist nach § 633 III BGBM frei von Rechtsmängeln, wenn Dritte keine auf das Werk bezogenen oder nur die im Vertrag bestimmten Rechte gegen den Besteller geltend machen können.

Rechtsmängel

Beispiele: Entwickler bezieht Programmkomponenten eines Dritten oder ein Datenbankprodukt in sein Produkt ein, das ein Dritter hergestellt hat, ohne deren Zustimmung.

Schuldrechtliche Grundlagen

Angleichung der Haftung für Mängel beim Kaufrecht –
s. 7.3

Für Sach- und Rechtsmängel haftet der Unternehmer nach § 634 BGBM. Die Mängelhaftung entspricht weitgehend der des modernisierten Kaufrechts und der des bisherigen Werkvertragsrechts.

Mögliche Nebenpflichten ergeben sich meist aus den vertraglichen Vereinbarungen, aber auch aus § 242 BGB und § 241 II BGBM:

- Informations- und Aufklärungspflichten;
- Kostenschätzung;
- Schutz- und Sicherungspflichten für Gesundheit, Gegenstände und weitere Objekte wie Daten und Programme des Bestellers.

Hauptpflichten des Bestellers sind:

Hauptpflichten des Bestellers

Zahlung

- die Bezahlung einer Vergütung und
- die Abnahme des mangelfreien Werkes.

Die Zahlungspflicht resultiert aus § 631 I BGB. Bei fehlender Vereinbarung ergibt sich nach § 632 BGB in der Informatik regelmäßig, daß der Besteller die übliche Vergütung zu entrichten hat. Soweit nicht anders vereinbart folgt die Fälligkeit aus § 641 I BGB.

Abnahme

Die Abnahme nach § 640 BGB ist weitere Hauptpflicht des Bestellers. Soweit diese nach der Werkbeschaffenheit ausnahmsweise ausgeschlossen ist, tritt die Vollendung des Werkes nach § 646 BGB an die Stelle der Abnahme. In der Informatik trifft das für regelmäßige Hardware-Wartung zu. Anders als im Kaufrecht umfaßt die Abnahme beim Werkvertrag:

Abnahme – Handlungen

- die körperliche Entgegennahme, soweit diese überhaupt für die Werkart erforderlich ist, und
- die Billigung des Werkes als im wesentlichen vertragsgemäße Erfüllung, die auch stillschweigend erfolgen kann (z.B. durch Ingebrauchnahme oder Zahlung der Vergütung).

Abnahme mängelbehafteter Werkleistung

Dieser Doppelcharakter (Abnahmepflicht und Recht zur Prüfung vertragsgemäßer Erfüllung) sollte Auftraggeber im Informatiksektor derzeit zur vertraglichen Einordnung vereinbarter Entwicklungsleistungen als Werkvertrag veranlassen. Denn der Besteller ist zur Abnahme nur verpflichtet, wenn ihm »das vertragsmäßig hergestellte Werk« übergeben wurde. Eine mit wesentlichen Mängeln behaftete Leistung muß er nicht abnehmen; er behält dann seinen Erfüllungsanspruch aus § 631 I BGB. In derartigen Fällen steht ihm aber die Abnahme frei. Nimmt er ab, muß er sich jedoch nach § 640 II BGB für die erkannten Mängel durchsetzbare Gewährleistungsansprüche ausdrücklich vorbehalten.

Die Abnahme ist der zentrale Wendepunkt im Werkvertragsrecht:
- Der Erfüllungsanspruch des Bestellers erlischt; die Phase möglicher Gewährleistung beginnt.
- Die Vergütung wird fällig.
- Die Vergütungsgefahr geht nach § 644 BGB auf den Besteller über.
- Das Kündigungsrecht des Bestellers nach § 649 BGB erlischt.

Abnahme – Konsequenzen

Der Besteller ist nämlich nach § 649 BGB bis zur Werkfertigstellung ohne Angabe von Gründen und ohne Fristsetzung jederzeit zur Kündigung des Werkvertrags berechtigt. Praktisch wird er dies tun, falls er die Sinnlosigkeit der vereinbarten Aufgabenstellung erkennt und keine Vertragsänderung gelingt. Allerdings muß er dann die vereinbarte Vergütung zahlen abzüglich der durch die Vertragsaufhebung vom Unternehmer eingesparten Aufwendungen.

Kündigungsrecht des Bestellers bis Werkfertigstellung

Oft ist zur Werkherstellung die Mitwirkung des Bestellers erforderlich, deren vertragliche Vereinbarung nachdrücklich zu empfehlen ist.

Mitwirkung des Bestellers

Beispiele: Testdatenbereitstellung, Mitteilung von Einsatzparametern und anderen Informationen zur Anwendungsumgebung oder Teilnahme von Mitarbeitern des Bestellers an der Entwicklung.

Unterläßt der Besteller eine solche Mitwirkung, so kann er nicht nur in Annahmeverzug geraten. Zusätzlich steht dem Unternehmer dann nach § 642 f BGB eine angemessene Entschädigung zu, und dieser kann den Vertrag nach ergebnislosem Verstreichen gesetzter, angemessener Frist mit Kündigungsandrohung kündigen.

5.3. Mietvertrag

Der Mietvertrag ist ein auf entgeltliche, zeitweise Gebrauchsüberlassung einer Sache gerichteter gegenseitiger Vertrag zwischen Vermieter und Mieter. Gegenstand kann jede bewegliche oder unbewegliche Sache (§ 90 BGB) sein. Anders als bei Grundstücken, Räumen und Wohnungen bestehen für die in der Informatik praktizierte Miete von Hardware und Software kaum Sondervorschriften.

Wesen des Mietvertrages (s. Bürgerliches Recht)

Auch das für Wohnräume wichtige Mietrechtsreformgesetz von 2001 führte für den Informatiksektor im wesentlichen nur zu (redaktionellen Änderungen und) übersichtlicheren Vorschriften, die Schuldrechtsmodernisierung zu begrifflichen Anpassungen.

Vermieterpflichten

Wesentliche Vermieterpflichten sind:

- Gebrauchsverschaffung an der Mietsache und ungestörte Gebrauchsgewährung während der Mietzeit (§§ 535 I S. 1 BGB),
- Erhalt des Zustands der Mietsache für vertragsgemäßen Gebrauch (§ 535 I S. 2 BGB),
- Gewährleistung bei Sach- und Rechtsmängeln der Mietsache (§§ 536 – 536d BGB).

Mieterpflichten

Im Informatiksektor wichtige Mieterpflichten sind:

- Zahlung der Miete (§§ 535 II BGB),
- Anzeige von eventuellen Mängeln (§ 536c BGB),
- Unterlassung vertragswidrigen Gebrauchs (§ 541 BGB),
- Rückgabe der Mietsache in ordnungsgemäßem Zustand nach Beendigung der Mietzeit (§ 546 BGB).

Beendigung des Mietverhältnisses

Das Mietverhältnis kann beendet werden durch:

- Aufhebungsvertrag zwischen Vermieter und Mieter,
- Zeitablauf bei befristetem Mietvertrag (§ 542 II BGB – mit Verlängerungsmöglichkeit nach § 545 BGB),
- ordentliche Kündigung bei auf unbestimmte Zeit abgeschlossenen Mietverträgen (§ 542 I BGB) unter Einhaltung unterschiedlicher Kündigungsfristen, die sich im Informatikbereich aus § 580a BGB ergeben,
- außerordentliche Kündigung nach §§ 540 I S. 2, 543 BGB.

Für die außerordentliche fristlose Kündigung durch den Vermieter ist im Informatiksektor der Verzug mit der Mietzahlung nach § 543 I, II Nr. 3 BGB wichtig. Von den Mieterrechten sind die außerordentliche fristlose Kündigung wegen Nichtgewährung des Gebrauchs nach § 543 I, II Nr. 1 BGB und die außerordentliche Kündigung bei Verweigerung der Weitervermietungserlaubnis nach § 540 I S. 2 BGB bedeutsam.

5.4. Dienstvertrag

Charakteristikum ist die entgeltliche Leistung von Diensten durch den Dienstverpflichteten gegenüber dem Dienstberechtigten. Gegenstand können nach § 611 II BGB Dienste jeder Art sein:

- die unselbständige Tätigkeit des weisungsgebundenen und sozial abhängigen Arbeitnehmers, für die zusätzlich zu den §§ 611 ff BGB zahlreiche Sonderregelungen gelten;
- einmalige Tätigkeit, wie Schulung zu einem vereinbarten Thema oder Beratung über mögliche Vertragspartner oder Komponenten von Informationstechnologien;
- auf Dauer angelegte Tätigkeit, z.b. Datenschutzbeauftragter.

Wesen des Dienstvertrages

Prägnant: Teschke-Bährle, Arbeitsrecht – schnell erfaßt

Umfang und Art der geschuldeten Tätigkeit ergeben sich primär aus der vertraglichen Vereinbarung, können aber auch aus der vereinbarten Aufgabe folgen. So wird die Tätigkeit des Datenschutzbeauftragten durch § 4g BDSG normiert.

BDSG – s. fünftes Kapitel

Der Dienstverpflichtete hat:

- die versprochenen Dienste nach § 611 I BGB so zu leisten, wie das vertraglich vereinbart ist;
- dies nach § 613 BGB beim Fehlen anderweitiger Vereinbarung persönlich zu tun, (ist ein Unternehmen verpflichtet, setzt also die beabsichtigte Einbeziehung Dritter in die Diensteerbringung eine entsprechende Vereinbarung voraus);
- Nebenpflichten zu erfüllen (Treuepflichten aus § 242 BGB, in der Informatik auch Geheimnisschutzpflichten aus §§ 17 f UWG und § 5 BDSG).

Pflichten des Dienstverpflichteten

Der Dienstberechtigte hat:

- die vereinbarte Vergütung nach § 611 I BGB zu zahlen, die beim Fehlen anderweitiger Vereinbarung gem. § 614 BGB nach Leistung der Dienste oder nach Ablauf vereinbarter Zeitabschnitte fällig wird;
- Schutz- und Fürsorgepflichten nach §§ 617 ff BGB und weitere Nebenpflichten aus § 242 BGB zu erfüllen.

Pflichten des Dienstberechtigten

Möglichkeiten zur Beendigung sind:

- Aufhebungsvertrag zwischen den Vertragspartnern;

Beendigung des Dienstverhältnisses (1)

Beendigung des Dienstverhältnisses (2)

- Erfüllung durch beide Partner nach § 362 BGB, wenn der Dienstvertrag nicht auf Dauer angelegt ist;
- Zeitablauf nach § 620 I BGB;
- ordentliche Kündigung, für die sich die Kündigungsfristen beim Fehlen anderweitiger Vereinbarung aus § 621 BGB ergeben;
- außerordentliche, fristlose Kündigung beim Vorliegen eines wichtigen Grundes nach § 626 BGB, der die Fortsetzung des Dienstverhältnisses unzumutbar macht.

5.5. Leasing

Leasing – praktische Bedeutung

Wie in anderen Wirtschaftsbereichen umfaßt Leasing auch im Informatiksektor einen nach Anzahl und Umsatzhöhe beachtlichen Teil der Verträge, nämlich für Hardware und Software.

Leasing – modifizierte Miete

Gesetzlich ist der Typ des Leasingvertrags nicht geregelt. Trotz zahlreicher Detailabweichungen in den praktisch immer einbezogenen AGB nimmt die Rechtsprechung eine Einordnung als modifizierter Mietvertrag vor. Vertragspartner sind der Leasinggeber (Vermieter) und der Leasingnehmer (Mieter). Das Leasinggut ist die Mietsache, und die Leasingrate tritt an die Stelle des Mietzinses. Dominierende Formen sind das Operating-Leasing und das Finanzierungs-Leasing.

Operating-Leasing

Beim Operating-Leasing will der Leasinggeber das Leasinggut mehrfach gewinnbringend einsetzen. Daher wird entweder nur eine kurze Grundmietzeit vereinbart oder die ordentliche Kündigung durch den Leasingnehmer erleichtert. Dieser kann so kurzfristig entscheiden, ob er das Leasinggut weiter gebrauchen will.

Finanzierungs-Leasing: Modifikation von Miete und Kauf

Beim Finanzierungs-Leasing agiert der Leasinggeber als Finanzier. Er kauft das Leasinggut vom Hersteller oder Händler und überläßt es dem Leasingnehmer gegen Zahlung der Leasingraten zeitweise zum Gebrauch. Die Abnahmepflicht aus dem Kaufvertrag obliegt dem Leasingnehmer, und er nimmt Verzugs- und Gewährleistungsansprüche aus dem Kaufvertrag wahr. Bei Hardware wird er häufig zum Abschluß eines Wartungsvertrages, verschiedentlich mit dem Hersteller, und einer Versicherung des Leasinggutes verpflichtet.

Kaufoption bei Leasingbeendigung

Oft wird für das Ende der Gebrauchsüberlassung eine Kaufoption des Leasingnehmers vereinbart. Für den Erwerb des Leasinggutes gegen die vereinbarte Abschlußzahlung gilt dann Kaufrecht.

6. Vertragliche Haftung

Normalität sollte auch im Informatikbereich die pflichtgemäße Leistungserbringung des jeweiligen Schuldners sein. Dennoch können bei der Vertragserfüllung Störungen auftreten. Voraussetzungen und Ansprüche folgen auch in der Informatik im wesentlichen dem BGB-Schuldrecht. Das zeigt die nachfolgende Übersicht.

<small>Normalität – Erfüllung durch Leistung</small>

<small>Nichtgehörige Erfüllung: BGB-Schuldrecht</small>

6.1. Verantwortlichkeit des Schuldners

Das BGB geht allgemein vom sog. Verschuldensprinzip aus. Denn nach § 276 I BGBM hat der Schuldner – sofern anderes weder bestimmt (durch Gesetz oder Vertrag), noch aus dem sonstigen Inhalt des Schuldverhältnisses zu entnehmen ist – zu vertreten:

- Vorsatz – Wissen und Wollen des rechtswidrigen Erfolgs;
- Fahrlässigkeit – nach § 276 II BGBM Außerachtlassen der im Verkehr erforderlichen (nicht etwa der üblichen) Sorgfalt.

Einige der Ausnahmen vom Verschuldensprinzip im BGB-Schuldrecht werden in den nächsten Abschnitten skizziert.

<small>Verschuldensprinzip</small>

<small>Vorsatz</small>

<small>Fahrlässigkeit</small>

6.2 Verantwortlichkeit für Erfüllungsgehilfen

Der Schuldner haftet nach § 278 BGB für das Verschulden seines gesetzlichen Vertreters wie für eigenes Verschulden. Noch wichtiger ist im Informatiksektor die Haftung für Erfüllungsgehilfen, deren Verschulden ebenfalls dem Schuldner zugerechnet wird. Erfüllungsgehilfe ist nach § 278 BGB derjenige, dessen sich der Schuldner zur Erfüllung seiner Verbindlichkeit bedient. Ohne Belang ist dafür die Art der Rechtsbeziehung zwischen beiden (Arbeits-, Dienst-, Werkvertrag, anderes Rechtsverhältnis).

<small>Verschulden des Erfüllungsgehilfen wird dem Schuldner zugerechnet</small>

<small>Erfüllungsgehilfe – vom Schuldner zur Erfüllung seiner Verbindlichkeiten herangezogen</small>

Wer als Händler Computer an ein Systemhaus S liefert, ist nicht dessen Erfüllungsgehilfe für den anschließenden Verkauf der Computer an einen Kunden von S. Pflichten des Systemhauses aus dem Kaufvertrag sind nach § 433 I BGBM Übergabe und Verschaffung der Computer. Und in die Erfüllung dieser Pflichten ist der Händler dem Kunden gegenüber nicht einbezogen.

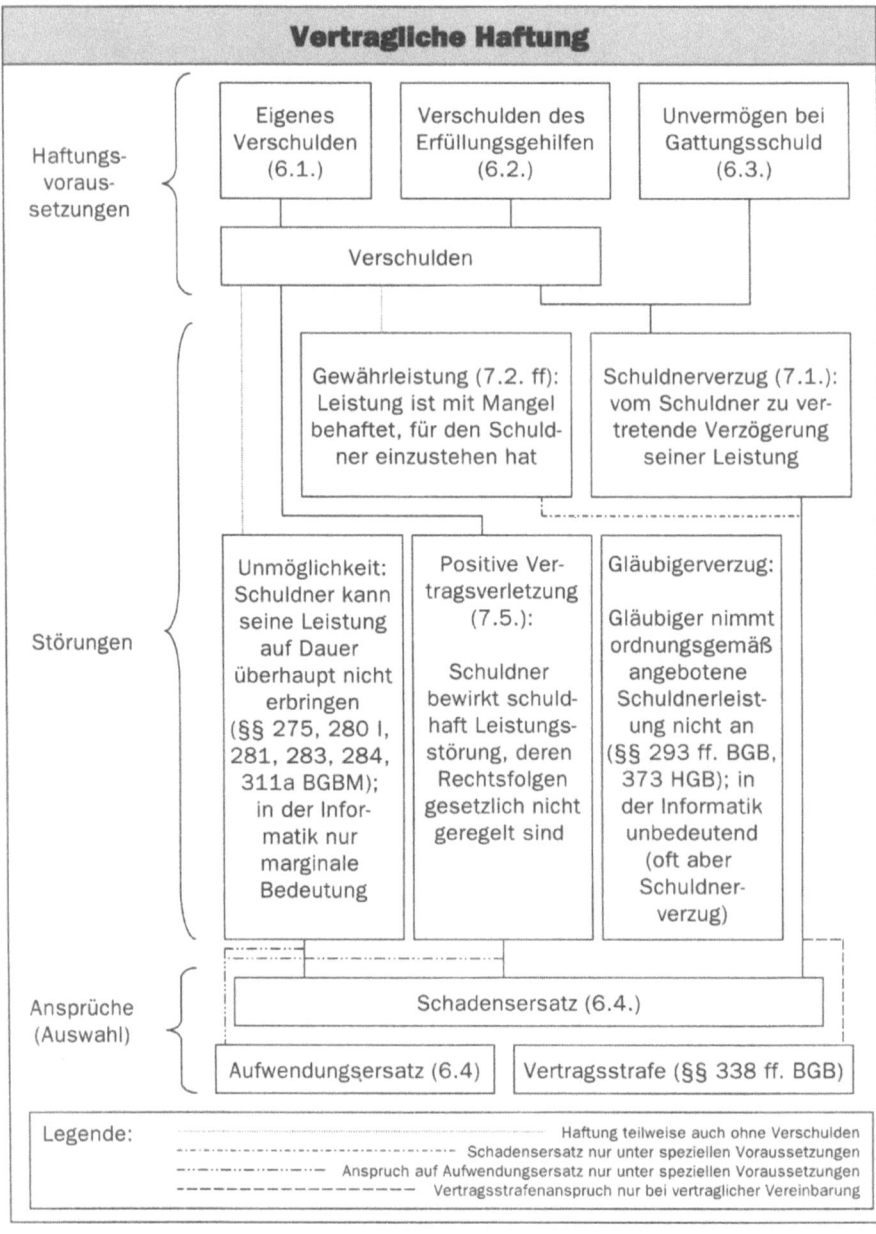

Anders dagegen bei Softwareentwicklung, zu der sich S gegenüber dem gleichen Kunden verpflichtet hat: Wenn S dazu Werkverträge mit spezialisierten Entwicklern abschließt, übernehmen diese ihren Teil an der mit dem Kunden von S vereinbarten Herstellung gem. § 631 BGB. Die Entwickler sind daher Erfüllungsgehilfen des Systemhauses für dessen Vertrag mit dem Kunden.

Da es sich um Erfüllungsgehilfen im Sinne des § 278 BGB nur handelt, wenn der Dritte in die Erfüllung von Vertragspflichten des Schuldners einbezogen ist, kommen grundsätzlich nur Dritte, die bis zum Leistungsort tätig werden, in Frage.

Der Erfüllungsgehilfe kann grundsätzlich nur bis zum Leistungsort agieren.

Die Rechtsprechung hat jedoch die Erfüllungsgehilfenhaftung auch auf die bei Informatikverträgen wichtigen allgemeinen Verhaltenspflichten (Sorgfalts-, Obhuts-, Loyalitäts- und ähnliche Pflichten) ausgedehnt, für die ein Leistungsort oft nicht auszumachen ist.

Erfüllungsgehilfenhaftung auch bei allgemeinen Verhaltenspflichten

Zusammenfassend bestehen folgende Voraussetzungen der Haftung des Schuldners für das Handeln seines Gehilfen:

Erfüllungsgehilfenhaftung – Voraussetzungen

- Dieser muß nach dem Willen des Schuldners für ihn handeln.
- Der Gehilfe muß bei der Erfüllung von Verbindlichkeiten des Schuldners tätig werden.
- Die vom Erfüllungsgehilfen wahrgenommenen Verbindlichkeiten müssen aus Art und Inhalt des Schuldverhältnisses folgen.
- Der Gehilfe muß schuldhaft handeln, also nach § 276 BGB vorsätzlich oder fahrlässig.
- Das Fehlverhalten des Gehilfen muß in einem inneren sachlichen Zusammenhang mit (nicht nur bei Gelegenheit) der Vertragserfüllung stehen.

6.3. Haftung nach Vertragsinhalt

§ 276 I S. 1 BGBM regelt drei Ausnahmen für vom Einstehen für Vorsatz und Fahrlässigkeit abweichende Haftung:

- Übernahme einer Garantie,
- Übernahme eines Beschaffungsrisikos und
- sonstiger Inhalt des Schuldverhältnisses.

Ausnahmen vom Verschuldensprinzip

Die bisher im Kaufrecht kodifizierte Eigenschaftszusicherung (§ 463 BGBalt) kann nunmehr als Garantie (Schuldnerversprechen, für alle Folgen des Fehlens einer als gegeben versprochenen Eigenschaft einzustehen) zur Haftung auch ohne Verschulden führen.

Garantie

Schuldrechtliche Grundlagen

Beschaffungsrisiko

Leistungspflicht, solange der Schuldner aus der Gattung leisten kann

Im Fall eines Beschaffungsrisikos ist dem Schuldner zwar keine Garantiehaftung auferlegt, er hat aber alle Beschaffungshindernisse zu überwinden. Das trifft auch nach Wegfall von § 279 BGBalt insbes. für marktbezogene Gattungsschulden zu. Für diese hat er eine Beschaffungspflicht, und zwar auch ohne daß ihm Vorsatz oder Fahrlässigkeit zur Last fällt.

Schuldet bspw. Verkäufer V Monitore vom Typ XYZ, so muß er diese von anderen Lieferanten beschaffen, wenn ihn sein vertraglich gebundener Lieferant L nicht beliefert. Auf Verschulden des V (und des L) kommt es dabei nicht an, wenn die Monitore nur nach allgemeinen Merkmalen beschrieben sind.

Erst wenn die gesamte Gattung erschöpft ist, besteht keine Beschaffungspflicht mehr.

Vertragliche Vereinbarung

Grobe Fahrlässigkeit

Garantiehaftung und bestehendes Beschaffungsrisiko ziehen eine strengere Schuldnerhaftung nach sich. Eine »strengere oder mildere Haftung« (§ 276 I S. 1 BGBM) kann weiter vertraglich vereinbart werden. Häufig wird in Verträgen die Haftung auf Vorsatz und grobe Fahrlässigkeit beschränkt, das Schuldnerrisiko eingeschränkt. Grobe Fahrlässigkeit ist im BGB nicht definiert. Sie ist gegeben, wenn die im Verkehr erforderliche Sorgfalt in besonders schwerem Maße verletzt worden ist, insbes. besonders gedankenlos gearbeitet wird.

Beispiele: keine Anfertigung von Sicherheitskopien bei Datenveränderungen, Verzicht auf Programmtests bei der Softwareentwicklung.

Keine Freistellung für Vorsatz im voraus

In Individualverträgen kann die Haftung für grobe Fahrlässigkeit ausgeschlossen werden; die Freistellung für Vorsatz ist dagegen nach § 276 III BGBM nicht möglich.

Arbeitnehmerhaftung für Schäden: s. Teschke-Bährle, Arbeitsrecht – schnell erfaßt

Haftungseinschränkungen für fehlerhafte Software?

Eine »mildere Haftung« kann sich schließlich aus dem sonstigen Inhalt des Schuldverhältnisses ergeben. Das betrifft bisher die von der Rechtsprechung entwickelten Grundsätze der Arbeitnehmerhaftung. Mit den Haftungsänderungen für Mängel im Kaufrecht ist genau zu beobachten, ob die Rechtsprechung insoweit Differenzierungen für fehlerhafte Software vornehmen wird.

6.4. Schadens- und Aufwendungsersatz

Bei einigen Vertragsverletzungen und anderen Störungen besteht ein Schadensersatzanspruch des Geschädigten. Neben der jeweiligen Voraussetzung ist der Umfang zu klären, welche Schäden ersatzpflichtig sind und wie sie zu berechnen sind.

Grundsätzlich setzt der Anspruch den Nachweis des Geschädigten voraus, daß überhaupt ein ersatzfähiger Schaden entstanden ist; nur beim Fixhandelskauf wird nach § 376 II HGB ein Schaden fingiert.

Schadensnachweis durch Geschädigten
Fixhandelskauf (s. Handelsrecht)

Das BGB geht vom Grundsatz des vollen Schadensersatzes aus, wobei unter Schaden jeder Vermögensnachteil zu verstehen ist, der durch die Vertragsverletzung verursacht wurde. Ersatz des immateriellen Schadens spielt im Vertragsrecht der Informatik nach § 253 BGB keine Rolle; lediglich bei der außervertraglichen Haftung wird der Informatiksektor tangiert.

Immaterieller Schaden

Auch im Informatikbereich agieren aber Verbraucher, die als Gläubiger ideelle und keine kommerziellen Zwecke verfolgen. Diese können nunmehr vom Schuldner nach § 284 BGBM Ersatz ihrer vergeblichen Aufwendungen verlangen. Das ist der eigentliche Unterschied zum Schadensersatz statt der Leistung, bei dem der Schuldner die Gewinnerreichbarkeit auch bei gehöriger Leistung widerlegen kann.

Beachte Aufwendungsersatz bei ideellen Zwecken

Voraussetzungen für den Aufwendungsersatz nach § 284 BGBM:

- Anspruch auf Schadensersatz statt der Leistung nach § 281 I BGBM;
- erfolgte Aufwendungen des Gläubigers im Vertrauen auf die Leistung;
- Gläubiger durfte Aufwendungen billigerweise machen;
- Zweck der Aufwendungen wäre ohne Pflichtverletzung des Schuldners erreicht worden;
- Gegenbeweis ist vom Schuldner zu führen.

Aufwendungsersatz Voraussetzungen

Grundlegender Ansatz für den Schadensersatz ist nach § 249 BGB die sog. Naturalrestitution – Herstellung des Zustandes, der ohne die Schädigung bestünde. In der Rechtspraxis der Informatik ist Schadensersatz jedoch Geldersatz, den das BGB auch vorsieht, aber als Ausnahme (s. §§ 249 S. 2 bis 251 BGB).

Naturalrestitution

Geldersatz

Schuldrechtliche Grundlagen

Positives Interesse

Soweit nichts anderes (negatives Interesse – vgl. §§ 122, 179 BGB, 282 BGBM – Umkehrung) bestimmt ist, hat der Schadensersatz das Erfüllungsinteresse (das positive Interesse) zu befriedigen. Dieses bezeichnet (nach §§ 280 I, II, 281 I, 282, 283, 311a II BGBM) das Interesse, das der Gläubiger an der ordnungsgemäßen Erfüllung des Vertrages hat. Es umfaßt den aus der Vertragsverletzung sich unmittelbar ergebenden sowie den daraus resultierenden Folgeschaden (innerhalb durch die Rechtsprechung gezogener weiter Grenzen) einschließlich dem entgangenen Gewinn (s. § 252 BGB).

Entgangener Gewinn

Beweispflicht des Schuldners für Entlastungsmöglichkeit

Neu ist für alle vertraglichen Schadensersatzansprüche die generelle Beweispflicht des Schuldners (nach §§ 280 I S. 2, 286 IV, 311a II S. 2 BGBM) dafür, daß er die Pflichtverletzung nicht zu vertreten hat – die bisherige Beweislastumkehr des § 282 BGBalt wurde auf alle vertraglichen Schadensersatzansprüche ausgedehnt.

Schadensersatz – Höhe

Die Höhe des Anspruchs auf Schadensersatz

- ist grundsätzlich vom Geschädigten nachzuweisen,
- kann bei Schadensersatz statt der Leistung durch ein Deckungsgeschäft nachgewiesen werden,
- kann bei Schadensersatz statt der Leistung aus Fixhandelskauf nach § 376 HGB als Differenz zwischen Vertragspreis und Marktpreis am Leistungsort zur Leistungszeit verlangt werden,
- ergibt sich bei zu ersetzendem entgangenen Gewinn (§ 252 BGB) nach der Wahrscheinlichkeit,
- kann bei einem Rechtsstreit unter den Voraussetzungen von § 287 ZPO durch das Gericht unter Würdigung aller Umstände nach freier Überzeugung geschätzt werden.

Mitverschulden

Ein auch in der Informatik wichtiger Aspekt von Schadenszurechnung und -umfang ist schließlich das Mitverschulden nach § 254 BGB – Verhalten des Geschädigten:

- sowohl Tun als auch Unterlassen,
- kein Hinweis auf Gefahr eines ungewöhnlich hohen Schadens,
- unterlassene Schadensabwendung oder -minderung,
- Mitverschulden seines Erfüllungsgehilfen gleichgestellt.

Schadensersatz – Reduzierung

Die rechtliche Konsequenz aus § 254 BGB besteht darin, daß der Schaden nach Maßgabe der Zurechenbarkeit zwischen Schädiger und Geschädigtem geteilt wird bzw. daß der Schadensersatzanspruch des Geschädigten entsprechend reduziert wird.

7. Häufige Vertragsverletzungen

Zu den im Informatikbereich überaus häufigen Vertragsverletzungen gehören nicht nur die allgemein so eingeordneten Mängel an Hardware und Informatikprodukten, sondern auch vom Schuldner zu vertretende Leistungsverzögerungen.

Mängel sind häufig

CD-ROM-Kataloge, WWW-Firmenpräsentationen oder Software werden verspätet erstellt; Hardware oder Software wird nicht termingemäß übergeben; beanspruchbare Fehlerkorrektur erfolgt nicht rechtzeitig; Zahlungstermine werden überschritten u.a. Derartige Verzögerungen weisen selten informatische Besonderheiten auf. Dennoch sollten Voraussetzungen und Folgen des oft gegebenen Verzuges wegen der wirtschaftlichen Konsequenzen von jedem mit Informatikverträgen Befaßten beachtet werden.

Verzug – auch im Informatiksektor häufig und schwerwiegend

7.1. Schuldnerverzug

Voraussetzungen des Schuldnerverzuges sind nach §§ 280 II, 286 BGBM:

Schuldnerverzug – Voraussetzungen

- durchsetzbarer Leistungsanspruch des Gläubigers,
- Verzögerung der fälligen Leistung,
- grundsätzlich Mahnung (§ 286 I), außer bei Kalendermäßigkeit des Leistungstermins oder anderen neu kodifizierten Voraussetzungen (§ 286 II),
- Vertretenmüssen der Verzögerung – die negative Formulierung in § 286 IV zeigt die Beweislast des Schuldners: Er muß beweisen, daß er die gegebene Verspätung nicht zu vertreten hat.

Beweislast des Schuldners

Rechtsfolgen des Schuldnerverzuges sind:

Schuldnerverzug – Rechtsfolgen

- weiter bestehender Erfüllungsanspruch des Gläubigers
- Ersatz des Verzögerungsschadens nach § 280 II BGBM (Ausgleich aller Vermögensnachteile nach § 249 BGB, die dem Gläubiger durch die Verzögerung entstanden sind),
- Haftungserweiterung nach § 287 BGB,
- Verzugszinsen bei Zahlungsverzug.

Schuldrechtliche Grundlagen

Zahlungsverzug
§ 288 BGBM

Eine spezielle Regelung gilt für den Zahlungsschuldner, der etwaige Zahlungsunfähigkeit stets zu vertreten hat: Nach § 288 BGBM hat er bei Zahlungsverzug gegenüber der früheren Regelung deutlich höhere Zinsen (5 Prozentpunkte über Basiszinssatz, zwischen Unternehmern 8 Prozentpunkte) zu entrichten, unabhängig vom tatsächlichen Schadenseintritt. Basiszinssatz und Bezugsgröße sind in § 247 BGBM geregelt. Beim Nachweis höheren Schadens, praktisch vor allem Kreditzinsen, kann dieser nach § 288 IV i.V.m. § 280 II BGBM verlangt werden.

Zahlungsverzug –
Eintritt

Dabei bestimmt sich der späteste Eintritt des Zahlungsverzuges nach § 286 III BGBM (grundsätzlich 30 Tage nach Fälligkeit und Zugang einer Rechnung oder gleichwertigen Zahlungsaufstellung). Jedoch kann Zahlungsverzug nunmehr auch früher unter den Voraussetzungen nach § 286 I, II BGBM herbeigeführt werden.

Schuldnerverzug –
Qualifizierung bei
gegenseitigen Leistungen

Nachfristsetzung

Eine wesentliche Erweiterung der Verzugsansprüche ist schließlich dadurch möglich, daß der Gläubiger dem Schuldner eine angemessene Nachfrist zur Leistungserbringung setzt und diese ergebnislos verstreicht (§§ 281 I, 323 I BGBM). Wie lang eine angemessene Nachfrist ist, ergibt sich aus der Spezifik der geschuldeten Leistung: Der Schuldner soll in die Lage versetzt werden, die begonnene Leistung abzuschließen. Setzen einer zu kurzen Nachfrist führt regelmäßig zum Beginn angemessener Nachfrist.

Ausnahmsweise ist die Nachfrist entbehrlich, wenn:

- der Schuldner ernsthaft und endgültig die Leistung verweigert (§§ 281 II 1. Alt., 323 II Nr. 1) oder
- besondere Umstände unter Abwägung der beiderseitigen Interessen die Vertragsliquidation rechtfertigen (§§ 281 II 2. Alt., 323 Nr. 3) mit strengen Anforderungen der Rechtsprechung an diese Umstände.

Leistungsmöglichkeit durch Dritte anstelle des Schuldners ist bspw. kein hinreichender Grund für den Wegfall der Nachfristsetzung. Ein solcher Grund ist dagegen gegeben bei verzugsbedingter Ablehnung der Vertragserfüllung durch den Abnehmer des Gläubigers.

Qualifizierung eingetretener Verspätung:

Qualifizierung
Leistungsverzögerung
Voraussetzungen

- durchsetzbarer Leistungsanspruch des Gläubigers (§ 280 I BGBM),
- Verzögerung der fälligen Leistung (§ 280 II BGBM),

Schuldrechtliche Grundlagen

- Setzung angemessener Nachfrist zur Leistungserbringung (§§ 281 I, 323 I BGBM),
  ggf. entbehrlich (§§ 323 II, 323 II BGBM),
- erfolgloser Fristablauf (§§ 281 I, 323 I BGBM),
- Rücktrittsrecht des Gläubigers (§ 323 I BGBM),   *Rechtsfolge*
- Rücktritt ist neben Schadensersatz möglich (§ 325 BGBM),   *Weitere Voraussetzungen*
- Vertretenmüssen weiterhin bestehender Verzögerung mit Beweislast des Schuldners für Haftungsbefreiung auf Schadensersatz (§ 280 I BGBM),
- Anspruch des Gläubigers auf Schadensersatz statt der Leistung (§ 281 I BGBM – Ausgleich aller Vermögensnachteile nach § 249 BGB, die dem Gläubiger durch die nicht erbrachte Leistung entstanden sind),   *Anspruch*
- alternativ Aufwendungsersatz (§ 284 BGBM),   *Weitere Rechtsfolge*
- Wegfall des Leistungsanspruchs (erst) durch erfolgte Schadensersatzforderung (§ 281 IV BGBM) – oder Erklärung des Rücktritts.

7.2. Mangel

Im Gegensatz zu anderen Vertragsstörungen ist die Gewährleistung für die auch in der Informatik wichtigen Kauf-, Werk- und Mietverträge im BGB vertragsspezifisch geregelt. Für den Dienstvertrag fehlt eine entsprechende gesetzliche Regelung.   *Gewährleistung – BGB vertragsspezifisch (Kauf-, Werk-, Mietvertrag)*

Bei der Gewährleistung war bisher zwischen Rechts- und Sachmängeln zu unterscheiden. Nunmehr ziehen sowohl Sach- wie Rechtsmängel (s. 5.) die gleichen Rechtsfolgen nach sich.   *Gewährleistung – für Sach- und Rechtsmängel identisch*

In der Informatikpraxis sind Sachmängel überaus häufig. Auf den ersten Blick verständlichen Hinweisen, keine fehlerfreien Programme entwickeln zu können, muß entgegnet werden, daß nicht Fehlerfreiheit, sondern das Maß an zu erwartender Fehlerfreiheit die rechtliche Einordnung bestimmt. Für zahlreiche andere bisherige Kritiken insbes. aus Benutzersicht ist mit der Stärkung der Käuferrechte und Angleichung der kauf- und werkvertraglichen BGBM-Regelungen kein Raum mehr. Allerdings sollte genau beobachtet werden, ob die Rechtsprechung an den Haftungsmaßstäben des § 276 I BGBM festhalten wird.

Schuldrechtliche Grundlagen

Sachmangel – Kriterien (1)

Ein Sachmangel liegt vor bei Abweichungen:
- von der vereinbarten Beschaffenheit (§§ 434 I S. 1, 536 II, 633 II S. 1 BGBM),
- der Eignung für den vertraglich vorausgesetzten Gebrauch (§§ 434 I S. 2 Nr. 1, 633 II S. 2 Nr. 1 BGBM), beim Mietvertrag nur, wenn sie nicht unerheblich ist (§ 536 I BGBM),

Sachmangel – Kriterien (2)

- der Eignung für die gewöhnliche Verwendung (§§ 434 I S. 2 Nr. 2, 633 II S. 2 Nr. 2 BGBM), beim Mietvertrag im Informatikbereich von der Rechtsprechung auch aus § 242 BGB abgeleitet.

So ergibt sich die notwendige Speicherkapazität eines Computers aus den (sich ändernden!) Abarbeitungsbedingungen typischer Programme im Anwendungsbereich, wenn sie nicht aus Vertrag resultiert.

Einbeziehung von Werbeaussagen u.a. öffentlichen Äußerungen

Ausdrücklich sind in die gewöhnliche Verwendung bei Kaufverträgen nach § 434 I S. 3 BGBM öffentliche Äußerungen sowohl des Verkäufers als auch des Herstellers über bestimmte Eigenschaften einzubeziehen, insbes. bei Werbung oder Kennzeichnung.

Werbeprospekte und Produktbeschreibungen des Verkäufers hatte die Rechtsprechung bereits bisher zur Feststellung der vertraglichen Sollbeschaffenheit herangezogen.

Zusätzlich sind nunmehr also auch Äußerungen von Herstellern und deren Gehilfen für die Sollbeschaffenheit zu beachten. Dem Verkäufer bleibt dann nach § 434 I S. 3 nur der Gegenbeweis, daß er die Äußerungen nicht kannte und auch nicht kennen mußte, daß die Äußerung zur Zeit des Vertragsabschlusses äquivalent berichtigt war oder für die Kaufentscheidung nicht relevant sein konnte, etwa weil sie die vom Käufer vorgesehene Verwendung nicht betraf.

Ein Sachmangel ist zusätzlich gegeben bei:

Sachmangel – Kriterien (3)

- unsachgemäß durchgeführter Montage im Fall des Sachkaufs mit Montageverpflichtung (§ 434 II S. 1 BGBM),
- mangelhafter Montageanleitung, die tatsächlich zur fehlerhaften Montage der Kaufsache geführt hat (§ 434 II S. 2 BGBM),
- Falschlieferung der Kaufsache (§§ 434 III BGBM),
- Herstellung eines anderen Werkes oder eines Werkes in zu geringer Menge (633 II S. 3 BGBM).

Maßgebend ist für das Bestehen eines Mangels:
- beim Kaufvertrag der Zeitpunkt des Gefahrenüberganges (§ 434 I S.1 BGBM),
- beim Werkvertrag der Zeitpunkt der Abnahme (§ 633 II i.V.m. 640 I BGBM),
- beim Mietvertrag die gesamte Mietzeit (§ 536 I S. 1 BGBM).

Maßgebender Zeitpunkt

Auch nach der Schuldrechtsmodernisierung bleibt die Beweispflicht für das Bestehen eines Mangels im Informatikbereich beim Benutzer. Das ergibt sich beim Kaufvertrag aus § 433 I S. 2 BGBM und beim Werkvertrag aus § 633 I BGBM jeweils i.V.m. § 363 BGB. Jedoch erfolgt beim Verbrauchsgüterkauf nach § 476 BGBM eine Beweislastumkehr innerhalb der ersten sechs Monate nach Gefahrübergang zu Lasten des Verkäufers.

Beweispflicht des Käufers, Mieters, Bestellers

Verbrauchsgüterkauf Beweislastumkehr

Neben dem Bestehen eines Mangels sind weitere Voraussetzungen für Gewährleistungsrechte:
- keine Mangelkenntnis des Käufers (§ 442 I BGBM) bzw. des Mieters (§ 536b S. 1 f BGBM) bei Vertragsabschluß und
- Vorbehalt der Mängelansprüche für bei Annahme der Mietsache (§ 536b S. 3 BGBM) bzw. bei Abnahme des Werkes (§ 640 II BGBM) erkannte Mängel.

In der Informatikpraxis hat die Abnahme eines mit Mängeln behafteten Werkes größere Bedeutung.

Gewährleistung – weitere Voraussetzungen

Die Übersicht auf den beiden nächsten Seiten zeigt die vertragsspezifischen Rechte aus Mängeln, die nachfolgend skizziert werden.

7.3. Rechte bei Mängeln

Beim Bestehen eines Mangels wünschen Benutzer von Informatikprodukten häufig zuerst Nacherfüllung (Mängelbeseitigung, Fehlerkorrektur, Übergabe eines fehlerfreien Exemplars). Primär gilt ihr Interesse der Funktionsfähigkeit und nicht der Vertragsbeendigung oder dem Ausgleich von Benutzungseinschränkungen. Dieser Sicht war das BGB bisher beim Werk- und Mietvertrag gefolgt. Jetzt wird ihr mit der Schuldrechtsmodernisierung auch beim Kauf entsprochen.

Nacherfüllung – Benutzerinteresse

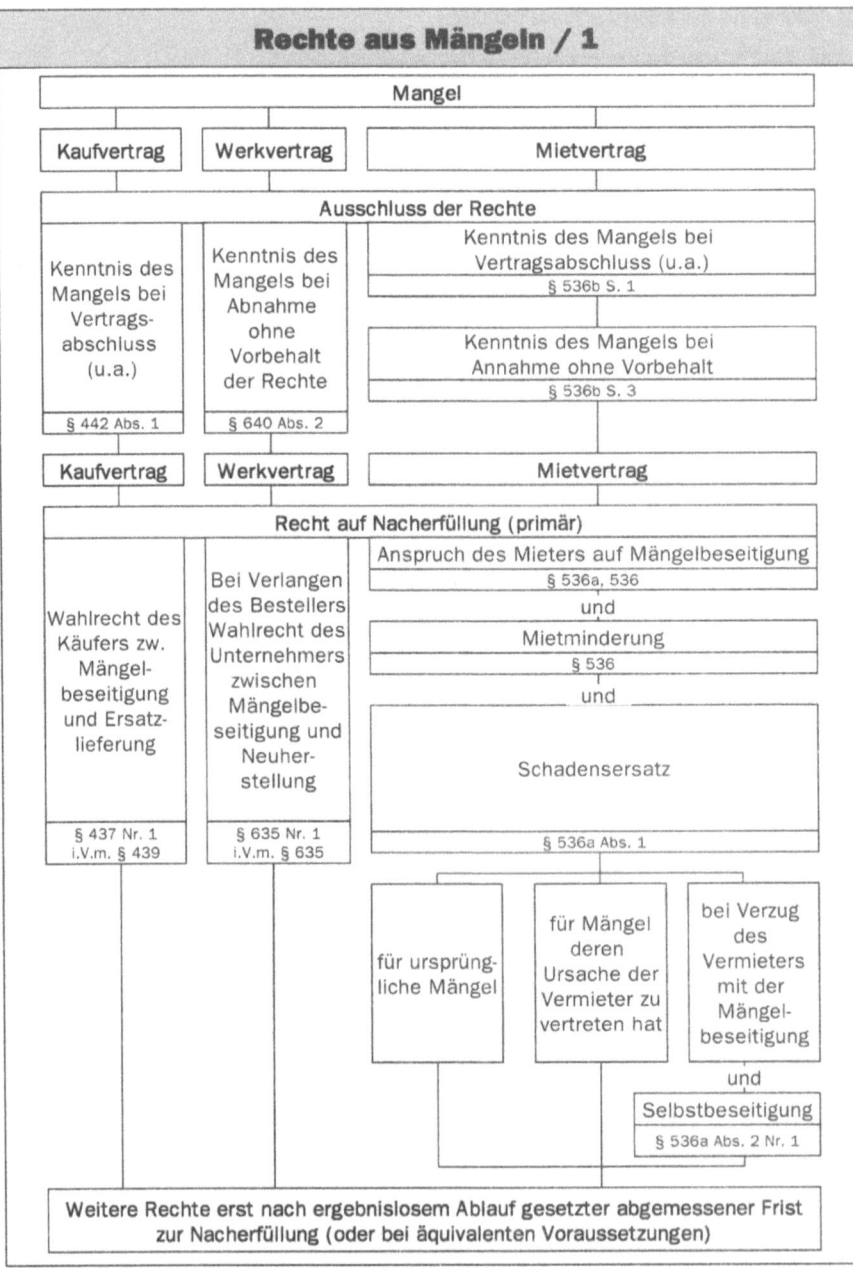

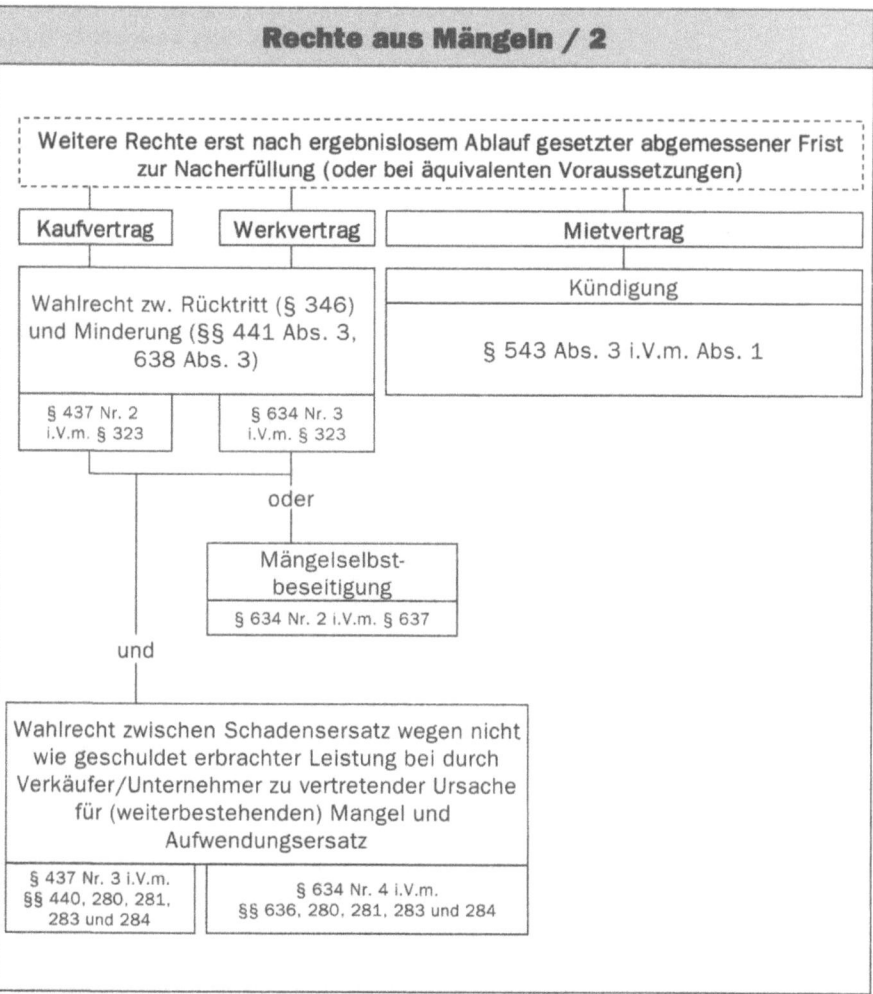

Anspruch
Nacherfüllung nach BGBM

Vorrangig hat der Auftraggeber/Benutzer ein Recht auf Nacherfüllung. Die Vorrangigkeit ergibt sich aus den §§ 281 I und 323 I BGBM, wonach dem Verkäufer bzw. dem Unternehmer zugleich ein Recht der zweiten Andienung eingeräumt wird.

Anspruch auf Nacherfüllung:
- beim Kauf nach § § 437 Nr. 1 i.V.m. § 439 BGBM – Wahlrecht des Käufers zwischen Mängelbeseitigung und Ersatzlieferung,
- beim Werkvertrag nach § 634 Nr. 1 i.V.m. § 635 BGBM – Wahlrecht des Unternehmers (!) zwischen Mängelbeseitigung und Neuherstellung,
- beim Mietvertrag nach §§ 535 I S. 2, 536a I BGBM als impliziter Anspruch des Mieters,
- die Kostentragung erfolgt durch den Verkäufer (§ 439 II BGBM), Unternehmer (§ 635 II BGBM) bzw. den Vermieter (§ 535 I BGBM),
- bei Ersatzlieferung/Neuherstellung ist das mängelbehaftete Exemplar zurückzugeben (Kauf – § 439 IV BGBM, Werkvertrag – § 635 IV BGBM),

Unverhältnismäßige Kosten berechtigen zur Verweigerung der Nacherfüllung

- ein Verweigerungsrecht hat der Verkäufer (§ 439 III BGBM) bzw. Unternehmer (§ 635 III BGBM) nur bei unverhältnismäßigen Kosten, soweit die Nacherfüllung nicht unmöglich ist (§ 275 I BGBM).

Kriterien der Unverhältnismäßigkeit sind:

Wann sind Kosten unverhältnismäßig?

- Wert der Sache in mangelfreiem Zustand (§ 439 III S. 2 1. Alt. BGBM – insbes. hohe Reparaturkosten bei billigen Massenprodukten),
- Bedeutung des Mangels (§ 439 III S. 2 2. Alt. BGBGM – geringfügige Mängel sind verschiedentlich einfach durch Nachbesserung zu beheben, etwa vom Käufer geforderte Ersatzlieferung wäre unverhältnismäßig),
- Vorteile für den Käufer bei der jeweils anderen Art der Nacherfüllung (§ 439 III S. 2 3. Alt. BGBM – Vermeidung von Wartezeiten bei Nachbesserung oder Ersatzbeschaffung, in der Informatik insbes. Verfügbarkeit verbesserter Nachfolgeprodukte),
- weitere Aspekte (§ 439 III S. 2: »insbesondere«), für die gerade im Informatikbereich die Rechtsprechung beobachtet werden sollte.

Weitere Rechte des Mieters sind:
- Mietminderung nach § 536 BGBM;
- Schadensersatz nach § 536a BGBM
  - bei ursprünglichen Mängeln (ohne Verschulden – !),
  - bei Mängeln, deren Ursache der Vermieter zu vertreten (verschuldet) hat,
  - bei Mängeln, mit deren Beseitigung der Vermieter in Verzug (s. 7.1.) ist;
- Selbstbeseitigung des Mangels bei Vermieterverzug mit der Mängelbeseitigung (u.a.) nach § 536a II BGBM;
- Kündigung nach ergebnislosem Ablauf gesetzter, angemessener Frist zur Mängelbeseitigung – § 543 III S. 1 i.V.m. I BGBM.

Weitere Rechte des Mieters neben Nacherfüllung

Weitere Rechte des Käufers bzw. Bestellers bestehen grundsätzlich erst nach ergebnislosem Ablauf gesetzter, angemessener Frist zur Nacherfüllung – §§ 437 Nr. 2, 3 i.V.m. 281, 284 und 323 sowie 634 Nr. 2, 3, 4 i.V.m. 281, 284, 323 und 637 I BGBM. Hinsichtlich der Fristsetzung ist zu beachten:

Weitere Rechte des Käufers/Bestellers erfordern grundsätzlich Nachfristsetzung

- die Fristsetzung muß keine Ablehnungsdrohung enthalten;
- Setzen zu kurzes Nachfrist setzt nach der bisherigen Rechtsprechung grundsätzlich die angemessene Frist in Lauf;
- die Fristsetzung ist entbehrlich nach §§ 440, 636, 637 II i.V.m. 281 II, 323 II BGBM bei:
  * ernsthafter und endgültiger Verweigerung der Nacherfüllung,
  * »besonderen Umständen unter Abwägung der beiderseitigen Interessen«, wobei die bisherige Rechtsprechung an den Interessenwegfall zur Nacherfüllung strenge Anforderungen gestellt hatte,
  * Fixgeschäft für das Rücktrittsrecht,
  * Verweigerung oder Unmöglichkeit (Rücktrittsrecht nach § 326 V BGBM) beider Arten der Nacherfüllung,
  * fehlgeschlagener oder unzumutbarer Nacherfüllung;
- eine Nachbesserung gilt grundsätzlich nach dem zweiten erfolglosen Versuch als fehlgeschlagen – § 440 S. 2 BGBM.

Schuldrechtliche Grundlagen

Weitere Rechte des Käufers/Bestellers

Die weiteren Rechte des Käufers/Bestellers sind:
- ➢ Wahlrecht zwischen Rücktritt und Minderung,
- ➢ Wahlrecht zwischen Schadensersatz statt der Leistung und Aufwendungsersatz,
- ➢ Mängelselbstbeseitigung als Recht des Bestellers.

Wahlrecht zwischen Rücktritt und Minderung:

Wahlrecht zwischen Rücktritt und Minderung

- beim Kaufvertrag nach § 437 Nr. 2 i.V.m. §§ 440, 323, 326 V, 441 BGBM,
- beim Werkvertrag nach § 634 Nr. 3 i.V.m. §§ 636, 323, 326 V, 638 BGBM,
- Vertretenmüssen (Verschulden) ist keine Voraussetzung,
- Rücktritt ist nicht (§ 323 V S. 2 BGBM), Minderung auch bei unerheblichen Mängeln möglich (§§ 441 I S. 2, 638 I S. 2 BGBM),
- Wahlrecht besteht zusätzlich zu einem eventuellen Anspruch auf Schadensersatz statt der Leistung (§ 325 BGBM).

Minderung – Berechnung (s. Bürgerliches Recht)

Minderung bedeutet Herabsetzung des Kaufpreises: Dieser ist nach §§ 441 III, 638 III BGBM nicht schlechthin auf den wirklichen Wert der mangelhaften Sache zu reduzieren, sondern bei der Berechnung sind eventuelle Unterschiede zwischen dem vereinbarten Kaufpreis und dem üblichen Marktpreis bei Vertragsabschluß zu berücksichtigen. Die Minderung ist keine besondere Art des Schadensersatzes. Der dem Benutzer entstandene weitere Schaden (z.B. Aussortierungskosten, Kosten für Gutachten u. ä.) wird im Minderungsbetrag nicht berücksichtigt.

Wahlrecht zwischen Schadensersatz wegen nicht wie geschuldet erbrachter Leistung und Aufwendungsersatz:

Wahlrecht zwischen Schadensersatz und Aufwendungsersatz

- beim Kaufvertrag nach § 437 Nr. 3 i.V.m. §§ 440, 280, 281, 283 und 284,
- beim Werkvertrag nach § 634 Nr. 4 i.V.m. §§ 636, 280, 281, 283 und 284,
- Verweis auf die allgemeinen Regelungen zum Schadensersatz statt der Leistung (§§ 281, 280 BGBM – Ausgleich aller Vermögensnachteile nach § 249 BGB, die dem Gläubiger wegen der nichtgehörigen Leistung entstanden sind),
- alternativ Aufwendungsersatz (§ 284 BGBM),

- Wegfall des Nacherfüllungsanspruchs erst mit Forderung von Schadens- oder Aufwendungsersatz (nicht mit Fristablauf) nach § 281 IV BGBM (bzw. mit Rücktritt),
- zusätzliche Voraussetzung nach § 280 I BGBM: Vertretenmüssen – die negative Formulierung in S. 2 zeigt die Beweislast des Verkäufers/Unternehmers: Er muß beweisen, daß er die mängelbehaftete Verschaffung nicht zu vertreten hat.

Haftungsvoraussetzung – Vertretenmüssen

Der Schadensersatzanspruch hängt nunmehr auch im Kaufrecht nur davon ab, ob der Schuldner die Pflichtverletzung zu vertreten hat, nachdem ihm die Nacherfüllung eingeräumt wurde. Fahrlässigkeit ist bereits hinreichende Haftungsvoraussetzung, soweit die Rechtsprechung die Haftungsmaßstäbe des § 276 I BGBM für mangelhafte Verschaffungen nicht konkretisieren oder modifizieren wird. Das bedarf gerade im Informatikbereich besonderer Beobachtung. Einerseits ist zu prüfen, wie weit die Sorgfaltspflichten von Händlern reichen, für deren Verkäufe die Hersteller keine Erfüllungsgehilfen sind. Zum anderen sollten Hersteller-AGB kritisch betrachtet werden, falls diese das Risiko fehlerhafter Produkte auf Händler oder Kunden abwälzen.

Bei Werkverträgen ist auch im Informatiksektor die Selbstnachbesserung häufig, oft unter Einschaltung von Dritten. Diese kann der Besteller beanspruchen einschließlich des Ersatzes erforderlicher Aufwendungen, wenn die von ihm gesetzte, angemessene Frist erfolglos abgelaufen ist, es sei denn, der Unternehmer verweigert die Nacherfüllung zu Recht – Selbstvornahme nach § 634 Nr. 2 i.V.m. § 637 BGBM:

Selbstnachbesserung – weiteres Bestellerrecht

- schwächere Voraussetzungen beim Werkvertrag als bisher – erfolgloser Ablauf der dem Unternehmer vom Besteller gesetzten, angemessenen Frist zur Nacherfüllung, wenn der Unternehmer die Nacherfüllung nicht zu Recht verweigert (§ 637 I BGBM),
- Fristsetzung entbehrlich unter den gleichen Voraussetzungen wie beim Rücktritt (§ 637 II BGBM),
- Anspruch auf Ersatz der erforderlichen Aufwendungen (§ 637 I BGBM) und Vorschuß dafür (§ 637 III BGBM),
- strengere Voraussetzungen als beim Recht auf Fehlerberichtigung von Computerprogrammen durch den zur bestimmungsgemäßen Benutzung Berechtigten nach § 69d I UrhG (s. drittes Kapitel, 1.2.),

Selbstvornahme – Voraussetzungen

Anspruch

Differenz zur UrhG-Regelung

58   *Schuldrechtliche Grundlagen*

Im Kaufrecht nicht geregelt

- im Kaufrecht nach BGBM nicht geregelt – die bisher für vereinbarte Nachbesserung durch die Rechtsprechung analog erfolgte Anwendung der Werkvertragsregelung ist fraglich.

7.4. Garantie

Garantie ist keine Gewährleistung

In der Rechtspraxis der Informatik wird oft undifferenziert von Garantie gesprochen, wenn Gewährleistung gemeint ist. BGB und HGB hatten bisher keine gesetzliche Verpflichtung des Verkäufers oder des Herstellers zur Gewährung einer Qualitätsgarantie begründet. Nunmehr sind wesentliche Rechtsfolgen mit § 443 BGBM gesetzlich geregelt. Zu unterscheiden sind:

- gesetzliche Gewährleistung,
- Garantieerklärung des Händlers als Verkäufer und
- Herstellergarantie.

GARANTIE

Überwiegend handelt es sich bei Verkäufergarantien um sog. unselbständige Garantien, die eine Modifizierung des BGB-Gewährleistungsrechts beinhalten. Teilweise räumen sie dem Käufer eine günstigere Position ein (insbes. durch Gewährung längerer Garantiefristen). Teilweise schränken sie aber auch die gesetzlichen Gewährleistungsrechte des Käufers ein oder modifizieren diese (z.B. Umtausch oder Kaufpreisrückzahlung gegen Rückgabe der Kaufsache ohne Fristsetzung). Um unselbständige Garantieversprechen handelt es sich auch dann, wenn sie die Zusicherung einer Eigenschaft (im Sinne des § 459 II BGBalt) beinhalten (z.b. »garantiert kompatibel zum ...System«).

Verkäufergarantie – überwiegend unselbständige Garantie

Von der unselbständigen Garantie ist der selbständige Garantievertrag zu unterscheiden, bei dem sich der Verkäufer verpflichtet, für ein bestimmtes, noch zu erreichendes Ergebnis (Erfolg) einzustehen. Es werden also nicht bereits vorhandene Eigenschaften zugesichert, sondern solche Eigenschaften oder Ergebnisse, die erst künftig, nach Gefahrenübergang, erzielt werden sollen.

Selbständige Garantie

Gewährt der Hersteller gegenüber dem Endabnehmer eine Garantie (überwiegend indem der Kunde einen Garantieschein erhält), entsteht ein Vertragsverhältnis zwischen Hersteller und Endkunden.

Herstellergarantie

Sowohl für erklärte Verkäufer- wie für Herstellergarantien, für unselbständige wie für selbständige Garantien enthält § 443 BGBM folgende auch den Informatiksektor betreffende Bestimmungen:

§ 443 BGBM – gesetzliche Garantieregelung

- Voraussetzungen sind eine wirksame Garantieerklärung und die Erfüllung der Bedingungen für die erklärte Garantie innerhalb der anzugebenden Garantiefrist (I).
- Einbezogen sind nicht nur die in der Garantieerklärung, sondern auch die in der einschlägigen Werbung angegebenen Bedingungen (I).
- Bei Erfüllung der Bedingungen stehen dem Käufer die Rechte aus der Garantie neben den gesetzlichen Rechten aus Mängeln nach § 437 BGBM zu (I).
- Die Beweislast liegt beim Garantiegeber (II): Er kann die Vermutung widerlegen, daß ein während der Garantiefrist auftretender Sachmangel die Rechte aus der Garantie begründet.

Diese Bestimmungen sind für den Verbrauchsgüterkauf nach § 475 I BGBM zwingend. Für die Garantieerklärung regelt § 477 BGBM zusätzliche Anforderungen.

7.5. Positive Vertragsverletzung

Positive Vertragsverletzung – im Gesetz bisher nicht geregelt (s. Bürgerliches Recht)

nunmehr § 280 I BGBM

Die Haftung wegen positiver Vertragsverletzung war bisher im BGB nicht geregelt. Die Rechtsprechung hatte dieses Rechtsinstitut entwickelt, um gerade die schuldhaften Leistungsstörungen zu erfassen, deren Folgen gesetzlich nicht normiert waren. Nunmehr werden auch diese Störungen von der Kardinalregelung des § 280 I BGBM erfaßt. Zusätzliche Rechtsgrundlage ist § 282 BGBM bei schwerwiegender Verletzung einer Nebenpflicht nach § 241 II BGBM.

Positive Vertragsverletzung – Voraussetzungen

Voraussetzungen der positiven Vertragsverletzung nach § 280 I BGBM:

- Bestehen eines Schuldverhältnisses;
- objektive Pflichtverletzung des Schuldners;
- Nichterfassung der Verletzung durch die spezialgesetzlichen Normen zum Verzug, zur Unmöglichkeit und zur Mängelhaftung;
- Vertretenmüssen der Pflichtverletzung mit Beweislast des Schuldners.

➢ Anspruch des Gläubigers auf Ersatz des durch die Pflichtverletzung entstandenen Schadens.

Wichtige Pflichtverletzungen im Informatikbereich, die unter die positive Vertragsverletzung nach § 280 I BGBM fallen, sind:

Positive Vertragsverletzung – Informatik

- nichtgehörige Erfüllung von Verträgen, die die Partner erkennbar nicht unter die BGB-Vertragstypen einordnen wollten;
- nichtgehörige Erfüllung von Dienstverträgen;
- Verletzung von Nebenleistungs-, Mitwirkungs- und anderen Nebenpflichten.

Nebenleistungspflichten sind z.B. Installation und Verpackung von Hardware und Software. Mitwirkungspflichten können die Hardwarebereitstellung zur Projektinstallation, die Einbeziehung des Anwenders in Fehlersuche und -beseitigung oder den Einsatz eines aktuellen Virenscanners vor Dateiübermittlung betreffen.

Voraussetzungen der positiven Vertragsverletzung nach §§ 280 I, 282 BGBM:

- Bestehen eines Schuldverhältnisses;
- Verletzung einer Nebenpflicht des Schuldners nach § 241 II BGBM;
- Vertretenmüssen der Pflichtverletzung mit Beweislast des Schuldners;
- Leistung durch den Schuldner ist dem Gläubiger nicht zumutbar, wofür der Gläubiger die Darlegungs- und Beweislast trägt. Gemeint ist die Leistung aus der Hauptpflicht, zu der die Nebenpflicht nach § 241 II BGBM zusätzlich besteht.
- ➤ Anspruch des Gläubigers auf Schadensersatz statt der Leistung.

Positive Vertragsverletzung bei schwerwiegender Verletzung einer Nebenpflicht nach § 241 II BGBM – Voraussetzungen

Wichtige Pflichtverletzungen im Informatikbereich, die unter die positive Vertragsverletzung nach §§ 280 I, 282 BGBM fallen können, betreffen insbes. folgende Nebenpflichten:

- Leistungstreuepflichten,
- Schutzpflichten,
- Aufklärungspflichten.

Positive Vertragsverletzung nach §§ 280 I, 282 BGBM Informatik

Als Verletzung von Leistungstreuepflichten hat die Rechtsprechung die fehlende Information durch den Lieferanten über den Einbau einer Programmsperre sowie über erkannten Virenbefall einer übermittelten Datei wie auch falsche Information eines Informatikunternehmens zur Wiederherstellbarkeit von Daten eingeordnet. Eine Schutzpflichtverletzung liegt vor, wenn der Anwender Dritten das Kopieren überlassener Software oder von Datenbankprodukten ermöglicht. Einer Aufklärungspflicht muß der Entwickler genügen, wenn das vom Auftraggeber übergebene Pflichtenheft erkennbare Unzulänglichkeiten aufweist. Die schuldhafte Verletzung derartiger Nebenpflichten führt zunächst zum Schadensersatzanspruch des Gläubigers nach § 280 I BGBM. Ist aber die damit verbundene Leistung durch die Verletzung nicht zumutbar, bspw. die Softwareüberlassung, so haftet der Überlasser auch auf Schadensersatz statt der Leistung.

Positive Vertragsverletzung – Verletzung von Nebenpflichten im Informatiksektor

8. Rechtsdurchsetzung

Recht haben und Recht bekommen ist zweierlei, sagt der Volksmund. Das hängt damit zusammen, daß Gesetz und Gerichte die Gläubiger auf eine zügige Anspruchsdurchsetzung orientieren.

8.1. Mängelrügepflichten

Über Pflichten und Konsequenzen bezüglich der Mängelrügen treten in der Informatik immer wieder Mißverständnisse auf.

Allgemein besteht keine Pflicht, Mängel sofort nach Feststellung zu reklamieren. Wichtige Ausnahmen wurden bereits skizziert:

Ausschluß der Gewährleistung

- Für bei Vertragsabschluß bekannte Mängel, grundsätzlich auch für grob fahrlässig nicht erkannte Fehler bei Kauf (§ 442 I BGBM) und Miete (§ 536b BGB) ist die Gewährleistung ausgeschlossen.
- Für bei Annahme der Mietsache (§ 536b S. 3 BGB) und bei Abnahme des Werkes (§ 640 II BGBM) erkannte Mängel entfällt die Gewährleistung, wenn sich der Berechtigte die Mängelansprüche dabei nicht vorbehält.
- Im Laufe der Miete erkannte Mängel hat der Mieter dem Vermieter nach § 536c I BGB unverzüglich anzuzeigen. Andernfalls sind Gewährleistungsansprüche für diese Mängel nicht mehr durchsetzbar, der Mieter ist zusätzlich schadensersatzpflichtig.

Beiderseitiger Handelskauf – Untersuchungs- und Rügepflicht (s. Handelsrecht)

Sachmängel, Mengenfehler und Falschlieferungen

Die auch in der Informatik wichtigste Mängelrügepflicht betrifft den beiderseitigen Handelskauf nach § 377 HGB. Die zu rügenden Mängel umfassen zunächst Sachmängel nach § 434 I, II BGB. Nach § 378 HGB wird das Rügeerfordernis jedoch auch auf Mengenfehler und Falschlieferungen ausgedehnt. Allerdings tritt eine solche Wirkung nicht ein, wenn die Mengen- oder Artabweichung so gravierend ist, daß der Verkäufer nicht mit einer Genehmigung durch den Käufer rechnen konnte, z.B. wenn Waren einer anderen Gattung geliefert wurden (CD-ROM-Laufwerke statt Monitore). Im Einzelfall kann die Abgrenzung jedoch schwierig sein, so daß sich auch insoweit generell die Rüge empfiehlt.

Voraussetzungen und Konsequenzen der Rügepflichten von Mängeln nach §§ 377 f HGB sind:

Schuldrechtliche Grundlagen

- beiderseitiger Handelskauf
- Vorliegen eines Mangels (Sachmangel – § 434 I, II BGB; Artabweichung – § 378 HGB; Mengenabweichung – § 378 HGB)
- unverzügliche (§ 121 BGB) Untersuchung der Kaufsache nach Ablieferung – Untersuchungsumfang folgt aus »ordnungsmäßigem Geschäftsgang« und bedeutet bspw. für Informatik-Anwender: Kontrolle auf äußere Beschädigungen, Aufdecken eventueller Installationsfehler, Test der Grundfunktionen.
- unverzügliche Rüge festgestellter (offener) Mängel – für die Rechtzeitigkeit der Mängelrüge ist nach § 377 IV HGB die Absendung, nicht der Zugang maßgebend.
   - ➢ bei ordnungsgemäßer Rüge: Gewährleistungs- bzw. Erfüllungsanspruch des Käufers.
   - ➢ bei nicht ordnungsgemäße Rüge gilt Ware nach § 377 II HGB als genehmigt: Pflicht zur Kaufpreiszahlung und Verlust aller Rechte aus Mängeln (Gewährleistung, Qualitätsgarantie).
- unverzügliche Rüge verdeckter Mängel – ein bei Untersuchung nach ordnungsgemäßem Geschäftsgang nicht feststellbarer Mangel muß nach § 377 III HGB erst gerügt werden, wenn er sich zeigt, dann aber unverzüglich.
  Jeder festgestellte Mangel muß einzeln gerügt werden.
   - ➢ bei ordnungsgemäßer Rüge: Fortbestehen der Rechte aus diesem Mangel.
   - ➢ bei nicht ordnungsgemäßer Rüge: Verlust der Rechte aus diesem Mangel.
- Ein Rügeversäumnis bleibt nach § 377 V HGB ohne Folgen, wenn der Verkäufer den Mangel arglistig verschwiegen hat.

Marginalien:
- Untersuchungs- und Rügepflicht – Voraussetzungen und Konsequenzen
- Unverzüglich: ohne schuldhaftes Zögern
- Offene Mängel – nach ordnungsgemäßem Geschäftsgang feststellbar
- Folgen nicht erfolgter oder verspäteter Rüge
- Verdeckte Mängel

8.2. Verjährung

Die Verjährung wird oft vernachlässigt, weil Verjährungsfristen meist länger sind als das Interesse an den verjährbaren Ansprüchen. Jedoch sind kürzere Verjährungsfristen für die häufigen Mängelansprüche bei Kauf- und Werkvertrag, weitere Differenzierungen in der Dauer, mögliche Fristenverkürzung und Konsequenzen der Verjährung (nicht nur) im Informatikbereich wichtig.
Ansprüche unterliegen nach § 194 I BGB der Verjährung. Entgegen verbreiteter Meinung entfallen verjährte Ansprüche nicht. Vielmehr sind die Rechtsfolgen nach Ablauf der Verjährungsfrist:

Marginalien:
- Anspruch – Recht, von einem anderen Tun oder Unterlassen zu fordern § 194 I BGB
- Verjährung – betrifft nur Ansprüche verjährte Ansprüche gehen nicht unter

Schuldrechtliche Grundlagen

Einrede

- Recht zur Verjährungseinrede (§ 214 I BGBM): Mit Berufung auf Fristablauf darf Anspruchsgegner Leistung verweigern.
- Die Klage wird bei einem Rechtsstreit nur zurückgewiesen, wenn der Verpflichtete Verjährungseinrede erhebt. Das Gericht prüft die Verjährung nicht von Amts wegen.
- Eine dennoch erfolgte Leistung kann der Verpflichtete nicht zurückfordern (§ 214 II BGBM).
- Mit den Ansprüchen aus einer Hauptpflicht verjähren nach § 217 BGBM auch Ansprüche aus mit dieser zusammenhängenden Nebenpflichten. Das ist in der Informatik insbes. für Informations- und andere Mitwirkungspflichten zu beachten.

§ 218 BGBM: Rücktrittsrecht - Äquivalenz zur Verjährung

- Auch das Rücktrittsrecht (kein Anspruch!) wegen nicht oder nicht vertragsgemäß erbrachter Leistung unterliegt nach § 218 BGBM dem Einrederecht des Schuldners nach Verjährung des Leistungs- oder Nacherfüllungsanspruchs.

Regelmäßige Verjährungsfrist: nunmehr 3 Jahre

Die regelmäßige, auch im Informatiksektor unproblematische Verjährungsfrist beträgt nach § 195 BGBM nunmehr 3 Jahre, soweit nicht Gesetz oder Vertrag (§ 202 BGBM) andere Fristen bestimmen. Die regelmäßige Verjährungsfrist beginnt nach § 199 I BGBM mit dem Schluß des Jahres

Beginn der regelmäßigen Verjährungsfrist

- der Anspruchsentstehung und
- der Kenntniserlangung des Gläubigers (inhaltlich und personell) oder der Erkennbarkeit (Erkennenmüssen ohne grobe Fahrlässigkeit)
- unter Einbeziehung absoluter Grenzen nach § 199 II, III BGBM.

Besondere Verjährungsfristen nach BGBM

Gesetzliche Abweichungen betreffen die Verjährungsfrist für Herausgaberechte an Sachen und die auch im Informatikbereich wichtigen Ansprüche aus Gerichtsurteilen, vollstreckbaren Vergleichen und Urkunden u.a. (30 Jahre nach § 197 BGBM) sowie Rechte an Grundstücken (10 Jahre nach § 196 BGBM). Und Sonderfristen, die den Erfordernissen in der Informatik nunmehr weitgehend entsprechen, gelten auch für die Verjährung von Mängelansprüchen. Diese Fristen werden in Rechtspraxis und Literatur oft verkürzt als Gewährleistungsfristen bezeichnet.

Im Informatiksektor beachtliche Mängelansprüche beim Kauf verjähren ohne anderweitige Vereinbarung im Kaufvertrag nach § 438 BGBM in zwei Jahren ab Ablieferung, falls der Verkäufer den Mangel nicht arglistig verschwiegen hat. Zudem darf die Verjährungsfrist nach § 475 II BGBM beim Verbrauchsgüterkauf für neue Waren vertraglich nicht verkürzt und für gebrauchte Waren nicht auf weniger als ein Jahr reduziert werden. Die Ablieferung ist vollzogen, wenn der Käufer über die Kaufsache verfügen kann. Dazu in der jüngeren Rechtsprechung erfolgten Differenzierungen für den Informatiksektor hat der BGH 1999 eine Absage erteilt (BGHZ 143, 307).

Verjährungsfrist für Mängelansprüche beim Kauf

Verbrauchsgüterkauf: keine vertragliche Verkürzung für neue Waren

Auch beim Werkvertrag verjähren die im Informatiksektor wichtigen Bestellerrechte aus Mängeln nach § 634a BGBM in zwei Jahren, allerdings ab Werkabnahme, wenn nicht wiederum arglistiges Verschweigen gegeben ist. Für Rücktritt und Minderung bestehen bei Kauf- und Werkverträgen nach §§ 438 IV f, 634a IV f zur Verjährung äquivalente Rechte. (Beim Mietverhältnis würde eine Verjährungsregelung für Mängelansprüche – mit Ausnahme des Schadensersatzes – dem Sinn des § 535 BGB widersprechen.)

Werkvertrag – Verjährungsfrist für Mängelansprüche

Der Übergang zu längeren Fristen für Mängelansprüche mit der Schuldrechtsmodernisierung mag die Beachtung der Verjährung einschränken. Insbes. für komplexe Informatikprodukte ist dem Benutzer jedoch auch insoweit Aufmerksamkeit anzuraten. Rechtliche Hilfen sind ihm dabei die Verjährungshemmung und der Verjährungsneubeginn (bisher Unterbrechung).

Hemmung bewirkt nach § 209 BGBM zeitweises Aussetzen des Fristenlaufs. Die Verjährungsfrist wird also um den Hemmungszeitraum verlängert. Diese Möglichkeit betrifft insbes.:

Hemmung – Verlängerung der Verjährungsfrist

- den Anspruch betreffende Verhandlungen zwischen Schuldner und Gläubiger (insoweit auch versuchte Nacherfüllung und Mängelprüfung auf Verlangen des Benutzers), wobei die Verjährung frühestens drei Monate nach Hemmungsende eintritt – § 203 BGBM;

Verhandlungen zwischen Schuldner und Gläubiger

- die Rechtsverfolgung (Klage, selbständiges Beweisverfahren, gerichtliches Mahnverfahren für Zahlungsforderungen u.a.), wobei die Hemmung sechs Monate nach Verfahrensabschluß oder entsprechender Handlung endet – § 204 BGBM.

Verjährungshemmung durch Rechtsverfolgung

Eine für Anwender von Informatikprodukten noch vorteilhaftere Beeinflussung des Fristenlaufs ist der Neubeginn der Verjährung. Dieser erfolgt nach § 212 I BGBM durch:

Neubeginn der Verjährung – Möglichkeiten

- Anerkenntnis des Anspruchs durch den Schuldner nach Nr. 1 (insoweit bei Mangel auch durch einschränkungslos vollzogene Nacherfüllung);
- gerichtliche oder behördliche Vollstreckungshandlung nach Nr. 2.

Überaus häufig wird (in der Informatik) angenommen, daß Reklamationen die Verjährungsfrist für Mängelansprüche verlängern. Darum sei hervorgehoben, daß (wiederholte) Mängelrüge ohne Einfluß auf den Lauf der Verjährungsfrist ist. Reagiert der Überlasser bzw. Entwickler nicht, sollte der Anwender die o.g. Möglichkeiten prüfen bzw. die Prüfung durch einen Juristen veranlassen.

Reklamation – keine Verlängerung der Verjährungsfrist

Schließlich unterliegt der Verjährungsgegenstand verbreiteten Mißverständnissen: Generell betrifft die Verjährung den einzelnen Anspruch. Nach § 213 BGBM bewirkt jedoch Hemmung oder Neubeginn eines auch Hemmung oder Neubeginn der anderen Ansprüche, die aus demselben Grund gegeben sind. Das vereinfacht die Vertragsarbeit der Benutzer von Informatikprodukten insbes. für Mängelansprüche

Hemmung oder Neubeginn der Verjährung für andere Ansprüche aus demselben Grund

9. Inhaltskontrolle von AGB-Klauseln

Die materiell-rechtliche Inhaltskontrolle regeln nunmehr die §§ 307 bis 309 BGBM. Nach § 307 I S. 1 darf keine Klausel den Vertragspartner entgegen Treu und Glauben unangemessen benachteiligen. Das Gesetz vermutet eine unangemessene Benachteiligung bei:

- fehlender Transparenz der Klausel (§ 307 I S. 2),
- Abweichung der Klausel von wesentlichen Grundgedanken der gesetzlichen Regelung (§ 307 II Nr. 1),
- Gefährdung des Vertragszwecks durch Einschränkung wesentlicher vertraglicher Rechte oder Pflichten (§ 307 II Nr. 2).

Abzustellen ist damit auf

- das gesetzliche Leitbild – für die Informatik sind insoweit nicht nur BGB und HGB zu beachten, sondern auch die noch zu erörternden UrhG, MarkenG, UWG, IuKDG u.a.
- das vertragliche Leitbild – der (selten) durch die Partner bestimmte bzw. durch die Rechtsprechung zugeordnete Vertragstyp ist also auch für die AGB-Wirksamkeit wichtig.

Die Ausgestaltung der Abnahme hängt bspw. vom Vertragstyp ab. Abnahmeregelungen des Werkvertragsrechts in Verkaufs-AGB sind für den Verkäufer ungünstiger als die kaufvertraglichen BGB-Normen. Sie benachteiligen aber ihn und nicht den Vertragspartner. Dagegen sind Einkaufs-AGB unzulässig, die die Abnahme als nachträgliche Bewertung der Kaufsache durch den Käufer regeln.

Nach § 307 III S. 2 ist die klare und verständliche Formulierung notwendige Wirksamkeitsvoraussetzung. Von diesem Transparenzgebot abgesehen unterliegen nicht alle AGB-Klauseln der Inhaltskontrolle. Nach § 307 III S. 1 werden nur Bestimmungen geprüft,

- deren Inhalt kein Gegenstand anderer Rechtsvorschriften ist – wo das Gesetz schweigt, soll auch keine gerichtliche Kontrolle erfolgen. Das betrifft weitgehend Preisbestimmungen und Leistungsbeschreibungen.
- die von Rechtsvorschriften abweichen – wo AGB lediglich den Inhalt einschlägiger gesetzlicher Regelungen wiederholen, erfolgt keine Inhaltskontrolle. So finden sich in Informatik-AGB häufig UrhG-Passagen. Diese sind wirksam, wenn nicht mit ihnen verbundene Normen des UrhG ausgeschlossen werden.
- die Rechtsvorschriften ergänzen.

§§ 308, 309 BGBM gelten nicht für AGB gegenüber Unternehmern

Klauselverbote mit Wertungsmöglichkeit

Klauselverbote ohne Wertungsmöglichkeit

Unwirksamkeit bei Beschränkung auf Nacherfüllung

Einjährige Mindestverjährungsfrist für Mängelansprüche

Neuregelungen zum Verbrauchsgüterkauf betreffen auch AGB

Inhaltskontrolle – Prüffolge

Besonderheiten kaufmännischen Geschäftslebens

Der generelle Maßstab für die Inhaltskontrolle des § 307 wird für zahlreiche Fallgruppen in den §§ 308 f detailliert, die jedoch nach § 310 I nicht für AGB gegenüber Unternehmern gelten.

§ 308 regelt Klauselverbote unter Einbeziehung ausfüllungsbedürftiger Rechtsbegriffe (»mit Wertungsmöglichkeit«).

§ 309 statuiert Verbote ohne ausfüllungsbedürftige Rechtsbegriffe (»ohne Wertungsmöglichkeit«). Auch für den Informatikbereich wichtige Normen unter Nr. 8b) betreffen die Rechte aus Mängeln bei Lieferung neu hergestellter Sachen und bei Werkleistungen:

- Auch ABG von Informatikanbietern bestimmen verschiedentlich, daß der Kunde zunächst nur Nachbesserung oder Ersatzlieferung fordern kann. Ist ihm dabei nicht ausdrücklich das Recht eingeräumt, bei fehlgeschlagener Nacherfüllung nach seiner Wahl zu mindern oder vom Vertrag zurückzutreten, so ist die Klausel nach § 309 Nr. 8b) Unterpunkt bb) unwirksam.
- Nach § 309 Nr. 8b) Unterpunkt ff) darf für Ansprüche aus Mängeln eine einjährige Mindestverjährungsfrist nicht unterschritten werden.

Die für AGB-Verwender wichtigste Neuerung aus der Schuldrechtsmodernisierung resultiert allerdings aus den AGB und Individualverträge betreffenden Neuregelungen zum Verbrauchsgüterkauf (§§ 474 ff BGBM – s. 5.1.). Das betrifft insbes. die zwingenden Normen zur Haftung für Sachmängel (§ 475) und zur Beweislastumkehr für innerhalb von 6 Monaten nach Gefahrübergang aufgetretene Sachmängel (§ 476).

Sonst ergibt sich nach §§ 307 – 309 i.V.m. § 10 I BGBM folgende Prüffolge:

- Ändert oder ergänzt die AGB-Klausel eine dispositive gesetzliche Vorschrift?
- Falls die Klausel gegenüber Verbrauchern verwendet wird: Liegt ein Verstoß gegen § 308 oder § 309 BGBM vor?
- Widerspricht die Klausel (unter Unternehmern oder gegenüber Verbrauchern) der Grundregel des § 307 BGBM?

Für die Rechtspraxis der Informatik ist schließlich wichtig, daß die Gerichte bei Anwendung von § 307 BGBM auch unter Kaufleuten die §§ 308 f BGBM beachten, dabei aber die Besonderheiten des kaufmännischen Geschäftslebens berücksichtigen.

10. Außervertragliche Haftung

In der Informatik spielen nicht nur vertragliche, sondern auch gesetzliche Schuldverhältnisse eine Rolle wie:
- vorvertragliche Vertrauensbeziehungen aus der Aufnahme von Vertragsverhandlungen,
- Geschäftsführung ohne Auftrag (§§ 677 ff BGB),
- ungerechtfertigte Bereicherung (§§ 812 ff BGB),
- Schuldverhältnisse aus unerlaubter Handlung.

Vorvertragliche Vertrauensbeziehung – s. 2.3.

Auch unter den letztgenannten Verhältnissen gibt es informatische Besonderheiten. Ein Schuldverhältnis aus unerlaubter Handlung:

Unerlaubte Handlung

- begründet eine Haftung des unerlaubt Handelnden auf Schadensersatz,
- kann außer oder neben Vertrag bestehen,
- kann Verschulden des Schädigers voraussetzen (Verschuldenshaftung) oder eine Schadenshaftung auch ohne Verschulden des Ersatzpflichtigen begründen (Gefährdungshaftung),
- kann (bei manchen unerlaubten Handlungen) auch strafrechtliche Sanktionen zur Folge haben.

10.1. Gefährdungshaftung

Prinzip der Gefährdungshaftung ist der gesetzliche Schutz vor eintretenden Schäden bei erhöhter Gefährdung fremder Rechtsgüter. Der Verursacher soll für Schäden bereits haften, weil ein hohes Schadensrisiko besteht. Trotz einiger im Geschäftsverkehr und im privaten Bereich wichtiger Normen (§§ 1 f HaftpflG – Schäden aus dem Betrieb von Schienen- und Schwebebahnen und von Energie- und Versorgungsanlagen; § 7 StVG – Schäden beim Kfz-Betrieb; §§ 33 ff LuftVG – Schäden durch Luftfahrzeuge; §§ 25 ff AtomG – Strahlungsschäden aus Atomanlagen; § 22 WHG – Gewässerschäden; §§ 84, 88 ArzneiMG – Schäden durch Arzneimittel; §§ 1 f UmweltHG – Umweltschäden; §§ 32 ff GenTG – Schäden durch Genmanipulationen) sind von der Gefährdungshaftung nur zwei Vorschriften für Einzelfälle in der Informatik von Bedeutung:

Gefährdungshaftung – Schadenshaftung bei erhöhter Gefährdung fremder Rechtsgüter

- ProdHaftG
- § 8 BDSG

Produkthaftung (10.3.)
BDSG (fünftes Kapitel)

10.2. Verschuldenshaftung

Verschuldenshaftung: BGB-Deliktsrecht und Spezialgesetze (zweites Kapitel)

Die Verschuldenshaftung aus gesetzlichen Schuldverhältnissen ist normiert:

- im Deliktsrecht des BGB (§§ 823 – 853) und
- in Spezialgesetzen außerhalb des BGB (unter diesen wichtig für den Informatiksektor: UrhG, MarkenG, UWG, SigG).

Unerlaubte Handlung nach § 823 BGB – Voraussetzungen

Wegen teilweise bestehender Anspruchskonkurrenz mit diesen Spezialgesetzen und der Bedeutung für Einzelfälle in der Informatik werden hier zunächst Rechtskonturen der unerlaubten Handlungen nach BGB dargestellt. Wichtigste Vorschrift ist § 823 BGB mit folgenden notwendigen Haftungsvoraussetzungen:

- Verletzung eines Rechtsguts, eines absoluten Rechts (I) oder eines Schutzgesetzes (II);
- Rechtswidrigkeit der Handlung (kein Rechtfertigungsgrund wie: Notwehr – § 227 BGB, Selbsthilfe – § 229 BGB oder Recht auf freie Meinungsäußerung – Art. 5 GG);
- Schadensverursachung durch die Handlung;
- Verschulden des Schädigers.

Geschützte Rechtsgüter nach § 823 I BGB

Verletzungstatbestände nach § 823 I BGB sind:

- Tötung

Durch den Fehler eines zur Flugsteuerung eingesetzten Prozessors stürzt das Flugzeug ab, und Insassen werden getötet.

- Körperverletzung

Ein Programm zur Schilddrüsentherapie setzt einen Patienten einer zu hohen Strahlungsdosis aus.

- Gesundheitsverletzung

Die emittierte Strahlung führt zu einer deutlichen Verschlechterung der Schilddrüsenfunktionen beim Patienten.

- Freiheitsverletzung
- Eigentumsverletzung

Entwickler baut Viren in von ihm entwickelte Software ein; die Viren infizieren beim Anwender andere Programme. Vermögensschäden als solche sind dagegen keine Eigentumsverletzungen.

- Verletzung eines »sonstigen« Rechts; erfaßt sind damit keine Rechte gegenüber Einzelpersonen und vertragliche Ansprüche, sondern nur absolute, gegenüber jedermann bestehende Rechte, wie allgemeines Namensrecht (§ 12 BGB), Firma (§ 17 HGB), Urheberrecht, Recht am eigenen Bild (§§ 22 ff KUG), Recht am eingerichteten und ausgeübten Gewerbebetrieb

Verletzung eines sonstigen Rechts nach § 823 I BGB

Für den Informatiksektor zu beachtende Fallbeispiele, bei denen Gerichte einen Schadensersatzanspruch bejaht haben, sind geschäftsschädigende Äußerungen und ungerechtfertigtes Abmahnen.

- das allgemeine Persönlichkeitsrecht nach Art. 1 I, 2 I GG.

Insbesondere mit der Verbreitung von Darstellungen und Meinungen zu anderen Personen im Internet sind derartige Verletzungen auch im Informatiksektor denkbar.

Verletzungen der beiden letztgenannten Rechte ordnet die Rechtsprechung nur dann den Tatbeständen des § 823 I BGB zu, wenn keine andere Rechtsgrundlage zum Schadensersatz führt.

Das trifft bspw. für Verletzungen des allgemeinen Persönlichkeitsrechts zu, die zugleich Verstöße gegen Datenschutzregelungen sind. Diese fallen unter den Regelungsbereich von § 823 II BGB.

Schadensersatzpflichtig ist nach § 823 II BGB auch, wer schuldhaft gegen ein Schutzgesetz verstößt. Solche Rechtsnormen, die den Schutz eines anderen bezwecken, sind z.B.:

Verletzung eines Schutzgesetzes nach § 823 II BGB

- Datenschutzregelungen,
- UrhG,
- StGB (so wesentliche Regelungen zur Computerkriminalität).

Verletzungshandlungen können generell in einem Tun oder Unterlassen bestehen. Unterlassen werden können so Verkehrssicherungspflichten. Danach hat jeder, der eine Gefahrenquelle schafft oder im von ihm beherrschten Gefahrenbereich andauern läßt, nach Lage der Verhältnisse erforderliche Vorkehrungen zum Schutze anderer Personen zu treffen. Hierzu zählt die auch den Informatikbereich betreffende Produzentenhaftung nach § 823 I BGB, bei der die Rechtsprechung drei Fehlergruppen unterscheidet:

Produzentenhaftung nach § 823 I BGB

- Konstruktionsfehler
  Maßstab ist die erforderliche Sorgfalt nach § 276 II BGBM. Gefahren für zum Zeitpunkt der Herstellung noch nicht erkannte Risiken hat der Produzent danach nicht zu tragen. Jedoch trifft ihn eine Produktbeobachtungspflicht: Er muß die Marktentwicklung beobachten. Bei Erkenntnissen zu unvorhergesehenen Gefahren sind die Kunden zu warnen, ggf. ist das Produkt zurückzurufen. Für Systemsoftware und Computerviren sind Einzelfälle zum Rückruf bekannt, der durch Hinweise in Informatik-Zeitschriften und telefonische Kunden-Hotline erfolgte.
- Funktionsfehler
  Die Produktserie als solche hat keine Fehler; einzelne »Ausreißer« sind jedoch fehlerhaft.
- Instruktionsfehler
  Der Benutzer muß ausreichend über nicht allgemein bekannte, mit dem Produkt verbundene und nach dem Stand der Technik nicht zu verhindernde Gefahren aufgeklärt werden.

Produzentenhaftung nach § 823 I BGB

Produzentenhaftung nach § 823 I BGB – im Informatikbereich denkbar, noch ohne Rechtsprechung

Die Anwendbarkeit auf Informatik-Produkte in sensiblen Bereichen ist denkbar, Rechtsprechung dazu aber noch nicht bekannt. In Presse und Literatur wurden Beispiele zur Steuerung des Straßenverkehrs, von Produktionsanlagen, Kraftwerken, Flugzeugen und Raketen sowie aus der Medizin beschrieben.

Beweislastumkehr in einigen Anwendungsbereichen

Die besondere Bedeutung der Produzentenhaftung nach § 823 I BGB liegt in der für mehrere Anwendungsbereiche gerichtlich entschiedenen Beweislastumkehr: Generell muß der Geschädigte nicht nur Rechtsverletzung und deren Kausalität für den ihm entstandenen Schaden, sondern auch das Schädigerverschulden beweisen. Das ist dem Benutzer bei komplexen Herstellungsprozessen im allgemeinen und in der Informatik im besonderen kaum möglich. Nunmehr trifft weitgehend den Hersteller die Beweispflicht, daß er die im Verkehr erforderliche Sorgfalt beachtet hat.

Haftung für den Verrichtungsgehilfen

Soweit ersichtlich spielt dagegen die Haftung für den Verrichtungsgehilfen nach § 831 BGB wegen der Produzenten- und der Produkthaftung in der Informatik keine Rolle.

Delikt nach BGB – Rechtsfolgen

Rechtsfolgen einer unerlaubten Handlung nach BGB-Deliktsrecht sind Ansprüche des Geschädigten auf:

Anspruch

- Schadensersatz nach §§ 249 ff,
- Schmerzensgeld bei Personenschäden nach §§ 823, 847 BGB,

- Schadensersatz für entgangene Erwerbsmöglichkeiten und weitere Nachteile bei Personenschäden (§§ 842 ff BGB),
- Unterlassung künftiger Beeinträchtigung nach §§ 823, 1004 BGB,
- Beseitigung fortdauernder Störungen nach §§ 823, 1004 BGB.

10.3. Produkthaftungsgesetz

Vermeintliche Verletzungen des ProdHaftG haben im Informatiksektor erhebliche Publizität. Produkthaftungsversicherungen für Informatik-Produkte werden angeboten. Auch die mögliche Anspruchskonkurrenz zwischen positiver Vertragsverletzung, unerlaubter Handlung und Haftung nach ProdHaftG ist vielen geläufig.

ProdHaftG – Beachtung im Informatiksektor

Bisweilen wird jedoch übersehen, daß erhebliche Einschränkungen in den Haftungsvoraussetzungen normiert sind:

Haftung   **§ 1 ProdHaftG**

> (1) Wird durch den Fehler eines Produkts jemand getötet, sein Körper oder seine Gesundheit verletzt oder eine Sache beschädigt, so ist der Hersteller des Produkts verpflichtet, dem Geschädigten den daraus entstandenen Schaden zu ersetzen. Im Falle der Sachbeschädigung gilt dies nur, wenn eine andere Sache als das fehlerhafte Produkt beschädigt wird und diese andere Sache ihrer Art nach gewöhnlich für den privaten Ge- oder Verbrauch bestimmt und hierzu von dem Geschädigten hauptsächlich verwendet worden ist.
> (2) Die Ersatzpflicht des Herstellers ist ausgeschlossen, wenn [...]
> 5. der Fehler nach dem Stand der Wissenschaft und Technik in dem Zeitpunkt, in dem der Hersteller das Produkt in den Verkehr brachte, nicht erkannt werden konnte [...].

Für Sachbeschädigung ist die Haftung nach § 1 I (auch gegenüber der Produzentenhaftung) also eingeschränkt, da die geschädigte Sache bereits Konsumgut sein muß und als solche gebraucht sein mußte. Diese Einschränkung dürfte ein Grund für bisher zur Produkthaftung im Informatiksektor fehlende Gerichtsurteile sein.

Haftungseinschränkung bei Sachbeschädigung: nur Konsumgüter

Für einen Pkw-Schaden durch fehlerhafte Ampelsteuerung ist eine Haftung nach ProdHaftG möglich. Für einen Lkw-Schaden wäre dagegen nur die Produzentenhaftung nach § 823 I BGB zu prüfen.

Schuldrechtliche Grundlagen

Haftungsvoraussetzungen

Voraussetzungen und Folgen der Haftung nach ProdHaftG sind:
- Haftung bezieht sich auf ein Produkt (§ 2).
- Produkt ist mit einem Fehler (§ 3) behaftet.
- Produkt wird durch einen Hersteller (§ 4) in Verkehr gebracht.
- Kein Haftungsausschluß (§ 1 II).

Rechtsfolgen

➢ Ersatz von Personen- und Sachschäden (§ 1 I – mit Ober- und Untergrenzen nach §§ 10 f);

➢ Haftung für Sachschäden nur bei Konsumgütern (§ 1 I S. 2).

Informatik-Produkte: Produkte i.S.d. ProdHaftG

Nach wortgetreuer Auswertung wären Computerprogramme keine Produkte i.S.d. § 2 ProdHaftG. Rechtsprechung zur Software-Einordnung und die Mehrzahl der Literaturmeinungen führen jedoch zur Anwendbarkeit des ProdHaftG auf Informatik-Produkte.

Integritätsinteresse – Schutz an Produktsicherheit

ProdHaftG – keine Produktbeobachtungspflicht

Während die vertragliche Gewährleistung auf das Nutzungsinteresse an einem mangelfreien Vertragsgegenstand gerichtet ist, schützt das ProdHaftG nach § 3 (wie auch die Produzentenhaftung nach § 823 I BGB) das Integritätsinteresse jedes Benutzers und Dritten an berechtigterweise zu erwartender Produktsicherheit. Der Hersteller haftet wiederum für Konstruktions-, Fabrikations- und Instruktionsfehler. Verletzungen der Produktbeobachtungspflicht fallen dagegen ausschließlich unter die Produzentenhaftung nach BGB.

Weite Herstellerdefinition

Als Hersteller (ggf. als Schadensersatzpflichtiger) gilt auch, wer ein Teilprodukt hergestellt hat (§ 4 I S. 1); sich als Hersteller ausgibt (durch Anbringen seines Namens, seiner Marke oder eines anderen unterscheidungskräftigen Kennzeichens – I S. 2); das Produkt aus EG-Drittstaaten importiert (II – z.B. den USA); das Produkt liefert, wenn er andere Hersteller nicht benennen kann (III). Damit ist für die Informatik auch die nach § 5 ProdHaftG geltende gesamtschuldnerische Haftung mehrerer Hersteller zu beachten.

Haftungseinschränkung trotz fehlenden Verschuldens: Stand von Wissenschaft und Technik

Besonders wichtig ist § 1 II Zi. 5 ProdHaftG: Die Einstandspflicht entfällt, wenn der Fehler nach dem Stand von Wissenschaft und Technik zum Zeitpunkt der Inverkehrbringung nicht erkannt werden konnte.

Trotz von der Softwareindustrie auch in Verträgen stereotyp wiederholter Einschätzung, Software könne nicht fehlerfrei erarbeitet werden, sollten Informatik-Entwickler damit sorgfältige, solide dokumentierte und vertraglich abgesicherte Arbeitsweisen anstreben. Darauf wirkt auch § 1 IV S. 2 ProdHaftG hin, wonach den Hersteller im Streitfall insbes. die Beweispflicht trifft, daß er den Stand von Wissenschaft und Technik bei Herstellung beachtet hatte. Der Geschädigte hat dagegen nach § 1 IV S. 1 ProdHaftG Schaden, Fehler und Kausalität zwischen Fehler und Schaden zu beweisen.

<small>Beweispflicht des Herstellers</small>

<small>Beweispflicht des Geschädigten</small>

Die Haftung aus ProdHaftG darf nach § 14 vertraglich weder ausgeschlossen noch beschränkt werden. Entsprechende, von Anbietern im Informatikbereich verschiedentlich noch verwendete AGB-Klauseln sind damit unwirksam.

<small>Vertragliche Haftungseinschränkung ist unwirksam</small>

Schadensersatzansprüche aus Produkthaftung verjähren nach § 12 ProdHaftG in 3 Jahren ab Kenntnis oder Kennenmüssen des Geschädigten von Schaden, Fehler und ersatzpflichtiger Person. Allerdings erlöschen die Ansprüche 10 Jahre nach Inverkehrbringung des Produkts (§ 13 ProdHaftG).

<small>Verjährung</small>

11. Wiederholungsfragen

1. Welche Wirkungen hat eine im Rahmen der Vertretungsmacht abgegebene Willenserklärung des Vertreters? Lösung S. 16

2. Wie kommt ein Vertrag zustande? Lösung S. 18 f

3. Was sind Allgemeine Geschäftsbedingungen? Lösung S. 20

4. Wann kann ein Vertrag angefochten werden? Lösung S. 24 ff

5. Wie unterscheiden sich Gattungs- und Speziesschuld? Lösung S. 29

6. Wie heißen die Parteien eines Werkvertrages, welche Pflichten haben sie? Lösung S. 34 ff

7. Was versteht man unter Leasing? Lösung S. 40

8. Sind Zulieferer Erfüllungsgehilfen des Verkäufers bei dessen Kaufvertrag mit einem Käufer? Lösung S. 41

9. Was sind die Voraussetzungen und Rechtsfolgen des Schuldnerverzuges? Lösung S. 47 ff

10. Wann kann der Käufer bei einem Mangel Schadensersatz statt der Leistung fordern? Lösung S. 55 ff

11. Welche Arten von Mängeln sind beim beiderseitigen Handelskauf unverzüglich zu rügen? Lösung S. 62 f

12. Erlöschen verjährte Ansprüche? Lösung S. 63 f

13. Welche Möglichkeiten bestehen zur Verlängerung der Verjährungsfristen von Mängelansprüchen? Lösung S. 65 f

14. Wie wird die Wirksamkeit von Allgemeinen Geschäftsbedingungen festgestellt? Lösung S. 67 f

15. Was sind die Haftungsvoraussetzungen nach ProdHaftG? Lösung S. 74

2. Kapitel

Grundzüge des Rechtsschutzes

1.	Aspekte des Rechtsschutzes	78
2.	Urheberrecht	79
3.	Wettbewerbsrecht	106
4.	Rechtsschutz nach dem PatG	116
5.	Rechtsschutz nach anderen Gesetzen	118
6.	Vertragsrechtlicher Schutz	119
7.	Wiederholungsfragen	120

1. Aspekte des Rechtsschutzes

Informatikprodukte gewinnen im Vergleich zu Hardware immer mehr an Umfang und Wert. Vervollkommnung der Rechnerunterstützung ändert dabei nichts am Erfordernis menschlicher Entwicklungstätigkeit. Die Informatikanwendung bedarf daher der Stimulierung von Software-, Datenbankprodukt- und Multimediaentwicklung. Dabei ist die Frage, ob die Innovation nur (vollständig?) neuen Produkten gelten soll, lediglich auf den ersten Blick einfach zu beantworten. Nicht nur Informatiker führen so gute Argumente an für das Kopieren innovativer Komponenten.

In den USA war bspw. die Einordnung von Software, deren Entwicklung mit öffentlichen Mittel gefördert wurde, als public good eine Quelle von Public Domain-Software.

Ohne die unterschiedlichen Ursachen und Interessen genauer zu analysieren, sei bereits hier gerade für Informatikprodukte auf rechtlich geschützte und ungeschützte Teile sowie auf zustimmungspflichtige und zustimmungsfreie Operationen hingewiesen.

Als besonderes Problem des Rechtsschutzes in der Informatik wurde lange die spezifische Immaterialität von Software und der anderen Produkte angesehen. Daß deren Entwicklung nicht nur eine schöpferische Aktivität sein kann, sondern überwiegend auch ist und als solche des Rechtsschutzes bedarf, ist nach der 1993 erfolgten UrhG-Novellierung inzwischen von der Rechtsprechung akzeptiert.

Überwundene Irritationen bestanden auch darin, ob Programmieren eine solche Vielfalt wie das Schreiben von Büchern oder Theaterstücken umfassen könne. Viel früher als in Deutschland führte die positive Beantwortung dieser Frage in den USA bereits 1980 zur Einbeziehung von Software in den gesetzlichen Schutzbereich des Urheberrechts.

Die Veränderung der Schutzrechtssituation von Software – durch die Rechtsprechung, deutlich aber auch durch internationale Aktivitäten und Maßgaben, vor allem EG-Richtlinien – hat sicher den Weg bereitet für den Rechtsschutz der anderen Informatikprodukte. Dabei hat die Vielfalt der Probleme zu unterschiedlichen Schutzmöglichkeiten geführt. Informatiker verkennen häufig, daß nicht nur der informationstechnische Schutz, sondern auch der Rechtsschutz vielfältig ist. Für einen gegebenen Sachverhalt bestehen oft Pflichten oder Rechte aus verschiedenen Rechtsgrundlagen. Zusätzlich sind im konkreten Fall möglicherweise die unterschiedlichen Voraussetzungen verschiedener Rechtsnormen zu beachten. Grundzüge der wichtigsten gesetzlichen Regelungskomplexe – Urheberrecht, Wettbewerbsrecht und Patentrecht – werden in den folgenden Abschnitten 2. bis 4. erörtert, die ergänzt werden durch Überblicke zum Schutz nach anderen Gesetzen (5.) und zum vertragsrechtlichen Schutz (6.). Besonderheiten für Software werden dann im dritten Kapitel (1.) sowie für Multimediasysteme und Datenbankprodukte im vierten Kapitel (1. und 2.) dargestellt.

Anspruchskonkurrenz, teils aber unterschiedliche Voraussetzungen

2. Urheberrecht

Das Urheberrecht nimmt (auch) für die Informatik eine zentrale Position unter den Schutzrechten ein. Es umfaßt nach dem UrhG eine Gesamtheit von Rechten. Bevor diese und ihre Wahrnehmung erläutert werden, werden Schutzobjekte und -subjekte dargestellt.

Urheberrecht – zentrales Schutzrecht

An dieser Stelle sei darauf hingewiesen, daß die Umsetzung der Richtlinie 2001/29/EG in naher Zukunft erhebliche Auswirkungen auf das hier dargestellte deutsche Urheberrecht haben wird.

EG-Urheberrechts-richtlinie

2.1. Schutzbereich

Geschützte Werke § 2 UrhG

(1) Zu den geschützten Werken der Literatur, Wissenschaft und Kunst gehören insbesondere:
1. Sprachwerke, wie Schriftwerke, Reden und Computerprogramme;
2. Werke der Musik;
3. pantomimische Werke einschließlich der Werke der Tanzkunst;
4. Werke der bildenden Künste einschließlich der Werke der Baukunst und der angewandten Kunst und Entwürfe solcher Werke;
5. Lichtbildwerke einschließlich der Werke, die ähnlich wie Lichtbildwerke geschaffen werden;
6. Filmwerke einschließlich der Werke, die ähnlich wie Filmwerke geschaffen werden;
7. Darstellungen wissenschaftlicher oder technischer Art, wie Zeichnungen, Pläne, Karten, Skizzen, Tabellen oder plastische Darstellungen.
(2) Werke im Sinne dieses Gesetzes sind nur persönliche geistige Schöpfungen.

Werk –
persönliche geistige
Schöpfung

Urheberrechtlich geschützt sind also persönliche geistige Schöpfungen in Literatur, Wissenschaft und Kunst. Diese bezeichnet das UrhG als Werke. Ob ein Werk einen hohen oder niedrigen literarischen Wert, wissenschaftlichen Beitrag bzw. künstlerischen Gehalt aufweist, spielt für den Urheberrechtsschutz keine Rolle.

Schutz auch für
»kleine Münze«

Die untere, gerade noch geschützte Grenze wird oft »kleine Münze« genannt. Lediglich für die angewandte Kunst verlangt die Rechtsprechung neben persönlicher geistiger Schöpfung ein deutliches Überragen des Bereichsdurchschnitts. Das ist insbes. für Multimedia tangierende Gebrauchs- und Werbegrafiken zu beachten. Die Maßgabe ist umstritten, vor allem weil sie praktisch kaum konkretisierbar ist. Für Computerprogramme war sie mit dem »Inkassoprogramm«-Urteil (BGHZ 94, 276) entsprechend relevant, nach der UrhG-Novellierung von 1993 nicht mehr.

GEISTIGE SCHÖPFUNG

Persönliche geistige
Schöpfung –
Voraussetzungen

Wann eine persönliche geistige Schöpfung vorliegt, bestimmt das UrhG nicht. Aus der Rechtsprechung lassen sich im wesentlichen vier Voraussetzungen ableiten:

- Ergebnis persönlichen Schaffens,
- wahrnehmbare Erscheinungsform,
- geistiger Gehalt und
- schöpferische Eigenart.

Werke sind individuelle, von Menschenhand gestaltete Ergebnisse.

Keinen Urheberrechtsschutz haben daher ausschließlich maschinell hergestellte Erzeugnisse, Ergebnisse von Zufallsgeneratoren und identische Produktübernahmen.

Ideen oder Vorstellungen des Schöpfers machen noch kein Werk aus, es muß vom Menschen wahrgenommen werden können.

Körperliche Werkform, wie Buch oder CD, ist dazu hinreichend. Es genügt aber schon, wenn das Werk durch Hilfsmittel, wie Computer, oder wie bei einer Stehgreifrede kurzzeitig wahrnehmbar ist.

Der erforderliche geistige Gehalt bezieht sich auf die besondere Ausdrucksform des dargestellten Inhalts. Individuelle Gestaltungsmerkmale können sich zeigen in:

- besonderer Ableitung der Form aus dem dargestellten Inhalt;
- besonderer Auswahl, Anordnung und Zusammenstellung von (ungeschützten) Objekten;
- ästhetischer Anregung durch das Werk.

Erreicht wird der geistige Gehalt schließlich durch einen schöpferischen Formungsakt.

Bloße Fleißarbeit, gedankenloses Papiervollkritzeln oder Ereignismitteilungen bleiben z.B. ohne urheberrechtlichen Schutz.

Sonst erfordert die Abgrenzung zwischen ungeschütztem Arbeitsergebnis und geschütztem Werk im Einzelfall die Auswertung der (für einzelne Werkarten diffizilen) Rechtsprechung. Das trifft vor allem für die Übernahme von Multimedia-Komponenten zu, während die UrhG-Novellierungen von 1993 und 1997 für Software und Datenbankprodukte deutliche Konturen gezogen haben.

Anders als in einigen anderen Ländern entsteht der urheberrechtliche Schutz kraft Gesetzes mit der Schaffung des Werkes. Es muß also kein spezielles Zeichen angebracht werden und keine Eintragung in ein spezielles Register erfolgen.

Dennoch ist das Anbringen des ©-Zeichens für den internationalen Verkehr sinnvoll, insbes. im Internet.

Bei Erfüllung der Schutzvoraussetzungen gehören zu den urheberrechtlich geschützten Werken:

Werkarten

Sprachwerke
- Sprachwerke

Musikwerke
- Musikwerke

Werke der darstellenden Kunst
- Werke der darstellenden Kunst

Werke der bildenden Kunst
- Werke der bildenden Kunst

Werke der angewandten Kunst
- Werke der angewandten Kunst
- Lichtbildwerke
- Filmwerke
- Darstellungen wissenschaftlicher und technischer Art
- Übersetzungen und andere Werkbearbeitungen
- Sammelwerke
- Datenbankwerke

§§ 69a ff UrhG – s. drittes Kapitel (1.)

Sprachwerke – dazu zählen nach § 2 I Nr. 1 UrhG Texte in jeder Form, mündliche Ausführungen (Reden, Reportagen, Interviews u.a.) und Computerprogramme. Für letztere sind die Spezialregelungen in §§ 69a ff UrhG zu beachten.

Musikwerke – auch hier ist der Schutz unabhängig von Genre und Art der Komposition möglich. Der Schutz nach § 2 I Nr. 2 wird durch § 24 II UrhG noch untersetzt. Danach ist jede Bearbeitung unzulässig, durch die eine Melodie erkennbar dem Originalwerk entnommen und dem neuen Werk zugrundegelegt wird. Die untere Grenze liegt bereits bei wenigen Tönen.

Werke der darstellenden Kunst – obwohl § 2 I Nr. 3 UrhG nur Pantomime und Tanz nennt, ist unstreitig (S. 1: »insbesondere«), daß bspw. auch Theateraufführungen schutzfähig sind.

Werke der bildenden Kunst – Gemälde, Skizzen, Plastiken, Skulpturen, Collagen, Zeichnungen u.a. fallen unabhängig von Herstellungsart und Material ebenso unter § 2 I Nr. 4 UrhG wie Werke der Baukunst (Häuser, Denkmäler, Inneneinrichtungen, Gartenanlagen u.a.) und Entwürfe dieser Kunstwerke.

Werke der angewandten Kunst – zwar zählen Möbel, Textilien, Gebrauchs- und Werbegrafiken zur in § 2 I Nr. 4 UrhG genannten angewandten Kunst. Für derartige Arbeitsergebnisse ist aber jeweils zu prüfen, ob sie nach dem GeschMG geschützt sind, worauf nicht weiter eingegangen wird. Bei einem solchen Schutz stellt die Rechtsprechung hohe Anforderungen an die Werkeigenschaft.

Lichtbildwerke – für Fotoaufnahmen ist oft schwer zu unterscheiden zwischen nichtschöpferischer und schöpferischer Tätigkeit (besondere Kontraste, Bildausschnitte, Schärfen usw.). Daher gewährt das UrhG nicht nur den in § 2 I Nr. 5 genannten Lichtbildwerken und ähnlich geschaffenen Werken (z.b. einzelnen Fernsehbildern) Urheberrechtsschutz, sondern es statuiert für Fotografien ein sog. Leistungsschutzrecht.

Lichtbildwerke

Leistungsschutzrecht – s. 2.13.

Filmwerke – wie bei Fotografien wird zwischen schöpferischer Leistung (Filmwerk – § 2 I Nr. 6 UrhG) und »Laufbildern« mit (schwächerem) Leistungsschutzrecht unterschieden. Bild- und Tonfolgen werden hinsichtlich des Rechtsschutzes als Einheit angesehen. Ähnlich wie Filmwerke geschaffen (und bei Werkeigenschaft geschützt) sind Videos und Live-Sendungen des Fernsehens.

Filmwerke

Darstellungen wissenschaftlicher und technischer Art – Lehr- und Anschauungsmaterial in zwei- oder dreidimensionaler Form ist in § 2 I Nr. 7 UrhG gemeint, z.B. Konstruktionszeichnungen, Stadtpläne, Schaubilder, Piktogramme.

Darstellungen wissenschaftlicher und technischer Art

Übersetzungen und andere Werkbearbeitungen – soweit die Schutzvoraussetzungen nach § 2 II UrhG bestehen, räumt § 3 UrhG einen Urheberrechtsschutz für das bearbeitete Werk ein. Allerdings ist in Abhängigkeit von der Werkart für die Bearbeitung bzw. die Verwertung der Bearbeitung die Genehmigung durch den Urheber des zu bearbeitenden Werkes einzuholen. Insbesondere ist die Bearbeitung eines Computerprogramms (s. drittes Kapitel – 1.) wie eines Datenbankwerkes (s. viertes Kapitel – 2.) zustimmungspflichtig.

Werkbearbeitung kann wiederum Werk sein

Verwertung – s. 2.5.

Sammelwerke – soweit bei Sammlungen eine persönliche geistige Schöpfung in Auswahl oder Anordnung der Elemente gegeben ist, besteht nach § 4 I UrhG Urheberrechtsschutz.

Sammlung kann Werk sein

Datenbankwerke – die besonderen Voraussetzungen und Konsequenzen zum Schutz von Datenbankwerken und Datenbanken nach dem UrhG werden im vierten Kapitel (2.) erörtert.

Datenbankwerk – besonderes Datenbankprodukt

2.2. Schutzsubjekte

Subjekt des Urheberrechtsschutzes ist der Urheber:

§ 7 UrhG

Urheber

> Urheber ist der Schöpfer des Werkes.

Miturheber – gemeinsame schöpferische Leistung ohne selbständige Verwertungsmöglichkeit

Wurde die schöpferische Leistung derart von mehreren Schöpfern gemeinsam erbracht, daß die einzelnen Arbeiten im Werk »aufgegangen«, insofern unselbständig sind, so werden die Schöpfer als Miturheber eingeordnet:

§ 8 UrhG

Miturheber

> (1) Haben mehrere ein Werk gemeinsam geschaffen, ohne daß sich ihre Anteile gesondert verwerten lassen, so sind sie Miturheber des Werkes.
> (2) Das Recht zur Veröffentlichung und zur Verwertung des Werkes steht den Miturhebern zur gesamten Hand zu; Änderungen des Werkes sind nur mit Einwilligung der Miturheber zulässig. Ein Miturheber darf jedoch seine Einwilligung zur Veröffentlichung, Verwertung oder Änderung nicht wider Treu und Glauben verweigern. Jeder Miturheber ist berechtigt, Ansprüche aus Verletzungen des gemeinsamen Urheberrechts geltend zu machen; er kann jedoch nur Leistung an alle Miturheber verlangen.
> (3) Die Erträgnisse aus der Nutzung des Werkes gebühren den Miturhebern nach dem Umfang ihrer Mitwirkung an der Schöpfung des Werkes, wenn nicht anderes zwischen den Miturhebern vereinbart ist.
> (4) Ein Miturheber kann auf seinen Anteil an den Verwertungsrechten (§ 15) verzichten. Der Verzicht ist den anderen Miturhebern gegenüber zu erklären. Mit der Erklärung wächst der Anteil den anderen Miturhebern zu.

Verwertung – s. 2.5.

Beispiel: Programmsystem, dessen von verschiedenen Entwicklern erstellte Module für sich keine gesonderte Verwertung erlauben.

Miturheber – Rechte

Miturheber haben also

- grundsätzlich nur gemeinsam das Veröffentlichungs- und Verwertungsrecht an ihrem Werk,

- grundsätzlich Vergütungsansprüche gegenüber den Nutzern nach ihrem Schöpfungsanteil am Werk. Da Ertragsmöglichkeiten oft erst später deutlich werden, dann aber unterschiedliche Einschätzungen zum Mitwirkungsumfang an der Schöpfung häufig sind, ist den Miturhebern am Entwicklungsende eine Vereinbarung über die Erlösaufteilung zu empfehlen.
- alleine das Recht, gegen Rechtsverletzungen am gemeinsamen Werk vorzugehen.

Anspruch

Neben dem allein und dem gemeinsam, von mehreren Miturhebern geschaffenen Werk ist im Informatikbereich auch das verbundene Werk zu beachten:

Verbundenes Werk – Kombination selbständiger Werke zu gemeinsamer Verwertung

Urheber verbundener Werke

§ 9 UrhG

Haben mehrere Urheber ihre Werke zu gemeinsamer Verwertung miteinander verbunden, so kann jeder vom anderen die Einwilligung zur Veröffentlichung, Verwertung und Änderung des verbundenen Werkes verlangen, wenn die Einwilligung dem anderen nach Treu und Glauben zuzumuten ist.

Beispiele: Programmsysteme, Datenbankwerke und Multimediaprodukte, bei denen die einzelnen Komponenten (Programmodule, Dateien unterschiedlicher Art) eigenständige Werke sind.

Haben sich Schöpfer zu gemeinsamer Verwertung verbunden, so

- sind Vergütungsvereinbarungen für Werknutzungen mit jedem Urheber einzeln zu treffen,
- hat jeder Urheber (nur) das Recht, gegen Rechtsverletzungen an seinem Werk vorzugehen,
- kann jeder vom anderen die Einwilligung zu Veröffentlichung, Verwertung und Änderung des Gesamtwerkes verlangen, wenn damit nach Treu und Glauben nichts Unzumutbares gefordert wird.

Urheber verbundener Werke – Rechte

2.3. Inhalt des Urheberrechtsschutzes

Geschützt wird der Urheber nach § 11 UrhG einerseits in seinen geistigen und persönlichen Beziehungen zum Werk (Urheberpersönlichkeitsrecht – §§ 12 ff) und zum anderen in seinen Vermögensinteressen an der Nutzung des Werkes (Verwertungsrecht).

Urheberrecht – Persönlichkeitsrecht (s. 2.4.) und Verwertungsrecht (s. 2.5.)

Wahrnehmung des Verwertungsrechts durch Einräumung von Nutzungsrechten

Das Verwertungsrecht nimmt der Urheber wahr, indem er anderen ein oder mehrere Nutzungsrechte einräumt. Nutzungsrechte legitimieren grundsätzlich nur den/die berechtigten Nutzer (Lizenznehmer), das Werk auf einzelne oder alle Nutzungsarten zu nutzen.

Darstellung wesentlicher Elemente des Urheberrechtsschutzes

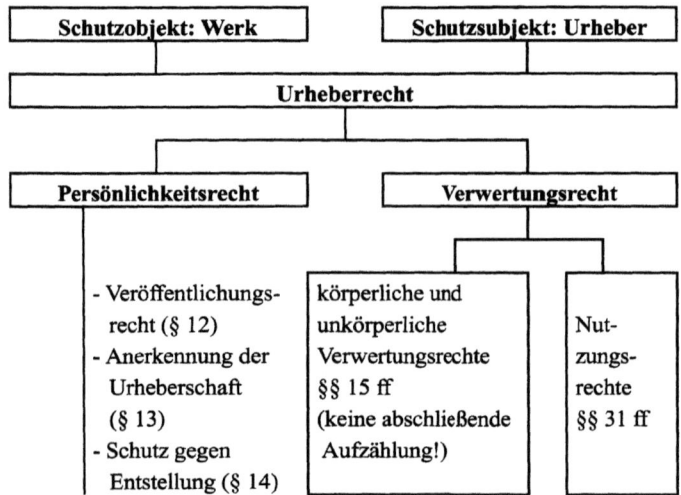

Werk – Urheber – Urheberrecht

Schutzdauer: 70 Jahre post mortem

Das Urheberrecht als Gesamtheit der Persönlichkeits- und Verwertungsrechte ist zeitlich beschränkt. Nach einer Schutzfrist von 70 Jahren ist das Werk gemeinfrei:

- Nach § 64 i.V.m. § 69 UrhG erlischt der Schutz für alle Werke eines Urhebers mit Ablauf des 70. Kalenderjahrs nach seinem Todesjahr.
- Bei von Miturhebern geschaffenen Werken beginnt die Schutzfrist nach § 65 I UrhG mit dem Tod des längstlebenden.

Miturheber – s. 2.2.

- Für anonyme oder pseudonyme Werke beginnt die siebzigjährige Schutzfrist nach § 66 UrhG mit der Veröffentlichung bzw. Vollendung des Werkes, soweit die Urheberidentität innerhalb dieser Frist bekannt wird.

2.4. Urheberpersönlichkeitsrecht

Das Urheberpersönlichkeitsrecht umfaßt zunächst die Entscheidung des Urhebers darüber, ob und wie sein Werk zu veröffentlichen ist (Veröffentlichungsrecht – § 12 UrhG). Solange das Werk nicht veröffentlicht ist, bleibt es allein dem Urheber vorbehalten, sein Werk oder Informationen über sein Werk an die Öffentlichkeit zu geben.

Urheberpersönlichkeitsrecht (1): Veröffentlichungsrecht

Nach § 6 I UrhG ist ein Werk »veröffentlicht, wenn es mit Zustimmung des Berechtigten der Öffentlichkeit zugänglich gemacht worden ist«. Allein dem Urheber gebührt also zunächst die Entscheidung, ob er das Werk aus seiner Privatsphäre entläßt. Ohne Belang sind dabei seine Beweggründe (Unfertigkeit, Qualität, Erlös o.ä.). Das betrifft allerdings nur die erste Veröffentlichung. Spätere unautorisierte Veröffentlichungen sind dann kein Verstoß gegen § 12, sondern ggf. gegen die Verwertungsrechte nach §§ 15 ff UrhG.

Veröffentlichungsrecht erfaßt nur die erste Veröffentlichung

Nach § 13 UrhG hat der Urheber weiter das Recht auf Anerkennung seiner Urheberschaft. Allein ihm obliegt es, der Schöpfung seinen Namen zu geben oder sich hinter der Anonymität oder einem Pseudonym (in den Grenzen des Namensrechts anderer Schöpfer) zu verbergen. Einschränkungen ergeben sich auch im Informatiksektor aus der Verkehrsüblichkeit.

Urheberpersönlichkeitsrecht (2): Recht auf Urheberschaftsanerkennung

Das betrifft die Namensnennung in allen Werbemitteln und jeglichen erreichbaren urheberrechtlich geschützten Komponenten, insbes. auf dem Bildschirm. Für Informatikprodukte ist folglich die Präsentation von Hinweis oder Link (auf eine Datei) zu den Urhebern und von ihnen im Produkt enthaltenen Werken zu prüfen.

Schließlich räumt das Urheberpersönlichkeitsrecht dem Urheber nach § 14 UrhG Schutz gegen eine Entstellung und andere Beeinträchtigungen ein, die seine berechtigten geistigen und persönlichen Interessen am Werk gefährden können.

Urheberpersönlichkeitsrecht (3): Schutz gegen Werkbeeinträchtigung bei Gefährdung der Urheberinteressen

Beispiele: Textverstümmelung, Softwaremodifikation bei völliger Veränderung des Nutzungszwecks, unsachliche Kritik, Beeinträchtigung der Bildwiedergabequalität durch Nachcolorierung u.ä.

Bei jeder Beeinträchtigung ist aber zu prüfen, ob diese geeignet ist, die geistigen oder persönlichen Urheberinteressen zu gefährden. Wegen der im Einzelfall schwierigen Abgrenzung sind auch insoweit Vereinbarungen in den Nutzungsverträgen sinnvoll.

Nutzungsverträge – s. 2.5.

2.5. Verwertungs- und Nutzungsrechte

Verwertungsrechte –
körperliche und
unkörperliche Verwertung

Verwertungsrechte
nach § 15 UrhG –
offene Liste

Neben dem Persönlichkeitsrecht richtet sich das Urheberinteresse auf die nutzbringende Verwertung seiner Schöpfung. Grundsätzlich ihm sind daher auch die Verwertungsrechte nach §§ 15 ff UrhG eingeräumt. Zwar unterscheidet das Gesetz zwischen körperlicher und unkörperlicher Verwertung. Die angeführten Verwertungsarten bilden jedoch keine abgeschlossene Liste, wie aus der beispielhaften Aufzählung (jeweils »insbesondere« in § 15 I, II UrhG) folgt.

Urheberrecht ist vererbbar,
sonst nicht übertragbar

Entgegen mancher Vereinbarung der Informatikpraxis ist die Urheberrechtsübertragung in Deutschland insgesamt unzulässig:

§ 29 UrhG

Übertragung des Urheberrechts

Das Urheberrecht kann in Erfüllung einer Verfügung von Todes wegen oder an Miterben im Wege der Erbauseinandersetzung übertragen werden. Im übrigen ist es nicht übertragbar.

Der Urheber kann jeweils nur Nutzungsrechte einräumen:

§ 31 UrhG

Einräumung von Nutzungsrechten

Grundzüge des Rechtsschutzes

Verwertung erfolgt also durch Einräumung und Gestaltung der Nutzungsrechte; dem Verwertungsrecht des Urhebers steht das Nutzungsrecht des Nutzungsberechtigten gegenüber. Mit Ausnahme der in Arbeitsverhältnissen erworbenender Rechte (und der Zwangslizenz zur Tonträgerherstellung nach § 61 UrhG) werden Nutzungsrechte durch Vertrag eingeräumt. Der Nutzungsberechtigte wird daher auch als Lizenznehmer bezeichnet.

Urheber hat Verwertungsrechte, Lizenznehmer hat Nutzungsrechte

Verwertungs- wie Nutzungsrechte basieren darauf, daß grundsätzlich der Urheber über jede Öffentlichkeitserweiterung seines Werkes entscheidet. Ihm wird Gelegenheit zu (zusätzlicher) Vergütung gegeben. Bei ausnahmsweise ohne seine Zustimmung erlaubten Nutzungshandlungen bestimmt das UrhG daher gesetzliche Vergütungsansprüche (§§ 20b II, 26, 27, 46 IV, 47 II, 49 I, 52, 54, 54a).

Vergütungsansprüche

Wichtige Verwertungsrechte sind in §§ 15 ff UrhG genannt. Sie werden jedoch, bedingt durch die technische, derzeit die Multimedia-Entwicklung, ständig erweitert. Das Erkennen und Beachten dieser Rechte ist in der Informatik mehrfach von Bedeutung:

Bedeutung der Verwertungs-/ Nutzungsrechte

- Operationen mit Werken erfordern die Einräumung von Nutzungsrechten. Nutzung ohne Nutzungsrecht ist rechtswidrig.

Keine Nutzung ohne Nutzungsrecht

- Jedes Nutzungsrecht erlaubt nur die mit diesem zugestandene Nutzung. Die häufige Argumentation, Kopiererlaubnis schließe weitere Operationen ein, ist fehlerhaft.
- Andere Nutzungen sind nicht erlaubt, auch wenn sie praktisch mit dem eingeräumten Recht zusammenhängen. So schließt das Vervielfältigungs- das Verbreitungsrecht nicht ein, auch wenn sich beide bei kommerzieller Verwertung bedingen. Allerdings räumt die Zwecksübertragungslehre nach § 31 V UrhG bei Vergabe eines unspezifizierten Nutzungsrechts alle Nutzungen ein, die aus dem mit der Vergabe verfolgten Zweck resultieren. Vertraglich sollten daher explizit die Nutzungsrechte oder präzise der Nutzungszweck fixiert werden.

Zwecksübertragungslehre – unspezifiziertes Nutzungsrecht

- Entwicklungsarbeit erfordert oft mehrere Nutzungsrechte, z.B. zu Vervielfältigung und Bearbeitung. Verfügt der Entwickler nicht über die Rechte am Werk, verstößt er gegen das UrhG.
- Eine Grenze für vertragliche Festlegungen der Verwertungs-/ Nutzungsrechte ergibt sich (neben den hier nicht skizzierten §§ 37 ff UrhG) nicht nur aus § 31 V, sondern auch aus § 31 IV. Danach darf über künftig erst bekanntwerdende Nutzungsrechte nicht bereits im Vorhinein verfügt werden.

Keine Lizensierung für noch unbekannte Nutzungsarten

Grundzüge des Rechtsschutzes

<small>Nutzungsart – selbständige wirtschaftliche Verwertungsform

Nutzungsrecht: Nutzungsart – m : n</small>

Diskutabel ist weiter das Verhältnis von Nutzungsrecht und -art. Als Nutzungsart wird jede selbständige wirtschaftliche Verwertungsform eines Werkes betrachtet. Die Zuordnung ist im konkreten Fall eine m:n-Relation: Ein Nutzungsrecht kann »einzelne oder alle Nutzungsarten« (§ 31 I UrhG) umfassen. Umgekehrt kann eine Nutzungsart (z.B. CDI) mehrere Nutzungsrechte (z.B. Vervielfältigung bei Erstellung und Verbreitung bei Vertrieb) betreffen.

Als selbständige Nutzungsarten eingeordnet hat die jüngere Rechtsprechung nicht nur die Werkverbreitung in Taschenbuchausgaben und die Videozweitauswertung von Spielfilmen, sondern auch die Internetnutzung. Umstritten ist derzeit die Anerkennung von Multimedia als selbständige Nutzungsart. Einige Meinungen akzeptieren Multimedia nur in Verbindung mit dem jeweiligen Träger (Computer, CD-ROM, Kommunikationsdienst) als Nutzungsart.

Für die Informatik wichtige Verwertungs-/Nutzungsrechte betreffen:

- Vervielfältigung und Verbreitung,
- Vermietung,
- öffentliche Wiedergabe,
- Bearbeiten und Umgestalten.

Wesentliche Charakteristika dieser Rechte werden in den nachfolgenden Abschnitten erörtert.

<small>Verfügung über Nutzungsrechte nur mit Zustimmung des Urhebers</small>

Zu den Verwertungs-/Nutzungsrechten werden verschiedentlich auch Verfügungen über Nutzungsrechte gezählt. Das ist zwar rechtsdogmatisch unkorrekt, rechtspraktisch aber plausibel, da auch der Inhaber eines ausschließlichen Nutzungsrechts Verfügungen grundsätzlich nur mit Zustimmung des Urhebers treffen darf.

Zustimmungspflichtig sind:

- die Weiterübertragung von Nutzungsrechten nach § 34 I UrhG, auch vom Inhaber eines ausschließlichen Nutzungsrechts. Eine Ausnahme gilt nach § 34 III UrhG im Fall einer Unternehmensveräußerung.
- die Vergabe von Lizenzen durch den Inhaber eines ausschließlichen Nutzungsrechts nach § 35 UrhG.

In der Praxis der Verwertungs- und Nutzungsrechte sind Verwertungsgesellschaften wichtig, weil die Rechtewahrnehmung Urheber zeitlich und wirtschaftlich allein überfordern kann.

2.6. Verwertungsgesellschaften

Der Urheber kann seine Verwertungsrechte selbst ausüben oder durch andere wahrnehmen lassen. Besondere Bedeutung haben in diesem Zusammenhang Verwertungsgesellschaften. Einzelheiten über ihre Zulassung und Arbeitsweise sind im UrhWG geregelt.

Verwertungsgesellschaften (VG)

- haben einen jeweils auf bestimmte Werkarten bzw. Urheber begrenzten Tätigkeitsbereich,
- schließen mit den Urhebern Wahrnehmungsverträge zur Ausübung der Verwertungsrechte,
- schließen mit den Nutzern, so auch mit Software-, Datenbank- und Multimedia-Entwicklern, Lizenzverträge,
- überwachen die Nutzung urheberrechtlich geschützter Werke,
- ziehen von den Nutzern die festgelegten Nutzungsentgelte ein,
- schütten die Entgelte unter Abzug des Aufwendungsersatzes an die Urheber aus.

Verwertungsgesellschaften Wahrnehmung der Verwertungsrechte

VERWERTUNGSGESELLSCHAFT

Verwertungsgesellschaften obliegen zusätzlich die Wahrnehmung und Durchsetzung aus dem Urheberrecht resultierender Rechte:

Auch Durchsetzung sekundärer, finanzieller Forderungen

- Vergütung für Vermietung und Verleih nach § 27 UrhG (s.u.),
- Vergütung für Vervielfältigung und Verbreitung von Zeitungsartikeln und Rundfunkkommentaren nach § 49 I UrhG,
- Vergütung für Vervielfältigung auf Bild- oder Tonträger und für die Herstellung von Geräten zu dieser Vervielfältigung nach §§ 54, 54h UrhG,
- Kopierabgabe nach §§ 54a, 54h UrhG.

Auch im Informatikbereich tätige Verwertungsgesellschaften sind:

Verwertungsgesellschaften, die auch im Informatikbereich tätig sind

- VG Wort für Textautoren und Verleger,
- GEMA (»Gesellschaft für musikalische Aufführungs- und mechanische Vervielfältigungsrechte«) für Komponisten, Textdichter und Verleger von Musikwerken,
- GVL (»Gesellschaft zur Verwertung von Leistungsschutzrechten mbH« – Leistungsschutzrechte s. 2.13.) für ausübende Künstler, Veranstalter nach § 81 UrhG, Hersteller von Tonträgern und Videoclips,
- VG Bild-Kunst für Urheber von Werken nach § 2 I Nr. 4-7 UrhG,
- VG Musikedition (»zur Wahrnehmung von Nutzungsrechten an Editionen von Musikwerken«) für Verfasser, Herausgeber und Verleger wissenschaftlicher Ausgaben von Musikwerken und nachgelassener Musikwerke,
- VFF (»VG der Film- und Fernsehproduzenten«) für Filmhersteller und Sendeunternehmen,
- VGF (»VG für Nutzungsrechte an Filmwerken mbH«) für deutsche und ausländische Filmurheber, Filmhersteller, Fernseh- und Videoproduzenten,
- GWFF (»Gesellschaft zur Wahrnehmung von Film- und Fernsehrechten mbH«) für die gleichen Rechtsinhaber,
- AGICOA Urheberrechtsschutz-Gesellschaft mbH (AGICOA – »Association de Gestion Internationale Collective des Oeuvres Audivisuelles«) für Filmhersteller und -verleiher.

Keine spezielle Informatik-/Multimedia-Verwertungsgesellschaft

Die Schaffung einer Multimedia-Verwertungsgesellschaft ist derzeit nicht erkennbar. Die Entwickler müssen die Nutzungsrechte für in ihrem Produkt verwendete fremde Werke und Inhalte bei den betreffenden Verwertungsgesellschaften bzw. Rechtsinhabern erwerben. Zur Sucherleichterung haben deutsche Gesellschaften eine Clearingstelle Multimedia für Verwertungsgesellschaften von Urheber- und Leistungsschutzrechten GmbH (CMMV) gegründet. Die CMMV (http://www.cmmv.de) versteht sich als Vermittler, bei dem Multimedia-Produzenten die Rechteinhaber vorgesehener Inhalte erfragen können. International soll das Verdi-Projekt die Arbeit von Clearingstellen Multimedia (in bisher sechs EU-Mitgliedsstaaten) koordinieren.

CMMV – Informationsvermittler zwischen Multimedia-Produzenten und Verwertungsgesellschaften

2.7. Vervielfältigung und Verbreitung

Das Vervielfältigungsrecht gestattet nach § 16 UrhG die Herstellung körperlicher Vervielfältigungsstücke des Werkes sowie dessen unkörperliche Übertragung auf Bild- oder Tonträger. Die Vervielfältigung hat zur Folge, daß das Werkexemplar unmittelbar oder mittelbar durch die menschlichen Sinne wahrnehmbar ist.

Vervielfältigung: Herstellung körperlicher Vervielfältigungsstücke

Typische herkömmliche Beispiele sind Bücher und Zeitschriftenartikel.

Ohne Belang sind Vervielfältigungsverfahren und Anzahl der Vervielfältigungsstücke. Entsprechend regelt § 16 II UrhG, daß jede Werkaufnahme auf einen Bild- oder Tonträger eine Vervielfältigung ist, erst recht natürlich das Kopieren eines derartigen Trägers.

Jede Werkaufnahme auf Bild- oder Tonträger – Vervielfältigung.

Besonderheiten der Vervielfältigung im Informatikbereich sind:

- Für Computerprogramme (s. drittes Kapitel – 1.), Datenbanken und partiell für Datenbankwerke (s. viertes Kapitel – 2.) bestehen nunmehr spezielle Regelungen im UrhG.

Spezialregelungen für Computerprogramme, Datenbankprodukte

- Unterschiedliche Auffassungen bestehen zum Verhältnis von Vervielfältigung und Digitalisierung. Zweifelsohne ist die erfolgte Speicherung eines digitalisierten Werkes eine Vervielfältigung. Soweit damit (wie häufig) auch eine selbständige wirtschaftliche Verwertung ermöglicht wird, ist eine eigenständige, genehmigungspflichtige Nutzungsart gegeben.

Digitalisierung kann eine eigenständige Nutzungsart sein

Nutzungsart – s. 2.5.

- Bei der Datenübertragung im Internet erfolgt auf den zwischenspeichernden Servern keine Vervielfältigung, sondern erst im Speicher des Adressaten. Da das im Internet genutzte TCP/IP Datenpakete übermittelt, werden regelmäßig nur Werkteile ohne Werkeigenschaft zwischengespeichert.

Datenübertragung im Internet – Vervielfältigung erst beim Adressaten

Verbreitung:
Anbieten in der Öffentlichkeit und Inverkehrbringen von Werkexemplaren

Öffentlichkeit – s.2.9.

Veräußerung eines Werkstücks – Verbreitungsrecht erschöpft (Ausnahme Vermietung)

Online-Kommunikation (s. 2.9.) ist keine Verbreitung

Das Verbreitungsrecht gestattet nach § 17 I UrhG das Anbieten in der Öffentlichkeit und Inverkehrbringen des Originalwerkes oder von körperlichen Vervielfältigungsstücken des Werkes:

- Anbieten in der Öffentlichkeit stellt auf die in § 15 III UrhG gegebene Legaldefinition ab.
- Inverkehrbringen ist das Überlassen eines Werkstückes an einen nicht zur Sphäre des Überlassenden Gehörenden.
- Im Fall erfolgter Veräußerung eines Werkexemplars kann der Rechtsinhaber nach dem in § 17 II UrhG statuierten Erschöpfungsgrundsatz die weitere Veräußerung des Werkstücks mit Ausnahme der Vermietung nicht mehr untersagen – das Verbreitungsrecht ist erschöpft. (Veräußerung ist jede Besitzübergabe auf Dauer – insbes. Verkauf und Schenkung).
- Nach herrschender Meinung stellt die Online-Kommunikation keine Verbreitung dar, weil der Übertragung keine körperlichen Vervielfältigungsstücke zugrunde liegen. Bei der Offline-Kommunikation können hingegen Multimediaprodukte auf Datenträgern als körperliche Vervielfältigungsstücke verbreitet werden.

2.8. Vermietung

Vermietung – besondere Verbreitung

entsprechend § 69c Nr. 3 S. 2 UrhG für Computerprogramme (s. drittes Kapitel, 1.2.)

Weitere Besonderheiten – vgl. auch § 535 BGB (Mietvertrag)

Auf den ersten Blick bedarf die Vermietung keiner besonderen Hervorhebung, da das Vermietrecht unter das Verbreitungsrecht fällt. Die Sonderstellung erklärt sich daraus, daß es nach § 17 II UrhG von der Erschöpfung des Verbreitungsrechts ausdrücklich ausgenommen ist: Das Ausschließlichkeitsrecht an der Vermietung verliert der Urheber nicht, wenn Werkexemplare mit seiner Zustimmung im Wege der Veräußerung in Verkehr gebracht worden sind.

Allerdings vermittelt die Legaldefinition wesentliche Einschränkungen, auch im Vergleich zum Mietvertrag:

Vermietung

§ 17 III UrhG

> (3) Vermietung im Sinne der Vorschriften dieses Gesetzes ist die zeitlich begrenzte, unmittelbar oder mittelbar Erwerbszwecken dienende Gebrauchsüberlassung. Als Vermietung gilt jedoch nicht die Überlassung von Originalen oder Vervielfältigungsstücken
> 1. von Bauwerken und Werken der angewandten Kunst oder
> 2. im Rahmen eines Arbeits- oder Dienstverhältnisses zu dem ausschließlichen Zweck, bei der Erfüllung von Verpflichtungen aus dem Arbeits- oder Dienstverhältnis benutzt zu werden.

Das Vermietrecht betrifft also:

- keine Bauwerke und Werke der angewandten Kunst,
- keine im Rahmen eines Arbeits- oder Dienstverhältnisses überlassenen Werke,
- nicht nur die entgeltliche, sondern auch jede mittelbar Erwerbszwecken dienende zeitweise Gebrauchsüberlassung.

Vermietrecht – Restriktionen

Die Vermietung ermöglicht dem Vermieter regelmäßig eine Vervielfachung der Werkadressaten und seiner Vergütung. Daher bestimmt § 27 I UrhG, daß dem Urheber auch dann ein gesetzlicher Vergütungsanspruch bleibt, wenn er das Vermietrecht an einem Bild- oder Tonträger eingeräumt hat. Das keinerlei Erwerbszwecken dienende Verleihen von Werkexemplaren führt dagegen nach § 27 II UrhG von vornherein zu einem gesetzlichen Vergütungsanspruch gegen entleihende Einrichtungen, die der Öffentlichkeit zugänglich sind. Solche Ansprüche können nach § 27 III UrhG nur durch Verwertungsgesellschaften geltend gemacht werden.

Vergütungsanspruch

Vermietungsvergütung für Bild- oder Tonträger

Vergütungsanspruch gegenüber öffentlichen Bibliotheken u. a. – Geltendmachung durch Verwertungsgesellschaften

2.9. Öffentliche Wiedergabe

Nach § 15 II UrhG werden dem Urheber Verwertungsrechte eingeräumt, die zum Recht der öffentlichen Wiedergabe zählen:

- das Vortrags- und Aufführungsrecht, nämlich nach § 19 I, II UrhG das Recht, ein Sprach- bzw. Musikwerk »durch persönliche Darbietung öffentlich zu Gehör zu bringen« oder »ein Werk öffentlich bühnenmäßig darzustellen«;

Rechte der öffentlichen Wiedergabe

96 *Grundzüge des Rechtsschutzes*

Rechte der öffentlichen Wiedergabe

- das Vorführungsrecht, nämlich nach § 19 IV UrhG das Recht, ein Werk durch technische Einrichtungen wie Dia- und Filmprojektoren einem anwesenden öffentlichen Publikum wahrnehmbar zu machen;
- das Senderecht, nämlich nach § 20 UrhG das Recht, ein Werk durch Funk (mit beliebigen Verfahren der Werkumwandlung in technisch übermittelbare Impulse beim Sender sowie der Impulsrückwandlung und Werkpräsentation bei den Empfängern), Satellitenrundfunk und zeitgleiche Kabelweitersendung der Öffentlichkeit zugänglich zu machen – das Senderecht betrifft auch Online-Dienste und das Internet;
- das Recht zur öffentlichen Zweitverwertung durch Wiederholungssendung (Senderecht nach § 20 UrhG), öffentliche Wahrnehmbarmachung von Vorträgen oder Werkaufführungen (§ 19) mittels Bild- oder Tonträgern (§ 21) und öffentliche Wahrnehmbarmachung von Funksendungen (§ 22).

Öffentliche Wiedergabe – Verwertung in unkörperlicher Form

Alle von § 15 II UrhG erfaßten Verwertungsrechte der Wiedergabe in unkörperlicher Form basieren auf der Öffentlichkeit der Wiedergabe:

§ 15 III UrhG

Öffentliche Wiedergabe

(3) Die Wiedergabe ist öffentlich, wenn sie für eine Mehrzahl von Personen bestimmt ist, es sei denn, daß der Kreis dieser Personen bestimmt abgegrenzt ist und sie durch gegenseitige Beziehungen oder durch Beziehung zum Veranstalter persönlich untereinander verbunden sind.

Was bedeutet »Öffentlichkeit«?

Kriterien zur Bestimmung der Öffentlichkeit sind also:

- eine Mehrzahl von Personen,
- deren Kreis nicht bestimmt abgegrenzt ist und
- die auch nicht persönlich miteinander verbunden sind.

Beispiele für nichtöffentliche Adressaten: Familiengemeinschaft, nur Mitgliedern vorbehaltene Vereinsversammlung und Fachtagung (persönliche Verbindung).

Beispiele öffentlicher Adressaten: Hotelgäste (nicht aber die in nur einem Hotelzimmer), Teilnehmer von Betriebsveranstaltungen, Hochschulvorlesungen und Veranstaltungen, bei denen auch Gäste zutrittsberechtigt sind.

Anknüpfend an die Öffentlichkeit der Wiedergabe gibt es zur Online-Nutzung digitalisierter Werke unterschiedliche Auffassungen.

Offline-Nutzungen sind zweifelsfrei durch den Erwerb des entsprechenden Datenträgers legitimiert. Hinsichtlich der Verwertungsrechte sind kaum Unterschiede zum Erwerb eines Buches oder einer Videokassette festzustellen.

Keine einheitliche Einordnung der Online-Nutzung digitalisierter Werke

Bei der Online-Nutzung bestehen dagegen Meinungsunterschiede hinsichtlich der Einordnung in:

- das Senderecht;
  Gegenargument ist die Erreichbarkeit der Öffentlichkeit durch den Sender, während die Online-Nutzung durch (inhaltlich und zeitlich) individuellen Teilnehmerabruf erfolgt.
- das Verbreitungsrecht;
  Zwar hat der Empfänger regelmäßig die Möglichkeit, körperliche Vervielfältigungsstücke des Werkes zu erstellen, die jedoch ohne besondere Kenntnis der Hilfsmittel vom Anbieter nicht beeinflußbar ist.
- die öffentliche Wahrnehmbarmachung
  Während Vortrags-, Aufführungs-, Vorführungs- und Wiedergaberechte nach §§ 19 III, IV, 21, 22 UrhG auf die (spätere) öffentliche Wahrnehmung abstellen, ist beim Online-Abruf die Werkbereitstellung originäre Verwertungshandlung.

Als Konsequenz mehren sich die Stimmen, die die Bereitstellung digitalisierter Werke zur Online-Nutzung als eigene Verwertungsart einordnen. Das BMJ plant, diese Bereitstellung als neue Verwertungsform nach § 15 II in einem zusätzlichen § 19a UrhG zu regeln.

Tendenz: Bereitstellung zur Online-Nutzung – neue eigene Verwertungsart

2.10. Bearbeiten und Umgestalten

Ein ebenso starkes Interesse wie am Vervielfältigungs- und Verbreitungsrecht hat der Urheber an seiner Genehmigung jeder Werkumgestaltung. Egal ob die Bearbeitung schöpferisch ist oder nicht, stets könnte das umgestaltete Werk in der Öffentlichkeit ein Konkurrenzprodukt zu seinem Werk sein. Daher ist jegliche Veröffentlichung oder Verwertung einer Werkbearbeitung genehmigungspflichtig:

Veröffentlichungen und Verwertungen von Werkbearbeitungen sind zustimmungspflichtig

§ 23 UrhG

Bearbeitungen und Umgestaltungen

> Bearbeitungen oder andere Umgestaltungen des Werkes dürfen nur mit Einwilligung des Urhebers des bearbeiteten oder umgestalteten Werkes veröffentlicht oder verwertet werden. Handelt es sich um eine Verfilmung des Werkes [...] oder um die Bearbeitung oder Umgestaltung eines Datenbankwerkes, so bedarf bereits das Herstellen der Bearbeitung oder Umgestaltung der Einwilligung des Urhebers.

Bearbeitungsrecht – Verwertungsrecht

Das Bearbeitungsrecht ist also kein Bearbeiterrecht, sondern ein Verwertungsrecht des Urhebers. Zwar kommt dem Bearbeiter nach § 3 UrhG ein Urheberrecht an der Umgestaltung im Fall seiner schöpferischen Leistung zu. Diese darf jedoch nur mit Einwilligung des Originalurhebers veröffentlicht oder verwertet werden.

Einen noch stärkeren Schutz kann der Urheber nach § 69c Nr. 2 und § 23 S. 2 UrhG beanspruchen für die

Spezielle Werkbearbeitungen (Informatik!) sind bereits als solche zustimmungspflichtig

- Übersetzung, Bearbeitung und andere Umarbeitung eines Computerprogramms (s. drittes Kapitel, 1.),
- Umarbeitung eines Datenbankwerkes (s. viertes Kapitel, 2.1.),
- Verfilmung eines Werkes.

Hier ist bereits die Bearbeitung oder Umgestaltung als solche zustimmungspflichtig.

2.11. Verfilmung

Verfilmungsrecht – Gesamtheit typischer, ausschließlicher Nutzungsrechte

Aus § 23 S. 2 UrhG ergibt sich auch, daß das Verfilmungsrecht kein selbständiges Verwertungsrecht ist. Vielmehr umfaßt es eine Gesamtheit typischer, regelmäßig ausschließlicher Nutzungsrechte an den zur Verfilmung herangezogenen vorbestehenden Werken (Erzählung, Roman, Drehbuch, Musik, Kulisse u.a.):

Recht zur Verfilmung § 88 UrhG

(1) Gestattet der Urheber einem anderen, sein Werk zu verfilmen, so liegt darin im Zweifel die Einräumung folgender ausschließlicher Nutzungsrechte:
1. das Werk unverändert oder unter Bearbeitung oder Umgestaltung zur Herstellung eines Filmwerkes zu benutzen;
2. das Filmwerk zu vervielfältigen und zu verbreiten;
3. das Filmwerk öffentlich vorzuführen, wenn es sich um ein zur Vorführung bestimmtes Filmwerk handelt;
4. das Filmwerk durch Funk zu senden, wenn es sich um ein zur Funksendung bestimmtes Filmwerk handelt;
5. Übersetzungen und andere filmische Bearbeitungen oder Umgestaltungen des Filmwerkes in gleichem Umfang wie dieses zu verwerten [...].

Ganz überwiegend hat die Verfilmung Schöpfungsqualität: Ein Filmwerk ist entstanden. An diesem räumen die Filmurheber (Regisseur, im Einzelfall auch Kameraleute, Cutter u.a.) dem Filmhersteller (Produzent oder Auftraggeber) nach § 89 I UrhG im Zweifel die Filmauswertungsrechte »auf alle bekannten Nutzungsarten« ein. Darüber hinaus hat der Filmhersteller nach §§ 88 II, 89 ff UrhG gegenüber den an der Filmherstellung Beteiligten wie gegenüber etwaigen Raubkopierern eine starke Rechtsposition. Dies trifft nach § 95 UrhG auch für Verfilmungen zu, die keine Werkqualität aufweisen (Laufbilder).

Verfilmung – meist Filmwerk

Filmhersteller hat (ohne andere Vereinbarungen) ausschließliche Nutzungsrechte sowie Leistungsschutzrechte u.a.

2.12. Schranken des Urheberrechts

Eher der Vollständigkeit halber ist zu erwähnen, daß das UrhG einige Ausnahmen von den ausschließlichen Verwertungsrechten des Urhebers statuiert. Im Einzelfall können insbes. für Komponenten von Multimediaprodukten folgende Ausnahmen zutreffen:

- Vervielfältigung und Verbreitung von Werkteilen sowie von kleineren Texten und Musikstücken als Sammlungen für den Kirchen-, Schul- oder Unterrichtsgebrauch nach § 46 UrhG;
- Zitatrecht nach § 51 UrhG;
- öffentliche Wiedergabe eines erschienenen Werkes zu anderen als Erwerbszwecken nach § 52 UrhG;

Ausnahmen – Nutzung ohne Urhebergenehmigung

Marginalia (left column):
- Ausnahmen – Nutzung ohne Urhebergenehmigung
- Ausnahmen – im Informatikbereich weiter reduziert
- Anspruch Vergütung s. 2.5.
- Leistungsschutzrechte – für Leistungen ohne Werkeigenschaft
- Verschiedene Leistungen
- Unterschiedliche Befugnisse

Main text:

- Vervielfältigung zum privaten und sonstigen eigenen Gebrauch nach § 53 UrhG;
- Vervielfältigung, Verbreitung und öffentliche Wiedergabe von unwesentlichen »Beiwerken« nach § 57 UrhG;
- Fotografieren, Filmen und Malen von Werken an öffentlichen Plätzen nach § 59 UrhG.

Diese Urheberrechts-Schranken sollten Entwickler wie Benutzer von Informatikprodukten tatsächlich als Ausnahmen verstehen:

- Die jeweiligen, teilweise durch die Rechtsprechung untersetzten Voraussetzungen bedürfen sorgfältiger Prüfung.
- Für Computerprogramme (s. drittes Kapitel, 1.) und Datenbankprodukte (s. viertes Kapitel, 2.) sind die Ausnahmen zusätzlich eingeschränkt.
- Die Ausnahmen beziehen sich jeweils nur auf bestimmte und nicht alle Verwertungsrechte; insbes. sind nach § 62 UrhG trotz eingeräumter partieller Benutzung weitgehend alle Änderungen unzulässig.
- Einige der zustimmungsfreien Verwertungen sind vergütungspflichtig.

2.13. Verwandte Schutzrechte

Auch Arbeiten, die nicht dem Anspruch des § 2 UrhG an schöpferische Leistungen genügen, »verdienen« einen Rechtsschutz; bspw.:

- die wissenschaftliche Edition alter literarischer Texte,
- nichtschöpferische Fotografien aus dem täglichen Leben,
- die künstlerischen Leistungen von Interpreten,
- die arbeitsaufwendige Feststellung, Verknüpfung und Präsentation der Komponenten eines Datenbankproduktes.

Der Gesetzgeber hat dem im UrhG (!) Rechnung getragen durch Leistungsschutzrechte, die unabhängig voneinander und vom Urheberrecht bestehen. Unabhängig voneinander sind sie, weil sie:

- verschiedenartige Leistungen schützen,
- in Abhängigkeit von den Leistungen unterschiedliche Befugnisse einräumen,
- sich in den Schutzsubjekten und teilweise auch in der Anknüpfung an das Urheberrecht unterscheiden,

Grundzüge des Rechtsschutzes

- kürzere als für urheberrechtlich geschützte Werke, jedoch für die jeweiligen Befugnisse differenzierte Schutzfristen aufweisen.

Kürzere, differenzierte Schutzfristen

Unabhängig vom Urheberrecht bestehen Leistungsschutzrechte:

- indem sie für einige Bereiche (Lichtbilder, Laufbilder, Datenbanken) anwendbar sind, wenn die urheberrechtlichen Schutzvoraussetzungen nicht bestehen,
- da sie zum anderen die Vermittlung fremder Werke an die Öffentlichkeit (durch ausübende Künstler, Veranstalter, Sendeunternehmen, Tonträger- und Filmhersteller) stimulieren.

In den Blickwinkel der Informatik sind verwandte Schutzrechte anscheinend mit dem Datenbankschutz gerückt. Für Multimediaprodukte sind jedoch weitere Leistungsschutzrechte zu beachten, wie:

Für den Informatiksektor wichtig: Datenbankschutz (viertes Kapitel, 2.2.)

Für Multimediaprodukte sind weitere Leistungsschutzrechte zu beachten.

- an wissenschaftlichen Ausgaben und nachgelassenen Werken (§§ 70 f UrhG),
- an Lichtbildern (§ 72 UrhG),
- an Laufbildern (§ 95 UrhG),
- der ausübenden Künstler (§§ 73 ff, 92 UrhG),
- der Veranstalter von Darbietungen ausübender Künstler (§ 81 UrhG),
- der Hersteller von Tonträgern (§§ 85 f UrhG),
- der Sendeunternehmen (§ 87 UrhG),
- der Filmhersteller (§ 94 UrhG).

2.14. Rechtsverletzungen

Verletzungen der im UrhG statuierten Rechte können zivil- und strafrechtliche Folgen nach sich ziehen. Erfaßt werden damit sowohl Verstöße gegen das Urheberrecht wie auch gegen die ebenfalls im UrhG geregelten verwandten Schutzrechte (s.o. 2.13).

Sanktionen bei Verletzungen des Urheberrechts und der Leistungsschutzrechte

Anscheinend ist die strafrechtliche Verfolgung bestimmter vorsätzlicher Urheberrechtsverletzungen noch wenig im Bewußtsein mancher im Informatiksektor Tätiger verankert. So kann unerlaubte Vervielfältigung, Verbreitung und öffentliche Wiedergabe nach §§ 106, 108 UrhG mit Freiheitsstrafe bis zu drei Jahren (bei gewerbsmäßigem Handeln nach § 108a bis zu fünf Jahren) oder mit Geldstrafe bestraft werden. Die Strafverfolgung erfolgt nach § 109 UrhG grundsätzlich nur auf Antrag des Verletzten.

Strafrechtssanktionen

Bei vorsätzlicher unerlaubter Vervielfältigung, Verbreitung und öffentlicher Wiedergabe

Antragsdelikt

Zivilrechtliche Ansprüche sind geregelt in den §§ 96 ff UrhG. Die wichtigste Vorschrift ist:

§ 97 UrhG — **Anspruch auf Unterlassung und Schadensersatz**

(1) Wer das Urheberrecht oder ein anderes nach diesem Gesetz geschütztes Recht widerrechtlich verletzt, kann vom Verletzten auf Beseitigung der Beeinträchtigung, bei Wiederholungsgefahr auf Unterlassung und, wenn dem Verletzer Vorsatz oder Fahrlässigkeit zur Last fällt, auch auf Schadensersatz in Anspruch genommen werden. An Stelle des Schadensersatzes kann der Verletzte die Herausgabe des Gewinns, den der Verletzte durch die Verletzung des Rechts erzielt hat, und Rechnungslegung über diesen Gewinn verlangen.

(2) Urheber, Verfasser wissenschaftlicher Ausgaben (§ 70), Lichtbildner (§ 72) und ausübende Künstler (§ 73) können, wenn dem Verletzer Vorsatz oder Fahrlässigkeit zur Last fällt, auch wegen des Schadens, der nicht Vermögensschaden ist, eine Entschädigung in Geld verlangen, wenn und soweit es der Billigkeit entspricht.

(3) Ansprüche aus anderen gesetzlichen Vorschriften bleiben unberührt.

§ 97 UrhG – alle im Informatiksektor möglichen UrhG-Verletzungen eingeschlossen

Erfaßt werden widerrechtliche Verletzungen von nach dem UrhG bestehenden Rechten, die dem Rechtsinhaber gegen jedermann zustehen. Derartige Ausschließlichkeitsrechte nach UrhG sind u.a.:

- das Verbotsrecht des Urhebers gegen eine Werkentstellung nach § 14,
- die Verwertungsrechte des Urhebers nach §§ 15 ff,
- die Verbotsrechte des Inhabers ausschließlicher Nutzungsrechte nach § 31 III,
- die Einwilligungsrechte ausübender Künstler nach §§ 74 ff,
- die Verwertungsrechte anderer Leistungsschutzberechtigter nach §§ 85, 87, 87b, 94.

Ansprüche nach § 97 UrhG – Ansprüche aus anderen Rechtsvorschriften möglich

Ausdrücklich verweist § 97 III UrhG auf die Anspruchskonkurrenz. Im konkreten Fall können urheberrechtliche und/oder andere (z.B. wettbewerbsrechtliche) Vorschriften anwendbar sein.

Die Ansprüche des Verletzten nach § 97 UrhG sind:

- Beseitigung der Beeinträchtigung
  Die Beseitigung betrifft auch schuldlose Verletzer und kann im

Anspruch
Störungsbeseitigung

Einzelfall teuer werden, wie bspw. bei Rückruf und Vernichtung unberechtigt kopierter und verbreiteter Datenträger.
- Unterlassung bei Wiederholungsgefahr
  Der ebenfalls verschuldensunabhängige Unterlassungsanspruch wird häufig mittels einstweiliger Verfügung nach §§ 935, 940 ZPO durchgesetzt. Keine Wiederholungsgefahr besteht, wenn der Verletzer eine Unterlassungserklärung abgegeben hat, in der er eine ausreichend hohe Vertragsstrafe nach §§ 339 ff BGB bei erneuter rechtswidriger Handlung verspricht.

  Unterlassung

- Schadensersatz bei Fahrlässigkeit oder Vorsatz des Verletzers
  Die Schadensersatzhöhe bestimmt sich grundsätzlich nach §§ 249 ff BGB. Wegen oft bestehender Beweisschwierigkeiten sind drei Varianten der Geltendmachung anerkannt:
  + konkrete Berechnung nach §§ 249 ff BGB
  Bei gravierenden Verletzungen können Urheber, ausübende Künstler u.a. nach § 97 II UrhG auch Ersatz des immateriellen Schadens verlangen. Die Voraussetzungen wurden bisher streng gehandhabt, doch scheinen Anwendungsfälle nach der 1995 erfolgten Neufassung von § 97 II häufiger zu werden.
  + Forderung üblicher Lizenzgebühren oder
  + Verlangen der Gewinnherausgabe (§ 97 I S. 2 UrhG)
  Der Anspruch wird untersetzt durch den ebenfalls in § 97 I S. 2 UrhG geregelten Auskunftsanspruch über den vom Verletzer erzielten Gewinn. Ein weitergehender Auskunftsanspruch zum Umfang der Rechtsverletzungen folgt aus § 242 BGB, wenn mit dem Rechtsverletzer ein Schuldverhältnis aus Vertrag oder unerlaubter Handlung besteht. Unabhängig vom Verschulden des Verletzers kann der Berechtigte die Herausgabe der Bereicherung nach §§ 812 ff BGB verlangen, die durch widerrechtliche Nutzung auf seine Kosten erzielt worden ist.

  Schadensersatz bei Verschulden

  Gewinnherausgabe

  Auskunft über Gewinnerzielung

Verletzer ist nicht nur, wer unmittelbar einem von § 97 UrhG geschützten Recht zuwiderhandelt, sondern jeder, der die Rechtsverletzung kausal verursacht hat.

Verletzter – weite Einordnung

Wenn z.B. Raubkopierer R mehrere unberechtigt vervielfältigte Disketten von der Firma C auf CD-ROM pressen und diese vom Händler H vertreiben läßt, haften R und C wegen Verletzung des Vervielfältigungs- und Verbreitungsrechts und H wegen unerlaubter Verbreitung gegenüber dem Urheber.

2.15. Internationales Urheberrecht

Obwohl weltweite Immaterialgüternutzung – bereits im Literatur-, Musik- und Filmbereich, nun immer dringender im Informatiksektor – völkerrechtliche Urheberrechtsregelungen erfordert, dominieren bisher Urheberrechtsvorschriften der einzelnen Staaten. Internationale Regelungen betreffen neben EG-Richtlinien für einzelne Objektbereiche (s. drittes Kapitel, 1.2; viertes Kapitel, 1.2 f) und dem Kollisionsrecht (s. viertes Kapitel, 7.) das Fremdenrecht:

Wenige völkerrechtliche Urheberrechtsnormen

Fremdenrecht: Urheberrechtsschutz für Ausländer? Ausländermindestrechte?

- Erhält ein Ausländer überhaupt Urheberrechtsschutz?
- Welche Mindestrechte kann ein Ausländer beanspruchen?

Die derzeit wichtigsten internationalen Abkommen zum Fremdenrecht sind:

Internationale Abkommen zum Fremdenrecht

- die Revidierte Berner Übereinkunft zum Schutz von Werken der Literatur und Kunst (RBÜ),
- das Welturheberrechtsabkommen (WUA) und
- das Übereinkommen über handelsbezogene Aspekte der Rechte des geistigen Eigentums (TRIPs).

Die RBÜ schützt Urheber,

Revidierte Berner Übereinkunft (RBÜ) – Subjekte

- die die Staatsangehörigkeit eines Mitgliedsstaates besitzen (Art. 3 I lit. a),
- die sich gewöhnlich in einem Mitgliedsland aufhalten (Art. 3 II),
- deren Werke zuerst in einem Mitgliedsland veröffentlicht worden sind (Art. 3 I lit. b).

RBÜ – Mitgliedsstaaten

Mitgliedsstaaten sind fast alle Industrieländer, inzwischen auch die USA, VR China und Rußland. Wesentliche Regelungen betreffen:

- den Grundsatz der Inländerbehandlung nach Art. 5 I und
- spezifische Mindestrechte.

RBÜ – Prinzip der Inländerbehandlung

Das Prinzip der Inländerbehandlung stellt ausländische Urheber für ihre durch die RBÜ geschützten Werke Inländern gleich. Die RBÜ folgt insoweit der Annahme, daß Mitgliedsstaaten ihre inländischen Urheber im eigenen Interesse ausreichend schützen.

Zu den in der RBÜ vereinbarten Mindestrechten gehören:

RBÜ – Mindestrechte

- das Urheberpersönlichkeitsrecht nach Art. 6bis;
- das Vervielfältigungsrecht nach Art. 9,

Grundzüge des Rechtsschutzes 105

- das Bearbeitungsrecht nach Art. 12, 14 u.a.

Das WUA bleibt im Schutzniveau hinter der RBÜ zurück. Es sollte Staaten einbeziehen, die den RBÜ-Anforderungen nicht genügen konnten oder wollten: insbes. die Sowjetunion, USA und VR China. Nachdem diese bzw. ihre Nachfolger inzwischen der RBÜ beigetreten sind, hat das WUA keine große praktische Bedeutung mehr.

TRIPs-Staaten sind die Mitglieder der Welthandelsorganisation (WTO). Anscheinend erweitert TRIPs durch die Meistbegünstigungsklausel nach Art. 4 die durch die RBÜ geregelte Inländerbehandlung. Die Meistbegünstigungsklausel gewährt ausländischen Rechtsinhabern grundsätzlich gleiche Vergünstigungen wie Angehörigen anderer Mitgliedsstaaten – hier in Bezug auf den Schutz geistigen Eigentums, nicht nur bezüglich der Urheberrechte. Jedoch sind die Mitgliedsstaaten nach Art. 9 I S. 1 TRIPs zur Anwendung der RBÜ verpflichtet und der dort geregelten Inländerbehandlung nach Art. 3 I TRIPs. Ausgeklammert wird allerdings durch Art. 9 I S. 2 TRIPs das Urheberpersönlichkeitsrecht nach Art. 6bis RBÜ.

Welturheberrechtsabkommen hat keine große praktische Bedeutung mehr

TRIPs-Mitgliedsstaaten

TRIPs-Meistbegünstigung

TRIPs – via RBÜ Prinzip der Inländerbehandlung

Ausnahme: Urheberpersönlichkeitsrecht

Aus informatischer Sicht wertet TRIPs die RBÜ auf durch folgende Maßgaben:

- zum Schutz von Computerprogrammen und Datensammlungen – Art. 10 TRIPs,
- zum gewerblichen Vermietungsrecht von Computerprogrammen und Filmwerken – Art. 11 TRIPs.

TRIPs – Schutz von Informatikobjekten

Zusätzlich ergänzt wird die RBÜ durch den am 6.3.2002 in Kraft getretenen WIPO Copyright Treaty (WCT – 30 Mitgliedsstaaten) mit für den Informatikbereich wichtigen Bestimmungen zum:

WIPO – Weltorganisation für geistiges Eigentum

- Urheberrechtsschutz für Computerprogramme (Art. 4) und Datenbankwerke (Art. 5),
- Urheberrecht der öffentlichen Zugänglichmachung (einschließlich der Online-Zugriffsgestattung für Einzelpersonen – Art. 10),
- Rechtsschutz gegen Umgehung von technischen Schutzmaßnahmen (Art. 11),
- Rechtsschutz gegen Entfernung oder Änderung der elektronischen Verwaltung von Schutzrechten (Art. 12).

Für den Informatikbereich wichtige Pflichten der WCT-Mitgliedsstatten

3. Wettbewerbsrecht

Wettbewerbsrecht kann auch Rechtsschutz bewirken

Daß das Wettbewerbsrecht im Informatikbereich auch einen Rechtsschutz bewirken kann, ergibt sich aus der wettbewerblichen Position zahlreicher Entwickler, Überlasser und Benutzer. Nach einer Skizze des Schutzbereichs werden daher die wichtigen Regelungen (UWG und MarkenG) mit Blick auf den Informatiksektor erläutert.

3.1. Schutzbereich

Wettbewerbsrecht und Urheberrecht

Wettbewerbsrecht und Rechtsschutz betreffen auf den ersten Blick verschiedene Bereiche. So unterscheiden sich Wettbewerbsrecht und Urheberrecht mehrfach, sie weisen aber auch den Rechtsschutz betreffende Gemeinsamkeiten auf:

Unterschiede

- Das UrhG gewährt dem Rechtsinhaber ein absolutes Recht, einen Rechtsschutz gegenüber jedermann. Subjekte des Wettbewerbsrechts sind dagegen die unmittelbar oder mittelbar am wirtschaftlichen Wettbewerb Beteiligten, die folglich relative Rechte und Pflichten haben.

- Gegenstand des Urheberrechts sind schützenswerte Leistungen in Literatur, Wissenschaft und Kunst. Gegenstand des Wettbewerbsrechts ist der freie Wettbewerb zwischen den auf dem Markt agierenden Unternehmen. Dazu gehört einmal die Wettbewerbssicherung, primär durch das hier nicht erörterte GWB (Kartellgesetz). Der andere wesentliche Bereich ist die Bekämpfung unlauterer Wettbewerbshandlungen.

Gemeinsamkeiten

- Im Rahmen der letztgenannten Schutzfunktion überlagern sich Urheberrecht und Wettbewerbsrecht, wie die nachfolgende Übersicht verdeutlichen soll. Dabei schützt das Urheberrecht ein Arbeitsergebnis als solches, während das Wettbewerbsrecht die Art und Weise der Ausnutzung eines fremden Arbeitsergebnisses begrenzt (und weitere Wettbewerbshandlungen normiert). Für den Rechtsschutz von Informatikprodukten zu beachtende Gesetze sind das UWG und das MarkenG.

Urheber- und wettbewerbsrechtlicher Schutz von Informatikprodukten (Charakteristika)

	Urheberrecht	Wettbewerbsrecht
Ziel	Bestand von geistigen Eigentumsrechten	Ausübung von geistigen Eigentumsrechten im Wettbewerb
Schutz-objekt	Arbeitsergebnis als solches	Art und Weise der Ausnutzung eines fremden Arbeitsergebnisses
Rechte	Ausschließlichkeitsrechte gegen jedermann	Relative Rechte: Schutz gegen unlautere Nutzung im geschäftlichen Verkehr zu Wettbewerbszwecken

- Persönlichkeitsrechte
- Verwertungsrechte
  - Vervielfältigungsrecht
  - Verbreitungsrecht
  - Recht der öffentlichen Wiedergabe
  - Bearbeitungsrecht
  - ...

- Leistungsschutz
- Schutz gegen unzulässige Werbung
- Geheimnisschutz
- Kennzeichnungsschutz

→ Nutzungsrechte ←

3.2. Rechtsschutz durch das UWG

Der durch das UWG normierte Rechtsschutz umfaßt den Leistungs-, den Geheimnisschutz und den Schutz gegen unzulässige Werbung. Marktstörungen durch unlautere Werbung betreffen:

Unlautere Werbung

- irreführende Werbung nach §§ 3-5 UWG und
- verbotene Werbemethoden nach §§ 6-8 UWG.

Da diese Tatbestände bisher außerhalb bzw. am Rand des Informatiksektors liegen, werden sie hier nicht weiter erörtert.

Der Leistungsschutz resultiert aus der weitgefaßten Generalklausel:

§ 1 UWG

Generalklausel

Wer im geschäftlichen Verkehre zu Zwecken des Wettbewerbes Handlungen vornimmt, die gegen die guten Sitten verstoßen, kann auf Unterlassung und Schadensersatz in Anspruch genommen werden.

Ersichtliche Tatbestandsmerkmale des § 1 UWG sind:

Leistungsschutz – Tatbestandsmerkmale

- Handeln im geschäftlichen Verkehr,
- Handeln zu Zwecken des Wettbewerbs und
- Verstoß gegen die guten Sitten.

Handeln im geschäftlichen Verkehr

Der geschäftliche Verkehr umfaßt alle Handlungen wirtschaftlich tätiger Subjekte außerhalb der Sphäre privaten, innerbetrieblichen und hoheitlichen Handelns.

Günstige Verkäufe an das eigene Unternehmenspersonal berühren ebensowenig geschäftliches Handeln wie die Konkurrenz der Studienangebote von Hochschulen. Dieses liegt dagegen vor bei Leistungsangeboten von Universitäten oder anderen öffentlichen Stellen etwa im Internet, die auch Unternehmen unterbreiten (könnten). Selbst Angebotsvorbereitung durch unmittelbare Übernahme fremder Leistungen, wie bei Datenübernahme aus der CD eines anderen Unternehmens, betrifft den geschäftlichen Verkehr.

Handeln zu Zwecken des Wettbewerbs (1)

Zwischen Verletzer der Rechtsvorschrift und Verletztem muß weiter zumindest ein faktisches Wettbewerbsverhältnis bestehen; beide müssen Anbieter auf demselben Marktsegment sein.

Der Marktbereich wurde bisher eher räumlich fixiert, dürfte aber mit den globalen Kommunikationsmöglichkeiten in Rechner- und

Telekommunikationsnetzen mehr durch die Zielgruppen bestimmt werden.

Voraussetzung ist weiter, daß das Handeln den Absatz des Verletzers fördern kann und so den Mitbewerberinteressen zuwider wirkt. Klageberechtigt sind allerdings nach § 13 II UWG nicht nur Wettbewerber, sondern auch Anbieter- und Verbraucherverbände, Industrie- und Handelskammern sowie Handwerkskammern. Im Vergleich zum UrhG, wo (nur) Rechtsinhaber aktiv legitimiert sind, weist das UWG insoweit im Einzelfall Vorteile auf, auch durch einfachere Erreichbarkeit einstweiliger Verfügungen nach § 25.

Das skizzierte Handeln im geschäftlichen Verkehr zu Wettbewerbszwecken, mithin auf eigenen Vorteil und gegen Mitbewerberinteressen gerichtete Tätigkeit entspricht dem Wesen freier Marktwirtschaft. Entscheidend ist der Verstoß gegen die guten Sitten. Diese sind folglich funktionsbezogen zu untersuchen: Maßstab ist nicht sittliches Pathos, sondern funktionierender Wettbewerb.

Es verwundert nicht, daß Gerichte zahlreiche Einzelentscheidungen zu § 1 UWG getroffen haben, aus denen sich aber keine homogene Normenstruktur ableiten läßt. Selbst wenn für Produkte ein Sonderrechtsschutz besteht, wie nach dem UrhG, zieht dessen Verletzung im Geschäftsverkehr für sich noch keine Ansprüche wegen unlauteren Wettbewerbs nach sich. Erst besondere (zusätzliche) Umstände begründen ein unlauteres Ausbeuten fremder Leistungen. Solche Umstände sah die Rechtsprechung als gegeben an:

- bei identischer Übernahme fremder Leistungen (wie bei Raubkopien), wenn der Entwickler noch keine ausreichende Zeit hatte zur Amortisation seines nicht unerheblichen Aufwandes;
- bei sklavischer Nachahmung (z.B. einer Benutzeroberfläche), wenn der Eindruck erweckt wird, es handele sich um das nachgeahmte Produkt;
- bei Bereitstellung technischer Mittel zur Umgehung oder Beseitigung von Kopierschutzvorkehrungen;
- beim Ausbeuten fremden Rufs und fremder Werbung, wenn ein konkretes Wettbewerbsverhältnis zwischen Ausbeuter und ausgebeutetem Unternehmen angenommen werden kann.

Einzelne den Informatiksektor betreffende Gerichtsentscheidungen zu weiteren von § 1 UWG erfaßten Tatbeständen des Rechtsschutzes (nachschaffende Nachahmung – Vermischung eigener und fremder Leistung, Entfernen von im Produkt enthaltenen Titeln und

Marken, Übernahme von Benutzeroberflächen) weisen diffizile Beurteilungen der Rechtsschutzvoraussetzungen auf.

Ansprüche aus Verstößen gegen § 1 UWG sind:

Anspruch

- Unterlassung und
- Schadensersatz bei Verschulden des Verletzers.

Geheimnisverrat im Wettbewerb

Diese Ansprüche bestehen auch bei Verletzungshandlungen nach den §§ 17 f UWG, da der dort geregelte Geheimnisverrat stets gegen die guten Sitten im Wettbewerb verstößt, wenn der Verletzer zu Wettbewerbszwecken gehandelt hat. Zusätzlich sind die §§ 17 f Strafrechtsnormen.

Beim Geheimnisverrat ist zu unterscheiden zwischen

§ 17 UWG
§ 18 UWG

- dem Verrat von Betriebs- und Geschäftsgeheimnissen und
- der Vorlagenfreibeuterei.

§ 17 UWG — Verrat von Geschäfts- oder Betriebsgeheimnissen

(1) Mit Freiheitsstrafe bis zu drei Jahren oder mit Geldstrafe wird bestraft, wer als Angestellter, Arbeiter oder Lehrling eines Geschäftsbetriebs ein Geschäfts- oder Betriebsgeheimnis, das ihm vermöge des Dienstverhältnisses anvertraut worden oder zugänglich geworden ist, während der Geltungsdauer des Dienstverhältnisses unbefugt an jemand zu Zwecken des Wettbewerbs, aus Eigennutz, zugunsten eines Dritten oder in der Absicht, dem Inhaber des Geschäftsbetriebs Schaden zuzufügen, mitteilt.

(2) Ebenso wird bestraft, wer zu Zwecken des Wettbewerbs, aus Eigennutz, zugunsten eines Dritten oder in der Absicht, dem Inhaber des Geschäftsbetriebs Schaden zuzufügen,

1. sich ein Geschäfts- oder Betriebsgeheimnis durch

a) Anwendung technischer Mittel,

b) Herstellung einer verkörperten Wiedergabe des Geheimnisses oder

c) Wegnahme einer Sache, in der das Geheimnis verkörpert ist,

unbefugt verschafft oder sichert oder

2. ein Geschäfts- oder Betriebsgeheimnis, das er durch eine der in Absatz 1 bezeichneten Mitteilungen oder durch eine eigene oder fremde Handlung nach Nummer 1 erlangt oder sich sonst unbefugt verschafft oder gesichert hat, unbefugt verwertet oder jemandem mitteilt. [...]

§ 17 I UWG ist anscheinend ein Fremdkörper im Wettbewerbsrecht, weil Täter nur sein kann, wer im Geschäftsbetrieb, zu dem das Geheimnis gehört, angestellt ist. Mit dem Ziel des Schutzes vor unerlaubten Handlungen von Konkurrenten wird hier zunächst die vorbereitende Aktivität der eigenen Mitarbeiter – Mitteilung eines Unternehmensgeheimnisses – unter Strafe gestellt. Diese Maßgabe ist in § 17 II erweitert durch die Ausdehnung auf weitere Handlungen, Subjekte und Tatzeitpunkte. So umfaßt Nr. 2 dieser Vorschrift nicht nur die Geheimnisverwertung durch andere Wettbewerber, sondern auch Mitteilungen von ausgeschiedenen Mitarbeitern.

§ 17 I UWG – Fremdkörper im Wettbewerbsrecht

Zu klären bleibt, was ein Geschäfts- oder Betriebsgeheimnis ist. Die Rechtsprechung hat dafür vier Merkmale herausgearbeitet:

- Unternehmensbezogenheit (Zusammenhang mit dem eigenen Unternehmen, keine Zurechnung zu fremden Unternehmen oder zu allgemeinen Marktverhältnissen);
- keine Offenkundigkeit (Kenntnis nur durch einen eingeschränkten Personenkreis);
- Geheimhaltungswille der Unternehmensleitung (durch ausdrückliche Hinweise oder Belehrungen, auch durch realisierte Schutzmaßnahmen erkennbar);
- Geheimhaltungsinteresse (an der Geheimhaltung muß objektiv ein berechtigtes wirtschaftliches Interesse bestehen).

Geschäfts- oder Betriebsgeheimnis – Merkmale

Unzweifelhaft können Informatikprodukte bei Erfüllung der Voraussetzungen des § 17 UWG Betriebs- oder Geschäftsgeheimnisse sein. Das gilt auch hinsichtlich der Einordnung als »Vorlagen oder Vorschriften technischer Art« i.S.d. § 18 UWG:

Informatikprodukte können Geschäfts- oder Betriebsgeheimnisse sein

Verwertung von Vorlagen

§ 18 UWG

Mit Freiheitsstrafe bis zu zwei Jahren oder mit Geldstrafe wird bestraft, wer die ihm im geschäftlichen Verkehr anvertrauten Vorlagen oder Vorschriften technischer Art, insbesondere Zeichnungen, Modelle, Schablonen, Schnitte, Rezepte, zu Zwecken des Wettbewerbes oder aus Eigennutz unbefugt verwertet oder an jemand mitteilt.

Informatikprodukte sind Vorlagen technischer Art, wenn sie zur Vervielfältigung für oder durch Lizenznehmer bestimmt sind oder wenn auf ihrer Basis neue, erweiterte oder geänderte Produkte erstellt werden können. Zudem sind Computerprogramme als An-

Informatikprodukte können Vorlagen oder Vorschriften technischer Art sein

Grundzüge des Rechtsschutzes

PatG – s. 4

weisungen an die Hardware Vorschriften technischer Art. Diese auch von der Rechtsprechung akzeptierte Einordnung überrascht aus der Sichtweise des PatG, sie ist jedoch aus wettbewerblichem Schutzinteresse verständlich.

Täter bei Verletzungen § 18 UWG: Geschäftspartner

§ 18 UWG verlangt, daß Vorlagen oder Vorschriften technischer Art dem Täter im geschäftlichen Verkehr anvertraut wurden. Täter können folglich nur Geschäftspartner sein. Wichtige Anwendungsfälle des § 18 UWG im Informatiksektor sind damit:

Informatiksektor – Anwendungsfälle § 18 UWG

- Verstoß gegen gesetzliche oder vertragliche Maßgaben an einen Auftragnehmer bei Arbeit mit einem Informatikprodukt.

  Gibt bspw. ein mit der Pflege eines Individualprogramms beauftragtes Unternehmen den zu diesem Zweck erhaltenen Quellcode an einen Dritten weiter, verstößt es gegen § 18 UWG.

- Verstoß gegen gesetzliche oder vertragliche Weitergabeverbote von im Geschäftsverkehr erhaltenen Informatikprodukten.

  Praktische Beispiele sind Zuwiderhandlungen gegen einfache Nutzungsrechte an nach dem UrhG geschützten Informatikprodukten oder ihren Teilen, die ein Unternehmen von einem Geschäftspartner erhalten hat. Auch Verstöße gegen Maßgaben aus Lizenzverträgen für Informatikprodukte können dazu zählen. Denkbar sind derartige Verletzungen auch im Internet.

Verjährung

kurze Halbwertzeit von Informatikobjekten beachten

Unterlassungs- und Schadensersatzansprüche aus dem UWG verjähren nach § 21 UWG in sechs Monaten ab Kenntnis des Anspruchsberechtigten, spätestens in drei Jahren ab unzulässiger Handlung. Mit dem schnellen Wechsel bei den Informatikobjekten entfallen jedoch im Einzelfall die Tatbestandsvoraussetzungen der UWG-Regelungen und damit insbes. die Unterlassungsansprüche bereits eher.

3.3. Rechtsschutz nach dem MarkenG

MarkenG: Kennzeichnungsschutz

Das MarkenG statuiert keinen Leistungs-, sondern einen Kennzeichnungsschutz. Geschützt werden sollen Bezeichnungen und andere Kennzeichnungen von Waren, Dienstleistungen, Unternehmen und Werken, letztere i.S.d. § 5 III MarkenG. Schutzfähig sind zum einen Kennzeichnungen von Waren und Dienstleistungen:

Als Marke schutzfähige Zeichen § 3 MarkenG

(1) Als Marke können alle Zeichen, insbesondere Wörter einschließlich Personennamen, Abbildungen, Buchstaben, Zahlen, Hörzeichen, dreidimensionale Gestaltungen einschließlich der Form einer Ware oder ihrer Verpackung sowie sonstige Aufmachungen einschließlich Farben oder Farbzusammenstellungen geschützt werden, die geeignet sind, Waren oder Dienstleistungen eines Unternehmens von denjenigen anderer Unternehmen zu unterscheiden.

(2) Dem Schutz als Marke nicht zugänglich sind Zeichen, die ausschließlich aus einer Form bestehen,
1. die durch die Art der Ware selbst bedingt ist,
2. die zur Erreichung einer technischen Wirkung erforderlich ist oder
3. die der Ware einen wesentlichen Wert verleiht.

Mit der weiten Definition fallen auch die meisten Titel auf dem Markt angebotener Informatikprodukte unter den Markenbegriff. *Titel von Informatikprodukten können Marken sein*

Kennzeichnungen können als Marken beim Deutschen Patentamt angemeldet werden. Die Schutzdauer einer eingetragenen Marke beträgt nach § 47 MarkenG zehn Jahre. Sie kann jeweils um zehn Jahre verlängert werden. Der Schutz entsteht jedoch auch, wenn sich die Kennzeichnung auf dem Markt durchgesetzt hat: *Markenanmeldung möglich / Schutzdauer / Markenschutz aus Marktdurchsetzung*

Entstehung des Markenschutzes § 4 MarkenG

Der Markenschutz entsteht
1. durch die Eintragung eines Zeichens als Marke in das vom Patentamt geführte Register,
2. durch die Benutzung eines Zeichens im geschäftlichen Verkehr, soweit das Zeichen innerhalb beteiligter Verkehrskreise als Marke Verkehrsgeltung erworben hat, oder
3. durch die im Sinne des Artikels 6bis der Pariser Verbandsübereinkunft zum Schutz des gewerblichen Eigentums (Pariser Verbandsübereinkunft) notorische Bekanntheit einer Marke.

Weitere Voraussetzungen des Markenschutzes sind: *Markenschutz – weitere Voraussetzungen*
- das Fehlen absoluter Schutzhindernisse,
- das Fehlen relativer Schutzhindernisse und
- die tatsächliche Benutzung einer eingetragenen Marke.

Grundzüge des Rechtsschutzes

Absolute Schutzhindernisse

Dem Markenschutz im Informatikbereich entgegenstehende absolute Schutzhindernisse nach § 8 MarkenG betreffen die fehlende Unterscheidungskraft des gewählten Kennzeichens und dessen Freihaltebedürfnis zugunsten potentieller Mitbewerber.

Fehlende Unterscheidungskraft

Hinsichtlich der Unterscheidungskraft kommt es nach § 3 I MarkenG lediglich darauf an, ob die gewählten Zeichen abstrakt zur Unterscheidung von anderen Waren oder Dienstleistungen geeignet sind.

Ausgenommen hat die Rechtsprechung im Informatiksektor insbes. ausschließlich beschreibende Angaben und Abkürzungen (so Schutz versagt für SFT – Simple File Transfer) und reine Werbehinweise (»Partner with the Best« für Computer).

Freihaltebedürfnis

Wichtiges absolutes Schutzhindernis ist weiter das Freihaltebedürfnis an allgemeinen Bezeichnungen, deren ungehinderte Verwendung auch Mitbewerbern gestattet werden soll.

Ein Freihaltebedürfnis bejaht hat die Rechtsprechung für die Zeichenfolgen »Data« und »I/O« (Input/Output), während für die Programmbezeichnung »FrameWork« das Freihaltebedürfnis verneint wurde.

Relative Schutzhindernisse: angemeldete oder eingetragene Marken

Auch ähnliche Marken prüfen!

Relative Schutzhindernisse nach § 9 MarkenG sind bereits angemeldete oder eingetragene Marken. Unzulässig sind nicht nur gleiche Bezeichnungen (bei Gleichartigkeit anderer Waren oder Dienstleistungen), sondern in Abhängigkeit von der Kennzeichnungskraft der älteren Marke gilt der Grundsatz: Je weniger sich die Waren oder Dienstleistungen unterscheiden, desto deutlicher müssen sich die Kennzeichen unterscheiden, und umgekehrt.

Tatsächliche Benutzung einer eingetragenen Marke

Voraussetzung für die Geltendmachung von Rechten ist schließlich die Benutzung einer eingetragenen Marke innerhalb der letzten fünf Jahre nach § 26 MarkenG. Entsprechend verfällt eine in diesem Zeitraum nicht genutzte Marke nach § 49 MarkenG.

Als rechtserhaltend sieht die Rechtsprechung nur eine Benutzung mit unmittelbarem Bezug zur jeweiligen Ware oder Dienstleistung an. Die bloße Verwendung in Beschreibungen o.ä., bspw. zur Werbung, reicht nicht aus.

Vorteile für Markeninhaber im Informatikbereich (1)

Wesentliche Aspekte des Rechtsschutzes für den Markeninhaber im Informatikbereich sind:

- Codierung des Produktnamens derart, daß der Name bei Operationen mit dem Produkt sichtbar oder erkennbar ist.
  Insbes. auf dem Bildschirm, auch in Drucklisten sichtbare oder

in Dateien erkennbare Namen sind bei geschickter Programmierung oder anderer Entwicklung von unberechtigten Benutzern so schwer zu entfernen, daß faktisch ein einfach durchsetzbarer Leistungsschutz besteht. Gegen unberechtigte Markennutzung kann zudem oft einfacher als nach dem Urheberrecht (Nachweis individueller schöpferischer Leistung als Voraussetzung) oder nach dem UWG (Nachweis unberechtigter Leistungsübernahme als Voraussetzung) vorgegangen werden.

- Förderung der Produktdurchsetzung - »... ist eine eingetragene Marke.«
- Unzulässigkeit der Markenverwendung in Domain-Namen.

Vorteile für Markeninhaber im Informatikbereich (2)

S. viertes Kapitel, 3.

Nach § 5 MarkenG sind auch Werktitel für Druckschriften, Filmwerke, Tonwerke, Bühnenwerke und sonstige vergleichbare Werke geschützt, wenn sie unterscheidungskräftig von anderen Bezeichnungen gebraucht werden. An die Eigentümlichkeit der Titel stellt die Rechtsprechung keine hohen Anforderungen.

Titelschutz nach § 5 MarkenG

Auch Titel von Informatikprodukten können nach § 5 MarkenG geschützt sein. Bejaht hat der BGH so den Titelschutz für Software (»FTOS«, NJW 1997, 3315 und »PowerPoint«, BGHZ 135, 278). Allerdings entsteht der Titelschutz erst mit tatsächlicher Werkbenutzung bzw. deren unmittelbar davor erfolgender öffentlicher Ankündigung.

Der Inhaber eines Marken- oder Titelrechts kann gegenüber Benutzern identischer oder ähnlicher Bezeichnungen, bei denen Verwechslungsgefahr besteht, folgende Ansprüche durchsetzen:

- Unterlassung der weiteren Benutzung (§ 14 MarkenG für Marken, § 15 MarkenG für Titel),
- Schadensersatz bei fahrlässiger oder vorsätzlicher Benutzung (§ 14 VI MarkenG für Marken, § 15 V MarkenG für Titel),
- Vernichtung der widerrechtlich gekennzeichneten Gegenstände oder anderweitige Beseitigung des rechtswidrigen Zustands (§ 18 MarkenG),
- Auskunft über Herkunft und Vertriebsweg von widerrechtlich gekennzeichneten Gegenständen (§ 19 MarkenG).

Anspruch des Inhabers eines Marken- oder Titelrechts

Diese Ansprüche verjähren nach § 20 I MarkenG in drei Jahren ab Kenntnis des Berechtigten von der Rechtsverletzung, spätestens aber 30 Jahre nach der Verletzung.

Verjährung

4. Rechtsschutz nach dem PatG

Erheblicher internationaler Patentrechtsschutz von Informatikprodukten

International ist eine deutliche Tendenz zum patentrechtlichen Schutz von Informatikprodukten erkennbar.

In den USA und Japan werden seit längerem Software, Datenbanken und Multimediaprodukte in großer Zahl patentiert. Das Europäische Patentamt hat in der jüngeren Vergangenheit erheblich

TRIPs – s. 2.15.

mehr Softwarepatente als das Deutsche Patentamt erteilt. Entsprechend faßt TRIPs die den Informatiksektor betreffende Patentfähigkeit nach Art. 27 weiter als das PatG.

Paradigmenwechsel in Deutschland

Angeregt durch die internationale Entwicklung vollzieht sich derzeit in Deutschland ein Paradigmenwechsel bei der Patentierung von Informatikprodukten. Zentralproblem ist die Patentierbarkeit:

§ 1 PatG

Voraussetzungen der Patenterteilung

> (1) Patente werden für Erfindungen erteilt, die neu sind, auf einer erfinderischen Tätigkeit beruhen und gewerblich anwendbar sind.
> (2) Als Erfindungen im Sinne des Absatzes 1 werden insbesondere nicht angesehen:
> 1. Entdeckungen sowie wissenschaftliche Theorien und mathematische Methoden; [...]
> 3. Programme für Datenverarbeitungsanlagen; [...]
> (3) Absatz 2 steht der Patentfähigkeit nur insoweit entgegen, als für die genannten Gegenstände oder Tätigkeiten als solche Schutz begehrt wird.

Patente werden also für besondere schöpferische Leistungen erteilt. Charakteristika sind:

Patent – Charakteristika

- Erfindung,
- Neuheit,
- Ergebnis erfinderischer Tätigkeit,
- gewerbliche Anwendbarkeit nach § 5 PatG.

Erfindung

Eine Erfindung dient der Problemlösung mit technischen Mitteln.

Das ist zwar nicht explizit im PatG vorgegeben, entspricht aber ständiger Rechtsprechung in Deutschland und EU. Technizitätsprüfung und Vorgabe von § 1 II f PatG, daß Programme für Datenverarbeitungsanlagen als solche von der Patentierung ausgeschlossen sind, führten in der Vergangenheit dazu, daß deutsche

Gerichte den meisten Computerprogrammen die Patentfähigkeit versagt hatten. In Verbindung mit technischen Systemen und auch für einige Betriebssystemkomponenten wurden jedoch Patente erteilt. Auch einige in der Informatik angewendete Verfahren wurden patentiert wie die Audio-Kompression mittels MPEG Layer-3.

Nur eine neue Erfindung ist patentfähig. Maßstab ist der Stand der Technik, der allein nach objektiven Kriterien zu beurteilen ist:

Neuheit

Begriff der Neuheit

§ 3 PatG

(1) Eine Erfindung gilt als neu, wenn sie nicht zum Stand der Technik gehört. Der Stand der Technik umfaßt alle Kenntnisse, die vor dem für den Zeitrang der Anmeldung maßgeblichen Tag durch schriftliche oder mündliche Beschreibung, durch Benutzung oder in sonstiger Weise der Öffentlichkeit zugänglich gemacht worden sind [...].

Nur ein auf erfinderischer Tätigkeit beruhendes Ergebnis ist patentfähig – es muß eine persönliche Erfinderleistung sein und über das für einen Durchschnittsfachmann Erreichbare hinausgehen:

Ergebnis erfinderischer Tätigkeit

Erfindung auf Grund erfinderischer Tätigkeit

§ 4 PatG

Eine Erfindung gilt als auf einer erfinderischen Tätigkeit beruhend, wenn sie sich für den Fachmann nicht in naheliegender Weise aus dem Stand der Technik ergibt [...].

Anders als im Urheberrecht entstehen Patente nicht allein durch Schöpfungsakt. Erforderlich ist die Anmeldung beim Deutschen Patentamt nach § 34 PatG; auch Anmeldungen nach dem Europäischen Patentübereinkommen und für andere internationale Patente nach dem völkerrechtlichen Vertrag über die internationale Zusammenarbeit auf dem Gebiet des Patentwesens sind möglich.

Patentanmeldung erforderlich

Die Schutzdauer eines angemeldeten Patents beträgt nach § 16 PatG 20 Jahre, beginnend mit dem der Anmeldung folgenden Tag.

Schutzdauer

Wirkung der Patenterteilung ist das ausschließliche Benutzungsrecht des Inhabers an der geschützten Erfindung nach § 9 PatG. Bei Patenten auf Informatikprodukten sind nicht nur vom Urheberrecht erfaßte Nutzungen geschützt, sondern auch die Benutzung (so Abarbeitung eines Computerprogramms) und zu Grunde liegende Ideen. Rechte auf oder aus dem Patent kann der Patentinhaber nach § 15 PatG durch Lizenzvertrag auf andere Personen übertragen.

Ausschließliches Benutzungsrecht des Patentinhabers

Größerer Objektbereich gegenüber Urheberrecht

Rechtsübertragung durch Lizensierung

5. Rechtsschutz nach anderen Gesetzen

Neben den häufig zu beachtenden Möglichkeiten und Anforderungen des Urheber- und des Wettbewerbsrechts sowie des wichtiger werdenden Patentrechts haben Benutzer, Entwickler und Anbieter von Informatikprodukten im Einzelfall folgende weitere Schutzsysteme zu berücksichtigen:

Gebrauchsmusterrecht
Arbeitsgeräte oder Gebrauchsgegenstände mit neuer Raumform

- Gebrauchsmusterrecht
  Geschützt werden nach § 1 GebrMG Erfindungen an Arbeitsgeräten und Gebrauchsgegenständen, die dem Arbeits- oder Gebrauchszweck durch eine neue Raumform dienen sollen. Als Komponenten von Arbeitsgeräten oder Gebrauchsgegenständen sind damit auch Informatikprodukte gebrauchsmusterschutzfähig. Der Schutz setzt Anmeldung beim Patentamt voraus und beinhaltet ein Ausschließlichkeitsrecht zur gewerbsmäßigen Nutzung des Gebrauchsmusters bzw. zum Abschluß von Lizenzverträgen über dessen Nutzung.

Ausschließlichkeitsrecht zur gewerbsmäßigen Nutzung

Recht am eigenen Bild

Bildnisse: Verbreitung und öffentliche Ausstellung sind zustimmungspflichtig

Anspruch

Ausnahmen

- Recht am eigenen Bild
  Verschiedentlich wird auch das durch § 22 KUG geschützte Recht am eigenen Bild tangiert. Lichtbilder und andere Bildnisse dürfen nur mit Einwilligung des Abgebildeten verbreitet oder öffentlich zur Schau gestellt werden. Bei rechtswidrig verbreiteten oder veröffentlichten Bildern kann der Verletzte Vernichtung oder Überlassung nach §§ 37 f KUG fordern, bei vorsätzlicher Verletzung drohen nach § 33 KUG auch strafrechtliche Sanktionen.
  Ausnahmsweise ist nach § 23 KUG keine Einwilligung des Abgebildeten erforderlich bei
  Bildnissen der Zeitgeschichte;
  Bildern, auf denen die Personen nur als Beiwerk neben einer Landschaft oder sonstigen Örtlichkeit erscheinen;
  Bildern von Versammlungen, Aufzügen oder ähnlichen Veranstaltungen, an denen die dargestellten Personen teilgenommen haben.

Datenschutz s. fünftes Kapitel

- Datenschutzrecht
  Das in erheblichem Umfang gerade bei Entwicklung, Nutzung und Benutzung von Informatikprodukten zu beachtende informationelle Selbstbestimmungsrecht natürlicher Personen wird im fünften Kapitel erörtert.

6. Vertragsrechtlicher Schutz

Auch bezüglich des Rechtsschutzes ermöglicht eine individuelle Vertragsgestaltung, die Interessen der Vertragspartner umfassend zu berücksichtigen. Zwar können vertragliche Maßnahmen über §§ 1 und 17 f UWG auch eine mögliche »Drittwirkung« entfalten, doch werden primär und oft ausschließlich nur die Vertragspartner berechtigt und verpflichtet. Für diese sind aber über den vorstehend skizzierten gesetzlichen Umfang hinaus wirkende Vereinbarungen möglich, so:

<small>Befugnisse betreffen meist nur Vertragspartner</small>

- zum Ideen-, Algorithmen-, Verfahrens- und Funktionsschutz;
- zur Beschränkung der Benutzungsbefugnis auf einen bestimmten Rechner, ein bestimmtes Kommunikationssystem oder einen bestimmten Ort;
- über Weitergaberechte und -verbote;
- über Rechte und Beschränkungen der öffentlichen Wiedergabe;
- zum Anbringen eines Urheber- oder Entwicklervermerks auf oder in vertragsgemäß erstellten Kopien und Bearbeitungen;
- zu Informationspflichten und Änderungsbefugnissen bei von Dritten behaupteten Schutzrechtsverletzungen;
- zu Ansprüchen aus Schutzrechtsverletzungen;
- zu Vernichtungs- und Rückgabeansprüchen bei Vertragsende.

<small>Mögliche vertragliche Vereinbarungen</small>

Grundsätzlich hat der Entwickler oder Überlasser eines Informatikprodukts dem Lizenznehmer das Nutzungsrecht im vereinbarten Umfang zu übertragen. Kann er das nicht, etwa weil eines der in den vorhergehenden Abschnitten beschriebenen Rechte verletzt würde, so treten die Rechtsfolgen nach §§ 437 (Kaufvertrag), 536 f (Mietvertrag) bzw. 634 BGBM (Werkvertrag) ein.

<small>Übertragung des Nutzungsrechts

§§ 437, 536 f, 634 BGBM –
s. erstes Kapitel, 7.3.</small>

7. Wiederholungsfragen

1. Wie heißen die urheberrechtlich geschützten Objekte? Was sind die Schutzvoraussetzungen? Lösung S. 79 ff.

2. Welche Unterscheidungen sind bei Teamarbeit nach dem UrhG zu beachten? Lösung S. 84 f.

3. Welche Rechte umfaßt das Urheberrecht? Lösung S. 86

4. Welcher Zusammenhang besteht zwischen Verwertungs- und Nutzungsrechten? Lösung S. 88 ff.

5. Welche Aufgaben haben Verwertungsgesellschaften? Lösung S. 91 f.

6. Welchem Verwertungsrecht ist das Kopieren von Werkexemplaren auf Datenträgern zuzuordnen? Lösung S. 93

7. Sind Werkänderungen als solche zustimmungspflichtig? Lösung S. 98

8. Warum normiert das UrhG auch dem Urheberrecht verwandte Schutzrechte? Lösung S. 100 f.

9. Wie kann gegen Verletzungen der im UrhG statuierten Rechte zivilrechtlich vorgegangen werden? Lösung S. 102 f.

10. Was versteht man im internationalen Urheberrecht unter dem Grundsatz der Inländerbehandlung? Lösung S. 104

11. Was sind »gute Sitten« nach § 1 UWG? Lösung S. 109

12. Welche Merkmale kennzeichnen ein Geschäfts- oder Betriebsgeheimnis nach § 17 UWG? Lösung S. 111

13. Kann eine rein beschreibende Angabe als Marke angemeldet werden? Lösung S. 114

14. Wofür werden Patente erteilt? Lösung S. 116 f.

15. Was sind Vorteile und Grenzen von vertraglichen Bestimmungen zum Rechtsschutz? Lösung S. 119

3. Kapitel

Software-Recht

1. Rechtsschutz von Software 122
2. Typologie von Softwareverträgen 138
3. Form und Inhalt von Softwareverträgen 143
4. Haftung aus Softwareverträgen 159
5. Außervertragliche Softwarehaftung 168
6. Wiederholungsfragen 170

1. Rechtsschutz von Software

Urheberrechtsschutz bestimmend

Gegenwärtig wird der Software-Rechtsschutz dominiert durch den seit 1993 gültigen Achten Abschnitt des UrhG. Dieser wird unter 1.2. nach einem kurzen historischen Abriß zum Urheberrechtsschutz von Computerprogrammen erläutert. Danach werden im Einzelfall zu beachtende weitere Möglichkeiten des Rechtsschutzes gestreift. Abschließend werden vertragliche Konsequenzen skizziert.

Auch andere Möglichkeiten beachten

1.1. Entwicklung der Rechtsanwendung

Die Rechtsprechung zum Software-Urheberrechtsschutz bis zu den 80er Jahren war erst von der Suche und dann von der Fixierung der Schutzvoraussetzungen bestimmt. Anfangs wurde der Schutz teils bejaht, teils abgelehnt, verschiedentlich mit skurrilen Begründungen (große Befehlsanzahl, Anerkennung der Fachwelt u.a.).

Diffuse Situation bis 1985

DURCHSCHNITTSPROGRAMMIERER

Das Jahr 1985 brachte dann eine zweifache Zäsur: Der Gesetzgeber nahm »Programme für die Datenverarbeitung« ausdrücklich in den Katalog schutzfähiger Werke auf (§ 2 I UrhG – nunmehr: »Computerprogramme«). Zum anderen errichtete der BGH im gleichen

Jahr mit dem »Inkassoprogramm«-Urteil (BGHZ 94, 276) eine hohe Hürde für die Schutzfähigkeit im Einzelfall: Die notwendige persönliche geistige Schöpfung sei erst bei deutlichem Überragen der Gestaltung im Vergleich zum Schaffen eines Durchschnittsprogrammierers gegeben. Zunächst in der Informatik und dann auch von Juristen kritisiert hatte dieses Urteil zwar mit der Berücksichtigung aller Phasen der Softwareentwicklung auch positive Aspekte. Praktisch war danach jedoch der urheberrechtliche Softwareschutz in Deutschland anders als in zahlreichen anderen Industrieländern nur ausnahmsweise durchsetzbar. Auch die »Betriebssystem«-Entscheidung des BGH 1990 (BGHZ 112, 264) brachte entgegen allgemeiner Erwartung keine wesentliche Änderung hinsichtlich der hohen Schutzvoraussetzungen.

BGH 85 –
Inkassoprogramm:
Maßstab Durchschnittsprogrammierer

Erst die 1991 verabschiedete EG-Richtlinie über den Rechtsschutz von Computerprogrammen und wohl auch der Druck anderer Staaten führten, wenn auch langsam zum heute gegebenen weitgehenden urheberrechtlichen Schutz von Software. Allerdings finden sich in Literatur und Rechtsprechung immer noch vereinzelt Anknüpfungen an die informatisch zweifelhaften und praktisch kaum überprüfbaren Schutzvoraussetzungen des Inkasso-Urteils.

Änderung nach
EG-Richtlinie
von 1991

1.2. Novellierung des UrhG von 1993

Mit dem Zweiten Gesetz zur Änderung des UrhG vom 9. Juni 1993 wurde die EG-Richtlinie über den Computerprogrammschutz in deutsches Recht umgesetzt. Eine Änderung in § 2 I klärte, dass Computerprogramme im Sinne des UrhG Sprachwerke darstellen. Weiter wurde neben dem Wegfall der speziellen Vervielfältigungsschranke in § 137d die Rückwirkung der neuen Normen statuiert. Das betrifft im wesentlichen den neu in den Ersten Teil eingefügten Achten Abschnitt – Besondere Bestimmungen für Computerprogramme (§§ 69a – 69g). Die dortigen Spezialregelungen haben Vorrang vor den allgemeinen UrhG-Normen. Das gilt insbes. für:

- den Schutzgegenstand (§ 69a),
- die Verwertungsrechte (§ 69c) und
- die zu diesen statuierten Ausnahmen (insbes. §§ 69d, 69e).

Die Regelungen werden nachfolgend erläutert.

1993: Umsetzung
EG-Richtlinie durch
UrhG-Novellierung

Computerprogramm:
Sprachwerk

Spezialregelungen:
§§ 69a ff.

Keine Regelungen im
Achten Abschnitt:
allgemeine UrhG-Normen
anwenden –
s. zweites Kapitel, 2.

Den Zusammenhang verdeutlicht die nebenstehende Abbildung.

§ 69a UrhG

Gegenstand des Schutzes

(1) Computerprogramme im Sinne dieses Gesetzes sind Programme in jeder Gestalt, einschließlich des Entwurfsmaterials.

(2) Der gewährte Schutz gilt für alle Ausdrucksformen eines Computerprogramms. Ideen und Grundsätze, die einem Element eines Computerprogramms zugrunde liegen, einschließlich der den Schnittstellen zugrundeliegenden Ideen und Grundsätze, sind nicht geschützt.

(3) Computerprogramme werden geschützt, wenn sie individuelle Werke in dem Sinne darstellen, daß sie das Ergebnis der eigenen geistigen Schöpfung ihres Urhebers sind. Zur Bestimmung ihrer Schutzfähigkeit sind keine anderen Kriterien, insbesondere nicht qualitative oder ästhetische, anzuwenden.

(4) Auf Computerprogramme finden die für Sprachwerke geltenden Bestimmungen Anwendung, soweit in diesem Abschnitt nichts anderes bestimmt ist.

Computerprogramm in jeder Gestalt ist schutzfähig

Keine Programmdefinition

Abs. 1 regelt keineswegs, daß jedes Computerprogramm geschützt ist. Vielmehr wird bestimmt, daß Programme in jeder Gestalt, einschließlich des Entwurfsmaterials, dem Schutz unterliegen können. Zum Entwurf gehörende Ablaufpläne, Datenmodelle, Entscheidungstabellen u.a. sind also schutzfähig. Der Programmbegriff wird jedoch nicht definiert; die EG-Kommission sah sich dazu in der Erläuterung der zugrundeliegenden Richtlinie aufgrund der technologischen Entwicklung ausdrücklich außerstande.

Schutz für alle Ausdrucksformen

Kein Schutz für Ideen und Grundsätze

Herrschende Meinung: kein Algorithmenschutz durch Urheberrecht (problematisch)

Der Schutz erstreckt sich nach Abs. 2 auf alle Ausdrucksformen, bezieht also Quelltexte, Objektprogramme und hardwareintegrierte Programme ein. Geschützt wird die durch den Entwickler vorgenommene Individualisierung – die Umsetzung der Aufgabenstellung in einen vom Computer realisierbaren Handlungsablauf. Zugrundeliegende Ideen und Grundsätze werden dagegen nicht geschützt, auch soweit sie Basis der (nicht definierten) Schnittstellen sind. Damit wird der allgemeinen urheberrechtlichen Diktion entsprochen, daß bei Sprachwerken Form und Ausdruck, nicht aber die Idee geschützt sind. Die Abgrenzung zwischen ungeschützter Idee und geschützter Form ist jedoch umstritten. So überwiegt derzeit in Deutschland (noch) die Auffassung, daß Algorithmen dem Urheberrechtsschutz nicht zugänglich seien.

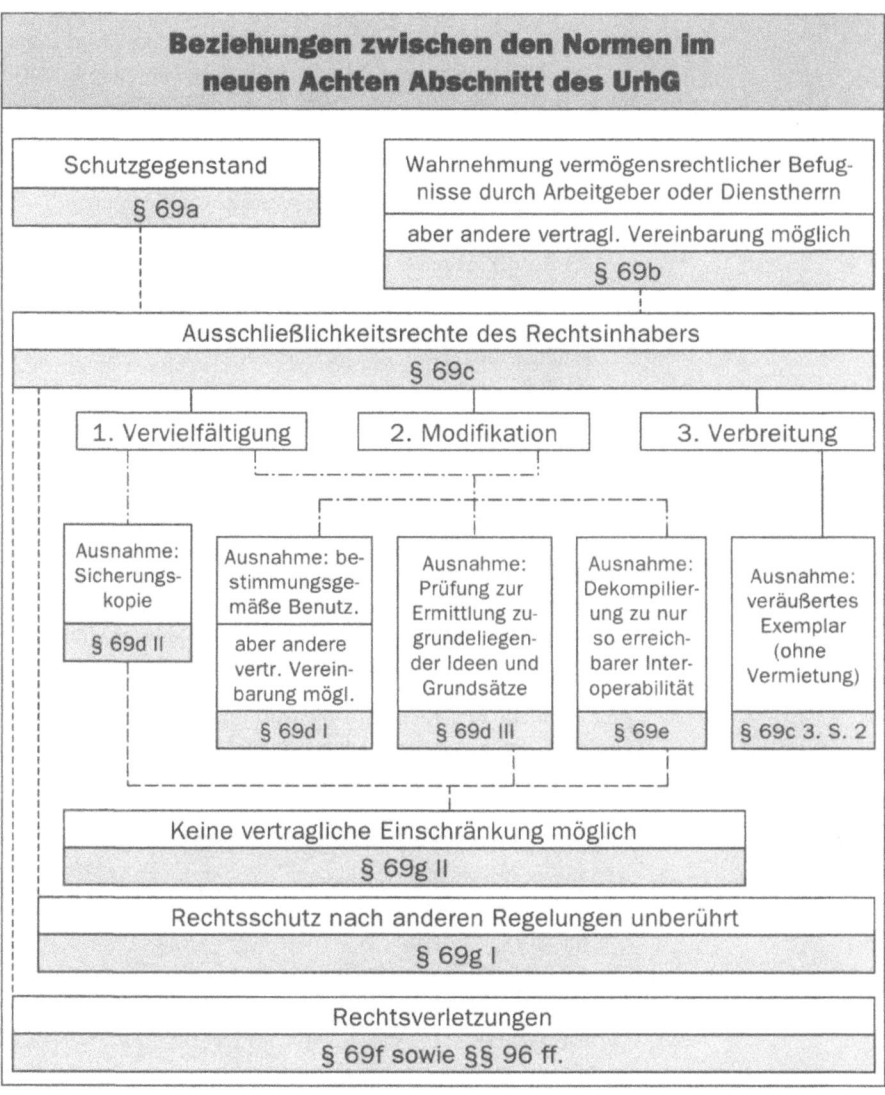

Software-Recht

Hinreichende Schutzvoraussetzung: eigene geistige Schöpfung

§ 69a III UrhG bestimmt die Schutzvoraussetzungen: Hinreichend ist das Vorliegen einer eigenen geistigen Schöpfung. Denn nach Satz 2 ist die Anwendung anderer Kriterien unzulässig, insbes. weiterer qualitativer (wie bei der »Inkassoprogramm«-Entscheidung, BGHZ 94, 276). Das Maß an Schöpfungshöhe ist jedoch nicht eindeutig:

Schöpfungshöhe – kein eindeutiges Maß

- Der Regierungsentwurf zur Neufassung des UrhG enthielt die Einschätzung, daß Urheberrechtsschutz von Computerprogrammen nunmehr die Regel und fehlende Schöpfungshöhe die Ausnahme seien.
- Der BGH mußte sich nach Inkrafttreten der UrhG-Novellierung noch nicht definitiv zur Schöpfungshöhe erklären. Er hat lediglich ausgeführt, daß geringere Schutzanforderungen als vor 1993 zu stellen seien.

Rechtspraxis: Urheberrechtsschutz für komplexe Programme

- Zahlreiche Gerichte haben inzwischen jedem »nicht ganz trivialen Programm« (»kein Banalprogramm«) Urheberrechtsschutz zugesprochen.

Auch bei Computerprogrammen: Schutz für »kleine Münze«

- Einzelne Gerichte hatten den konkreten Nachweis erwartet, inwieweit ein Programm über die rein softwaretechnische Problemlösung hinaus eine kreative Eigenleistung darstellt. Die Instanzgerichte haben jedoch jeweils klargestellt, daß bereits ein »Minimum an Individualität« (»kleine Münze«) für den Urheberrechtsschutz hinreichend ist.

Programmentwicklung in Arbeitsverhältnissen und öffentlich-rechtlichen Dienstverhältnissen

Eine deutliche Maßgabe wird für Nutzungsrechte an Programmen getroffen, die in Arbeitsverhältnissen und in öffentlich-rechtlichen Dienstverhältnissen entwickelt wurden:

§ 69b UrhG

Urheber in Arbeits- und Dienstverhältnissen

(1) Wird ein Computerprogramm von einem Arbeitnehmer in Wahrnehmung seiner Aufgaben oder nach den Anweisungen seines Arbeitgebers geschaffen, so ist ausschließlich der Arbeitgeber zur Ausübung aller vermögensrechtlichen Befugnisse an dem Computerprogramm berechtigt, sofern nichts anderes vereinbart ist.

(2) Absatz 1 ist auf Dienstverhältnisse entsprechend anzuwenden.

Arbeitgeber (Dienstherr) hat alle Nutzungsrechte, sofern nichts anderes vereinbart wurde

Soweit die Programmentwicklung also in Erfüllung des Arbeitsvertrags (bzw. des Dienstverhältnisses) erfolgte, stehen alle Nutzungsrechte allein dem Arbeitgeber (bzw. dem Dienstherrn) zu. Allerdings sind entgegenstehende vertragliche Vereinbarungen möglich.

Eine entsprechende Regelung fehlt für das Verhältnis zwischen Auftraggeber und Softwareentwickler. Hier wird allgemein gemäß der Zweckübertragungslehre davon ausgegangen, daß Nutzungsrechte insoweit übertragen werden, wie sie der Auftraggeber nach Vertragszweck benötigt. Im übrigen verbleibt die Ausübung der Verwertungsrechte beim Softwareentwickler. Wegen des Fehlens eindeutiger Normen und neuerer Rechtsprechung ist jedoch eine explizite vertragliche Bestimmung der Nutzungsrechte anzuraten.

Keine Regelung für Programmentwicklung durch Auftragnehmer

Zweckübertragungslehre beachten – s. zweites Kapitel, 2.5.

Vertragliche Vereinbarung empfohlen

Im Zentrum des Gesetzestextes zum urheberrechtlichen Softwareschutz stehen die lizenzpflichtigen Nutzungshandungen:

Zustimmungspflichtige Nutzungshandlungen

Zustimmungsbedürftige Handlungen

§ 69c UrhG

Der Rechtsinhaber hat das ausschließliche Recht, folgende Handlungen vorzunehmen oder zu gestatten:

1. die dauerhafte oder vorübergehende Vervielfältigung, ganz oder teilweise, eines Computerprogramms mit jedem Mittel und in jeder Form. Soweit das Laden, Anzeigen, Ablaufen, Übertragen oder Speichern des Computerprogramms eine Vervielfältigung erfordern, bedürfen diese Handlungen der Zustimmung des Rechtsinhabers;

2. die Übersetzung, die Bearbeitung, das Arrangement und andere Umarbeitungen eines Computerprogramms sowie die Vervielfältigung der erzielten Ergebnisse. Die Rechte derjenigen, die das Programm bearbeiten, bleiben unberührt;

3. jede Form der Verbreitung des Originals eines Computerprogramms oder von Vervielfältigungsstücken, einschließlich der Vermietung. Wird ein Vervielfältigungsstück eines Computerprogramms mit Zustimmung des Rechtsinhabers im Gebiet der Europäischen Gemeinschaften oder eines anderen Vertragsstaates des Abkommens über den Europäischen Wirtschaftsraum im Wege der Veräußerung in Verkehr gebracht, so erschöpft sich das Verbreitungsrecht in bezug auf dieses Vervielfältigungsstück mit Ausnahme des Vermietrechts.

§ 69c wird bisweilen einseitig interpretiert. Zwar sind hier Ausschließlichkeitsrechte des Rechtsinhabers normiert. Doch sind diese immer im Zusammenhang mit den nachfolgend skizzierten Ausnahmen und der zwingenden Regelung in § 69g II einzuordnen. Letztere bestimmt die Unwirksamkeit vertraglicher Vereinbarungen, die im Widerspruch zu § 69d II und III sowie zu § 69e stehen.

Ausschließlichkeitsrechte zusammen mit Ausnahmen beachten (s. auch Abb. auf S. 125)

Erschöpfungsgrundsatz bei Verbreitung –
s. auch zweites Kapitel, 2.7.

Die erste Ausnahme von den Ausschließlichkeitsrechten betrifft den Erschöpfungsgrundsatz nach § 69c Nr. 3 S. 2. Wie nach der (für die Dokumentation ggf. beachtlichen) allgemeinen Regelung des § 17 II UrhG ist im Fall der Veräußerung das Verbreitungsrecht am überlassenen Werkstück erschöpft: Der Übernehmende darf dieses Exemplar grundsätzlich ohne Zustimmung des Rechtsinhabers weiterverbreiten. Die Vermietung des veräußerten Exemplars ist jedoch zustimmungspflichtig.

Kritische Rechtsprechung zu Abweichungen vom Erschöpfungsgrundsatz

Verwunderung hatten zwei Entscheidungen zu Vertriebsbeschränkungen hervorgerufen. Das OLG München zu einer »Upgrade«-Software (NJW 1998, 1649) und das OLG Frankfurt/M. zu einer »Update«-Software (Jur-PC Web-Dok. 55/1999) urteilten 1998, daß uneingeschränkter Vertrieb als Vollversion der jeweils zu geringem Preis und entsprechender Kennzeichnung erworbenen Programmexemplare nach § 69c Nr. 3 S. 2 UrhG zulässig sei. Beide Gerichte betonten, daß der Vertrieb als Upgrade bzw. Update keine hinreichend abgrenzbare, sich wirtschaftlich-technisch als selbständig abzeichnende Nutzungsart darstelle. Kritiker hatten insbes. Widersprüche zu in anderen Entscheidungen akzeptierten Vertriebsbeschränkungen für OEM-Software moniert. Der BGH stellte jedoch 2000 klar (BGHZ 145, 7), daß solche Vertriebsbeschränkungen nur Vertragspartner (Betriebssystementwickler, PC-Hersteller/Zwischenhändler) binden, nicht aber Dritte (andere Hersteller und Händler, Endkunden). Auch aus der OEM-Überlassung folgt keine eigene, urheberrechtlich geschützte Nutzungsart.

Programmabarbeitung – keine urheberrechtliche Nutzung, sondern Benutzung

Aus §§ 69c, 69d ergibt sich nämlich, daß die Programmabarbeitung, das Ablaufenlassen des Programms kein neues Nutzungsrecht darstellt. Vielmehr sind mit der Programmbenutzung als Werkgenuß zugleich bestimmte Rechte zu Vervielfältigung und Umarbeitung eingeräumt – das Zustimmungsrecht des Rechtsinhabers nach § 69c wird weiter durch die Benutzungsbefugnisse eingeschränkt:

§ 69d UrhG

Ausnahmen von den zustimmungsbedüftigen Handlungen

(1) Soweit keine besonderen vertraglichen Vereinbarungen vorliegen, bedürfen die in § 69c Nr. 1 und 2 genannten Handlungen nicht der Zustimmung des Rechtsinhabers, wenn sie für eine bestimmungsgemäße Benutzung des Computerprogramms, einschließlich der Fehlerberichtigung durch jeden zur Verwendung eines Vervielfältigungsstücks des Programms Berechtigten notwendig sind.

(2) Die Erstellung einer Sicherungskopie durch eine Person, die zur Benutzung des Programms berechtigt ist, darf nicht vertraglich untersagt werden, wenn sie für die Sicherung künftiger Benutzung erforderlich ist.

(3) Der zur Verwendung eines Vervielfältigungsstücks eines Programms Berechtigte kann ohne die Zustimmung des Rechtsinhabers das Funktionieren dieses Programms beobachten, untersuchen oder testen, um die einem Programmelement zugrundeliegenden Ideen und Grundsätze zu ermitteln, wenn dies durch Handlungen zum Laden, Anzeigen, Ablaufen, Übertragen oder Speichern des Programms geschieht, zu denen er berechtigt ist.

Die mehrfach normierte Vervielfältigung wird in den §§ 69c ff nicht definiert. Anhaltspunkte für den Umfang des urheberrechtlichen Unterlassungsanspruchs ergeben sich aus:

- der Umschreibung in § 69c Nr. 1, daß keine dauerhafte körperliche Fixierung erforderlich ist. Löschen des Arbeitsspeichers durch Ausschalten des Computers und Überspeichern des Programms durch Laden eines anderen Programms sind insoweit keine Argumente gegen erfolgte Vervielfältigung.
- dem ebenfalls in § 69c Nr. 1 gegebenen Hinweis, daß Vollständigkeit der körperlichen Fixierung auch nicht für eine Vervielfältigung erforderlich ist. Laden (und Überschreiben – s.o.) nur eines Moduls oder nur einer Seite in den Arbeitsspeicher, also teilweises Laden wie auch Multiprogrammbetrieb sprechen insoweit keinesfalls gegen eine Vervielfältigung.
- der nach §§ 15 I, 16 UrhG allgemein akzeptierten Definition eines Vervielfältigungsstückes als einer körperlichen Festlegung, die zur unmittelbaren oder mittelbaren Wahrnehmbarkeit des Werkes durch die menschlichen Sinne geeignet ist. Einhellig wird daher die (sukzessive) Befehls- und Datenspeicherung in Registern des Steuer- und Rechenwerks der CPU als Vervielfältigung abgelehnt, da hier zu einem Zeitpunkt immer nur ein Befehl und einzelne Daten verfügbar seien. Die Wahrnehmbarkeit des gesamten Programms oder eines wesentlichen Teils durch die menschlichen Sinne sei damit nicht möglich. Derzeit nur akademisch bleibt die Frage, ob die Aufnahme von Programmteilen in Cachespeichern Vervielfältigung darstellt.

Keine Vervielfältigungsdefinition

Körperliche Fixierung auf Dauer ist nicht notwendig

Auch teilweise Vervielfältigung – grundsätzlich zustimmungspflichtig

Wahrnehmbarkeit durch menschliche Sinne – s. zweites Kapitel, 2.7.

Befehls- und Datenspeicherung in Registern (aus Programm) – keine Vervielfältigung

Nach herrschender Meinung werden daher folgende Operationen mit dem Programm als Vervielfältigung eingeordnet:

Vervielfältigung von Computerprogrammen

- Kopieren auf einen selbständigen Datenträger (Diskette, Magnetband, CD-ROM u.a.),
- Übertragen auf die Festplatte,
- Laden in den Arbeitsspeicher,
- Ausdrucken des Programmcodes auf einem Drucker.

Programmkopie des rechtmäßigen Benutzers repräsentiert den Benutzungsanspruch

Der Programmablauf, die Benutzung des Computerprogramms wird nach § 69d an die Verwendung eines Vervielfältigungsstücks des Programms geknüpft. Oft wird dem Benutzer vom Rechtsinhaber eine Programmkopie übergeben. Zunehmend erfolgt im Internet und bei anderer Telekommunikation der Programmabruf durch den Benutzer. Immer verfügt der rechtmäßige Benutzer aber über eine Programmkopie, die seinen Benutzungsanspruch repräsentiert.

Ohne Zustimmung erlaubte Vervielfältigung und Umarbeitung

Der Umfang erlaubter Vervielfältigung wie Umarbeitung resultiert nach § 69d I zunächst aus dem Vertrag zwischen Rechtsinhaber und Benutzer, dann aus bestimmungsgemäßer Benutzung. Letztere ist wiederum aus Vertrag, aber auch aus Verkehrssitte abzuleiten. Keinesfalls ergibt sich damit immer eine 1:1-Beziehung zwischen Benutzungskopie und Computeranzahl, auf der das Programm benutzt werden darf. Vielmehr ist im konkreten Fall genau zu prüfen, am besten explizit vertraglich zu regeln, ob das Programm nur auf einem oder mehreren Rechnern benutzt werden darf.

Benutzung nur auf einem Computer?

Die Benutzung zu einem Zeitpunkt nur auf einem Rechner ist typisch für den bisherigen PC-Bereich. Ein Betriebssystem ist regelmäßig noch mehr gebunden, nämlich an eine CPU. Anwendungssoftware für die Wirtschaft ist dagegen oft auf den unternehmensweiten Einsatz ausgerichtet, inzwischen weitgehend in Rechnernetzen.

Sicherungskopie – kein vertraglicher Ausschluß

Vertraglich nicht ausgeschlossen darf nach § 69d II des Erstellen einer Sicherungskopie, allerdings nur einer Kopie und nur zum Zweck (eventueller) künftiger Benutzung.

Umarbeitungen von Computerprogrammen

Grundsätzlich zustimmungspflichtig sind nach § 69c Nr. 2 schließlich Umarbeitungen. Diese umfassen:

- Änderungen des Programmcodes,
- Übersetzungen (Compilierung, Interpretierung, Dekompilierung) und
- Portierungen.

Die programmtechnische Umgehung eines vom Überlasser berechtigt eingebauten Dongle sah die Rechtsprechung als unzulässige Umarbeitung an, soweit die Programmabarbeitung gegeben war (OLG München, CR 1995, 663).

Verschiedentlich wird in der Literatur angenommen, daß nach § 23 S. 1 UrhG entgegen dem Wortlaut des § 69c Nr. 2 erst die Veröffentlichung einer Programmbearbeitung zustimmungspflichtig sei. Dieser Unterschied ist jedoch mit Blick auf § 69d I ohne praktische Bedeutung. Denn alle Vervielfältigungen und Umarbeitungen sind erlaubt, wenn sie im Benutzungszweck begründet sind und vom rechtmäßigen Programmbenutzer vorgenommen werden.

Daß die Fehlerberichtigung die wohl häufigste Programmänderung ist, mag zu ihrer ausdrücklichen Erwähnung in Abs. 1 geführt haben. Erforderlich war sie jedoch nicht. Zusätzlich ist im Fehlerfall die schuldrechtliche Einschränkung aus § 637 BGBM zu beachten, daß Mängelselbstbeseitigung beim Werkvertrag erst bei Erfüllung zusätzlicher Voraussetzungen zulässig ist.

Eine besondere Umarbeitung stellt schließlich die Dekompilierung zur Erreichung von Interoperabilität (des Zusammenwirkens mit – beliebigen – anderen Programmen) dar. Für viele Computerprogramme bzw. deren Verknüpfung mit zahlreichen anderen Programmen fällt die Dekompilierung nicht unter die Erlaubnisse des § 69d I. Soweit jedoch für den Benutzungsberechtigten keine andere Möglichkeit besteht, die für die Interoperabilität erforderliche Schnittstellenbestimmung vorzunehmen, ist ihm dazu und nur dazu nach § 69e UrhG eine Dekompilierung zugestanden.

§ 69e stellt für Verträge über die (regelmäßig im Objektcode erfolgende) Überlassung von Softwareprodukten eine schwerwiegende Ausnahme von den Ausschließlichkeitsrechten des § 69c dar, wird dem Benutzer doch mit der Quellcodeerzeugung ein Einblick in das Entwickler-know-how ermöglicht. Die Regelung ist nach wie vor umstritten. Sie ist fast wörtlich aus der EG-Richtlinie (Art. 6) übernommen und sehr kompliziert formuliert. Widersprüche zwischen Wettbewerbssicherung auf dem Softwaremarkt und Einräumung von Entwicklerinteressen berücksichtigenden Schutzvoraussetzungen sowie zwischen unterschiedlichen – anscheinend – nationalen Forderungen haben zu diffizilen und auslegungsbedürftigen Maßgaben geführt. Entgegen allgemeiner Erwartung mußte die Rechtsprechung jedoch bisher noch nicht über Zulässigkeit und Grenzen der Dekompilierung zum Zwecke der Interoperabilität entscheiden.

Verstoß gegen
§ 69c Nr. 2 i.V.m.
§§ 69d, 69e UrhG

Fehlerberichtigung –
spezielle Umarbeitung

Schuldrechtliche
Voraussetzungen der
Mängelselbstbeseitigung
beachten –
s. erstes Kapitel, 7.3.

Dekompilierung –
spezielle Umarbeitung

Nach § 69e UrhG zulässig,
wenn Interoperabilität
nur so erreichbar ist

Umstrittene und
auslegungsbedürftige
Regelung –
bisher ohne
Rechtsprechung

Software-Recht

Anspruch aus Rechtsverletzungen – s. zweites Kapitel, 2.14.

Verletzungen der Rechte am Programm kann der Verletzte wie Verletzungen anderer im UrhG statuierter Rechte nach §§ 96 ff UrhG ahnden, aber auch nach § 69f. Abs. 1 legitimiert den Rechtsinhaber, von jedem Besitzer (nicht nur vom Verletzer) unberechtigter Programmkopien deren Vernichtung oder äquivalente Handlungen zu fordern. Erweitert wird die Regelungsfläche zusätzlich durch Abs. 2: Danach kann auch der Besitz inzwischen verbreiteter Programme und programmtechnischer Mittel zu unerlaubter Beseitigung oder Umgehung eines Kopierschutzes verfolgt werden.

Zusätzlich: Vernichtung unberechtigter Programmkopien

§§ 69d II, III, 69e UrhG – zwingende Normen

Die Neuregelung zum urheberrechtlichen Schutz wird abgeschlossen mit der bereits erwähnten Maßgabe zum zwingenden Charakter wichtiger Ausnahmeregelungen sowie zur Anspruchskonkurrenz:

§ 69g UrhG

Anwendung sonstiger Rechtsvorschriften ...

> (1) Die Bestimmungen dieses Abschnitts lassen die Anwendung sonstiger Rechtsvorschriften auf Computerprogramme, insbesondere über den Schutz von Erfindungen, Topographien von Halbleitererzeugnissen, Marken und den Schutz gegen unlauteren Wettbewerb einschließlich des Schutzes von Geschäfts- und Betriebsgeheimnissen, sowie schuldrechtliche Vereinbarungen unberührt.
> (2) Vertragliche Bestimmungen, die in Widerspruch zu § 69d Abs. 2 und 3 und § 69e stehen, sind nichtig.

Rechtsschutz – nicht auf UrhG beschränkt

Der nach Abs. 1 weiterhin mögliche Rechtsschutz von Software nach anderen Gesetzen wird im folgenden Abschnitt skizziert.

1.3. Rechtsschutz nach anderen Gesetzen

Trotz Herabsetzung urheberrechtlicher Schutzvoraussetzungen wird verschiedentlich (oft zusätzlich) das Wettbewerbsrecht zum Rechtsschutz von Software herangezogen. Das ist begründet in:

Wettbewerbsrecht – Vorteile

- möglicher Einbeziehung urheberrechtlich ungeschützter Programme und Komponenten (Algorithmen, Dokumentation),
- besonderem Geheimnis- und Kennzeichnungsschutz sowie
- einfacherer gerichtlicher Anspruchsdurchsetzung.

Der Leistungsschutz von Software nach § 1 UWG umfaßt:

- unmittelbare Übernahme eines fremden Arbeitsergebnisses durch andere Wettbewerber (insbes. vermittels Raubkopien; aber uneinheitliche Rechtsprechung zur Übernahme von Teilen, die mit eigenem Aufwand erweitert wurden), wenn sich das übernommene Programm für den Entwickler noch nicht amortisiert hat und besondere wettbewerbliche Eigenart (einen Wettbewerbsvorsprung ermöglichende Besonderheiten) aufweist;

- sklavische Nachahmung (erworbenes Programm wird analysiert – nach § 69d III UrhG rechtens, identische Funktionalität durch andere Programmstruktur erreicht) – ist zwar grundsätzlich zulässig; gegen die guten Sitten wird aber verstoßen, wenn Eindruck erweckt wird, angebotenes Produkt sei Original;

- Übernahme von Quellcode nach Dekompilieren aus Programm wettbewerblicher Eigenart in auf dem Markt offeriertes Programm, die Legitimation von § 69e UrhG überschreitend;

- (sonst zulässiger) Vertrieb von public-domain-Software oder Shareware mit für Kopier- und Vertriebsleistung unangemessenem Gewinn;

- Umgehen von Kopierschutz, insbes. soweit damit Raubkopien ermöglicht werden (Anspruch neben § 69f UrhG).

Tatbestände des Software-Leistungsschutzes nach § 1 UWG – s. zweites Kapitel, 3.2.

Unzweifelhaft erlaubt § 17 UWG gegen Softwarepiraterie in Form unzulässiger Weitergabe durch Entwickler- oder Anwendermitarbeiter wie auch unzulässiger Beschaffung durch andere Wettbewerber vorzugehen. Zwar wird das Geheimhaltungsinteresse an den meisten Softwareprodukten allgemein akzeptiert. Häufig wird aber übersehen, daß Software kein Betriebsgeheimnis an sich ist, wie die Ausnahmen von § 69c UrhG verdeutlichen. Die Geschäftsleitung muß folglich ihren Geheimhaltungswillen deutlich machen.

Software kann Geschäfts- oder Betriebsgeheimnis sein – s. zweites Kapitel, 3.2.

Auf einzelne Formen der Softwarepiraterie ist auch § 18 UWG anwendbar. An der Einordnung eines Computerprogramms als Vorlage oder Vorschrift technischer Art i.S.d. § 18 UWG bestehen keine Zweifel.

Software: Vorlage oder Vorschrift technischer Art – s. zweites Kapitel, 3.2.

Tatbestände der Vorlagenfreibeuterei an Software sind:

- Weitergabe oder sonstige Verwertung von Quellcode durch einen Auftragnehmer, den dieser nach Vorgaben eines Auftraggebers modifizieren soll;
- Verrat von Spezifikations- oder Entwurfskomponenten, die ein Auftragnehmer zur Programmentwicklung erhalten hat.

Vorlagenfreibeuterei

Software-Recht

Schutz nach MarkenG – s. zweites Kapitel, 3.3.

Weiter zu beachten ist der Kennzeichnungsschutz nach MarkenG. Sowohl direkter Unterlassungsanspruch hinsichtlich der Bezeichnungsbenutzung wie der mittelbare Schutz gegen unberechtigtes Kopieren und Vertreiben durch Kennzeichnungscodierung im Programm sollten Entwickler und Anbieter zur Marktanalyse bezüglich ihrer Programmnamen veranlassen. Neben der bereits früher anerkannten Schutzmöglichkeit als Marke (Softwareprodukte fallen in die Klasse 9 des Markenregisters) bejaht die neuere Rechtsprechung auch den Titelschutz nach § 5 MarkenG für Software. Während die Marke vorrangig auf die betriebliche Herkunft abstellen soll, dient der Titel eher der Inhaltsrepräsentation. Allerdings sind die bereits skizzierten Voraussetzungen zu beachten.

So sind rein beschreibende Angaben schutzunfähig. Beispielsweise hat das BPatG die Bezeichnung TeleOrder als nicht eintragungsfähig angesehen (BPatGE 40, 57). Bei Werktiteln gilt der gleiche Grundsatz.

Auch für Programmtitel Schutz nicht nur durch Markeneintragung

Praktisch bestehen nunmehr drei Schutzmöglichkeiten für Programmtitel nach dem MarkenG:

- Eintragung als Marke nach § 4 Nr. 1,
- Durchsetzung der Bezeichnung auf dem Markt nach § 4 Nr. 2,
- unterscheidungskräftige Benutzung als Werktitel nach § 5 I, III.

Schutzbeginn

Schutzbeginn ist nach § 6 im ersten Fall die Anmeldung (Abs. 2), sonst der Rechteerwerb (Abs. 3) – im letzten Fall Vertriebsbeginn oder Tag veröffentlichter branchenüblicher Ankündigung mit unmittelbar nachfolgender Auslieferung. Bei jeder Möglichkeit bestehen insbes. Unterlassungsansprüche hinsichtlich späterer Verwendung verwechslungsfähiger Bezeichnungen durch Dritte nach §§ 14 f.

Anspruch

Patentrecht – s. zweites Kapitel, 4.

Das Patentrecht hatte in Deutschland bisher für den Rechtsschutz von Software nur marginale Bedeutung.

Bisherige Rechtsprechung

Ausgehend vom Ausschluß der »Programme für Datenverarbeitungsanlagen« nach § 1 II f und der Technizitätsvoraussetzung nach § 1 I PatG wurde der patentrechtliche Schutz in der Vergangenheit lediglich für spezielle Betriebssystemkomponenten und für Systeme bejaht, die mittels eines Computers messend oder steuernd auf die reale physikalische Außenwelt einwirken.

Neue Rechtsprechung

Mit seinen Entscheidungen »Logikverifikation« (BGHZ 143, 255) und »Sprachanalyseeinrichtung« (BGHZ 144, 282) hatte der BGH die Patentierungsvoraussetzungen von Software erheblich erweitert.

Die »Logikverifikation« (1999) betraf rechnergestützte Zwischenschritte beim Logikdesign von Siliziumchips. Die Technizität wurde bereits deshalb bejaht, weil die ermittelten Daten »technische Größen« darstellen mit realer physikalischer Entsprechung.

Das Urteil schließt an die Entscheidungspraxis des Europäischen Patentamtes an: Die für Erfindungen notwendige Technizität ist bereits gegeben, wenn ein Computer technische Daten verarbeitet.

<small>Technizität bereits bei Verarbeitung technischer Daten</small>

Die »Sprachanalyseeinrichtung« (2000) betraf die rechnergestützte linguistische Analyse eingegebener Sätze der natürlichen Sprache – nach dem Patentantrag eine in definierter Weise programmtechnisch eingerichtete Vorrichtung (Datenverarbeitungsanlage). Einer derartigen Vorrichtung komme der erforderliche technische Charakter bereits ohne weitere Voraussetzungen zu.

Der BGH schien damit über die Praxis des Europäischen Patentamtes hinauszugehen und Entwicklungen in den USA und Japan zu folgen: Er bejahte die Patentfähigkeit von Software in Form einer Vorrichtung. Zu prüfen seien jedoch weiter Neuheit und erfinderische Tätigkeit.

<small>Schutz als Vorrichtung</small>

Mit seiner jüngsten Entscheidung »Zeichenkettensuche« (MMR 2002, 105) hat der BGH jedoch die Technizitätsvoraussetzung an die Lösung eines konkreten technischen Problems durch die Programmabarbeitung gebunden. Diese Einordung enthält auch ein EG-Richtlinienvorschlag zum Software-Patentschutz vom 20. Februar 2002.

<small>Relativierung der Schutzvoraussetzungen</small>

Patentfähig sind damit nach der gegenwärtigen deutschen Rechtsprechung Programme mit Erfindungsniveau:

- zur Computersteuerung, also insoweit neue Betriebssystemkomponenten und systemnahe Programme;
- der Meß-, Steuerungs- und Regelungstechnik, also zur Bereitstellung, Überwachung und Analyse von Meßdaten zur Steuerung technischer Systeme;
- im CAD/CAM-Bereich.

<small>Patentfähige Computerprogramme</small>

Hingegen sind Programme in Office-, Dispositions-, Managementund anderen außerhalb der Technik nutzbaren Systemen in Deutschland nicht patentierbar.

In der Tendenz werden die Schutzmöglichkeiten für Entwickler wohl erweitert. Die in Bewegung geratene Rechtsprechung muß aber ebenso aufmerksam beobachtet werden wie die noch nicht abgeschlossenen EU-Überlegungen zur Patentschutz-Erweiterung.

<small>Erweiterung des Software-Patentschutzes – Rechtsprechung und EU-Maßgaben auswerten!</small>

Software-Recht

1.4. Vertragliche Konsequenzen

Verschiedentlich werden Rechtsschutzvorschriften in Softwareverträgen überhaupt nicht beachtet. Teilweise wird zwar auf die UrhG-Änderung reagiert, doch werden manchmal einzelne Normen mißachtet. Keinesfalls sollten Anbieter wie Anwender nur aus erfolgter langjähriger AGB-Verwendung auf deren Wirksamkeit schließen.

AGB-Verwendung
(auch bei Software) –
kein Beleg für
AGB-Wirksamkeit

Eine gerichtliche Inhaltskontrolle von AGB erfolgt selbstverständlich nur nach entsprechender Klage. AGB-Verwender sind dann bspw. überrascht, daß verbreitete Vertriebsbindungen (s.u.) dem urheberrechtlichen Erschöpfungsgrundsatz nach § 69c Nr. 3 S. 2 UrhG widersprechen und nach § 307 BGBM unwirksam sind.

Nachfolgend werden daher aus den vorhergehenden Abschnitten ableitbare Konsequenzen für Softwareverträge kurz dargestellt.

Benutzer sollten vor Vertragsschluß folgendes überlegen:

Prüfung der
Nutzungsrechte
des Überlassers/
Entwicklers

Prüfung der
Lizenzkette

- Werden Nutzungsrechte (insbes. zum Softwarevertrieb) nicht vom Urheber, sondern von einem Dritten eingeräumt, sind dessen Rechte genau zu prüfen, ggf. auch die Rechte vorheriger Überlasser. Das Urheberrecht kennt keinen gutgläubigen Erwerb von Nutzungsrechten; diese erwirbt ein Anwender nur, wenn sein Vertragspartner ausreichend legitimiert ist. Werden die vorherigen Verträge aus der Lizenzkette nicht vorgelegt, empfiehlt sich die Nachfrage beim Entwickler. Selbst wenn die evtl. fehlende Befugnis des Vertragspartners nicht bekannt ist, entsteht nicht nur ein Unterlassungsanspruch nach § 97 I UrhG, sondern auch Schadensersatzansprüche sind gegenüber dem Benutzer möglich, der die Lizenzkette nicht geprüft hat.

Nutzungsrechte
des Auftraggebers
explizit vereinbaren

- Bei Softwareentwicklung ist eine explizite vertragliche Fixierung der Nutzungsrechte des Auftraggebers (insbes. zu Änderung und Vertrieb) zu empfehlen. Wegen des Fehlens eindeutiger gesetzlicher Regelung ist sonst trotz Anwendung der Zweckübertragungstheorie späterer Streit zwischen Anwender und Entwickler nicht ausgeschlossen.

Rechneranzahl für
Programmbenutzung
explizit vereinbaren

- Im Vertrag sollte die Rechneranzahl festgehalten werden, auf denen das Programm gleichzeitig benutzt werden darf. Aus der UrhG-Neufasung ergeben sich dazu keine Vorgaben (nicht zu verwechseln mit der Unzulässigkeit von CPU-Klauseln).

AGB-Inhaltskontrolle – s.
erstes Kapitel, 9.

Entwickler, Überlasser und Anwender sollten weiter die in der nebenstehenden Tabelle skizzierten Vertragsklauseln kritisch prüfen.

Kritische Vertragsklauseln bezüglich des Rechtsschutzes

Klauselinhalt	Wirksamkeit	Rechtsgrundlagen	Empfehlungen
Weitergabeverbot	unwirksam bei entgeltlicher Überlassung auf Dauter in AGB (OLG Frankfurt/M., CR 1999, 7 u.a.)	§§ 69c Nr. 3 S. 2 UrhG, 307 BGBM	Beschränkung im Individualvertrag oder bei zeitlich begrenzter Lizensierung möglich
Verkaufsverbot für Upgrade-/Update-Software an Benutzer, die keine Vollversion besitzen	unwirksam in AGB (OLG München, NJW 1998, 1649, OLG Frankfurt/M., Jur-PC Web-Dok. 55/1999)	§§ 69c Nr. 3 S. 2 UrhG, 307 BGBM	Vorsicht bei deraratigen Käufen; Urteile sind umstritten
OEM-Beschränkung	wirksam gegenüber Vertragspartnern (KG Berlin NJW 1997, 330 u.a.), unwirksam gegenüber Dritten	§§ 15 I, 31 f. 69c UrhG	Verkauf von OEM- als Vollversion ist zu vermeiden
Benutzungsbeschränkung auf bestimmte CPU oder Hardware (CPU-, Serialisierungsklausel)	unwirksam in AGB (OLG Frankfurt/M., NJW-RR 1995, 182 u.a.)	§§ 69c Nr. 3 S. 2, 69d I UrhG, 307 BGBM	Benutzungsrecht sollte nur an die Benutzung betreffende Kriterien gebunden werden, wie Arbeitsplätze oder Betriebssysteme
Beschränkung auf bestimmte Benutzer (user-Klauseln)	von Literatur in AGB als bedenklich angesehen	§§ 69c Nr. 3 S. 2, 69d I UrhG, 307 BGBM	Klausel sollte in AGB vermieden werden
Eigentumsvorbehalt	unwirksam in AGB zur Softwareüberlassung (BGH NJW 1994, 1216, OLG Düsseldorf NJW-RR 1999, 851)	§§ 69 c UrhG, 398 BGB, 307 BGBM	Obwohl Urteile umstritten sind, sollte ersatzweise eine (rechtlich zulässige) bedingte Übertragung der Nutzungsrechte vereinbart werden
Vervielfältigungsverbot	als generelles Verbot unwirksam	§ 69 d UrhG	Unzulässige Vervielfältigungen sollten präzise beschrieben werden und die Benutzung nicht einschränken
Änderungsverbot	als generelles Verbot unwirksam	§§ 69d, 69e UrhG	Unzulässige Änderungen sollten präzise beschrieben werden und die Benutzung nicht einschränken
Informationspflichten	zulässig, soweit Zusammenhang mit Ausschließlichkeitsrechten des Rechtsinhabers besteht	§ 69c UrhG	Klausel sollte nicht in Verbindung mit unzulässigen oder bedenklichen Klauseln (s.o.) vereinbart werden

2. Typologie von Softwareverträgen

Keine spezielle Rechtsvorschrift

Eine von Informatikern oft geforderte spezialgesetzliche Regelung für Softwareverträge hat der Gesetzgeber bisher nicht erlassen.

Das novellierte Urheberrecht statuiert die bestimmungsgemäße Benutzung in Relation zur Verwendung eines Vervielfältigungsstückes des Programms. Wie die Bestimmung zu erfolgen hat, ist nicht geregelt. Verschiedentlich wird angenommen, daß die Bezeichnung als Lizenzvertrag die rechtliche Einordnung prägen würde. Urheberrechtlich bezieht sich die Lizenz auf Einräumung einer Nutzungsbefugnis. Eine daraus resultierende weitergehende Bestimmung des Vertragsverhältnisses nimmt die Rechtsprechung nicht vor. Es bleibt abzuwarten, ob mit zunehmendem Abruf von Software (download) insbes. im Internet und zunehmendem Application Service Providing (ASP) eine Präzisierung erfolgen wird.

Lizenz – Einräumung urheberrechtlicher Nutzungsbefugnis

Gegenwärtig verwendet die deutsche Rechtspraxis den Lizenzvertrag als Vertragstyp zur Nutzung eines Immaterialgutes, wie etwa einer Erfindung. Der physischen Übergabe von Software wird damit nicht entsprochen.

Deutsche Rechtsprechung: Lizenzvertrag – Immaterialgutnutzung

»*Der Senat hat, woran festzuhalten ist, bereits mehrfach entschieden, daß eine Standardsoftware als bewegliche Sache anzusehen ist... Entscheidend ist allein, daß es sich... um ein auf einem Datenträger verkörpertes Programm und damit um eine körperliche Sache (§ 90 BGB) handelt.*« (BGH NJW 1993, 2436)

Gegen die Einordnung als Lizenzvertrag spricht auch der Schadensersatzanspruch bei vom Lizenzgeber verschuldeter nichtgehöriger Erfüllung. Ohnehin hat die Vertragsbezeichnung nach §§ 133, 157 BGB für die rechtliche Einordnung keine primäre Bedeutung.

Keine Anwendung des von der Rechtsprechung geprägten Lizenzvertrages auf Softwareleistung

Den Verträgen sind folglich die BGB-Regelungen zu Grunde zu legen. Der prinzipiell mögliche Abschluß eines spezifischen Vertrages (»sui generis«) ohne Beachtung der BGB-Vertragstypen ist aus folgenden Gründen nicht zu empfehlen:

Vertrag sui generis – nicht empfohlen

- Manche Rechtsfolgen ergeben sich bei fehlender Vereinbarung erst aus dem Vertragstyp.
- Für die häufig praktizierten AGB bestehen nach § 307 BGBM erhebliche Einschränkungen bei Abweichungen von der gesetzlichen Konzeption. Die Rechtsprechung hat aber Software-Leistungen weitgehend bestimmten BGB-Typen zugeordnet.

Für Software zu beachtende Vertragstypen des BGB sind:
- Kaufvertrag (Sachkauf),
- Werkvertrag,
- Mietvertrag,
- Dienstvertrag.

Die nach Umfang und Anzahl der Vertragsbeziehungen wichtigsten Verträge betreffen die Überlassung vorhandener Software und die Softwareentwicklung. Auf die zeitlich unbegrenzte Überlassung von Standardsoftware (egal ob System- oder Anwendersoftware) gegen Einmalzahlung wendet die Rechtsprechung derzeit stabil Sachkaufrecht an. *(Softwareüberlassung gegen Einmalzahlung – Sachkaufrecht)*

Gemeint ist damit die Überlassung verfügbarer Software:
- Eine besondere Qualität wird für die Überlassung nicht vorausgesetzt. *(Standardsoftware – Begriff)*
- Ein bestimmter Umfang oder eine bestimmte Anzahl bereits erfolgter Benutzungen ist ebenfalls nicht notwendig gegeben.
- Die Einhaltung bestimmter Standards (Normen) hinsichtlich der Software-Eigenschaften muß auch nicht erfolgen.

Zwar wird die Einhaltung der Qualitätsmanagement- und Qualitätssicherungsnormen nach ISO 9000 – Teil 3 wie in anderen Branchen auch für die Wettbewerbsfähigkeit der Softwareindustrie immer wichtiger. Auf den Vertragstyp ist sie jedoch bisher ebenso ohne Einfluß wie auf die Gewährleistungsansprüche des Benutzers, wenn nicht auf die Norm explizit im Vertrag verwiesen wird.

Anstelle des verbreiteten Begriffs »Standardsoftware« ist folglich der in DIN 66285 und ISO 9000 verwendete Begriff Software-Produkt treffender. Rechte und Pflichten bei Überlassung von Software-Produkten auf Dauer werden unter 3.2. dargestellt. *(Software-Produkt)*

Entwicklung von Individualsoftware durch einen Auftragnehmer auf Basis einer vorliegenden Aufgabenstellung bzw. eines Pflichtenheftes mit nachfolgender Überlassung an den Auftraggeber auf Dauer wurde seit längerem als Werkvertrag eingeordnet. Mit der Schuldrechtsmodernisierung zusammenhängende Probleme und wesentliche Vertragsinhalte werden unter 3.3. erörtert. *(Softwareentwicklung – bisher Werkvertragsrecht)*

Vor, neben und nach Entwicklung bzw. Überlassung sind weitere Software-Leistungen praktisch. Dafür bisher erkennbare Einordnungstendenzen der Rechtsprechung zeigt die folgende Übersicht.

Zuordnung von BGB-Vertragstypen zu Software-Leistungen durch die Rechtsprechung

Vertraglich vereinbarte und durch Auftragnehmer zu erbringende Leistung	Vertragstyp (Tendenz)
1. Einsatzvorbereitung	
Beratung (Leistungen, Auswahl, Vertragspartner, Produkte)	Dienstvertrag
Spezifikation	Werkvertrag
2. Software-Erstellung	
Erfolgsrisiko beim Auftragnehmer	Werkvertrag
(selten) ausschließlich nach Auftraggeber-Weisung	Dienstvertrag
3. Überlassung von Software-Produkten	
auf Dauer gegen Einmalentgelt	Kaufvertrag
befristet	Mietvertrag
Leasing	Miet-/Kaufvertrag
4. Service	
Installation	Werkvertrag
Einweisung	Werkvertrag
Schulung	Dienstvertrag
Systemwechsel	Werkvertrag
5. Anpassung	
mit Erfolgsrisiko beim Auftragnehmer	Werkvertrag
6. Support	
Fehlerbeseitigung (außerhalb der Gewährleistung)	Werkvertrag
Fehlerprüfung (außerhalb der Gewährleistung)	Dienstvertrag
Beratung	Dienstvertrag
Erweiterung/Aktualisierung	Werkvertrag
Update-, Patches-, Upgrade-Lieferungen	Kaufvertrag

Software-Recht

Für die Grundstruktur der Vertragstypen wird auf das erste Kapitel verwiesen. Die in der Übersicht angeführten Leistungen finden sich trotz teilweise unterschiedlicher Bezeichnung in allen Software-Lebenszyklusmodellen, die auf die praktische Verbindung der Tätigkeiten abstellen. Häufig ist daher eine Kombination der Vertragstypen gegeben.

Häufig: Kombination der Vertragstypen

Mit der Software-Erstellung wird oft die Pflichtenhefterstellung und/oder die Erarbeitung der Spezifikation vertraglich vereinbart. Service- und Supportvereinbarungen erfolgen in zahlreichen Überlassungsverträgen.

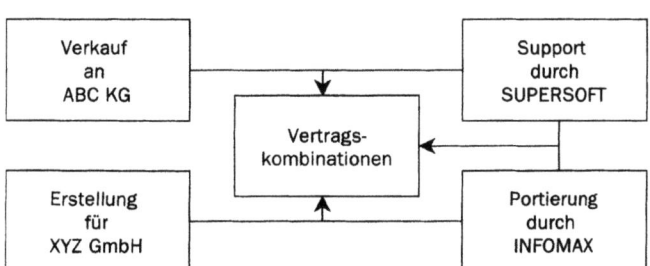

Beispiele möglicher Vertragskombinationen

Die Klauselkombination aus verschiedenen Vertragstypen birgt jedoch Risiken. Einmal können Bestehen und Zuordnung nicht vereinbarter Pflichten und Rechtsfolgen unklar sein. Praktisch noch wichtiger ist die in der Rechtsprechung deutlich erkennbare Tendenz, derartige kombinierte Verträge als ein Vertragsverhältnis einzuordnen. Als Regelfall ist das juristisch problematisch, weil das BGB primär auf den Willen der Vertragspartner abstellt.

Risiken bei Klauselkombination aus verschiedenen Vertragstypen

Für den Anwender ist ein einheitlicher Vertrag oft vorteilhaft, weil Erfüllung erst mit Erbringung aller Schuldnerleistungen vorliegt und er umfassende Anspruchsmöglichkeiten aus nichtgehöriger Erfüllung hat. Allerdings sind einzelne Ansprüche, insbes. aus Mängeln, nicht nach allen gesetzlichen Regelungen gegeben, bestehen Unterschiede in Geltendmachung und Verjährung der Ansprüche.

Oft wird die rechtliche Einordnung weniger aus den einzelnen Vereinbarungen abgeleitet, sondern gerade aus dem Willen der Vertragspartner. Aus Anwendersicht ist das regelmäßig eine funktionierende Software. Wünschen die Parteien also einen gemischten Vertrag, insbesondere mit unterschiedlichen Rechtsfolgen, sollten sie dies im Vertragstext deutlich machen.

Gemischter Vertrag gewünscht – explizit vereinbaren

Enthalten aber Verträge lediglich detaillierte Vereinbarungen über die Pflichtenhefterstellung und die Abnahmeprozedur, kann nur Werkvertragsrecht dem Parteiwillen entsprechen. Zeitliche Benutzungsbegrenzungen sprechen für einen Mietvertrag.

<small>Scheinbar günstig: Dienstvertrag für Softwareentwicklung</small>

Vordergründig kostengünstig stellt sich aus Anwendersicht ein Dienstvertrag für die Software-Erstellung dar. Die von der Rechtsprechung in einzelnen Fällen zugeordneten Voraussetzungen zeigen jedoch die Problematik dieses Vertragstyps:

<small>(Seltene) Voraussetzungen für Anwendung von Dienstvertragsrecht auf Softwareentwicklung</small>

- Die Projektverantwortung liegt ausschließlich beim Auftraggeber.
- Der Auftragnehmer arbeitet nur nach den Weisungen des Auftraggebers; er bringt lediglich seine Arbeitsleistung ein.
- Das Pflichtenheft wird, wenn überhaupt, vom Auftraggeber erstellt.
- Es sind keine Erfolgskriterien, insbesondere keine Abnahme vereinbart.
- Es finden sich keine gesetzlichen Gewährleistungsregelungen.

<small>Entwicklungsleistungen als wichtiger Teil der Auftragnehmerpflichten – Einordnung als Werkvertrag insgesamt</small>

Häufig werden Verträge, die werkvertragliche Leistungen als einen wichtigen Teil beinhalten, von der neueren Rechtsprechung insgesamt als Werkvertrag eingeordnet.

Zum Beispiel wurde bei Überlassung von Software-Produkten und folgenden zugleich vereinbarten Leistungen insgesamt Werkvertragsrecht angewendet:

- *Installation einschließlich Parametrieren; für diese Arbeiten waren mindestens 10 Manntage veranschlagt (LG Mannheim, 25.11.1991);*
- *im Vertrag als »wichtig« bezeichnete Modifikation (OLG Köln NJW-RR 1992, 1328);*
- *Anpassung eines wesentlichen Teilprogramms (LG Stuttgart, 26.8.98, 2 KfH O 141/97).*

Anhaltspunkte für die Einordnung ergeben sich bei Kombination mit werkvertraglichen Leistungen aus deren Bedeutung für den Auftraggeber.

So wurde trotz vereinbarter Installation und Einweisung bei einer Software-Zusammenstellung aus Standard-Modulen Kaufrecht zugeordnet, weil für das Nutzungsrecht beinahe 5/6 der Vergütung vereinbart war. (OLG Köln, NJW-RR 1993, 1140)

3. Form und Inhalt von Softwareverträgen

Zur Form von Software-Verträgen bestehen einige Mißverständnisse. Diese sollen ausgeräumt werden, bevor die Rechte-/Pflichtenstruktur für die praktisch wichtigsten Vertragsarten erläutert wird.

3.1. Formfreiheit

Grundsätzlich besteht für die Vertragstypen der Softwareverträge (und ihre Kombination) nach dem BGB Formfreiheit; die Schriftform ist nicht erforderlich, auch mündlich, telefonisch oder per Telefax abgeschlossene Verträge sind wirksam.

Umstritten war bis 1998, ob aus § 34 GWB a.F. für die Rechtspraxis wegen der regelmäßig in den Verträgen enthaltenen Nutzungsbeschränkungen die Maßgabe folgt, diese schriftlich abzufassen. Mit dem Wegfall der Regelung durch die ab 1.1.1999 gültige GWB-Neufassung ist das Schriftformerfordernis insoweit entfallen.

Kein Schriftformerfordernis

Generell ist die Schriftform aber bei anspruchsvollerer Software zu empfehlen:

Schriftform empfohlen

- vorausschauend als Mittel, eigene Interessen (an Rechten und Pflichten wie auch an Rechtsfolgen) tatsächlich zu artikulieren;
- als Beweisgrundlage für eventuell später auftretende Probleme.

Unzweifelhaft ist der Abschluß von Software-Verträgen auch per E-Mail oder mittels anderer Datenkommunikation möglich. Wie für andere Verträge treffen insoweit die Besonderheiten für den Vertragsabschluß in Rechnernetzen zu.

Vertragsabschluß per E-Mail

Vertragsabschluß in Rechnernetzen – s. viertes Kapitel, 4.2.

Auch die Frage, ob die im Vertrag ggf. vereinbarte Schriftform durch E-Mail, Filetransfer o.ä. gewahrt wird, ergibt keine softwarespezifischen Antworten.

Schriftformklauseln und elektronische Willenserklärungen – s. viertes Kapitel, 4.1.

Das betrifft etwa die Abnahme bei Software-Erstellung, Reklamation von Mängeln oder die Kündigung eines Supportvertrages.

Allgemein haben die Gerichte den mit Schriftformklauseln verfolgten Zweck geprüft. Daraus für Online-Übermittlungen resultierende Unsicherheiten sind mit der Änderung von § 127 BGB durch das seit 1. August 2001 gültige FormG beseitigt.

§ 127 BGB – s. viertes Kapitel, 4.1.

3.2. Vertragsinhalt bei Überlassung von Softwareprodukten

Unabhängig von Umfang und Wert der Software besteht der Vertragszweck darin, dem Anwender die Benutzung (Programmabarbeitung) zu ermöglichen. Und unabhängig von Größe und Anwendungsbereich wendet die Rechtsprechung auf Überlassung ohne zeitliche Begrenzung gegen einmalige Entgeltzahlung Sachkaufrecht an. Diese Zuordnung ist aus verschiedenen Gründen problematisch:

Stabile Anwendung von Sachkaufrecht

Informatisch zweifelhaft

- informatisch, weil (den Überlassungsvorgang z.B. beim downloading nicht notwendig betreffende) Materialität und Immaterialität unterschiedliche Gewichte haben können;

Rechtlich inhomogen

- rechtlich, weil schuldrechtliches Benutzungsrecht und Pflichten aus Sachkauf nur teilweise harmonieren;

Benutzerinteressen nicht vollständig entsprechend

- wirtschaftlich, weil die Verjährungsfrist von Ansprüchen aus Mängeln sofort mit der Ablieferung beginnt und selbst einige Softwareprodukte im oberen Preisbereich erst nach Beseitigung von Einschränkungen stabil benutzbar sind.

Früheren Kritiken hinsichtlich der Ansprüche aus Mängeln selbst ist hingegen mit der Schuldrechtsmodernisierung die Grundlage entzogen. Zu beachten bleibt aber das für Benutzer hinsichtlich der Durchsetzbarkeit von Mängelansprüchen vorteilhaftere Mietrecht. Dieses ist bei einer der folgenden Voraussetzungen anwendbar:

Mietrecht – Voraussetzungen

- Die Überlassung erfolgt nicht auf Dauer.
- Der Anwender ist zur Mehrfachvergütung verpflichtet.
- Ihm ist ein Kündigungsrecht eingeräumt.
- Das Benutzungsrecht ist extrem eingeschränkt.

Sachkaufrecht – s. erstes Kapitel, 5.1.

Im weiteren wird die gegenwärtig praktisch überwiegende Anwendung des Sachkaufrechts vorausgesetzt. Wesentliche Rechte und Pflichten wurden bereits im ersten Kapitel erläutert. Zusätzlich sind die nachfolgend skizzierten Softwarespezifika zu beachten:

Besonderheiten bei Software

- Aufklärungs- und Beratungspflichten,
- Benutzungsrecht,
- geschuldete Codeform,
- Einordnung als Spezies- oder Gattungskauf,
- Programmschutzmechanismen,
- Dokumentationsübergabe,
- Mitwirkungspflichten.

Aufklärungspflichten betreffen Rahmenbedingungen vertragsgemäßer Benutzung, Beratungspflichten reichen bis zur Auswahl des für Anwender geeignetsten Programms. Sie waren bisher im BGB nicht normiert. Das mochte manche Informatiker in der Auffassung bestärken, nicht erfolgte oder unzureichende Erklärungen vor Vertragsschluß seien rechtlich bedeutungslos. Gerichte hatten jedoch in Anlehnung an § 242 BGB mehrfach Aufklärungs- und Beratungspflichten bejaht. Aus den Urteilen (und nunmehr nach § 241 II BGBM) lassen sich folgende Grundsätze ableiten:

Aufklärungs- und Beratungspflichten – bereits vor Vertragsabschluß möglich

Grundsätze

- Je weniger sich der Benutzer als informatisch versiert zeigt und je besser informatische Kenntnisse und Fähigkeiten des Überlassers sind, umso mehr besteht eine Aufklärungspflicht.
- Eine Beratungspflicht ist bei teurer Software anzunehmen.

Das Benutzungsrecht und seine vertragsrechtlichen Konsequenzen wurden bereits erläutert. Im Zusammenhang damit steht die geschuldete Codeform: Erforderlich ist abarbeitungsfähiger Code, der also dem Benutzer zu übergeben ist. Eine Pflicht zur Quellcodeherausgabe besteht dagegen nicht. Da dieser zudem Entwickler-knowhow repräsentiert, sind viele Softwareproduzenten an der Herausgabe nicht interessiert und viele Lieferanten dazu nicht in der Lage.

Benutzungsrecht – s. 1.2.

Kein Anspruch auf Quellcodeherausgabe

Verschiedentlich wird Quellcodeübergabe – gegen höhere Preiszahlung – vertraglich vereinbart, um Anwendern Änderungen und Erweiterungen zu ermöglichen. Teils wird Hinterlegung bei einem Dritten (»Escrow«) verabredet, der den Quellcode bei Eintritt vertraglich bestimmter Ereignisse (Änderungserfordernis, Vertragsverletzung, Entwicklerinsolvenz u.a.) herausgibt. Escrow-Klauseln erfordern bei der Vertragsgestaltung besondere Aufmerksamkeit:

Quellcodeübergabe

Escrow – Hinterlegung bei einem Dritten (z.B. Notar)

- Die Herausgabevoraussetzungen sollten genau beschrieben werden. Für streitige Fälle ist eine Schiedsklausel sinnvoll.
- Dem Benutzer sind die erforderlichen Rechte zur Quellcodenutzung nach Herausgabe (Compilierung, Änderung) einzuräumen.
- Änderungen und Erweiterungen sollten nur für die Programmbenutzung beim Anwender vereinbart werden, da die Wirksamkeit von Escrow-Insolvenzklauseln umstritten ist.
- Die Verifikation des hinterlegten Quellcodes (Form, Umfang, Virenfreiheit, Inhalt) durch den Escrow-Agenten ist vorzusehen.
- Der Überlasser sollte eventuelle neue Versionen jeweils anstelle der alten hinterlegen und verifizieren lassen.

Escrow-Klauseln – Empfehlungen

Software-Recht

Problematische Gattungsschuld

Mißverständnisse bestehen darüber, ob Softwareüberlassung Gattungsschuld sei. Verwirrung ergab sich insbes. bezüglich der aus Sicht der Immaterialität des Programms (geistige Leistung!) zweifelhaften Konsequenzen aus § 480 BGBalt, die nun unabhängig von der Art der Schuld nach § 439 I BGBM zutreffend wären. Im Mängelfall scheint der Benutzer nämlich Ersatzlieferung eines mängelfreien Programms beanspruchen zu können. Der immaterielle Teil ist jedoch insoweit vom materiellen Teil zu trennen:

Datenträger-, Übertragungsfehler

- Bei fehlerhaftem Datenträger, Überlassung nach fehlerhaftem Kopieren und fehlerhafter Übertragung bestehen keine Zweifel an der Anwendbarkeit der §§ 243 BGB, 276 I und 439 BGBM.
- Die Voraussetzungen dieser Normen sind ebenfalls erfüllt, wenn der Kauf nur durch allgemeine Merkmale beschrieben wird (z.B. »Textverarbeitung und Tabellenkalkulation gegen Aufpreis«, »Druckertreiber beiliegend«).

Konkrete Produktbeschreibung – keine weiteren Rechte aus der Gattung

- Soweit das Produkt konkret beschrieben ist (z.B. »...TAB Version 4.3«), ergeben sich über die Bereitstellung eines fehlerfreien Datenträgers hinaus keine Konsequenzen aus der Gattung, da der Wille der Vertragspartner dann keinen Raum für die Wahlmöglichkeiten nach § 243 I BGB läßt.

Programmsperren

Programmschutzmechanismen können unterschiedlicher Art sein. Soweit sie nur das unberechtigte Kopieren des Programms verhindern, ist eine entsprechende vertragliche Vereinbarung zulässig.

Wird dem Benutzer eine Sicherungskopie übergeben oder in anderer Weise zugänglich gemacht, hat die Rechtsprechung Vertragsklauseln zur ausschließlichen Programmbenutzung unter Verwendung eines Dongle nicht beanstandet.

Einschränkung der Abarbeitung: Mangel

Wird jedoch durch Programmsperren die Benutzung (Abarbeitung) eingeschränkt, liegt ein Mangel vor. Bei Datenverlusten sind auch Ansprüche aus positiver Vertragsverletzung möglich.

Praktische Beispiele betreffen angekündigte und realisierte Programmabbrüche nach Zeitablauf, um Folgeverträge oder zusätzliche Zahlungen durchzusetzen. Derartige Fälle wurden auch als Verstöße gegen §§ 1, 3 UWG eingeordnet. Weiter drohen Überlasser und Entwicklern ggf. Sanktionen nach §§ 303a und 303b StGB.

Dokumentationsübergabe – Hauptpflicht

Die Übergabe der Benutzer-Dokumentation sieht der BGH nunmehr als Hauptpflicht des Überlassers an (NJW 2001, 1718). Der Unterschied zur früheren Rechtsprechung, die die fehlende Dokumentation als Mangel eingeordnet hatte, ist jedoch nach der Schuldrechtsmodernisierung gering.

Allerdings differenziert die aktuelle Rechtsprechung: Für komplizierte und komplexe Programme wird die Dokumentationsübergabe als Hauptpflicht eingeordnet. Für einfache Programme, die weitgehend selbsterklärend sind, trifft das nicht zu.

Anders als beim Werkvertrag sind Mitwirkungspflichten des Benutzers bzw. deren Konsequenzen im Kaufrecht nicht statuiert. Solche Pflichten ergeben sich teils aus dem Vertragszweck, wie meist vom Anwender vorzunehmende Installation und Hardwarebereitstellung. Insbesondere bei anspruchsvoller Software werden sie oft vertraglich bestimmt, wobei verbreitete AGB nur teilweise wirksam sind:

Mitwirkungspflichten – keine gesetzliche Regelung

- Mitteilung von Anwendungsparametern für die (nach Werkvertragsrecht zu beurteilende) Installation durch den Auftragnehmer – in AGB zulässig;
- Einarbeitung von Ergänzungslieferungen der Dokumentation – in AGB zulässig, soweit vollständige Dokumentationsübergabe vorausgesetzt;
- Installation von Updates – in AGB problematisch, wenn Erstinstallation durch Überlasser erfolgt;
- Einarbeitung von Codeänderungen (Patches) – in Überlassungs-AGB unwirksam;
- Information über beabsichtigte Änderungen der benutzten Hardware – in AGB unwirksam, wenn Benutzungsrecht eingeschränkt wird;
- Erstellen einer Sicherungskopie – auch in AGB zulässig, häufig in Installationsanweisung oder Benutzerdokumentation bestimmt.

AGB-Klauseln zur Mitwirkung

Die Zahlungspflicht des Käufers wird oft vertraglich geregelt. Sonst ist nach §§ 271, 320, 433 BGB sofort nach Vertragsabschluß beiderseitig Zug-um-Zug zu erfüllen. Die Klärung weiterer praktischer Fragen ergibt sich ebenfalls aus der Anwendung des Sachkaufrechts.

Zahlungspflicht – nicht softwarespezifisch

Software-Recht

Klärung weiterer Fragen durch Anwendung des Sachkaufrechts

Das betrifft:

- die »Abnahme« nach § 433 II BGB,
- die Ablieferung nach § 438 II BGBM,
- die Abgrenzung von eventueller Anpassung,
- einen eventuellen Pflegeanspruch,
- die Gewährleistungsanknüpfung,
- den Verbrauchsgüterkauf nach §§ 474 ff BGBM und
- die Einordnung internationaler Verträge.

Abnahme – keine umfassende Funktionsprüfung

Im Unterschied zum Werkvertrag beinhaltet die Abnahme (§ 433 II BGB – beim Sachkauf und) bei Softwareprodukten keine umfassende Funktionsprüfung, sondern nur die Entgegennahme, die an die Übergabe durch den Überlasser anschließt. Hinsichtlich der Datenträger-Übernahme bzw. der Systemverfügbarkeit bei eventueller Online-Übertragung bestehen insoweit kaum praktische Schwierigkeiten. Problematisch ist dagegen die Verwendung weitergehender Abnahmeregelungen in AGB für Softwareprodukte.

AGB-Klauseln von Anwendern mit Funktionsprüfung sind unwirksam

Der BGH sah eine solche Klausel in Anwender-AGB als mit dem Leitbild des Sachkaufs nicht vereinbar und daher als unwirksam an (NJW 1997, 2043). Dort war bestimmt, daß der Auftraggeber durch Funktionsprüfung bestimmen soll, ob er die Programme für geeignet hält.

Ablieferung von Standardsoftware – wie bei anderen Kaufsachen

Dem entspricht eine BGH-Grundsatzentscheidung von 1999 zur Ablieferung von Standardsoftware (BGHZ 143, 307), für die keine anderen Maßstäbe als bei anderen Kaufsachen anzulegen sind.

Anpassung – Werkvertragsrecht

Verschiedentlich wird im Überlassungsvertrag eine Anpassung des Softwareprodukts vereinbart. Soweit damit auf die individuellen Bedürfnisse des Benutzers abgestellt wird, ist auf die jeweiligen Vertragskomponenten Werkvertragsrecht anzuwenden, egal welche Handlungen der Auftragnehmer vollzieht (Einrichten, Einstellen, Ändern oder Erweitern). Ob für den gesamten Vertrag Werkvertragsrecht gilt, ergibt sich primär aus dem Parteiwillen. Da eine entsprechende Vertragsklausel oft fehlt, prüft die Rechtsprechung Umfang und Bedeutung der werkvertraglichen Teile. Im Ergebnis wird häufig insgesamt Werkvertragsrecht angewendet.

Einordnung des gesamten Vertrages – s. 2.

Nach herrschender Meinung besteht kein Anspruch auf Abschluß eines Pflegevertrages für Softwareprodukte. Einen solchen Anspruch haben allerdings einzelne Gerichtsentscheidungen bei besonderen Umständen bejaht:

Keine Abschlußpflicht von Pflegeverträgen – Ausnahmen

- entsprechendes Überlasserangebot,

- entsprechende Vertragsbedingungen,
- besondere Abhängigkeit des Anwenders von der Aktualisierung (verschiedentlich bejaht bei – von Änderungen der Gesetzgebung abhängiger – Geschäftssoftware).

Eine definitive Vereinbarung, ob und in welchem Umfang die Pflege in den Vertrag einbezogen ist, ist daher zu empfehlen.

Der Verkäufer hat die Kaufsache nach § 434 I S. 1 BGBM mit der vereinbarten Beschaffenheit zu liefern. Diese ergibt sich aus den unmittelbaren vertraglichen Festlegungen, aber auch aus der Benutzerdokumentation. Zusätzlich soll das Programm nach § 434 I S. 2 Nr. 2 BGBM für die gewöhnliche Verwendung geeignet sein.
Bestimmung der vereinbarten Beschaffenheit

Die genaue Fixierung der Solleigenschaften des Programms im Vertrag ist auch deshalb zu empfehlen, weil die gewöhnliche Verwendung von Software oft schwer zu ermitteln und zudem schneller Weiterentwicklung unterlegen ist. Ist die Funktionalität präzise vereinbart, besteht für die Einbeziehung weiterer Aufgaben in die gewöhnliche Verwendung kein Raum. Definitiv einzubeziehen sind allerdings nach § 434 I S. 3 BGBM die für Softwareprodukte bisweilen überbordende Werbung und Produktkennzeichnung sowohl des Verkäufers als auch des Herstellers.

Genügt ein Produkt einzelnen branchenspezifischen Anforderungen nicht, bilden alle Angebote in der Branche den Maßstab. Effizienzparameter (Kapazität, Leistungsverhalten) bestimmen sich aus allen gleichartigen Programmen. Auch nach Stand der Technik zu ermittelnde Benutzbarkeit (Bedienungsleichtigkeit für typische Benutzer) und Integrität (Schutz vor unberechtigtem Zugriff und Veränderungen) sind einzubeziehen. Schließlich gehört die Einhaltung von Rechtsvorschriften unzweifelhaft zur gewöhnlichen Verwendung.

Häufig wird für die Bestimmung auch der Preis herangezogen.

Alleiniges Kriterium kann der Preis nicht sein, wie inzwischen billige, leistungsfähige Textverarbeitungsprogramme und manche Branchensoftware verdeutlichen. Beim Vergleich mit anderen Programmen für den gleichen Einsatzbereich ist der Preis jedoch auch für die Ermittlung der gewöhnlichen Verwendung zu beachten.

Von den neuen Regelungen zum Verbrauchsgüterkauf sind für die Softwareüberlassung wesentlich:

Margin notes:
- Gewöhnliche Verwendung – Funktionalität
- gewöhnliche Verwendung – Bestimmung auch aus Werbung und Produktkennzeichnung
- Gewöhnliche Verwendung – Parameter
- Preis beachten
- Verbrauchsgüterkauf – s. erstes Kapitel, 5.1.

- die Unzulässigkeit vertraglicher Abweichungen hinsichtlich der Hauptpflichten und der Rechte aus Mängeln sowie der zweijährigen Verjährungsfrist für Mängelansprüche nach § 475 BGBM,
- die Beweislastumkehr für das Bestehen eines Mangels in den ersten sechs Monaten nach § 476 BGBM und
- erhebliche Regreßerleichterungen in der Lieferkette nach §§ 478 f BGBM.

Verträge mit Ausländern

Für Verträge mit Partnern aus anderen Staaten treffen die BGB-Regelungen nicht notwendig zu. Das anwendbare Recht wird in folgender Reihenfolge bestimmt:

Ermittlung des anwendbaren Rechts

- vertragliche Festlegung,
- UN-Kaufrechtskonvention (CISG) für Beitrittsstaaten,
- nach Kollisionsrecht (Internationalem Privatrecht) des Staates, in dem geklagt wird (in Deutschland nach EGBGB).

CISG – UN-Kaufrechtskonvention

Soweit im Vertrag nichts festgelegt ist, wird die UN-Kaufrechtskonvention angewendet bei Partnern aus Beitrittsländern (EU-Staaten, USA, Japan, weitere südostasiatische Staaten u.a.). Allerdings kann die Anwendung des UN-Kaufrechts vertraglich ausgeschlossen werden. AGB der meisten deutschen Softwareüberlasser sehen das vor, weil die CISG käuferfreundlicher ist als das BGBalt. Jedoch sind manche Anwender aus anderen Staaten gerade dann zum Vertragsabschluß bereit, wenn UN-Kaufrecht angewendet wird.

Wesentliche Unterschiede der CISG im Vergleich zum bisherigen BGB-Kaufrecht betrafen vor allem die Gewährleistung und sind mit der Schuldrechtsmodernisierung zum großen Teil beseitigt:

CISG – Unterschiede zum bisherigen BGB-Kaufrecht

- generelle Untersuchungs- und Rügepflicht von Mängeln,
- Gewährleistungsfrist von 2 bis maximal 2 ½ Jahren,
- Nachbesserungsrecht des Käufers,
- Anspruchsentwicklung aus nichtgehöriger Erfüllung,
- verschuldensunabhängiger Schadensersatz bei vorhersehbarem Schaden.

3.3. Vertragsinhalt bei Softwareentwicklung

Nur ausnahmsweise folgt der Auftragnehmer bei der Softwareentwicklung ausschließlich Vorgaben des Auftraggebers. Im beschränkten Umfang trifft das für Vorarbeiten zu (Entwicklerauswahl, Erarbeitung von Pflichtenheft oder Spezifikation). Die dann zutreffenden Dienstverträge weisen kaum softwarespezifische Besonderheiten auf.

Dienstvertrag – nur bei Entwicklertätigkeit ausschließlich nach Vorgaben des Auftraggebers

Sind Arbeitnehmer des Auftragnehmers (ATN) länger beim Auftraggeber (ATG) tätig, besteht die Gefahr unerlaubter Arbeitnehmerüberlassung. Konsequenzen sind im AÜG geregelt. Diese werden vermieden, wenn der ATN – egal ob mit dem ATG ein Dienst-, Werk- oder Werklieferungsvertrag besteht – immer die Weisungsbefugnis über seine Arbeitnehmer ausübt (Aufgabenerteilung, Projektsteuerung, Berichterstattung).

Arbeitnehmerüberlassung

Normalität der Softwarepraxis ist der vom ATN durch die Erstellung zu bewirkende Erfolg: die für die Bedürfnisse des ATG entwickelte Software. Folglich hat die Rechtsprechung bisher Werkvertragsrecht angewendet. Die wörtliche Auswertung von § 651 BGBM ergibt jedoch die Anwendung von Kaufrecht.

Werkvertrag bisher dominierend

Anwendung des Kaufrechts

§ 651 BGBM

Auf einen Vertrag, der die <u>Lieferung herzustellender</u> oder zu erzeugender <u>beweglicher Sachen</u> zum Gegenstand hat, finden die <u>Vorschriften über den Kauf</u> Anwendung. § 442 Abs. 1 Satz 1 findet bei diesen Verträgen auch Anwendung, wenn der Mangel auf den vom Besteller gelieferten Stoff zurückzuführen ist. Soweit es sich bei den herzustellenden oder zu erzeugenden beweglichen Sachen um <u>nicht vertretbare Sachen</u> handelt, sind <u>auch die §§ 642, 643, 645, 649 und 650</u> mit der Maßgabe anzuwenden, dass an die Stelle der Abnahme der nach den §§ 446 und 447 maßgebliche Zeitpunkt tritt.

Da der BGH Standardsoftware als bewegliche Sache einordnet (NJW 1993, 2436), kann für die zu erstellende Software nichts anderes zutreffen. Damit wäre nach § 651 S. 1 BGBM grundsätzlich Kaufrecht zutreffend.

Scheinbare Konsequenz der BGH-Rechtsprechung: Anwendung von Kaufrecht

Software-Recht

Anwendung von Kaufrecht unter Einbeziehung wichtiger Normen des Werkvertragsrechts

Wegen der spezifischen ATG-Anforderungen ist eine nicht vertretbare Sache zu erstellen, und damit wären nach S. 3 zusätzlich wichtige Bestimmungen des Werkvertragsrechts anzuwenden. Zahlreiche Literaturmeinungen kommen daher zur Anwendung von Kaufrecht mit Einbeziehung der §§ 642 f, 645, 649 f BGBM auf Softwareentwicklung. Da sich kauf- und werkvertragliche Normen zur Mängelhaftung zudem nicht mehr gravierend unterscheiden, scheint diese Einordnung auf den ersten Blick zu überzeugen. Sie berücksichtigt jedoch nicht die Bedeutung der Abnahme nach § 640 BGB im informatischen Kontext. Daher bleibt abzuwarten,

Ungeklärt: doch Werkvertrag?

ob die Rechtsprechung anderen Literaturmeinungen folgen wird, die mit teleologischen Auslegungen die Einordnung als Werkvertrag auch weiterhin begründen. Empfehlenswert ist bis dahin, in Individualverträgen detaillierte Abnahmebestimmungen zu vereinbaren.

Phasen der Softwareentwicklung

Trotz der Unterschiede bei den Anwendungsbereichen und in den verwendeten Modellen, Methoden und Werkzeugen umfaßt Softwareentwicklung immer folgende Phasen bzw. deren Ergebnisse, wenn auch manchmal unterschiedlich bezeichnet:

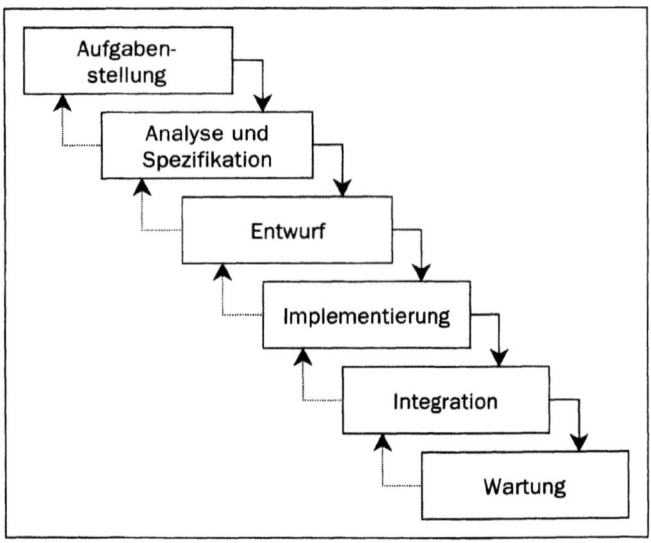

Diese Phasen werden regelmäßig nicht linear durchlaufen, sondern es erfolgen Rückkopplungen, Änderungen und Verfeinerungen.

Elementare Konsequenz sollte die Vereinbarung und Fortschreibung genauer Termine für Pflichtenheft und Abnahme bzw. Übergabe sowie auch von Zwischenterminen sein. Gegenüber den BGB/BGBM-Bestimmungen ergeben sich weiter die nachfolgend erörterten Softwarespezifika:

margin: Terminvereinbarungen erforderlich

- Erarbeitung der Leistungsbeschreibung,
- Mitwirkung des ATG,
- erforderliche Fachkenntnisse des ATG,
- Benutzerdokumentation,
- geschuldeter Programmcode,
- Abnahme.

margin: Besonderheiten bei Software

Die Leistungsbeschreibung ist das Ergebnis der Spezifikation. Sie wird oft auch als Pflichtenheft bezeichnet und ist erster Eckpunkt der Vertragsgestaltung. ATN-Hauptpflicht ist nach § 631 I BGB wie nach § 651 BGBM Herstellung des versprochenen Werkes. Hier wird ein Versprechen vorausgesetzt – bei Software eben das Pflichtenheft. Nach der gesetzlichen Konzeption, an der die Rechtsprechung festhält, ist es ATG-Aufgabe, das Pflichtenheft zu erstellen. Oft ist er dazu aber nicht in der Lage. Häufig bieten Entwickler auch die Erstellung an.

margin: Leistungsbeschreibung – Pflichtenheft

margin: Häufig: Pflichtenhefterarbeitung durch Entwickler

Daher sind folgende Varianten zu unterscheiden:
- Pflichtenheft wird vom ATG erstellt.
- ATN erstellt Pflichtenheft.
- Entwicklung erfolgt ohne Pflichtenheft.

Liegt beim Vertragsabschluß keine Leistungsbeschreibung vor, sollte vertraglich festgelegt werden:
- wer für die Erstellung des Pflichtenheftes zuständig ist und
- bis wann das Pflichtenheft dem Vertragspartner zu übergeben ist.

Hat der Anwender (ATG) das Pflichtenheft zu erstellen, ist die Ablieferung seine (werkvertragliche) Mitwirkungshandlung. Überschreiten des kalendermäßig im Vertrag fixierten Ablieferungstermins führt zum Verzug, wenn sich der ATG nicht nach § 286 IV BGBM entlastet. Dennoch sollte der ATN bei Verzögerungen generell nicht auf eine schriftliche Anmahnung des Pflichtenheftes verzichten, um in jedem Fall eigenen Verzug bei der Herstellung abzuwenden.

margin: Verzug bei Pflichtenhefterarbeitung durch Auftraggeber

Software-Recht

Hat der ATG das Pflichtenheft übergeben, so nehmen mehrere Gerichtsentscheidungen eine Prüfpflicht des ATN an:

Prüfpflicht des Entwicklers

- Die Eignung der Pflichtenheft-Vorgaben für die Bedürfnisse des Kunden ist zu prüfen.
- Für eventuell offene Punkte ist Klärung zu fordern.
- Für erkennbare Fehler ist Nachbesserung zu verlangen.

Vom ATN erkennbare Unzulänglichkeiten des Pflichtenheftes sollte er also dem ATG schriftlich anzeigen und dessen Reaktion anfordern. Bedarfsweise kann die eigene Zuständigkeit für die Klärung angeboten werden. Keinesfalls sollte er eine unzureichende Leistungsbeschreibung bewußt hinnehmen. Zwar hat der Entwickler grundsätzlich nur das im Pflichtenheft Fixierte zu erbringen. Erarbeitung einer offensichtlich ungeeigneten Lösung kann jedoch zu Ansprüchen aus c.i.c. oder positiver Vertragsverletzung führen.

Akzeptanz eines unzureichenden Pflichtenheftes – möglicher Anspruch

Ist die Pflichtenhefterstellung Vertragspflicht des ATN, so ist (auch) darauf Werkvertragsrecht anzuwenden:

Pflichtenhefterarbeitung durch Auftragnehmer – Rechte/Pflichten

- Der geschuldete Erfolg liegt in einer für die weitere Entwicklung geeigneten Spezifikation.
- Zu Fragen des ATN besteht eine Informationspflicht des ATG (Mitwirkung); auf Verletzungen seiner eventuellen Informationspflicht muß der ATN den ATG deutlich hinweisen.
- Daß die Vorlage einer schriftlichen Leistungsbeschreibung (Spezifikation) zum Stand der Technik gehört, ist in mehreren Gerichtsentscheidungen bestätigt worden.
- Der ATG hat die Pflicht zur Genehmigung der Leistungsbeschreibung (Abnahme).
- Bei der weiteren Entwicklung festgestellte Mängel im Pflichtenheft hat der ATN auf seine Kosten nach § 634 Nr. 1 i.V.m. § 635 I, II BGBM nachzubessern. Auch die ersatzweise Pflichtenhefterstellung durch einen Dritten unter den Voraussetzungen von § 637 BGBM ist möglich. Schließlich kann der Anwender gem. § 634 Nr. 3 f BGBM nach Fristsetzung auch Minderung oder Schadensersatz fordern und zurücktreten.

Verzug – Erweiterung möglich nach §§ 281, 323 BGBM (s. erstes Kapitel, 7.1.)

Verspätungen bei der Pflichtenhefterstellung durch den ATN berechtigen unter den Voraussetzungen von § 286 BGBM zum Verzugsschadensersatz, der aber in der frühen Entwicklungsphase selten nachweisbar ist. Wichtiger sind nach Fristsetzung sich aus

§§ 281, 323 BGBM ergebende Möglichkeiten zu Schadensersatz statt der Leistung und Rücktritt.

Einigen sich die Vertragspartner über einen Verzicht auf das Pflichtenheft, so nimmt die Rechtsprechung den Stand der Technik bei mittlerem Ausführungsstandard als Soll für die weitere Entwicklung an.

Gesetzesgrundlagen der Mitwirkung des ATG sind die §§ 642 f BGB. Geregelt sind dort jedoch nur die Folgen unterlassener Mitwirkung und nicht der Inhalt. Mitwirkungshandlungen können sein:

- Pflichtenhefterstellung,
- Informationsübermittlung bei Spezifikation durch ATN,
- Personalbereitstellung,
- Übergabe von Testdaten,
- Testdurchführung,
- Hardwarebereitstellung und
- Kontrolle von Zwischergebnissen.

Mitwirkungspflichten des Auftraggebers

Den häufigen Streitfällen während der Vertragsrealisierung über die »erforderlichen Handlungen des Bestellers« (§ 642 I BGB) ist am besten mit einer präzisen vertraglichen Fixierung der Mitwirkungshandlungen zu begegnen.

Unabhängig von eventueller vertraglicher Vereinbarung bleibt der ATN bei Verletzungen der Mitwirkungspflichten zur Softwareerstellung verpflichtet. Das hat folgende Konsequenzen:

- Der ATN kann den ATG nach § 642 BGB durch Mahnung in (verschuldensunabhängigen) Annahmeverzug und ihm nach § 643 BGB eine angemessene Frist mit Kündigungsandrohung setzen.
- Regelmäßig nimmt die Rechtsprechung eine Informationspflicht des ATN gegenüber dem ATG hinsichtlich der Verletzung an.
- Soweit möglich ist der ATN berechtigt, ohne die Mitwirkung in einem mittleren Ausführungsstandard zu entwickeln.
- Ist die Mitwirkung nicht lediglich Obliegenheit, sondern als Schuldnerpflicht ausgestaltet (ohne vertragliche Vereinbarung nur für Pflichtenhefterstellung anzunehmen), kann der ATN bei Verzug auch nach §§ 286 und 281 BGBM vorgehen.

Verletzung von Mitwirkungspflichten – Konsequenzen

Die erforderlichen Fachkenntnisse des ATN ergeben sich aus den von ihm zu realisierenden Phasen der Softwareentwicklung:

Fachkenntnisse des Auftraggebers

- Bei Pflichtenhefterstellung durch den ATG sieht die Rechtsprechung keine spezifischen Kenntnisse über den Anwendungsbereich als erforderlich an.
- Andererseits liegt (für Verzug und positive Vertragsverletzung notwendiges) Verschulden vor, wenn der ATN hätte erkennen können, daß er die für die Entwicklung erforderlichen Kenntnisse und Fähigkeiten in der Softwaretechnik nicht besitzt.

Dokumentationsübergabe – Hauptpflicht auch bei Softwareentwicklung

Die Lieferung einer ausreichenden Dokumentation ist nach inzwischen auch für Softwareentwicklung gefestigter Rechtsprechung Hauptpflicht des ATN. Klarheit besteht jedoch nur über den Zeitpunkt (vor Abnahme am Ende der Entwicklungsphasen) und die Aufgabe (Perpetuierung), nicht aber über den genauen Inhalt und Umfang. Vertragliche Vereinbarungen sind daher erforderlich über:

- frühere Erstellung und Übergabe von Teilen, falls das (zur Einarbeitung und Vorbereitung der Abnahme) vom ATG gewünscht wird,
- Umfang und (die Bedienungsanleitung überschreitenden) Inhalt.

Quelltextübergabe – Pflicht des Auftragnehmers?

Keine Einmütigkeit besteht in der Literatur zur Frage, ob der ATG die Quelltextübergabe verlangen kann. Bejahende Antworten führen zur Begründung den oft hohen Preis und die Novellierung des Urheberrechts an. Gerade dessen Änderung spricht aber eher gegen eine Pflicht zur Quelltextübergabe:

- Nach § 69a II UrhG sind alle Programmformen dem Urheberrechtsschutz zugänglich; eingeräumte Objektcode-Benutzung zieht nicht notwendig ein Nutzungsrecht am Quellcode nach sich.
- Die (umstrittene) Regelung des § 69e UrhG zur Dekompilierung wäre bei generell zu übergebendem Quelltext überflüssig.

Dagegen argumentieren andere Befürworter der Quellcodeübergabe, daß urheberrechtliche Befugnisse und schuldrechtliche Pflichten zu trennen seien. Das ist zutreffend, ergibt jedoch noch keine Begründung der geschuldeten Codeform.

Vertragliche Vereinbarung empfohlen

Entscheidend ist das Vertragsziel: Wozu benötigt der ATG die Software? Oft ist unklar, ob er über die Benutzung hinaus Arbeiten mit dem Programm vornehmen soll. Zu empfehlen sind daher ausdrückliche vertragliche Regelungen, ob auch der Quellcode (dann auch dessen Beschreibung) zu übergeben ist. Als Alternative ist eine Quellcodehinterlegung (»Escrow«) zu überlegen. Sonst sind folgende Grundsätze der Rechtsprechung zu beachten:

- Soll die Wartung (Fehlerbeseitigung außerhalb der Gewährleistung, Aktualisierung, Erweiterung) durch den ATN erfolgen, ist die Quellcodeherausgabe nicht geschuldet. Ist dagegen die Wartung durch den ATG vorgesehen, ist der dazu benötigte Quellcode zu übergeben. Abhängigkeit von Wartungszuständigkeit
- Vereinbarte Wartungsdokumentation oder systemtechnische Dokumentation schließt den Quellcode ein. Wartungsdokumentation mit Quellcode
- Wird Software für den weiteren Absatz an Kunden des ATG erstellt, so kann dieser die Quellcodeherausgabe beanspruchen. Entwicklung zur Weiterverbreitung
- Haben die Partner keine derartigen Regelungen und keine Absprache über den Quellcode getroffen, so ergeben sich aus verschiedenen Gerichtsentscheidungen unterschiedliche Konsequenzen. Zuletzt hat das LG Köln (NJW-RR 2001, 1711) die Quellcodeherausgabe als ATN-Pflicht beim Fehlen anderweitiger Vertragsvereinbarungen eingeordnet. Sonst keine einheitliche Rechtsprechung

Die Abnahme sollte weiterer Eckpunkt der Vertragsgestaltung sein; bei Anwendung von Werkvertragsrecht ist sie in vielfacher Hinsicht Wendepunkt der Vertragserfüllung:

- Abnahme ist nach § 640 I BGB Hauptpflicht des ATG. Voraussetzung ist vollständige Übergabe der Software durch den ATN. Abnahme beim Werkvertrag – Spezifika
- Abnahme i.S.d. § 640 I BGB ist Billigung der Software als im wesentlichen vertragsgerecht. Der Anwender muß ausreichende Gelegenheit haben, dies festzustellen. Da die Abnahmeprozedur gesetzlich nicht geregelt ist, sollte sie vertraglich fixiert werden (Zeitraum, Teilnahme des ATG, Bereitstellung von Testdaten).
- Eine mit Mängeln behaftete Software muß der ATG nicht abnehmen, sofern es sich nicht um unwesentliche Mängel handelt. Bis zur Abnahme trifft den ATN die Beweislast, daß er die Software fehlerfrei bereitgestellt hat. Nach Abnahme muß der ATG beweisen, daß die Software bei der Abnahme fehlerhaft war. Sowohl für eine eventuelle Abnahmeverweigerung wie für die spätere Gewährleistung sollten Inhalt und Form der Fehlermeldung vereinbart werden. Unbedingt zu empfehlen ist eine vertragliche Vereinbarung über die schriftliche Abfassung eines Abnahmeprotokolls, das von beiden Parteien zu unterzeichnen ist. Wechsel der Beweislast für Mängel

Software-Recht

Abnahme durch konkludentes Handeln

- Die Abnahme kann auch durch schlüssiges Handeln erfolgen, wobei die Rechtsprechung eine angemessene Prüfungsfrist voraussetzt. Bei vertragsgemäßer (»heißer«) Benutzung durch den ATG wird daher Abnahme auch bei eventuell bestehenden Mängeln angenommen. Dies gilt selbst, wenn der Anwender die Abnahme verweigert, die Software dann aber im praktischen Betrieb einsetzt. Hat der ATG eine negative Abnahmeentscheidung getroffen, muß er sich auch weiterhin entsprechend verhalten. Keine Zweifel bestehen an seiner Ablehnung, wenn er seine Rechte nach §§ 286, 281 und 634 BGBM wahrnimmt.

Abnahme durch Bezahlung

- Abnahme durch schlüssiges Handeln kann auch erfolgte Bezahlung sein. Soweit aber der ATG trotz Bezahlung auf wesentliche Funktionsmängel und Nichteinhaltung von Abnahmeterminen verweist, ist keine stillschweigende Abnahme erfolgt (OLG Köln, Jur-PC Web-Dok. 170/1999).

Empfohlen: Vereinbarung der Gesamtabnahme in Teilen

- Teilabnahmen entsprechen zwar der phasenweisen Entwicklung, nicht aber dem Leitbild des § 640 BGB. Für die bei umfangreicher Software sinnvolle sukzessive Abnahme sollte daher eine Gesamtabnahme in Teilen vereinbart werden. Für die zu bestimmenden Teilabschnitte sind dazu Termine und Rechtsfolgen eventueller Verzögerung im Vertrag festzuhalten.

Teilzahlungen möglich – wirtschaftliche Konsequenzen beachten

- Mit der Abnahme wird nach § 641 BGB die Vergütung fällig, wozu wiederum vertragliche Modifikationen möglich sind. Gegen vom ATN oft gewünschte (vorherige) Teilzahlungen bestehen zwar nach § 641 I S. 2 BGB keine rechtlichen, möglicherweise aber wirtschaftliche Bedenken. Besteht der ATN auf Vereinbarung von Teilzahlungen, sollte der ATG zumindest einen nicht unerheblichen Restbetrag an die vollständige Abnahme der fehlerfreien Software binden. Zu überlegen ist auch, eine (Rück-)Zahlungsgarantie der Hausbank des ATN für den Fall der Abnahmeverweigerung nach dem Endtermin zu vereinbaren.

Beginn der Verjährungsfrist für Gewährleistungsansprüche

- Mit der Abnahme beginnt bei Anwendung von Werkvertragsrecht nach § 634a BGBM die Verjährungsfrist für Gewährleistungsansprüche, die den Schwerpunkt des folgenden Abschnitts bilden.

Software-Recht 159

4. Haftung aus Softwareverträgen

In der Softwarepraxis häufige Haftungsfragen betreffen:
- Verschulden bei Vertragsschluß,
- Verzug,
- positive Vertragsverletzung und
- Rechte aus Sachmängeln (ausführlicher 4.1 ff).

Häufige Haftungskomplexe

Seltener werden Ansprüche aus Rechtsmängeln geltend gemacht, die nunmehr mit denen aus Sachmängeln übereinstimmen. Auch gegenüber Vertragspartnern können weiterhin Ansprüche aus außervertraglicher Haftung bestehen, die unter 5. gestreift werden.

Rechtsmängel – s. erstes Kapitel. 5.

Verschulden bei Vertragsschluß (c.i.c.) wurde auch schon im ersten Kapitel erläutert. Beispiele für Softwareverträge betreffen:

Verschulden bei Vertragsschluß – s. erstes Kapitel. 2.3.

- Verletzung von Aufklärungs- und Beratungspflichten vor Vertragsabschluß (s. 3.2. – nicht nur bei Überlassung von Softwareprodukten, sondern auch bei anderen Verträgen zu beachten),
- Einbau von Programmsperren vor Vertragsabschluß und
- Nichteinhaltung unbedingter (insbes. Preis-)Zusagen, die noch keine vertragliche Vereinbarung darstellen.

Verzugsfälle sind bei Softwareverträgen ebenso häufig wie in anderen (Wirtschafts-)Bereichen. Das trifft für den Schuldner-, auch den Zahlungs- und Gläubigerverzug ebenso zu wie für den Übergang zu Schadensersatz statt der Leistung und Rücktritt nach §§ 281 und 323 BGBM. Die bisherigen Gerichtsentscheidungen weisen allerdings mit Ausnahme der Anknüpfung an die Leistungsmerkmale (s. 3.) kaum softwarespezifische Besonderheiten auf, so daß auf das erste Kapitel verwiesen wird.

Verzug – s. erstes Kapitel, 7.1.

Auch Fälle und Konsequenzen positiver Vertragsverletzung wurden bereits skizziert. Beispiele aus Softwareverträgen sind:

Positive Vertragsverletzung – s. erstes Kapitel. 7.5.

- Schlechterfüllung von Verträgen sui generis,
- Schlechterfüllung von Dienstverträgen (s. 2.),
- nach Vertragsabschluß eingebaute Programmsperren ohne vertragliche Ausgestaltung,
- unberechtigte Vervielfältigung und Weitergabe sowie Duldung von Urheberrechtsverletzungen an der Software durch Dritte,
- Datenverlust als Folge von Softwaremängeln.

4.1. Rechte aus Sachmängeln

Typologie – s. 2.
Sachmängel – s. erstes Kapitel, 7.2.

Der typologischen Einordnung entsprechend hat die Rechtsprechung bisher die Gewährleistungsvoraussetzungen und -folgen des Sachkauf-, Werkvertrags- und Mietrechts stabil auf Softwareverträge angewendet.

Kein Raum besteht aus juristischer Sicht für in der Informatik häufige Diskussionen um die Unvermeidbarkeit von Programmfehlern.

Juristischer Fehlerbegriff – s. erstes Kapitel, 7.2.

Fehler im juristischen Sinne – gemäß der Einordnung von Sachmängeln nach BGBM – sind Abweichungen der tatsächlichen von der vereinbarten Beschaffenheit oder, soweit die Beschaffenheit nicht vereinbart ist, der tatsächlichen Eignung von der nach Vertrag vorausgesetzten Verwendung und erst in letzter Linie von der gewöhnlichen Verwendung.

Die Gesamtheit der ersten beiden Varianten entspricht der Einschränkung vertraglichen Gebrauchs nach BGBalt. Diese sahen Gerichte bei:

Einschränkungen des vertraglichen Gebrauchs – Beispiele

- Einschränkungen in vertraglich vereinbarten Komponenten (fehlende oder fehlerhafte Verarbeitung von Datenformaten; Überschreitung vereinbarter Speicherkapazitäten; zeit- und speicherplatzaufwendigere Datensicherung; fehlerhafte Fristenberechnung, Summierung, Rundung u.a.);
- Einschränkungen in der Weiterverwendung von Programmresultaten (z.B. Krankenschein-Aufkleber) gegenüber Dritten, wenn gerade diese vertraglicher Gebrauch ist;
- falscher oder für Nichtexperten unverständlicher Dokumentation;
- Fehlen deutschsprachiger Bedienungsanleitung bei teueren Softwareprodukten ohne entspr. Hinweis bei Vertragsabschluß;
- Programmviren.

Auch das bisherige Fehlen einer zugesicherten Eigenschaft wird als Abweichung von der vereinbarten Beschaffenheit einzuordnen sein.

Zugesicherte Eigenschaft – Beispiele

Weiter beachtliche Beispiele betrafen die Kompatibiltätszusicherung zu anderer Hardware und Software.

Die gewöhnliche Verwendung nach BGBM entspricht dem gewöhnlichen Gebrauch nach BGBalt, der schwieriger zu ermitteln ist: Ausgangspunkt ist die aus Vertrag resultierende Einordnung. Aus dieser leitet die Rechtsprechung zusätzlich einen allgemeinen Leistungs- und Qualitätsstandard innerhalb vergleichbarer Programme ab, der jedoch der schnellen Weiterentwicklung von Software unterliegt. Die Beachtung der Beschaffenheit von Konkurrenzprodukten ist nunmehr auch in §§ 434 I S. 2 Nr. 2, 633 II S. 2 Nr. 2 normiert.

<small>Gewöhnliche Verwendung – Leistungs- und Qualitätsstandard vergleichbarer Programme</small>

War Grafikeinbindung 1995 noch eine Besonderheit einzelner Textverarbeitungsprogramme, ist sie heute selbstverständliche Funktionalität von Office-Software. Eine ähnliche Entwicklung vollzieht sich derzeit für unterschiedliche Verknüpfungsmöglichkeiten von Daten und Abläufen verschiedener Applikationen.

Beim Kauf sind nach § 434 I S. 3 zudem öffentliche Äußerungen von Hersteller und Verkäufer, insbes. in der Werbung, einzubeziehen. Eine allgemein anerkannte Einteilung von Mängelklassen, die die gewöhnliche Verwendung einschränken, ist jedoch nicht zu finden. Wird eine zu untersuchende Eigenschaft vom vertraglichen Gebrauch nicht erfaßt, sind folgende Überlegungen anzuraten:

<small>Einbeziehung der Werbung</small>

- Ggf. einzuhaltende Rechtsnormen bilden den Mindeststandard.
- Beim Kauf sind öffentliche Äußerungen des Herstellers und des Verkäufers einzubeziehen.
- Die Menge vergleichbarer Programme ist einzuschätzen.
- Der Preis bestimmt das Intervall gewöhnlicher Verwendung.

<small>Bestimmung der gewöhnlichen Verwendung</small>

Einschränkungen des gewöhnlichen Gebrauchs – in Relation zum Preis vergleichbarer Software – sah die Rechtsprechung bei :

- Funktionsdefiziten,
- Kapazitätseinschränkungen (Speicherplatz, Dateigröße, Objektanzahl),
- (erhebliche) Laufzeiteinschränkungen,
- fehlender Bedienfreundlichkeit,
- Integritätseinschränkungen (Schutz vor Bedienungsfehlern und anderem unzulässigem Zugriff und Veränderungen, selbst fehlende Dokumentationshinweise auf schwere Bedienfehler).

<small>Einschränkungen des gewöhnlichen Gebrauchs – Beispiele</small>

Fehlerhafte Installationsanweisung

Schließlich liegt ein Sachmangel beim Kauf nach § 434 II S. 2 auch vor bei fehlerhafter Installationsanweisung, soweit das Programm nicht fehlerfrei installiert worden ist.

Weitere Voraussetzungen für Rechte aus Mängeln weisen keine Besonderheiten gegenüber Kauf-, Miet- und Werkvertragsrecht auf:

Weitere Voraussetzungen für Rechte aus Mängeln – s. erstes Kapitel, 7.2.

- keine Mangelkenntnis beim Vertragsabschluß durch den Anwender bei Überlassung von Softwareprodukten und
- Vorbehalt der Rechte für bei Annahme bzw. Abnahme erkannte Mängel.

Rechte aus Mängeln – s. erstes Kapitel, 7.3.
Verbrauchsgüterkauf – s. erstes Kapitel, 5.1.

Die Rechte aus Mängeln folgen ebenfalls Kauf-, Miet- und Werkvertragsrecht. Für an Verbraucher verkaufte Software sind weiter die Sonderbestimmungen des Verbrauchsgüterkaufs zu beachten. Insbes. dürfen nach § 475 I BGBM die Rechte von Verbrauchern aus Mängeln vertraglich nicht eingeschränkt werden mit der Ausnahme von Schadensersatzansprüchen nach § 475 III.

Eckpunkte der ATG-Rechte bei Anwendung von Kauf- und Werkvertragsrecht:

Anwender-Rechte

- Charakteristisch ist nunmehr auch für Softwareprodukte das Nachbesserungsrecht des Anwenders.
- Weitergehende Ansprüche setzen regelmäßig die vom ATG eingeräumte Möglichkeit zur Nachbesserung voraus. Zwar bestimmt § 440 S. 2 BGBM allgemein zwei Versuche als Regel. Dennoch wird die Anzahl hinzunehmender Korrekturversuche bei Software nach Vertrag und den konkreten Umständen beim ATG zu bestimmen sein (Art des Mangels, Komplexität der Software, Gründe für das Fehlschlagen bereits erfolgter Nachbesserung, Nachteile des ATG durch weitere Mängelbeseitigung) – nach bisheriger Rechtsprechung, soweit Nachbesserungsrecht gegeben war, häufig bis zu drei Versuchen.
- Wahl zwischen Minderung oder Rücktritt und Schadensersatz (bei ATN-Verschulden) nach ergebnislosem Verstreichen gesetzter, angemessener Frist zur Nacherfüllung. Ausnahmsweise ist die Fristsetzung entbehrlich bei unmöglicher Nachbesserung, ATN-Korrekturverweigerung und besonderem ATG-Interesse an weitergehenden Rechten.

4.2. Anspruchsdurchsetzung

Maßgebender Zeitpunkt für das Bestehen eines Mangels ist bei Kaufrecht Übergabe, bei Werkverträgen Abnahme der Software. Bis dahin muß im Streitfall der Lieferant bzw. Entwickler, danach mit der Ausnahme nach § 476 BGBM (Verbrauchsgüterkauf) der Anwender beweisen, daß ein Mangel vorliegt. Bei (praktisch häufigem) Streit über die Istbeschaffenheit des Programms ist der Anwender jedoch meist nicht in der Lage, die eigentliche Ursache festzustellen – den fehlerhaften Code. Seine Pflichten sind daher:

- präzise Darstellung der Mängelerscheinung (»phänomenologische Beschreibung«: Zeitpunkt, Symptome, Umstände und Auswirkungen der Mängelerscheinung) und
- Unterstützung des Lieferanten bzw. ATN bei Fehlerlokalisierung (Vorführung, Bereitstellung der Anwendungsumgebung, falls gewünscht: Aufzeichnungen und Protokollierungen).

Die oft empfohlene Vereinbarung schriftlicher Fehlermeldung hilft vor allem bei eventuell nachfolgendem Gerichtsstreit.

Weiter zu beachten sind Mängelrügepflichten, in der Softwarepraxis besonders Untersuchungs- und Rügepflichten zwischen Kaufleuten nach § 377 HGB, die für diese bei Überlassung von Softwareprodukten auf Dauer gelten. Danach hat der Anwender die Software unverzüglich nach Ablieferung zu untersuchen und zu testen:

- Mangels anderweitiger Vereinbarungen ist Software dann abgeliefert, wenn sie vom Verkäufer/Entwickler derart (vollständig) in den Machtbereich des Käufers/Bestellers gebracht wird, daß dieser sie auf das Vorhandensein von Mängeln untersuchen kann. Der BGH hat 1999 klargestellt, daß dieser Grundsatz auch beim Kauf von Standardsoftware gilt (BGHZ 143, 307).
- Werden nach Ablieferung feststellbare Mängel nicht unverzüglich gerügt, entfallen für diese alle Rechte. Die maximale Rügefrist bestimmt sich nach Komplexität: von einer Woche bei einfacher Software über 2-3 Wochen bei komplexen Produkten bis zu 6-8 Wochen bei umfangreicher Individualsoftware.
- Auch später festgestellte Mangel sind unverzüglich zu rügen.
- Zudem bestehen nach erfolgter Nachbesserung entsprechende Untersuchungs- und Rügepflichten.

Marginalien:
- Zeitpunkt
- Anwenderpflichten beim Auftreten eines Mangels
- Mängelrügepflichten – s. erstes Kapitel, 8.1.
- Kaufmännische Untersuchungs- und Rügepflichten gelten auch für Überlassung von Softwareprodukten

Software-Recht

- Untersuchungs- und Rügepflichten nach § 377 HGB gelten beim auch für Software möglichen Verbrauchsgüterkauf nach § 478 VI BGBM ebenfalls in der Lieferkette.

Verjährung von
Mängelansprüchen –
s. erstes Kapitel, 8.2.

Verbreitet bestehen Mißverständnisse zur Verjährung von Mängelansprüchen (bei Software):

- Ansprüche verjähren beim Fehlen anderweitiger Vereinbarungen in zwei Jahren ab Ablieferung (Softwareprodukt) bzw. Abnahme oder deren endgültiger Verweigerung (Individualsoftware – bei Anwendung von Werkvertragsrecht), falls der Mangel nicht arglistig verschwiegen wurde.

Verjährungsfrist –und
Garantie

- Zur vereinbarten Garantie ist bei der Schuldrechtsmodernisierung keine Sonderregelung getroffen worden, wann die Verjährungsfrist für Mängelansprüche beginnt. Im seltenen Fall fehlender Garantiefrist ist allerdings von einer dreijährigen Verjährungsfrist für die Garantieansprüche auszugehen.

Verjährungsfrist –
kein späterer Beginn
bei Softwareprodukten

- Tendenzen, den Verjährungsbeginn bei Softwareprodukten zu verschieben, hat der BGH mit seiner Grundsatzentscheidung zur Ablieferung (BGHZ 143, 307) eine Absage erteilt. Die früher von mehreren Gerichten geforderte Voraussetzung, daß »ein im wesentlichen ungestörter Probelauf« dem Verjährungsbeginn vorangehen muß, trifft danach nicht mehr zu.

Verjährungsfrist –
vertragliche Verlängerung
möglich,
Verkürzung nur
begrenzt

- Für komplexe Software sinnvolle vertragliche Vereinbarungen über die Verlängerung der Verjährungsfrist sind möglich. Verkürzungen sind hingegen in AGB nach §§ 307, 309 Nr. 8 b) lit. ff) BGBM nur bis zu einem Jahr und beim Verbrauchsgüterkauf nach § 475 II BGBM überhaupt nicht zulässig.

Verjährungsfrist –
keine Verlängerung
durch Reklamation

- Reklamationen des Anwenders ohne Reaktion des Vertragspartners bewirken (weder Hemmung noch Neubeginn, also) keine Verlängerung der Verjährungsfrist.

Verjährungsfrist –
Hemmung

- Die Verjährung wird durch Rechtsverfolgung nach § 204 BGBM sowie durch Mängelprüfung oder versuchte Nacherfüllung nach § 203 BGBM gehemmt. Im letzten Fall wird die Hemmung nur beendet, wenn der Lieferant bzw. Entwickler dem Anwender das Ergebnis mitteilt oder die Nacherfüllung verweigert. Jedoch führt die Überprüfungsankündigung ohne (weitere) Prüfung nicht zwangsläufig zu permanenter Hemmung, sondern zum Hemmungsende, sobald der Anwender nicht mehr mit der angekündigten Überprüfung rechnen kann.

- Die tatsächliche Nacherfüllung ist Anerkenntnis des Mangels, wenn sie »der Verpflichtete nicht nur aus Kulanz oder zur gütlichen Beilegung eines Streits... anbietet« (BGH NJW 1988, 254).
- Neubeginn der Verjährung erfolgt nach § 212 I Nr. 1 BGBM insbes. durch Anspruchsanerkenntnis.

Verjährung – Neubeginn

- Die Hemmung bzw. der Neubeginn betrifft grundsätzlich nur den geltend gemachten Mangel. In einigen Fällen haben Gerichte die Wirkung aber auch auf später aufgetretene Fehler mit für den Anwender gleichem Erscheinungsbild erstreckt.

4.3. Vertragliche Konsequenzen

In den meisten Softwareverträgen finden sich die Haftung betreffende Bestimmungen. Oft wird aber die gesetzliche Regelung nicht vollständig beachtet. Teilweise wird gegen Rechtsnormen bzw. von der Rechtsprechung gezogene Konsequenzen verstoßen.

Auch bezüglich der Haftung ist davor zu warnen, lediglich aus wiederholt erfolgter AGB-Verwendung deren Wirksamkeit abzuleiten.

Weiter sind gesetzeskonforme, kundenfreundliche Angebote bzw. AGB auch Marketingargumente. Zunächst werden daher aus den vorherigen Abschnitten ableitbare Empfehlungen skizziert:

<small>Vertragsempfehlungen</small>

<small>Softwareprodukte:
Ablieferung konkretisieren</small>

- Für Überlassung von Softwareprodukten (einschließlich Dokumentation) ist die eindeutige Vereinbarung der Ablieferung sinnvoll: Datenträgerübergabe mit durch Käufer zu installierender Software einschließlich Installationsbeschreibung, unkörperliche Softwareüberspielung auf Käufercomputer oder Downloading vom Verkäuferserver durch den Käufer.

<small>Softwareentwicklung:
Abnahme konkretisieren</small>

- Abnahmeverfahren einschließlich schriftlicher Abfassung eines von den Vertragspartnern zu unterzeichnenden Abnahmeprotokolls sollte bei Werkvertragsrecht vereinbart werden.

<small>Fehlermeldung
detailliert vereinbaren</small>

- Notwendiger Inhalt und Form von Fehlermeldungen sollten fixiert werden. Zulässig sind AGB-Klauseln zur Fehlermeldung: auf vorgegebenen Formularen des Lieferanten/ATN, unverzüglich nach Feststellung, in Schriftform.

<small>Längere Verjährungsfrist
für Mängelansprüche
prüfen</small>

- Für komplexe Software ist bei Kauf- oder Werkvertragsrecht eine zwei Jahre überschreitende Verjährungsfrist für Mängelansprüche zu überlegen und auch in AGB zulässig.

<small>Wartungsvertrag über
spätere Fehlerbeseitigung</small>

- Soweit ein auf Fehlerbeseitigung ausgerichteter Wartungsvertrag gewünscht wird, sollte dieser bei Anwendung von Kauf- oder Werkvertragsrecht erst nach Ablauf der Verjährungsfrist für Mängelansprüche in Kraft treten.

<small>S. nebenstehende Tabelle
(AGB-Inhaltskontrolle – s.
erstes Kapitel, 9.)</small>

Überlassern, ATN und Anwendern ist weiter zu empfehlen, die in manchen Verträgen verwendeten Klauseln kritisch zu prüfen.

Kritische Vertragsklauseln in Softwareverträgen (2)

Klauselinhalt	Wirksamkeit	Rechtsgrdl.	Empfehlungen
Abnahme bei Kauf von Softwareprodukten	unwirksam in Käufer-AGB (BGH NJW 1997, 2043); wirksam in Überlasser-AGB	§§ 433 BGB, § 307 BGBM	Klausel ist in Kunden-AGB zu vermeiden.
keine Fehlerfreiheit	auch in AGB wirksam, jedoch kein Anspruchsverlust nach §§ 442, 536b BGBM	§§ 433 I, 536 I, 633 I BGBM	Klausel hat deklaratorische, keine die Mängelhaftung einschränkende Bedeutung
Genereller Haftungsausschluß	in AGB unwirksam, sonst zumindest teilweise unwirksam	§§ 242, 276 III, 307 BGBM, auch 14 ProdHaftG	Klausel sollte generell vermieden werden.
Beschränkung der Rechte aus Mängeln auf Nacherfüllung	in AGB auch im kaufmännischen Verkehr unwirksam	§§ 307, 309 Nr. 8b 9 lit. bb), 475 I BGBM	Klausel ist in AGB zu vermeiden.
Gewährleistungsbeschränkung auf Minderung	in AGB auch im kaufmännischen Verkehr unwirksam	§§ 307, 437, 475 I, 543, 634 BGBM	Klausel ist in AGB zu vermeiden.
Gewährleistungsbeschränkung auf Rücktritt	in AGB gegenüber Unternehmern wirksam	§ 475 I BGBM	Klausel ist in AGB gegenüber Verbrauchern zu vermeiden.
Haftungsausschluß für Vorsatz	unwirksam, für Erfüllungsgehilfen in AGB unwirksam	§§ 276 III, 307 BGBM	Klausel ist zu vermeiden.
Haftungsausschluß oder -begrenzung für grobe Fahrlässigkeit	in AGB für eigenes Handeln unwirksam, für Erfüllungsgehilfen gegenüber Unternehmern streitig	§§ 307, 309 Nr. 7b) BGBM	Klausel ist in AGB zu vermeiden.
Haftungsausschluß für leicht fahrlässige Verletzung von Hauptpflichten	in AGB unwirksam	§ 307 BGBM	Klausel ist in AGB zu vermeiden. Haftungsbeschränkung für leichte Fahrlässigkeit auf vorhersehbaren Schaden ist möglich, aber schwierig.
Vereinbarte Termine gelten als fix	in AGB auch im kaufmännischen Verkehr unwirksam	§ 307 BGBM	Klausel ist in AGB zu vermeiden.
Kombinierbarkeit nicht gewährleistet	in AGB auch im kaufmännischen Verkehr unwirksam	§§ 307, 242 BGBM	Klausel ist zu vermeiden.

5. Außervertragliche Softwarehaftung

Fehlerhafte Computerprogramme können zu erheblichen Personen- und Sachschäden führen.

Ein anschauliches Beispiel waren schwere Verletzungen des Zugführers und mehrerer Passagiere sowie Zerstörungen an einer Versuchsmagnetbahn. Diese resultierten aus einer unsinnigen Geschwindigkeitseingabe (»5050« statt »50«), die vom Programm nicht als unzulässig abgewiesen wurde.

<small>Vertragliche Haftung – s. 4.</small>

Solche Schäden werden nur teilweise von der erläuterten vertraglichen Haftung für Softwaremängel erfaßt:

- Als Schaden können nur eingetretene Vermögensnachteile geltend gemacht werden.
- Es bestehen weitere Einschränkungen in den Voraussetzungen für Schadensersatz, insbes. im Verhältnis zu anderen Ansprüchen.
- Zwischen Softwareentwickler als Schädiger und dem durch Benutzung Geschädigten besteht oft kein Vertragsverhältnis.

<small>Mögliche Normenkomplexe außervertraglicher Softwarehaftung – s. erstes Kapitel, 10.</small>

Der erhebliche Raum, den die Literatur der außervertraglichen Softwarehaftung gibt, verwundert daher nicht. Diskutiert werden:

- die Anwendung des ProdHaftG,
- die deliktische Produzentenhaftung und
- die Haftung für (meist aus Softwarefehlern resultierende) unrichtige Verarbeitung personenbezogener Daten.

<small>Schadensersatzhaftung verantwortlicher Stellen – s. fünftes Kapitel, 2.7</small>

<small>Noch keine Rechtsprechung zur außervertraglichen Softwarehaftung</small>

Die Rechtsprechung mußte sich diesen Problemen noch nicht stellen. Das liegt einmal an der in einigen Fällen erfolgten außergerichtlichen Einigung, insbes. über abgeschlossene Versicherungen. Zum anderen bestehen erhebliche Einschränkungen, die für die Softwareanwendung in der Diskussion oft übersehen werden.

<small>Produkthaftung – s. erstes Kapitel, 10.3.</small>

<small>Kaum Vorteile gegenüber Deliktshaftung</small>

Zwar wird die Anwendbarkeit des ProdHaftG auf Software meist bejaht, doch bestehen für berufliche oder gewerbliche Benutzung kaum Vorteile gegenüber der deliktischen Produzentenhaftung:

- Das ProdHaftG erfaßt im gewerblichen Bereich keine Sachschäden.
- Der Umfang der verschuldensunabhängigen Haftung ist durch den Haftungsausschluß bei Entwicklungsrisiken stark eingeschränkt.

Es bleibt abzuwarten, ob die Gesetzgebung das Schadenspotential fehlerhafter Software anders einordnen wird. Tendenzen in dieser Richtung sind bisher nur im Vertragsrecht erkennbar.

In der Rechtsanwendung könnte die deliktische Produzentenhaftung nach § 823 BGB zur Haftungsverschärfung führen:

<small>Deliktische Produzentenhaftung – s. erstes Kapitel, 10.2.</small>

- Es werden nicht nur Personenschäden, sondern auch Sachschäden, wie Beinträchtigungen von Robotern, Produktionsanlagen, Verkehrsmitteln, Computern und auch Datenverluste ohne Haftungsobergrenze erfaßt.
- Neben dem Ausgleich des materiellen Schadens kann auch Schmerzensgeld beansprucht werden.
- Sollte die Rechtsprechung die in anderen Bereichen erkennbaren Tendenzen zur deliktischen Haftung auch auf Software anwenden, so dürfte die Verschuldensvermutung bei Verkehrspflichtverletzungen und die Beweislastumkehr zum Vorteil des Geschädigten die Softwareindustrie zu konsequenter Beachtung ihrer Herstellungs-, Instruktions- und Überwachungspflichten veranlassen.

<small>Beweislastumkehr – Stärkung der Anwenderposition</small>

Im Schadensfall hätte der Entwickler nachzuweisen, daß er alle nach dem Stand der Softwaretechnologie erforderlichen Vorkehrungen gegen Softwarefehler getroffen hat. Instrumentarien zur Berücksichtigung dieser möglichen Entwicklung sind im Software-Engineering verfügbar:

- Die systematische Ermittlung der tatsächlichen Anforderungen an die Software ist Aufgabe und Inhalt der Spezifikation.
- Zu den angestrebten Qualitätsmerkmalen von Software gehören Korrektheit, Integrität, Robustheit (fehlerfreie Benutzbarkeit auch bei außergewöhnlichen Anwendungsbedingungen), Wiederverwendbarkeit und Erweiterbarkeit.
- Die Qualitätssicherung umfaßt:
  * die konsequente Anwendung von Methoden in allen Phasen,
  * das schritthaltende Dokumentieren der Entwicklungsergebnisse,
  * das systematische Testen zum Auffinden von Programmfehlern,
  * den verstärkten Einsatz von Werkzeugen zum Verifizieren.

<small>Beweislastumkehr – Beachtung durch systematisches Software-Engineering</small>

6. Wiederholungsfragen

1. Sind Computerprogramme nach UrhG geschützt?
   Lösung S. 126

2. Welche Operationen mit urheberrechtlich geschützten Computerprogrammen sind zustimmungspflichtig? Lösung S. 127

3. Welche Ausnahmen sieht das UrhG für die Ausschließlichkeitsrechte an einem Computerprogramm vor?
   Lösung S. 128 ff.

4. Ist Software ein Betriebsgeheimnis? Lösung S. 133

5. Sind Weitergabeverbote in Software-AGB wirksam?
   Lösung S. 137

6. Welcher Vertragstyp gilt für zeitlich unbegrenzte Überlassung vorhandener Software gegen Einmalzahlung? Lösung S. 139

7. Ist bei Überlassung vorhandener Softwareprodukte Quellcodeübergabe geschuldet? Lösung S. 145

8. Wie wird die Übergabe der Benutzer-Dokumentation von der Rechtsprechung eingeordnet? Lösung S. 146 f.

9. Sind die BGB-Regelungen auf Software-Verträge mit Partnern aus anderen Staaten anzuwenden? Lösung S. 150

10. Folgt Softwareentwicklung Werkvertragsrecht?
    Lösung S. 151 f.

11. Was obliegt dem Auftraggeber (Softwareentwicklung), wenn der Entwickler das Pflichtenheft erstellen soll? Lösung S. 154

12. Was sind Softwaremängel? Lösung S. 160 ff.

13. Wer muß Softwaremängel beweisen? Lösung S. 163

14. Wie beeinflussen wiederholte Reklamationen die Verjährung von Gewährleistungsansprüchen (bei Software)?
    Lösung S. 164

15. Ist die AGB-Klausel »Wir haften nicht für Programmschäden.« in Softwareverträgen wirksam? Lösung S. 167

4. Kapitel

Multimedia- und Datenkommunikationsrecht

1.	Rechtsschutz von Multimedia	172
2.	Rechtsschutz von Datenbankprodukten	183
3.	Schutzprobleme von Domain-Namen	189
4.	Elektronischer Geschäftsverkehr – Rechtsfragen	194
5.	Regelung und Rechtsanwendung kryptographischer Verfahren	209
6.	Anbieter von Online-Diensten	220
7.	Anspruchsdurchsetzung aus internationalen Rechtsverhältnissen	228
8.	Wiederholungsfragen	230

1. Rechtsschutz von Multimedia

Die auch für Multimedia zutreffenden Grundzüge des Rechtsschutzes wurden im zweiten Kapitel erläutert.

Rechtsschutz auch für Multimedia

Die verbreitete Annahme, daß für Multimedia wegen ihrer häufigen, schnellen und wechselnden Präsentation kein oder nur ein eingeschränkter Rechtsschutz besteht, ist falsch. Das gilt auch für Internet-Seiten, wenngleich hier die Verfolgung im Ausland begangener Rechtsverletzungen schwierig sein kann.

Rechtsschutz auch für Internet-Seiten

Nachdem zunächst (1.1) Inhalt und allgemeine Schutzmöglichkeiten von Multimedia-Komponenten zu klären sind, wird die Nutzung der in der Informatikpraxis häufigen urheberrechtlich geschützten Elemente (1.2) behandelt. Abschließend (1.3) werden Art und rechtliche Einordnung von Elementekombinationen herausgearbeitet, zu denen aus Informatiksicht insbesondere Datenbanken zählen.

1.1. Multimedia-Komponenten

Ein Multimediasystem läßt sich als Kombination von Hardware, Software und Datenbankprodukten einordnen.

Multimedia – Hardware, Software, Datenbankprodukte

Das trifft für zahlreiche Internet-Seiten zu wie für andere elektronische Abrufsysteme und für viele am PC auswertbare CD-ROM.

Der Software-Rechtsschutz wurde im dritten Kapitel erläutert.

Software – Rechtsschutz s. drittes Kapitel (1.)

Entwickler wie Anbieter eines Multimediaprodukts müssen für von ihnen einbezogene (kopierte, bearbeitete) Software regelmäßig Nutzungsrechte beim Rechteinhaber erwerben. Die Form (HTML-Code, EXE- oder COM-Dateien, JAVA-Applets u.a.) spielt dabei keine Rolle. Entscheidend für den urheberrechtlichen Schutz ist, ob die in § 69a UrhG normierten Schutzvoraussetzungen erfüllt sind.- Für von ihm selber entwickelte und zum Multimediaprodukt gehörende Software stehen dem Entwickler die Ausschließlichkeitsrechte an der Verwertung nach § 69c UrhG zu.

Datenbankprodukte – Rechtsschutz s. 2.

Im Abschnitt 2. wird herausgearbeitet, daß Datenbankprodukte im Sinne des UrhG Datenbankwerke oder Datenbanken sein können. Beide umfassen nach §§ 4 und 87a I UrhG Werke, Daten oder andere Elemente. Im Sonderfall kann ein Multimediasystem derartige Elemente auch außerhalb eines Datenbankprodukts aufweisen. Eine einfache Internetseite wird die noch zu erläuternden Voraussetzungen für ein Datenbankwerk oder für eine Datenbank nicht erfüllen. Der gespeicherte und aufrufbare Text kann aber Werkcharakter haben oder urheberrechtlich ungeschützt sein. Bei einer benutzten Fotografie oder Filmsequenz sind alternativ Leistungsschutzrechte nach dem UrhG denkbar.

Multimedia – auch Einzelelemente möglich

Das nachfolgende Bild zeigt eine vereinfachte Darstellung möglicher Komponenten eines Multimediasystems.

Multimediasystem – Komponenten

Multimediasystem: Hardware, Datenbankwerk, Datenbank, Software → Elemente → geschützte Elemente / ungeschützte Elemente

Elemente außerhalb von Software und Hardware können z.B. sein: Texte, Zeichnungen, Collagen, Karten, Modelle, Tabellen, Grafiken, Symbole, Fotografien, Tonfolgen, Filmsequenzen und Videos.

Für jedes derartige Element, das in ein Multimediaprodukt einbezogen (kopiert, bearbeitet) werden soll, haben Entwickler und Auftraggeber bestehende Schutzrechte zu prüfen. Wie im zweiten Kapitel erläutert, können diese aus folgenden Gesetzen resultieren:

Elementebezogenes Prüfungserfordernis

- UrhG,
- UWG,
- MarkenG,
- PatG und
- GebrMG.

Multimediasystem – für Rechtsschutz zu beachtende Gesetze (s. zweites Kapitel)

Zusätzlich sind bei Abbildungen natürlicher Personen, egal ob die Abbildungen übernommen oder selber erstellt werden, das KUG und sehr häufig die Datenschutzvorschriften (für jegliche Art der Abbildung, so insbesondere in Texten) zu beachten.

Bei Abbildungen natürlicher Personen KUG (s. zweites Kapitel, 5.) und Datenschutz (s. fünftes Kapitel) beachten

**Multimediasystem –
Rechte Dritter
beachten**

Diese oft vernachlässigte Prüfung zwingt häufig dazu, Nutzungsrechte und andere, den Umgang mit Elementen betreffende Rechte einzuholen. Geschieht das nicht, drohen nicht nur Schadensersatzansprüche, sondern die gesamte Produktion wird gefährdet, wenn bspw. erstellte Produktexemplare vernichtet werden müssen.

**Multimediasystem –
Rechte des
Entwicklers;
Rechte des
Auftraggebers**

Umgekehrt können dem Entwickler für jedes von ihm erarbeitete Element beim Bestehen der jeweiligen Schutzvoraussetzungen Rechte nach dem UrhG, ausnahmsweise auch nach dem PatG oder dem GebrMG zustehen. Der Auftraggeber kann ggf. Rechte nach dem UWG oder dem MarkenG sowie nach dem UrhG für Datenbanken (s. 2.3) beanspruchen.

Die nebenstehende Darstellung soll die Zuordnung in Frage kommender Rechtsvorschriften verdeutlichen.

**Multimediasystem –
UrhG dominierend
für Rechtsschutz einzelner
Elemente
(s. zweites Kapitel, 2.)**

Eine dominierende Rolle beim Schutz geistigen Eigentums nimmt auch für Multimedia-Systeme das UrhG ein. Wesentliche Konsequenzen des urheberrechtlichen Schutzes für Elemente dieser Systeme sollen daher noch einmal hervorgehoben werden:

- Hinreichende Schutzvoraussetzung ist nach § 2 II UrhG das Bestehen einer persönlichen geistigen Schöpfung.
- Das Urheberrecht beginnt bereits mit der Werkentstehung und bedarf keiner besonderen Werkkennzeichnung.
- Das Urheberrecht gebührt dem Urheber und nicht dem Auftraggeber. Für in Erfüllung eines Arbeitsvertrages geschaffene Werke verfügt der Arbeitgeber beim Fehlen anderweitiger Vereinbarungen über ausschließliche Nutzungsrechte.
- Bei der praktisch immer häufigeren Teamentwicklung ist zwischen Miturheberschaft nach § 8 UrhG und verbundenen Werken nach § 9 UrhG zu unterscheiden. Diesen Normen entsprechend ist eine schriftliche Vereinbarung der Teammitglieder über ihren eigenen Beitrag, die Verwertung und die Vergütungsanteile sinnvoll.
- Für Lichtbilder und Filmsequenzen sind die ebenfalls im UrhG geregelten Leistungsschutzrechte zu beachten.

Weitere Konsequenzen werden im nächsten Abschnitt skizziert.

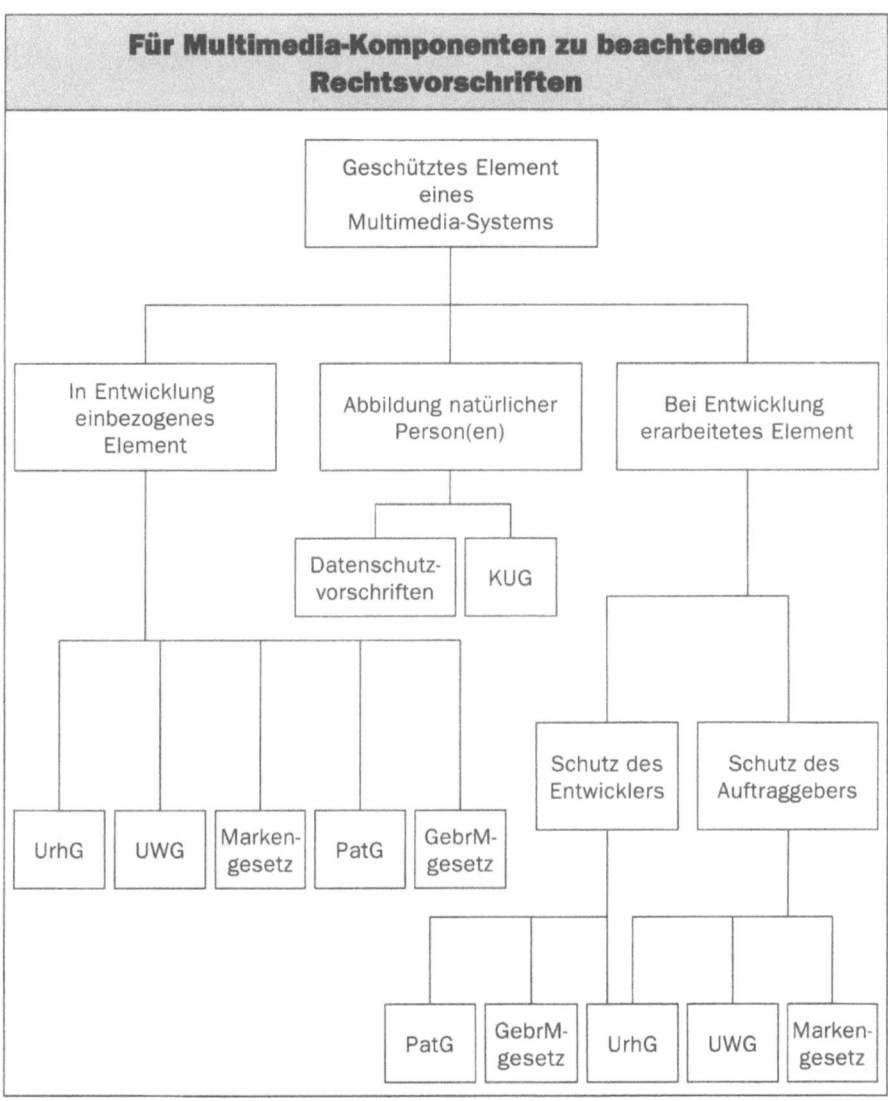

1.2. Nutzung urheberrechtlich geschützter Elemente

Unzulänglichkeiten der rechtlichen Einordnung resultieren oft nicht nur aus geringen Rechtskenntnissen. Manche Juristen und andere Benutzer analysieren Multimedia-Systeme nur punktuell und ordnen Operationen mit den Elementen einseitig ein. Das betrifft einmal den vielfach für das Internet angenommenen freien Informationszugang, der auf das World Wide Web (WWW) beschränkt ist.

Internet – freier Informationszugang mit Einschränkungen

Selbst dort hat der Homepage-Entwickler die Möglichkeit, weitere Seiten nicht für jedermann zugänglich zu machen. Zudem vermitteln TCP/IP-Protokoll und auf seiner Grundlage verknüpfte Server auch andere Kommunikation, die an die Erfüllung individueller Voraussetzungen (Vertragsabschluß, Nachweis persönlicher Legitimation u.a.) gebunden ist.

Im WWW erfolgen weiter verschiedene Operationen, die urheberrechtlich (und darüber hinaus – s. 1.1.) zu analysieren sind:

WWW-Operationen – für Rechtsschutz beachtlich

- Speichern von WWW-Seiten auf dem eigenen Server,
- Verweis auf fremde WWW-Seiten (Hyperlink) mit dem Spezialfall von der Startseite untergeordneten Seiten (Deep Link),
- Verweis auf eigene WWW-Seiten oder eigene Dateien (Link – oft ebenfalls als Hyperlink bezeichnet),
- Hyperlink, der den Eindruck vermittelt, daß die verwiesene Seite unmittelbar vom Linkgeber bereitgestellt wird (Frame),
- Präsentation von verschiedenen Objekten durch Verweis auf andere fremde Dateien (Inline-Link),
- Abruf von WWW-Seiten (Anzeigen auf dem Bildschirm),
- (wettbewerbsrechtlich zu analysierende) Bereitstellung wahlweiser Zusatzinformationen, die beim normalen Abruf nicht erkennbar, für spezielle (Such-)Programme aber auswertbar sind (Metatags),
- Speichern von fremden Seiteninhalten (Downloading).

Andere Rechnernetze

Operationen erfolgen online nicht nur im Internet.

Anzahl und Umfang anderer globaler Netze mit freiem Informationszugang werden zwar seit WWW-Verfügbarkeit immer geringer. Dennoch gestatten nach wie vor erreichbare andere Netze den Datenabruf zu kommerzieller Nutzung, teils auch Downloading gegen Bezahlung. In Verträgen zwischen Anbietern und Benutzern sind die schutzrechtlichen Befugnisse meist geregelt.

Operationen mit Multimedia-Elementen erfolgen schließlich nicht nur online, sondern auch offline.

Gegenwärtig dominieren bei der Offline-Kommunikation CD-ROM, CD-I und DVD.

Für Offline-Operationen mit urheberrechtlich geschützten Elementen bestehen hinsichtlich der bereits erörterten Normen kaum spezifische Probleme.

- Anerkannt sind CD-ROM, CD-I und DVD als eigene Nutzungsarten.
- Die Verwertungsrechte des Urhebers betreffen insbes. das Vervielfältigungs-, Verbreitungs- und Umgestaltungsrecht.
- Für das im Wege der Veräußerung in Verkehr gebrachte CD-Exemplar gilt der Erschöpfungsgrundsatz nach § 17 II UrhG.
- Der Werkgenuß selbst, die Präsentation, fällt nicht unter das Urheberrecht.

Besondere Aufmerksamkeit erfordert damit die Online-Kommunikation. Für diese vermitteln Rechtsprechung und Literatur folgende Konsequenzen:

- Die Aufnahme eines urheberrechtlich geschützten, aber noch nicht veröffentlichten Werkes in ein online abrufbares System verstößt nach § 12 UrhG ebenso gegen das Urheberpersönlichkeitsrecht wie das Weglassen der Urheberbezeichnung nach § 13 UrhG, soweit der Wegfall nicht branchenüblich oder vereinbart ist. Auch Verletzungen des Entstellungsverbots nach § 14 UrhG sind denkbar.

  Frames und Inline-Links auf ein Werk stellen bspw. einen Verstoß gegen § 13 UrhG dar, wenn der Benutzer den Urheber des verwiesenen Werkes nicht mehr erkennen kann.

- Das Speichern eines Werkes auf eine Festplatte oder auf einen Server stellt eine zustimmungspflichtige Vervielfältigung nach § 16 UrhG dar.

  Streitig ist, ob das Laden in den RAM als Vervielfältigung anzusehen ist. Die Frage ist aber für das Browsen im WWW insoweit bedeutungslos, als dieses vom Nutzungszweck einer WWW-Seite nach § 31 V UrhG umfaßt wird.

Offline-Operationen

S. zweites Kapitel (2.)

Online-Kommunikation – Persönlichkeitsrecht

Speichern – Vervielfältigung

- Hyperlinks auf WWW-Homepages, die als solche erkennbar bleiben, sind ebenfalls nach § 31 V UrhG zulässig. Dagegen sind Hyperlinks, Frames, Inline Links und Deep Links im geschäftlichen Verkehr ohne Genehmigung des Inhabers der fremden Seite oder deutlichen Hinweis auf Präsentation einer fremden Seite nach § 1 UWG unzulässig.

§ 31 V UrhG – Zweckübertragungslehre (s. zweites Kapitel – 2.5.)

- Hyperlinks, Frames, Inline Links und Deep Links auf urheberrechtlich unzulässige Seiten sind nach dem TDG zu beurteilen.

TDG – s. 6.

- Die Bearbeitung oder sonstige Umgestaltung eines Werkes ist nach § 23 UrhG auch im Online-Bereich zulässig, soweit noch keine Veröffentlichung oder Verwertung erfolgt und nicht gegen das Entstellungsverbot nach § 14 UrhG verstoßen wird.

  Eine Bearbeitung stellt bspw. die MP3-Komprimierung dar. Dem häufigen unberechtigten Abruf bzw. der Übertragung von Musikwerken versucht die GEMA derzeit mit speziellen Suchprogrammen und zusätzlichen Informationen über die Rechtslage zu begegnen.

Bearbeitung oder sonstige Umgestaltung

GEMA – s. zweites Kapitel, 2.6.

- Die Online-Nutzung ist als eigenständige und neue Nutzungsart anzusehen.

  Vor der weltweiten Entwicklung des Internet abgeschlossene Lizenzverträge mit ausschließlichem oder sonst weitgefaßtem Nutzungsrecht erstrecken sich daher nach § 31 IV UrhG nicht auf die Online-Nutzung. Entsprechend umfaßt das Recht zur Printveröffentlichung nicht die Internetpräsentation, weil diese wegen der Vervielfältigung auf dem www-Server nach § 16 UrhG eine eigene Nutzungsart darstellt (LG Berlin, AfP 2000, 197).

Online-Nutzung

Jedoch bestehen unterschiedliche Auffassungen über die zugrundeliegenden Verwertungshandlungen:

- Die Online-Übertragung wird vereinzelt als zeitgemäße (Analogie oder Erweiterung zur) Verbreitung nach § 17 I UrhG angesehen. Einvernehmlich ist die Ablehnung einer Vervielfältigung nach § 16 UrhG und eines Sendevorganges nach § 20 UrhG. Mehrheitlich wird die Übertragung urheberrechtlich geschützter Werke als unbenannte genehmigungspflichtige Verwertung nach § 15 I UrhG eingeordnet.

  Das betrifft bspw. den Filetransfer (im Internet FTP) und E-Mail-Übertragungen.

Online-Übertragung – Einordnung

Das Bereithalten von Werken zum Online-Abruf qualifizieren einzelne Meinungen als unkörperliche Verbreitung. Die Mehrheit in der Literatur ordnet (in Erweiterung des in § 15 III UrhG definierten Öffentlichkeitsbegriffs) das Recht, Werke auf dem Bildschirm abrufbar zu machen, als neues unbenanntes Verwertungsrecht nach § 15 II UrhG ein.

Herrschende Meinung: Bereitstellen zum Online-Abruf – unbenanntes Verwertungsrecht nach § 15 II UrhG (s. zweites Kapitel, 2.9.)

ONLINE-VERWERTUNG

Mehr Klarheit über die urheberrechtliche Einordnung der mit der Online-Nutzung zusammenhängenden Operationen ist nach Umsetzung der »EG-Richtlinie zur Harmonisierung des Urheberrechts und der verwandten Schutzrechte in der Informationsgesellschaft« vom 22. Mai 2001 zu erwarten. Wesentliche Aspekte der Richtlinie sind:

- Einbeziehung von digitalen und online-Operationen in die Ausschließlichkeitsrechte des Urhebers zur Vervielfältigung, Verbreitung und öffentlichen Wiedergabe;
- Einführung eines Verwertungsrechts der öffentlichen Zugänglichmachung als spezieller Form öffentlicher Wiedergabe – das BMJ plant eine entsprechende Regelung als § 19a UrhG;
- Ausnahmen für technisch bedingte, temporäre Vervielfältigungen im Rahmen berechtigter Nutzung oder Benutzung;
- Vervielfältigungserlaubnis zu rein privaten Zwecken;

EG-Richtlinie zum Urheberrecht in der Informationsgesellschaft

Margin notes:
- EG-Richtlinie zum Urheberrecht in der Informationsgesellschaft
- Multimedia – Verwertungs-Gesellschaften (s. zweites Kapitel, 2.6.)
- Multimediasystem – Differenzierung der Elemente

- Harmonisierung weiterer urheberrechtlicher Schranken, allerdings mit möglichen nationalen Vorbehalten;
- keine Änderungen zum Rechtsschutz von Software (s. drittes Kapitel, 1.) und Datenbanken (s. 2.);
- Schutz gegen die Umgehung technologischer Schutzsysteme, auf deren Erarbeitung und Einsatz sich Entwickler und Verwertungsgesellschaften mehr und mehr konzentrieren.

Ein weiteres praktisches Problem betrifft derzeit die Vielfalt der für Multimediaprodukte zuständigen Verwertungsgesellschaften und die sich daraus für Entwickler und Urheber ergebende Unbestimmtheit. Zwar erleichtert die Clearingstelle Multimedia (CMMV – http://www.cmmv.de) die Rechteklärung für die in einem Multimedia-System vorgesehenen Werke. Der Rechteerwerb ist jedoch weiterhin bei den einzelnen Verwertungsgesellschaften bzw. Urhebern vorzunehmen.

1.3. Kombinationen von Multimedia-Elementen

Wie im vorigen Abschnitt erläutert wurde, ist zwischen den unterschiedlichen schutzrechtlichen Voraussetzungen für die Vielzahl von Elementen eines Multimedia-Systems zu differenzieren:

- Elemente, an denen (fremde) Schutzrechte Dritter bestehen und für die die Genehmigung des Rechtsinhabers einzuholen ist, soweit die Erarbeitung oder Benutzung des Systems in den Schutzbereich fallen (unten f_1, f_2...);
- Elemente, an denen der Entwickler bzw. der Auftraggeber (eigene) Schutzrechte erwerben und für die Dritte die Genehmigung vom Entwickler bzw. Auftraggeber einholen müssen, soweit die mit dem System vorgesehenen Operationen in den Schutzbereich fallen (unten e_1, e_2...);
- Elemente ohne Rechtsschutz (unten u_1, u_2...).

Vernachlässigt man, daß im Einzelfall an einem Element sowohl Rechte Dritter als auch Rechte des Entwicklers oder des Auftraggebers bestehen können, scheint für den Rechtsschutz an einem Multimedia-System die folgende Darstellung zuzutreffen:

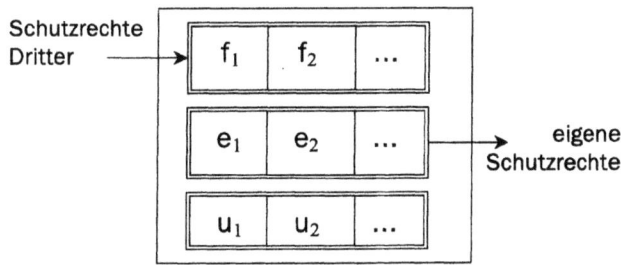

Schutzrechte Dritter

eigene Schutzrechte

Rechtsschutz an einem Multimedia-System – vereinfachte Darstellung

Selbstverständlich ist zusätzlich der Rechtsschutz der zu einem Multimedia-System zugehörigen Software zu beachten.

Leistung und Erfolg eines Multimedia-Entwicklers werden jedoch mehr und mehr durch die Vielzahl verwendeter und erarbeiteter, für sich rechtlich ungeschützter Elemente sowie durch die interaktiv auswertbare Kombination aller Elemente bestimmt. Entsprechend hatte die EG-Richtlinie zum Datenbankschutz vom 11. März 1996 neben einem urheberrechtlichen einen speziellen (»sui generis«-) Schutz vorgesehen.

Multimediasystem – Erweiterung des Rechtsschutzes: Datenbankwerke und Datenbanken

Den bereits früher möglichen Schutz der Kombination, des gesamten Systems durch den Schutz von Sammelwerken nach dem UrhG (s. 2.2) und den Leistungsschutz nach dem UWG hat der Gesetzgeber in Umsetzung der EG-Richtlinie mit dem ab 1998 gültigen Art. 7 IuKDG ergänzt um den

- Schutz von Datenbankwerken (2.1.) und den
- Schutz von Datenbanken (2.2.).

Die oben erläuterten Schutzrechte an den Elementen sind damit nicht hinfällig. Vielmehr wird das Schutzgefüge wesentlich erweitert, wie das nachfolgende Bild veranschaulichen soll.

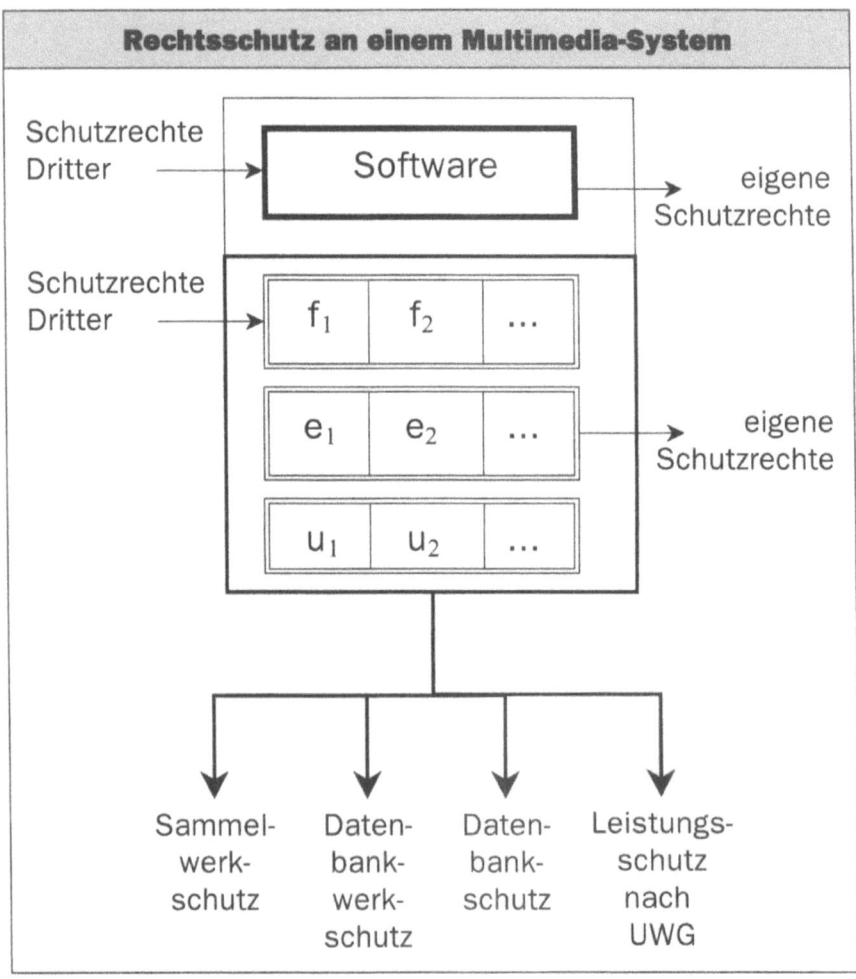

2. Rechtsschutz von Datenbankprodukten

Datenbanken i.S.d. UrhG können Datenbanken i.S.d. Informatik sein. Zwischen ihnen besteht aber keine Äquivalenz.

Bereits vorliegende Gerichtsentscheidungen zu Datenbanken betreffen die Präsentation Hunderter von Messeveranstaltungen (LG Frankfurt/M., CR 1997, 720), Kleinanzeigen (LG Berlin, NJW-CoR 1999, 244) und Geschäftsadressen (BGH, NJW 1999, 1337) sowie Tausender von Telefonteilnehmern (BGH NJW 1999, 2898 u. NJWE-WettbR 1999, 249). Derartige Verknüpfungen werden im Marketing in großer Anzahl sowohl auf WWW-Seiten wie auch auf CD-ROM vorgenommen.

Seit 1997 unterscheidet das UrhG zwischen Datenbankwerken und Datenbanken. Die Schutzobjekte und die für sie geltenden Befugnisse werden in den folgenden beiden Abschnitten erläutert. Verletzungen der Schutzrechte sind mit den im zweiten Kapitel skizzierten Sanktionen bewehrt.

Datenbank i.S.d. UrhG muß keine Datenbank i.S.d. Informatik sein – und umgekehrt

Datenbankprodukte – Datenbankwerke und Datenbanken i.S.d. UrhG

Rechtsverletzungen – s. zweites Kapitel (2.14.)

2.1. Urheberrechtsschutz von Datenbankwerken

Eine Datenbank i.S.d. Informatik, aber auch eine andere Datensammlung kann ein Datenbankwerk sein:

Sammelwerke und Datenbankwerke   § 4 UrhG

(1) Sammlungen von Werken, Daten oder anderen unabhängigen Elementen, die aufgrund der Auswahl oder Anordnung der Elemente eine persönliche geistige Schöpfung sind (<u>Sammelwerke</u>), werden, unbeschadet eines an den einzelnen Elementen gegebenenfalls bestehenden Urheberrechts oder verwandten Schutzrechts, wie selbständige Werke geschützt.

(2) <u>Datenbankwerk</u> im Sinne dieses Gesetzes ist ein <u>Sammelwerk</u>, dessen <u>Elemente systematisch oder methodisch angeordnet</u> und <u>einzeln</u> mit Hilfe elektronischer Mittel oder auf andere Weise <u>zugänglich</u> sind. Ein zur Schaffung des Datenbankwerkes oder zur Ermöglichung des Zugangs zu dessen Elementen verwendetes <u>Computerprogramm</u> (§ 69a) <u>ist nicht Bestandteil des Datenbankwerkes.</u>

Datenbankwerke sind also nicht auf den Informatikbereich beschränkt (II: Zugang »mit Hilfe elektronischer Mittel oder anders«). In diesem erfolgt der Zugang zu den einzelnen Elementen mittels des Datenbankbetriebssystems, weiterer Datenbank- oder anderer Systemsoftware. Diese (regelmäßig erforderlichen) Software-Komponenten gehören nicht zum Datenbankwerk, ihr Urheberrechtsschutz wurde im dritten Kapitel erläutert.

Urheberrechtsschutz von Software – s. drittes Kapitel (1.)

Notwendige Schutzvoraussetzungen für ein Datenbankwerk sind:

Datenbankwerk – Voraussetzungen (1)

- Sammlung von Elementen.

    Eine einzelne WWW-Seite genügt dieser Anforderung trivialerweise nicht. Multimedia-Systeme mit einer Vielzahl von Elementen erfüllen diese Bedingung selbstverständlich.

- systematische oder methodische Anordnung der Elemente.

    Häufig erfolgt diese Anordnung durch Datenbank- oder andere Software, teils auch mittels der verwendeten Oberfläche.

- einzelne Zugänglichkeit der Elemente.

    Soweit Elemente bspw. auf einer WWW-Seite untrennbar verbunden sind, ist diese Voraussetzung nicht erfüllt. Interaktion des Benutzers mit einem Multimedia-System ermöglicht dagegen regelmäßig wahlweisen Zugang zu einzelnen Elementen.

- Unabhängigkeit der Elemente.

    Die meisten Literaturmeinungen sehen die Voraussetzung als erfüllt an, wenn Elemente nicht nur im Zusammenhang, sondern auch selbständig einen Informationsgehalt aufweisen.

Datenbankwerk – Voraussetzungen (2)

Zum Datenbankwerk wird eine Sammlung solcher Elemente jedoch erst durch eine persönliche geistige Schöpfung:

- bei Auswahl oder
- bei Anordnung der Elemente.

Gefordert ist einmal die Auswahl nach eigenständigen Kriterien.

Die vollständige Abbildung eines Objektbereichs (alle Unternehmensdaten für einen Zeitraum, alle Produzenten, alle Telefonteilnehmer usw.) erfüllt die Voraussetzung nicht.

Eine persönlich-geistige Schöpfung bezüglich der Anordnung (zweite Alternative) erfordert die Elementezusammenstellung durch den Entwickler nach individuellen Ordnungsgesichtspunkten.

In der Multimedia-Technologie erfolgt die Anordnung oft entsprechend einer Metapher. Realisiert wird die Metapher allerdings gerade durch nicht zum Datenbankwerk gehörende Software. Folglich ist für Multimedia-Systeme das Bestehen einer persönlich-geistigen Schöpfung und damit die Einordnung als Datenbankwerk keinesfalls selbstverständlich. Stellt ein Multimedia-System andererseits eine persönlich-geistige Schöpfung dar, erfüllt es aber die notwendigen Voraussetzungen nach § 4 II UrhG nicht, so ist das System als Sammelwerk einzuordnen. Für dieses gebühren dem Urheber die gleichen Rechte wie an anderen Werken.

Multimedia-Systeme – oft keine Datenbankwerke

Grundsätzlich gelten für Datenbankwerke die im zweiten Kapitel erläuterten Bestimmungen des UrhG hinsichtlich der

- Persönlichkeitsrechte,
- Verwertungsrechte,
- Einräumung von Nutzungsrechten,
- Schutzdauer,
- Sanktionen bei Verletzungen des Urheberrechts.

Urheberrechtsschutz – Regelungen s. zweites Kapitel (2.)

Besonderheiten für Datenbankwerke betreffen dagegen:

- die Neufassung von § 23 UrhG: Jede Bearbeitung eines Datenbankwerkes ist zustimmungspflichtig, nicht erst die Veröffentlichung und Verwertung.
- erhebliche Einschränkungen des Vervielfältigungsrechts zum privaten und sonstigen eigenen Gebrauch. Unzulässig sind nach § 53 V UrhG für »elektronische« Datenbankwerke: Vervielfältigungen für den privaten Gebrauch, Vervielfältigungen für die eigene Archivierung, Vervielfältigungen für den eigenen wissenschaftlichen Gebrauch, soweit dieser zu gewerblichen Zwecken erfolgt.
- die Quellenangabe im Fall ausnahmsweise zulässiger Vervielfältigung zum eigenen Gebrauch nach § 63 I UrhG,
- die Klarstellung, daß der berechtigte Benutzer eines Datenbankwerkes nach § 55a UrhG die für den Zugang zu den Elementen und die übliche Benutzung erforderlichen Bearbeitungen (Umwandlungsoperationen!) und Vervielfältigungen (Speichern!) ohne (weitere) Zustimmungen vornehmen darf. Vertragliche Einschränkungen sind unzulässig.

Datenbankwerke – Besonderheiten gegenüber anderen Werken

2.2. Leistungsschutzrecht an Datenbanken

Datenbank nach UrhG – gewöhnungsbedürftiger Begriff

Durch die §§ 87a ff UrhG wird nicht die individuelle geistige Schöpfung geschützt, sondern die Investition des Herstellers. Der verwendete Datenbankbegriff ist für Informatiker gewöhnungsbedürftig, im Verhältnis zu dem des Datenbankwerkes aber schlüssig:

§ 87a UrhG

Datenbank – Begriffsbestimmungen

(1) Datenbank im Sinne dieses Gesetzes ist eine Sammlung von Werken, Daten oder anderen unabhängigen Elementen, die systematisch oder methodisch angeordnet und einzeln mit Hilfe elektronischer Mittel oder auf andere Weise zugänglich sind und deren Beschaffung, Überprüfung oder Darstellung eine nach Art und Umfang wesentliche Investition erfordert. Eine in ihrem Inhalt nach Art oder Umfang wesentlich geänderte Datenbank gilt als neue Datenbank, sofern die Änderung eine nach Art oder Umfang wesentliche Investition erfordert.

(2) Datenbankhersteller im Sinne dieses Gesetzes ist derjenige, der die Investition im Sinne des Absatzes 1 vorgenommen hat.

Wieder sind Elementesammlungen nicht auf den Informatikbereich beschränkt. Und wieder sind notwendige Schutzvoraussetzungen:

Datenbank – Voraussetzungen (1)

- Sammlung von Elementen,
- systematische oder methodische Anordnung der Elemente,
- einzelner Zugang zu den Elementen und
- Unabhängigkeit der Elemente.

Ohne erkennbares systematisches oder methodisches Ordnungsprinzip liegt keine Datenbank vor. So hat das KG Berlin (AfP 2000, 587) Stellenanzeigen einer Tageszeitung nicht als Datenbank eingeordnet, weil eine Grobgliederung nach Berufssparten dafür nicht ausreichend sei. Indes wurde die Internet-Anzeigenübernahme einer Gruppe aus der Tageszeitung als Verstoß gegen § 1 UWG (Übernahme eines schutzwürdigen Leistungsergebnisses wettbewerblicher Eigenart) qualifiziert.

Datenbank – Voraussetzungen (2)

Eine Sammlung mit den o.g. Eigenschaften ist eine Datenbank nach § 87a UrhG, wenn sie eine wesentliche Investition erfordert hat. Die erforderliche Investitionshöhe wurde bisher nicht fixiert. *Für Telefonbücher hatte der BGH (NJW 1999, 2898 u. NJWE-WettbR 1999, 249) wegen der »großen Mühen und Aufwendungen für Herstellung, Aktualisierung und Überprüfung« keine Zweifel an einer wesentlichen Investition.* Bei einem *WWW-Kleinanzeigenmarkt* nahm das LG Berlin (NJW-CoR 1999, 244) eine wesentliche Investition an, weil Anzeigen gesichtet, sortiert und auf aktuellem Stand gehalten werden müssen.

Anscheinend sind also keine besonderen Anforderungen an die Investitionshöhe zu stellen. Das entspricht auch dem Ziel der zugrundeliegenden EG-Richtlinie, Datenbankinvestitionen generell zu fördern. Dennoch ist zu empfehlen, getätigte Aufwendungen in der Datenbankdokumentation festzuhalten.

<small>Schutzvoraussetzung: wesentliche Investition – aber keine besonderen Anforderungen an die Investitionshöhe</small>

Leistungsschutzinhaber ist, wer die Investition vorgenommen hat:
- Wer trägt das wirtschaftliche Risiko der Herstellung?
- Wer hat die Entscheidungsbefugnis für den Absatz?

<small>Rechteinhaber nach § 87 II UrhG – Investor (Hersteller)</small>

Bei Datenbankerstellung durch Auftragnehmer ist je nach Aufgabe ein Werk- oder Dienstvertrag möglich. Hersteller ist aber nicht der Unternehmer oder Dienstverpflichtete, sondern der Auftraggeber.

Dem Hersteller gebührt ein besonderes Ausschließlichkeitsrecht:

Rechte des Datenbankherstellers

<small>§ 87b UrhG</small>

(1) Der Datenbankhersteller hat das ausschließliche Recht, die Datenbank insgesamt oder einen nach Art oder Umfang wesentlichen Teil der Datenbank zu vervielfältigen, zu verbreiten und öffentlich wiederzugeben. Der Vervielfältigung, Verbreitung oder öffentlichen Wiedergabe eines nach Art oder Umfang wesentlichen Teils der Datenbank steht die wiederholte und systematische Vervielfältigung oder öffentliche Wiedergabe von nach Art und Umfang unwesentlichen Teilen der Datenbank gleich, sofern diese Handlungen einer normalen Auswertung der Datenbank zuwiderlaufen oder die berechtigten Interessen des Datenbankherstellers unzumutbar beeinträchtigen.
(2) § 17 Abs. 2 und § 27 Abs. 2 und 3 sind entsprechend anzuwenden.

Der Schutz erstreckt sich also auch auf Daten und andere einzelne Elemente. Schutzobjekte sind:
- die gesamte Datenbank,
- nach Art und Umfang wesentliche Teile sowie
- nach Art und Umfang unwesentliche Teile, wenn keine normale Auswertung erfolgt oder die berechtigten Interessen des Da-

<small>Datenbank – Schutzobjekte</small>

tenbankherstellers unzumutbar beeinträchtigt werden. (Sonst sind unwesentliche Teile nach § 87e UrhG ungeschützt.)

Was sind wesentliche Teile?

Die Abgrenzung zwischen wesentlichen und unwesentlichen Teilen ist im Gesetz nicht geregelt und bisher auch gerichtlich nicht geklärt. Kriterium dürfte wiederum der für »Beschaffung, Überprüfung oder Darstellung« der Teile erforderliche Aufwand sein.

Handlungen mit den Objekten, die (nach § 87d UrhG für die Dauer von 15 Jahren) ausschließlich dem Hersteller zustehen, sind:

Zustimmungspflichtige Operationen

- Vervielfältigung,
- Verbreitung und
- öffentliche Wiedergabe.

Bisher vorliegende Gerichtsentscheidungen betrafen unzulässige Vervielfältigungen auf CD-ROM, aber auch »auf den Computer (als Datenträger)«, teils mit nachfolgender Verbreitung.

Zulässige Operationen mit unwesentlichen Teilen – normale Datenbankauswertung

Operationen mit unwesentlichen Teilen betreffen einmal die vom Hersteller ermöglichte normale Datenbankauswertung: wiederholtes, systematisches kurzzeitiges Speichern, Anzeigen und Downloaden einzelner Elemente. Die Operationen sind nicht nur zulässig, sondern die Vervielfältigung, Verbreitung und öffentliche Wiedergabe kann nach § 87e UrhG auch vertraglich nicht ausgeschlossen werden.

Unzulässige Operationen mit unwesentlichen Teilen

Dagegen offerieren Suchmaschinen (außerhalb der Datenbank-Auswertungsprogramme) Zugang zu verschiedenen Datenbanken und vervielfältigen gefundene Ergebnisse. Zwar werden für konkrete Suchanfragen häufig nur Kopien unwesentlicher Elemente bereitgestellt. Doch erfolgen so wiederholt und systematisch Vervielfältigungen, deren Umfang vorab nicht einschätzbar ist und für die die Hersteller ihre Programme vorgesehen hatten – berechtigte Herstellerinteressen werden unzumutbar beeinträchtigt.

Entsprechend hat das LG Köln (AfP 1999, 95) einen Internet-Suchdienst, der fremde Datenbanken auswertet und Ergebnisse eigenen Kunden präsentiert, als Verstoß gegen § 87b UrhG bewertet. Dies gelte auch bei kostenloser Präsentation und Angabe der Datenquelle.

Schranken für Herstellerrechte

Die Schranken für Herstellerrechte nach § 87c UrhG entsprechen im wesentlichen den Urheberrechtsschranken für Datenbankwerke.

3. Schutzprobleme von Domain-Namen

Erläutert wurde bereits, daß Anbieter für ihre Informatikprodukte den Kennzeichenschutz nach dem MarkenG beanspruchen können. Neuerer Gegenstand vieler Diskussionen und Gerichtsentscheidungen sind die Domain-Namen im Internet.

Domain-Namen werden auf Antrag von akkreditierten Registrierungsstellen vergeben, deren Zuständigkeit letztlich die Internet Assigned Numbers Authority (IANA) bestimmt. Für die Top-Level-Domain ».de« ist die deutsche DENIC e.G. (http://www.denic.de) Vergabestelle. Dabei ist der Name vom Antragsteller zu bestimmen. Mit geringen Einschränkungen arbeiten die Institutionen nach dem Prinzip »first come – first served«. So wird die Eindeutigkeit der Namen gesichert.

Durch die Vergabepraxis entstehen aber wirtschaftliche Probleme.

Antragsteller erhalten einen gewünschten Namen als Domain-Namen nicht, weil er bereits reserviert ist. Benutzer eines Domain-Namens werden mit Forderungen anderer Interessenten auf Unterlassung des Namensgebrauchs oder Löschung konfrontiert.

Ein Extremum dieser Probleme ist das »Domain-grabbing«.

Firmennamen und andere vermutlich wertvolle Namen werden zum Zwecke eigener zweckentfremdeter, wirtschaftlicher Nutzung reserviert. Zahlreiche Unternehmen haben an Grabber erhebliche Beträge gezahlt, um von diesen ihre Firmenbezeichnung als Domain-Namen übernehmen zu können. Erfreulicherweise hat die Rechtsprechung (s.u.) diesen Mißbrauch als solchen eingeordnet.

Als Domain-Name zugelassen ist eine Kombination von (bei der DENIC minimal 3 und maximal 24) Buchstaben und Ziffern.

X1Y2Z3 wäre bspw. ein zulässiger Domain-Name.

Doch dienen Domain-Namen nicht nur der Identifikation des benutzten Servers, sondern sie sind wichtiges, weil weltweit präsentes Marketing-Instrument. Sie werden genutzt zur Kennzeichnung:

- der Unternehmen selbst,
- von Waren oder Dienstleistungen der Unternehmen sowie
- der durch den Domain-Namen erreichbaren WWW-Seiten.

Für Domain-Namen ist damit grundsätzlich der Schutz nach dem MarkenG denkbar. Ansprüche gegen andere Kennzeichen dürften

Randnotizen:
- Kennzeichenschutz nach MarkenG – s. zweites Kapitel, 3.3.
- Vergabe von Domain-Namen
- Vergabepraxis – Probleme
- Domain-grabbing
- Domain-Namen – Kennzeichnungsfunktionen

vor allem nur im Internet agierende Unternehmen betreffen.

Bei der Domain-Anmeldung als Marke müssen die Voraussetzungen nach §§ 3 f, 8 f, 25 MarkenG erfüllt sein. Es ist folglich auch zu prüfen, ob ausreichende Unterscheidungskraft gegeben ist. Das OLG München (K&R 1999, 327) hat die Verwendung einer Domain als kennzeichenmäßigen Gebrauch nach § 15 MarkenG nur ausnahmsweise bejaht und für die Domain »buecher.de« wegen mangelnder Unterscheidungskraft abgelehnt. Teilweise wird den Domain-Namen generell die Kennzeichnungsfunktion abgesprochen.

Schutz von Domain-Namen nach MarkenG ist umstritten

Gegenwärtig dominiert das Problem, inwieweit der Inhaber eines anderen Kennzeichens gegen den Nutzer eines Domain-Namens vorgehen kann. In Frage kommen identische und ähnliche Domain-Namen. Ansprüche sind grundsätzlich möglich:

- für Marken und geschäftliche Bezeichnungen nach MarkenG,
- für Namen nach § 12 BGB,
- aus Verstößen gegen § 1 oder § 3 UWG,
- für Firmen nach § 37 II HGB.

Aktuelle Rechtsprobleme: Anspruch aus anderen Kennzeichen gegen Nutzer von Domain-Namen

Umfassenden Schutz kann der Kennzeicheninhaber im geschäftlichen Verkehr (s. §§ 14 II, 15 II, III MarkenG) unter den erläuterten Voraussetzungen des MarkenG beanspruchen. Dazu hat die Rechtsprechung folgende Probleme geklärt:

Kennzeicheninhaber nach MarkenG – s. zweites Kapitel, 3.3.

- Zeitrang vom Kennzeichen und Domain-Name – Markenrechtliche Ansprüche sind nach §§ 9 ff MarkenG nur dann gegeben, wenn der Kennzeichenschutz als Marke oder geschäftliche Bezeichnung bereits vor der Domainregistrierung bestand, das Kennzeichen »prioritätsälter« ist.
- Verwechslungsgefahr mit Domain-Namen (s.u.).
- Benutzung des Domain-Namens i.S.d. MarkenG – Benutzung ist nicht nur die Verwendung in der Internet-Adresse, sondern bereits die Domain-Registrierung. Soweit aber die Domain nur registriert wird, um die Internet-Präsentation des Markeninhabers zu verhindern, hat dieser einen Anspruch auf Unterlassung der Benutzung und Löschung der Domain.
- Verwendung einer geschäftlichen Bezeichnung nach § 5 MarkenG als Bestandteil einer Subdomain

Zeitrang beachten!

Schutzvoraussetzung: Benutzung

Schutz betrifft auch Subdomain

Auch die unberechtigte Verwendung als Bestandteil einer Subdomain verletzt das Recht an einer geschäftlichen Bezeichnung. So hat das LG Mannheim (AfP 2000, 391) einem Verlag, der seit ei-

nem Jahrzehnt in Werbung und Buchetikettierung die Bezeichnung »Nautilus« verwendet hatte, einen Unterlassungsanspruch gegenüber einer Buchhändler GmbH zugestanden. Dieser wurde untersagt, die Internetadresse http://www.buchhandel.de/nautilus zu verwenden.

Zahlreiche Entscheidungen betreffen die Verwechslungsgefahr zwischen Kennzeichen und Domain-Name:

- Bei identischem Kennzeichen und Domain-Namen ist das für gleiche oder ähnliche Branchen der Fall, auf die sich Kennzeichen und Domain-Name beziehen, darüber hinaus nach §§ 14 II Nr. 3, 15 III jedoch auch für unterschiedliche Branchen bei einer im Inland bekannten Marke oder Geschäftsbezeichnung.

  Der Inhaber einer nicht bekannten Marke XYZ kann also nicht gegen den Inhaber einer Domain xyz.de vorgehen, wenn unter dieser Dienstleistungen oder Waren präsentiert werden, die denen nicht ähnlich sind, für die die Marke XYZ geschützt ist.

  <small>Verwechslungsgefahr bei Identität mit geschütztem Kennzeichen</small>

- Verletzt die identische Verwendung eines Kennzeichens als Domain-Name das Markenrecht, so trifft das auch für den um rein beschreibende Teile erweiterten Domain-Namen zu.

  So bejahte das OLG München (K&R 1999, 569) den Unterlassungsanspruch des Markeninhabers »Rolls Royce« gegen ein Informatik-Unternehmen, das die Domain-Namen rollsroyce.de, rollsroyce-boerse.de, rolls-royce-boerse.de u.a. reserviert hatte.

  <small>Verwechslungsgefahr bei um rein beschreibende Teile erweiterten Domain-Namen</small>

- Für Kennzeichen unterhalb des in §§ 14 II Nr. 2 und 15 III normierten Bekanntheitsgrades besteht in der Literatur Übereinstimmung, daß gegen ähnliche Domain-Namen nicht nach dem MarkenG vorgegangen werden kann.

  <small>Keine Verwechslungsgefahr bei ähnlichem, unbekannten Kennzeichen</small>

- Bejaht wurden dagegen für bekannte und umfassend genutzte Kennzeichen Unterlassungsansprüche gegen die Benutzung ähnlicher Domain-Namen.

  So hatten das LG Frankfurt/M. (Beschl. vom 15.7.1997, Az. 2/6 O 409/97) und das LG Hamburg (Urt. v. 14.5.1997, Az. 315 O 236/97) Klagen eines bekannten Providers gegen die Benutzung der Domain t-offline.de bzw. d-online.de stattgegeben.

  <small>Verwechslungsgefahr bei ähnlichem, bekannten Kennzeichen</small>

- Aus einer zusammengesetzten Marke, die in einem Teil einen beschreibenden Begriff enthält, kann die Verwendung des beschreibenden Teils als Domain-Name nicht untersagt werden.

Das OLG Braunschweig (CR 2000, 614) sah keinen Unterlassungsanspruch des Inhabers der Marke »Sande Stahlguß« gegenüber einer Spedition, die die Domain stahlguss.de reserviert hatte.

- Bereits der Domain-Name (second-level-domain) und nicht erst die Kombination mit der Domain-Endung ist hinsichtlich der Verwechslungsgefahr zu prüfen.
  Das hat das OLG München (CR 1999, 778) für Firmen bestätigt. Jedoch mehren sich Stimmen, die erst der Kombination von second- und top-level-domain Unterscheidungskraft zusprechen.

Insbes. bei nichtgeschäftlichem Gebrauch bietet das Namensrecht nach § 12 BGB eine in der Rechtspraxis genutzte Möglichkeit, gegen einen übereinstimmenden Domain-Namen vorzugehen.

So konnten einige Städte und Gemeinden die unerlaubte Verwendung ihres Namens als Domain-Name anderer Personen verhindern, wie bspw. heidelberg.de (LG Mannheim, NJW 1996, 2736), celle.com (LG Lüneburg, NJW-CoR 1997, 305) und ansbach.de (LG Ansbach, NJW 1997, 2688). Zur Kollision zwischen Kennzeichen und Familiennamen OLG München K&R 1999, 326.

Geschützt sind durch § 12 BGB nicht nur natürliche Personen hinsichtlich ihres Namens, sondern auch juristische Personen und alle anderen von der Rechtsordnung anerkannten und unter einem Gesamtnamen auftretenden Personenvereinigungen.

So sind auch Unternehmen nach § 12 BGB gerichtlich gegen gleichnamige (second-level-)Domains vorgegangen.

Auch nach § 12 BGB hat die Rechtsprechung dem Inhaber eines Namens mit überragender Verkehrsgeltung einen Unterlassungsanspruch gegenüber dem gleichnamigen Inhaber einer Domain zugestanden. Sonst gilt das Prioritätsprinzip nur eingeschränkt: Bei Wahl der Domain-Namen soll ein Interessenausgleich zwischen den Interessenten hergestellt werden, in der Regel durch Beifügung eines unterscheidungskräftigen Zusatzes im Domain-Namen des Prioritätsjüngeren.

Schutz gegen das »Domain-grabbing« bietet auch das UWG:

- Nach § 1 UWG kann belangt werden, wer eine Domain reserviert, um andere Wettbewerber dadurch zu schädigen.
- § 3 UWG verbietet irreführende Angaben zu Zwecken des Wettbewerbs (auch) in Domain-Namen.

Umstritten und durch divergierende Entscheidungen von Instanzgerichten geprägt war die Verwendung von Gattungsbegriffen. Der BGH hat 2001 klargestellt, daß – anders als im Markenrecht – die Verwendung eines Gattungsbegriffs als Domain-Name zulässig ist.

Gattungsbegriff – grundsätzlich als Domain-Name zulässig

Der Domain-Name (»Mitwohnzentrale«, BGHZ 148, 1) führe zu keinem Ausschließlichkeitsrecht. Andere Wettbewerber seien nicht gehindert, den Begriff in ihrer Werbung oder ihrem Namen zu verwenden. Auch sei sich ein Verbraucher, der einen Gattungsbegriff als Internetadresse eingebe, über die Zufälligkeit des gefundenen Ergebnisses im Klaren. Allerdings dürfe die Verwendung von Gattungsbezeichnungen nicht irreführend sein. Das kann es gebieten, auf der Homepage darauf hinzuweisen, daß es noch andere Anbieter gibt.

Demnach bleibt die Verwendung von Gattungsbezeichnungen als Domain-Namen durch ein einzelnes Unternehmen risikobehaftet und sollte mit einem spezifizierenden Zusatz erfolgen.

Nach § 37 II HGB kann schließlich der Firmeninhaber gegen eine firmenmäßige Verwendung in Domain-Namen vorgehen.

Firmenschutz – betrifft auch Domain-Namen

Ansprüche aus unberechtigter Verwendung eines Domain-Namens ergeben sich nach §§ 14 und 15 MarkenG ebenso wie nach § 12 i.V.m. § 823 I BGB, §§ 1 und 3 UWG und § 37 II HGB auf:

- Unterlassung der Domain-Verwendung,
- Beseitigung der Beeinträchtigung durch Löschung der Registrierung und
- Schadensersatz bei Verschulden des Verletzers.

Unberechtigte Verwendung von Domain-Namen – Ansprüche

Einen Anspruch auf Übertragung der Domain hat der Verletzte nach den angeführten Regelungen dagegen nicht.

Kein Anspruch auf Domain-Übertragung

Der BGH hat 2001 auch bestätigt, daß die DENIC nicht zur Prüfung verpflichtet ist, ob an einer zur Eintragung beantragten Bezeichnung Rechte Dritter bestehen (BGHZ 148, 13).

Empfohlen wird, daß sich der Kläger im Fall eines Kennzeichenstreits bereits vorsorglich bei der zuständigen Institution für den streitigen Domain-Namen in die Warteliste eintragen läßt.

Umgekehrt sollten Wahl und Anmeldung eines Domain-Namens nicht nur als Marketing-Problem, sondern auch als juristische Aufgabe verstanden werden. Die Recherche benutzter Marken, Geschäftsbezeichnungen und Firmennamen ist dabei unverzichtbar.

4. Elektronischer Geschäftsverkehr – Rechtsfragen

Untergliederung

Electronic Commerce wird oft auf Vertragsabschluß und Werbung in Rechnernetzen fokussiert. Rechtsfragen dieser beiden Bereiche werden in den Abschnitten 4.2. und 4.3. erörtert. Electronic Commerce betrifft jedoch auch die Vertragserfüllung. Auf dabei wie beim Vertragsabschluß übermittelte Willenserklärungen und diesen gleichgestellte Erklärungen (Angebot, Annahme, zur Vertretung, zur Zahlung, zum Versand, zur Reklamation, zur Mahnung, zur Geltendmachung von Ansprüchen u.a.) wird in 4.1. eingegangen.

Beachtung weiterer Buchabschnitte

Auch die unter 1. bis 3. behandelten Fragen betreffen weitgehend, aber nicht ausschließlich den elektronischen Geschäftsverkehr. Diesen berührt auch der im fünften Kapitel erörterte Datenschutz. Weiter wichtig sind Authentizität und Unversehrtheit elektronisch übermittelter Dokumente. Die dazu herangezogenen elektronischen Signaturen tragen aber auch in anderen Bereichen zur sicheren Informationsverarbeitung bei (Forschung, Verwaltung, Medizin, Presse u.a.). Auf Rechtsfragen dieser Signaturen wird daher gesondert (5.) eingegangen. Ebenfalls in einem gesonderten Abschnitt (6.) wird die Haftung von Providern und Diensteanbietern erläutert. Diese betrifft den elektronischen Geschäftsverkehr ebenso wie elektronische Beziehungen im nichtgeschäftlichen Bereich.

Electronic Commerce und weitere Bereiche des elektronischen Geschäftsverkehrs tangieren schließlich das Wettbewerbsrecht, wenn etwa auf WWW-Seiten gegen das UWG verstoßen wird durch:

UWG – s. zweites Kapitel, 3.2.

- Kundenfang,
- Behinderung anderer Wettbewerber,
- Ausbeutung fremden Rufs oder
- irreführende Werbung.

Da diese Rechtsverletzungen kaum Informatikspezifika aufweisen, wird auf sie ebensowenig eingegangen wie auf weitere Probleme, die zukünftig auch rechtlich im elektronischen Geschäftsverkehr an Bedeutung gewinnen können:

Zukünftige (rechtliche) Problemkreise

- Besteuerung elektronischer Geschäfte,
- elektronische Zahlungsverfahren,
- Auktionen im Internet.

4.1. Wirksamkeit elektronischer Willenserklärungen

Als elektronische Willenserklärungen sollen unter Verwendung von Computern präsentierte Willenserklärungen bezeichnet werden. Die folgenden Ausführungen beziehen sich gleichermaßen auf geschäftsähnliche Handlungen, die mittels Computer erfolgen. Elektronische Willenserklärungen umfassen:
* digital erzeugte Willenserklärungen und
* elektronisch übermittelte Willenserklärungen.

Auch digital erzeugte Willenserklärungen sind elektronische Willenserklärungen.

Bei digital erzeugten Willenserklärungen bedient sich der Erklärende, oft partiell, eines Computerprogramms, um die Erstellung seiner Erklärung (teilweise) zu automatisieren.

Beispiele sind die Verwendung eines Textverarbeitungsprogramms oder die automatisierte Erzeugung einer Bestellung, wenn ein definierter Lagerbestand unterschritten ist.

Derartige Erklärungen unterscheiden sich in den rechtlichen Konsequenzen nicht von anderen Willenserklärungen.

Digital erzeugte Willenserklärungen – keine Besonderheiten (s. Bürgerliches Recht)

Bei elektronisch übermittelten Willenserklärungen bedient sich der Erklärende der Informations- und Kommunikationstechnik für die Übermittlung der Erklärung an den Empfänger.

Die Erklärung wird vom Computer des Erklärenden zum Computer des Empfängers mittels verschiedener Rechnernetze bzw. verschiedener Kommunikationsverfahren übertragen. Unter den Rechnernetzen dominiert inzwischen das Internet. Die Übermittlung erfolgt keineswegs ausschließlich per E-Mail, auch Filetransfer und Nutzung anderer Kommunikationsdienste werden praktiziert. EDI (Electronic Data Interchange) und EDIFACT (Electronic Data Interchange for Administration, Commerce and Transport) wurden bereits in der 80-er Jahren zum Vertragsabschluß und für Dokumentenerzeugung und -übermittlung bei der Vertragserfüllung herangezogen und heute von vielen größeren Unternehmen genutzt. EDIFACT bezieht sich auf national und international verabredete syntaktische Regeln für den Aufbau der auszutauschenden Daten.

Elektronisch übermittelte Willenserklärungen

Nur elektronisch übermittelte Willenserklärungen werfen neuartige Rechtsfragen auf. Diese werden unten skizziert und betreffen (neben dem Vertragsabschluß – s. 4.2.):
* die Schriftform,

Elektronisch übermittelte Willenserklärungen – Probleme

- die Abgabe,
- den Zugang.

Es sei jedoch noch einmal darauf hingewiesen, daß den Informatikbereich digital erzeugte Willenserklärungen mit allen im ersten Kapitel erläuterten Konsequenzen bis zur Rechtsdurchsetzung und zur Wirksamkeit von AGB-Klauseln zumindest ebenso prägen.

FormG – Gesetz zur Anpassung der Formvorschriften des Privatrechts und anderer Vorschriften an den modernen Rechtsgeschäftsverkehr

Verschiedentlich wird vertraglich die Schriftform für (bestimmte) Erklärungen vereinbart. Hier hat die Änderung von § 127 BGB durch das seit August 2001 gültige FormG Klarheit geschaffen:

§ 127 BGB

Vereinbarte Form

[...]

(2) Zur Wahrung der durch Rechtsgeschäft bestimmten schriftlichen Form genügt, soweit nicht ein anderer Wille anzunehmen ist, die telekommunikative Übermittlung und bei einem Vertrag der Briefwechsel. Wird eine solche Form gewählt, so kann nachträglich eine dem § 126 entsprechende Beurkundung verlangt werden.

[...]

Vertragliche Schriftformklausel – elektronische Übermittlung ausreichend

Vertragliche Schriftformklausel:

- elektronische Übermittlung der Erklärung ist ausreichend;
- nachträgliche Beurkundung kann verlangt werden.

Gesetzliche Schriftform

Auch für die (im Informatikbereich seltenere) gesetzlich vorgeschriebene Schriftform hat das FormG einen neuen Typus eingeführt:

§ 126 BGB

Schriftform

[...]

(3) Die schriftliche Form kann durch die elektronische Form ersetzt werden, wenn sich nicht aus dem Gesetz ein anderes ergibt.

[...]

Beispiele für den keinesfalls häufigen gesetzlichen Ausschluß der elektronischen Form betreffen den Abschluß von Verbraucherdarlehensverträgen nach § 492 I BGBM, den Nachweis der wesentlichen Bedingungen eines Arbeitsvertrages nach § 2 I NachwG, die Kündigung eines Arbeitsvertrages nach § 623 BGBM, die Bürgschaftserklärung nach § 766 BGBM und das Schuldanerkenntnis nach § 781 BGBM.

Wenn also die (in § 126a bestimmte) elektronische Form nicht gesetzlich ausgeschlossen und vom Erklärungsempfänger akzeptiert ist, kann diese die Schriftform ersetzen.

Elektronische Form	**§ 126a BGB**

(1) Soll die gesetzlich vorgeschriebene schriftliche Form durch die elektronische Form ersetzt werden, so muss der Aussteller der Erklärung dieser seinen Namen hinzufügen und das elektronische Dokument mit einer <u>qualifizierten elektronischen Signatur nach dem Signaturgesetz</u> versehen.

(2) Bei einem Vertrag müssen die Parteien jeweils ein gleichlautendes Dokument in der in Absatz 1 bezeichneten Weise elektronisch signieren.

Gleichstellung zur Schriftform:

- kein gesetzlicher Ausschluß der Gleichstellung,
- elektronische Dokumente mit qualifizierter elektronischer Signatur nach SigG unter Hinzufügung des Namens des »Ausstellers«,
- ausdrückliches oder konkludentes Einverständnis des Erklärungsempfängers mit der elektronischen Form (§ 126: »kann«),
- Vertrag – qualifizierte elektronische Signierung durch alle Vertragsparteien.

Gesetzliche Schriftform – Gleichstellung mit elektronischer Form

Qualifizierte elektronische Signatur – s. 5.2.

Dagegen erfüllt die (zukünftig vermutlich praktische) vertraglich vereinbarte elektronische Form nach § 127 III BGB bereits eine einfache elektronische Signatur.

Vertraglich vereinbarte elektronische Form – einfache elektronische Signatur – s. 5.2.

Gegenwärtig werden häufig mittels PGP-Software erstellte Signaturen herangezogen – fortgeschrittene elektronische Signaturen nach SigG, die also nach § 127 III BGB die Anforderungen an die gewillkürte elektronische Form erfüllen.

Elektronisch übermittelte Willenserklärung – versehentliche Abgabe

Hinsichtlich der Abgabe einer elektronisch übermittelten Willenserklärung ist die Frage nach den Rechtsfolgen einer versehentlichen Willenserklärung diskutabel.

Für den versehentlichen Mausklick scheinen keine Probleme zu bestehen. Schwieriger ist das Beispiel des Informatikers, der eine bei seinem Zimmerkollegen in Arbeit befindliche E-Mail abschickt, weil dieser zu einer Beratung gerufen wurde.

Nach herrschender Meinung soll eine empfangsbedürftige, versehentlich abgegebene Erklärung wirksam sein, wenn der Erklärende die ungewollte Abgabe nach § 276 I BGB zu vertreten hat. Eher dürfte dem Stand der Netzkommunikation jedoch die auch in der Literatur vertretene Ansicht entsprechen, jede versehentlich abgegebene Willenserklärung bei elektronischer Übermittlung als wirksam anzusehen. Gerade unter Netzbedingungen werden die Rechte aus §§ 119 I und 122 BGB den Interessen beider Seiten gerecht.

Verschiedentlich werden elektronisch übermittelte Willenserklärungen als solche unter Anwesenden eingeordnet. Das ist für Formen der Direktkommunikation plausibel, bei denen der Empfänger die Erklärung sofort nach Abgabe auf seinem Bildschirm sieht. Meist wird die Erklärung jedoch auf einem oder mehreren Computern derart gespeichert, daß der Empfänger sie abrufen kann.

Das betrifft bspw. E-Mail wie Formen des Filetransfers.

Elektronisch übermittelte Willenserklärung – Zugang

§ 312e BGBM – s. 4.2

Für den Zugang der Willenserklärung nach § 130 I BGB ist dann maßgebend, wann mit dem Abruf durch den Empfänger gerechnet werden kann. Im Geschäftsverkehr ist anzunehmen, daß das mindestens einmal täglich während der normalen Geschäftszeit der Fall ist. Für einige Erklärungen beim Vertragsabschluß im elektronischen Geschäftsverkehr wird das durch § 312e I S. 2 BGBM (redundant) geregelt.

Unklar ist die Einordnung von EDI-Formen, bei denen das gerade verwendete Programmsystem sofort nach Speicherung der ankommenden Erklärungsdaten automatisch einen Bearbeitungsvorgang auslöst. Nimmt man eine Willenserklärung unter Abwesenden an, ist der Zugang mit Speicherung auf dem (ersten) Rechner erfolgt, auf den der Empfänger zugreifen kann.

Elektronisch übermittelte Willenserklärung – Übermittlungsirrtum selten

Eher theoretischer Natur ist die Anfechtungsmöglichkeit nach § 120 BGB bei Übertragungsfehlern.

Oft bewirken Übertragungsfehler Verstümmelungen, die den Geschäftswillen des Erklärenden nicht erkennen lassen. Meist bemüht sich der Empfänger um Inhaltsklärung mit dem Erklärenden. Ein in Einzelfällen feststellbarer Übermittlungsirrtum betrifft nur den Weg bis zum Server des Empfängers. Fehler der Kommunikationssoftware wie fehlerhafte Daten, die der Erklärende in die Willenserklärung einbezogen hatte, werden nicht unter die Voraussetzungen von § 119 BGB eingeordnet. Sie berechtigen also nicht zur Anfechtung.

Fehler der Kommunikationssoftware, Datenfehler – keine Anfechtungsgründe (s. erstes Kapitel, 3.3.)

4.2. Vertragsabschluß in Rechnernetzen

Verträge werden in Rechnernetzen nicht nur durch E-Mail und nicht erst seit Verfügbarkeit des WWW abgeschlossen.

Weitere Formen der Datenkommunikation s. 4.1.

Prinzipiell treffen für den Vertragsabschluß in Rechnernetzen die gleichen Regelungen wie für den herkömmlichen Vertragsabschluß zu. Dabei sind die bereits erwähnten und weitere Besonderheiten durch das FormG zu beachten:

FormG – Besonderheiten zur Schriftform – s. 4.1.

- Nunmehr (Einfügung von §§ 126 III, 126a BGB) kann eine elektronische Form die gesetzlich vorgeschriebene Schriftform ersetzen, wenn das elektronisch übermittelte Dokument mit einer qualifizierten elektronischen Signatur versehen ist.
- Ferner ist die ZPO durch Einfügung von § 292a derart geändert worden, daß eine in der o.a. elektronischen Form übermittelte Erklärung grundsätzlich als echt angesehen wird. Nach § 292a sollen dem Echtheitsanschein der Erklärung nur Tatsachen entgegenstehen, »die ernstliche Zweifel daran begründen, daß die Erklärung nicht mit dem Willen des Signaturschlüssel-Inhabers abgegeben worden ist«. Die Haftung des Inhabers einer qualifizierten elektronischen Signatur für unberechtigte Benutzung durch Dritte wird also nicht eingeschränkt.

§ 292a ZPO – Anscheinsbeweis für Echtheit von Dokumenten mit qualifizierter elektronischer Signatur (SigG – s. 5.2.)

- Weiter wurde eine Textform eingeführt mit Einfügung eines § 126b BGB. Sie soll die Schriftform nicht ersetzen, aber massenhafte Erklärungen normativ vereinheitlichen (Eignung zur dauerhaften Wiedergabe in Schriftzeichen, Nennung des Erklärenden, Abschluß durch Unterschriftsnachbildung oder anders erkennbar). Die Anwendung betrifft elektronische Dokumente wie Papierdokumente.

Textform

Vertragsabschluß – s. erstes Kapitel, 2.1.	Zusätzlich bestehen weitere Besonderheiten gegenüber dem herkömmlichen Vertragsabschluß:
Online-Shop – Aufforderung zur Angebotsunterbreitung	• Eine Internet-Seite richtet sich an eine weltweit unbegrenzte Personenzahl und ist daher kein Angebot. Die dortige Präsentation von Leistungen (»Online-Shop«) ist daher eine Aufforderung zur Unterbreitung eines Angebots.
Online-Shop – Angebot durch Besteller	• Regelmäßig unterbreitet dabei der Besteller das Angebot. *Das geschieht häufig durch Mausklick auf das mittels Shopwerkzeugen erarbeitete Bestellformular.*
Angebot – Wirksamkeit mit Zugang	• Das Angebot erfolgt per E-Mail, bei Online-Shop und bei den meisten anderen Kommunikationsformen gegenüber einem (oder mehreren) Abwesenden und wird nach § 130 I BGB erst mit Zugang wirksam. *Gelangt das Angebot (durch Server-, Protokoll- oder andere Beeinträchtigung) nicht zum Server des gewünschten Vertragspartners, liegt folglich kein wirksames Angebot vor.*
Annahme	• Durch Annahme des Angebots kommt der Vertrag zustande. *Das kann durch Mausklick auf den Annahmebutton des eingegangenen Bestellformulars, vom Leistungsanbieter durch Programmabarbeitung abgesendete E-Mail oder veranlaßten Filetransfer erfolgen.* Dabei sind die Fristen nach §§ 147 ff BGB zu beachten. *Hat der Besteller keine Bindungsfrist gesetzt, wird diese regelmäßig kürzer als bei postalischer Übermittlung sein. Andererseits sind auch Fälle nach § 149 BGB denkbar, wenn die Annahmeerklärung verspätet auf dem Besteller-Server eingeht.*
Zustandekommen des Vertrages – Annahmeerklärung notwendig	• Ein Verzicht auf die Annahmeerklärung nach § 151 S. 1 BGB entspricht ebensowenig der Verkehrssitte wie das Zustandekommen des Vertrags durch Schweigen des Annehmenden. *Die im Zusammenhang mit einem früheren Entwurf der E-Commerce-Richtlinie kontrovers diskutierte zusätzliche Empfangsbestätigung des Bestellers ist nicht mehr vorgesehen.*
Anfechtung – Rechtsfolgen s. erstes Kapitel, 3.3.	• Die Anfechtung des Vertrags nach § 119 BGB mit den Rechtsfolgen nach §§ 122, 142 BGB ist ebenso wie im »normalen« Geschäftsverkehr möglich. *Häufig ist insbesondere der Erklärungsirrtum nach § 119 I 2. Alt. BGB durch Vertippen oder »Verklicken«.*

- Keine Anfechtung ist dagegen möglich bei vorgefertigten Erklärungen, deren Fehler aus zuvor gespeicherten, fehlerhaften Daten resultieren, wie die Rechtsprechung mehrfach festgestellt hat.

  Datenfehler – kein Anfechtungsgrund

- Art. 10 und 11 der E-Commerce-Richtlinie sind durch § 312e BGBM umgesetzt worden: Betreibern von Online-Shops werden danach zwingend Informationspflichten zur Transparenz von Vertragsabschluß und -bedingungen auferlegt (s.u.).

  Online-Shop-Betreiber – Informationspflichten

Auch die Regeln des Stellvertretungsrechts gelten für den Vertragsabschluß in Rechnernetzen.

Stellvertretung – s. erstes Kapitel, 1.

Prokurist P der Firma F informiert die Lieferanten der Firma per E-Mail über die Berechtigung des Mitarbeiters X zum Einkauf für F. Ein von X per E-Mail mit L geschlossener Vertrag über die Lieferung von Rohstoffen verpflichtet F nach § 164 I i.V.m. § 433 II BGB zur Abnahme und Bezahlung der von L vertragsgemäß gelieferten Rohstoffe.

Verschiedentlich werden Anschluß oder Identifikation eines Rechnernetz-Benutzers ohne sein Wissen durch einen Dritten genutzt.

Sekretärin S nutzt den Anschluß ihres Chefs V und bestellt unter seiner E-Mail-Adresse ohne sein Wissen Hardware. Student S bestellt unter dem Namen seines Vaters V im WWW Studienliteratur.

Auf ein solches »Handeln unter fremden Namen« wird das Stellvertretungsrecht nach §§ 164 ff BGB analog angewendet.

War S zur Bestellung nicht bevollmächtigt, so hängt die Wirksamkeit des Vertrags nach § 177 BGB von der Genehmigung durch V ab. Verweigert V die Genehmigung, so kann der Vertragspartner gegenüber S nach § 179 I BGB vorgehen.

Auch die Regeln der Duldungsvollmacht gelten für das Handeln in fremdem Namen in Rechnernetzen. Streitig ist, ob die Regeln der Anscheinsvollmacht erst bei wiederholtem mißbräuchlichem Handeln oder bereits beim ersten Mißbrauch anzuwenden sind, den der Vertretene durch Fahrlässigkeit ermöglicht hat.

Duldungsvollmacht, Anscheinsvollmacht – s. Bürgerliches Recht

Das Leistungsangebot in Rechnernetzen erfolgt meist unter Verweis auf vorformulierte Vertragsbedingungen – AGB.

AGB-Einbeziehung – s. erstes Kapitel, 2.2.

Bietet ein Unternehmer auf seiner WWW-Seite Überlassung seiner Multimedia-Produkte für eine mit ihm zu vereinbarende Nutzungsdauer mit detailliert beschriebenen Nutzungsrechten unter Verweis auf weitere Seiten mit Vertragsbedingungen an, so sind nicht nur letztere, sondern auch Klauseln zu Nutzungsrechten auf der Ausgangsseite nach § 305 I BGBM Allgemeine Geschäftsbedingungen.

Problematisch war bisher die AGB-Verwendung gegenüber Verbrauchern (Hinweis bei Linksetzung, zumutbare Kenntnisnahme, Änderbarkeit). Auch hier ist durch § 312e I Nr. 4 BGBM, wie allgemein für den Vertragsabschluß im elektronischen Geschäftsverkehr Rechtssicherheit geschaffen worden.

§ 312e BGBM — Pflichten im elektronischen Geschäftsverkehr

(1) Bedient sich ein Unternehmer zum Zwecke des Abschlusses eines Vertrags über die Lieferung von Waren oder über die Erbringung von Dienstleistungen eines Tele- oder Mediendienstes (Vertrag im elektronischen Geschäftsverkehr), hat er dem Kunden

1. angemessene, wirksame und zugängliche technische Mittel zur Verfügung zu stellen, mit deren Hilfe der Kunde Eingabefehler vor Abgabe seiner Bestellung erkennen und berichtigen kann,
2. die in der Rechtsverordnung nach Artikel 241 des Einführungsgesetzes zum Bürgerlichen Gesetzbuche bestimmten Informationen rechtzeitig vor Abgabe von dessen Bestellung klar und verständlich mitzuteilen,
3. den Zugang von dessen Bestellung unverzüglich auf elektronischem Wege zu bestätigen und
4. die Möglichkeit zu verschaffen, die Vertragsbestimmungen einschließlich der Allgemeinen Geschäftsbedingungen bei Vertragsabschluss abzurufen und in wiedergabefähiger Form zu speichern.

Bestellungen und Empfangsbestätigungen im Sinne von Satz 1 Nr. 3 gelten als zugegangen, wenn die Parteien, für die sie bestimmt sind, sie unter gewöhnlichen Umständen abrufen können.

(2) Absatz 1 Satz 1 Nr. 1 bis 3 findet keine Anwendung, wenn der Vertrag ausschließlich durch individuelle Kommunikation geschlossen wird. Absatz 1 Satz 1 Nr. 1 bis 3 und Satz 2 findet keine Anwendung, wenn zwischen Vertragsparteien, die nicht Verbraucher sind, etwas anderes vereinbart wird.

(3) Weitergehende Informationspflichten auf Grund anderer Vorschriften bleiben unberührt. Steht dem Kunden ein Widerrufsrecht gemäß § 355 zu, beginnt die Widerrufsfrist abweichend von § 355 Abs. 2 Satz 1 nicht vor Erfüllung der in Absatz 1 Satz 1 geregelten Pflichten.

Vertragsabschluß im elektronischen Geschäftsverkehr:

- Vertragsabschluß über Lieferung von Waren (z.B. Kaufvertrag) oder über Erbringung von Dienstleistungen (z.B. Dienstvertrag)
- zwischen Unternehmer und Kunde (also Verbraucher oder Unternehmer)
- mittels Teledienst (s. § 2 TDG) oder Mediendienst (s. § 2 MDStV), dessen sich der Unternehmer bedient – nicht durch individuelle Kommunikation (§ 312e II), auch nicht per E-Mail,
- wobei die Art der Erfüllung (per Rechnernetz oder außerhalb) ohne Belang ist.

Vertragstypen –
s. erstes Kapitel, 5.

Unternehmer –
§ 14 I BGB
Verbraucher –
§ 13 BGB

Tele-/Mediendienst –
s. 6.

Pflichten des Unternehmers nach § 312e I BGBM:

- Bereitstellung von angemessenen, wirksamen und zugänglichen technischen Mitteln zum Erkennen und Berichtigen von Eingabefehlern vor Abgabe von Bestellungen (Nr. 1). Solche Mittel sind insbes. Komponenten von Software- und Datenbankprodukten. Bestellungen sind nicht nur die (häufigen) Vertragsangebote, sondern auch (insbes. unter den Voraussetzungen von § 150 II BGB) Vertragsannahmen und Aufforderungen zur Angebotsunterbreitung.
- Informationspflichten (Nr. 2), die in § 3 BGB-InfoV detailliert sind (Information über: zum Vertragsabschluß führende Schritte; Speicherung und Abrufbarkeit des Vertragstextes beim Unternehmer; Realisierbarkeit des Erkennen und Berichtigens von Eingabefehlern; für den Vertragsabschluß zur Verfügung stehende Sprachen; Verhaltenskodizes, denen sich der Unternehmer unterwirft, und Möglichkeit des elektronischen Zugangs zu diesen Regelwerken).

Unternehmerpflichten

Bereitstellung
von Mitteln zum
Erkennen und
Berichtigen von
Eingabefehlern

Informationspflichten
nach § 3 BGB-InfoV

Elektronische Bestätigung des Zugangs der Bestellung	• unverzügliche elektronische Bestätigung des Zugangs der Bestellung (Nr. 3) – im Fall des (häufigen) Angebotes nicht notwendig die Annahme. Zur Klarstellung wird in § 312e I S. 2 bestimmt, wann diese Erklärungen zugegangen sind.
Möglichkeit zu Abruf und Speicherung der Vertragsbedingungen	• Abrufbarkeit und Speicherung der Vertragsbestimmungen in wiedergabefähiger Form bei Vertragsabschluß durch den Kunden (Nr. 4). Dies betrifft insbes., aber nicht nur AGB. Für letztere ergibt sich das Erfordernis der Abrufbarkeit gegenüber Verbrauchern bereits aus § 305 II BGBM. Diese Pflichten sind nach § 312e II S. 2 zwingend – auch gegenüber Unternehmern.
Zwingende Pflichten gegenüber Verbrauchern	• Die Pflichten nach Nr. 1 – 3 sind gegenüber Verbrauchern zwingend. Gegenüber Unternehmern sind abweichende Vereinbarungen nach § 312e II S. 2 zulässig.
Rechtsfolgen	Rechtsfolgen nach § 312e BGBM:

- Verletzung der Unternehmerpflichten nach I berührt die Vertragswirksamkeit nicht. Jedoch sind Schadensersatzansprüche des Kunden aus c.i.c. nach § 280 I i.V.m. § 311 II BGBM und wettbewerbsrechtliche Ansprüche (§§ 1, 3 UWG u.a.) möglich.
- Weitergehende Informationspflichten auf Grund anderer Vorschriften bleiben nach III S. 1 unberührt.
- Steht dem Kunden ein Widerrufsrecht bei Verbraucherverträgen nach § 355 BGBM (s.u.) zu, so beginnt die Widerrufsfrist nach III S. 2 nicht vor Erfüllung der in I statuierten Pflichten.

Fernabsatzverträge – § 312b BGBM (s. Bürgerliches Recht)	Die beiden letztgenannten Konsequenzen treffen insbes. für in Rechnernetzen abgeschlossene Fernabsatzverträge zu. Das sind Verträge von Unternehmern mit Verbrauchern im elektronischen Geschäftsverkehr wie des traditionellen Versandhandels. Durch das FernAbsG wurde die EG-Fernabsatzrichtlinie in nationales Recht umgesetzt. Es ist nunmehr in die §§ 312b ff BGBM übernommen worden. Wesentliche Schutzmechanismen sind:
FernAbsG – wichtige Regelungskomplexe	• die Unterrichtung des Verbrauchers nach § 312c BGBM und • dessen Widerrufs- und Rückgaberecht nach § 312d BGBM.

Die Unternehmerpflichten nach § 312c umfassen:

- vorvertragliche Informationspflichten nach I zum geschäftlichen Zweck des Kontaktes mit dem Verbraucher und zu Vertragsdetails, die in § 1 I BGB-InfoV statuiert sind. Die Informationen müssen für den Verbraucher rechtzeitig vor Vertragsschluß in einer dem verwendeten Medium entsprechenden Weise klar und verständlich verfügbar sein.

  Im elektronischen Geschäftsverkehr mit Verbrauchern können WWW-Seiten ebenso wie E-Mail dieses Erfordernis erfüllen.

- vertragliche Informationspflichten nach II, die in § 1 III BGB-Info V detailliert sind, zu:
  * Bedingungen, Ausübung und Rechtsfolgen des Widerrufs- und Rückgaberechts nach § 312d BGBM (s.u.);
  * der Niederlassungsanschrift und einer ladungsfähigen Anschrift des Unternehmers mit Angabe des Vertretungsberechtigten;
  * dem Kundendienst und geltenden Gewährleistungs- und Garantiebedingungen;
  * Kündigungsbedingungen für ein Jahr überschreitende Dauerschuldverhältnisse.

  Die Informationen sind dem Verbraucher in der durch § 126b BGB bestimmten Textform mitzuteilen. Zusätzlich sind auch die Informationen nach I i.V.m. § 1 II BGB-Info V in Textform spätestens bis zur Warenlieferung bzw. vollständigen Vertragserfüllung zu übermitteln.

  E-Mail erfüllt das Erfordernis ebenso wie nachweislich übermittelte Dateien und per Post übersandte Texte oder Datenträger mit den Informationen.

- Ausnahmsweise entfällt die Informationspflicht nach III bei einmalig und unmittelbar per Fernkommunikation zu erbringenden Dienstleistungen (z.B. telefonischem Ansagedienst).
- Praktische Rechtsfolge einer Verletzung der Informationspflichten ist der spätere Beginn der Widerrufsfrist nach § 312d II S. 1 BGBM.

---

§ 312c BGBM

Vorvertragliche Informationspflichten

Vertragliche Informationspflichten

Übermittlung spätestens bis zur Warenlieferung bzw. vollständigen Vertragserfüllung in Textform (s. § 126b BGB)

Kein Wegfall der Informationspflicht im elektronischen Geschäftsverkehr

Verletzung der Informationspflichten späterer Beginn der Widerrufsfrist

Multimedia- und Datenkommunikationsrecht

§ 312d BGBM

Das Widerrufs- und Rückgaberecht bei Fernabsatzverträgen nach § 312d BGBM betrifft:

Widerrufsrecht
- ein generelles Widerrufsrecht des Verbrauchers nach I S. 1; dieses besteht nach § 355 BGBM innerhalb von zwei Wochen (Fristbeginn s.u.). Nach § 312d I S. 2 kann das Widerrufsrecht bei Verträgen über Warenlieferungen durch ein Rückgaberecht nach § 356 BGBM ersetzt werden.

Widerrufsbelehrung
- den Beginn der Widerrufsfrist nach II – erst mit Erfüllung der Informationspflichten einschließlich der Widerrufsbelehrung nach § 312c II (s.o.) und bei Waren nicht vor Liefereingang beim Verbraucher. Dem Verbraucher sind seine Rechte zur Vertragslösung und die Rechtsfolgen in Textform zu verdeutlichen. Frühestens dann beginnt die Widerspruchsfrist.

Fristwahrung – rechtzeitige Absendung
- die Fristwahrung nach § 355 I S. 2 BGBM durch rechtzeitige Absendung der Widerrufserklärung des Verbrauchers in Textform oder durch rechtzeitige Rücksendung der Sache.

Widerruf – Vertragsrückabwicklung
- die Vertragsrückabwicklung bei ausgeübtem Widerrufsrecht nach § 357 BGBM. Die Rückabwicklung erfolgt grundsätzlich auf Kosten und Gefahr des Unternehmers. Jedoch darf er die Rücksendekosten bei Bestellungen bis 40 Euro vertraglich dem Verbraucher auferlegen.

Warenlieferungen – Rückgaberecht
- die mögliche Beschränkung des Widerrufs- auf ein Rückgaberecht bei Warenlieferungen nach I S. 2 i.V.m. § 356 BGBM.

Nach § 312d IV BGBM entfällt das Widerrufsrechts u.a. für:

Sonderfälle ohne Widerrufsrecht
- speziell nach Kundenwünschen angefertigte, nicht zur Rücksendung geeignete oder verderbliche Waren;
- Lieferung von Zeitungen, Zeitschriften oder Illustrierten;
- Multimedia- oder Softwaredateien, sofern die gelieferten Datenträger vom Verbraucher entsiegelt worden sind. Bei online-Erfüllung erlischt das Widerrufsrecht hingegen nach § 312d III BGBM, wenn der Verbraucher die Dateien durch Herunterladen in Anspruch nimmt.

VerbrKrG nunmehr §§ 491 ff BGBM

Für den Verbraucherschutz beim Vertragsabschluß im Internet war schließlich das Verbraucherkreditgesetz (VerbrKrG) beachtlich. Auch dieses ist nunmehr mit den §§ 491 ff BGBM in das BGB integriert. Danach wichtige Regelungen für Ratenzahlungsverträge, die online mit Verbrauchern abgeschlossen werden, sind:

- die Einhaltung der nach § 492 I S. 1 BGBM notwendigen Schriftform mit der Spezifikation nach § 502 I BGBM und alternativer Zulassung der Textform nach § 502 II. Allerdings wird der Formmangel durch Inanspruchnahme des Kredits oder Warenübergabe nach § 494 II BGBM geheilt.

    Ratenzahlungsverträge mit Verbrauchern: im elektronischen Geschäftsverkehr zu beachtende Besonderheiten

- das Widerrufsrecht nach § 495 I BGBM mit Verweis auf die nunmehr in § 355 BGBM für Verbraucherverträge einheitliche Regelung. Eine Ausnahme betrifft nach § 495 III vereinbarte Überziehungskredite, wenn der Verbraucher jederzeit und ohne zusätzliche Kosten den Kreditbetrag zurückzahlen kann.
- Nach § 495 II BGBM gilt jedoch bei nicht mit einem anderen Verbrauchergeschäft verbundenen Krediten ein erklärter Widerruf unter folgenden Voraussetzungen als nicht erfolgt:
    * Empfang des Kreditbetrages durch den Verbraucher vor Widerruf,
    * keine Rückzahlung des Kreditbetrages binnen zwei Wochen nach Widerrufserklärung oder nach Auszahlung und
    * Einbeziehung dieser Rechtsfolge in die nach § 355 II BGBM erforderliche Belehrung über das Widerrufsrecht.

4.3. Werbung in Rechnernetzen

Rechnernetze, vor allem das Internet, werden mehr und mehr auch als Marketing-Instrumente erkannt und genutzt. Festzuhalten ist zunächst, daß allgemeine Regelungen zur Werbung auch für Rechnernetze zutreffen. Das betrifft:

- standes- und berufsrechtliche Einschränkungen (für Ärzte, Apotheker, Rechtsanwälte, Notare, Wirtschaftsprüfer u.a.);
- produktspezifische Werbeeinschränkungen (Arzneimittel, Tabakwaren u.a.).

Allgemeine Werbevorschriften – auch für Rechnernetze

Netzspezifische Problembereiche der Werbung sind:

- die unaufgeforderte Zusendung von Werbung per E-Mail,
- die Trennung von Werbung und übrigem Inhalt auf einer Internetseite oder in einem anderen Informationsangebot,
- die Verwendung von Hyperlinks zu Werbezwecken.

Rechnernetze – Problembereiche

Verstoß gegen § 1 UWG

TDDSG – s. fünftes Kapitel, 5.2.

Die unaufgeforderte Werbung per E-Mail ist inzwischen auch von der Rechtsprechung als Verstoß gegen § 1 UWG eingeordnet worden. Zusätzlich kann der Umgang mit E-Mail-Adressen gegen das TDDSG verstoßen. Die Bundesregierung hat insoweit keinen weiteren Umsetzungsbedarf für die EG-Fernabsatzrichtlinie gesehen. Nach deren Art. 10 sind zwar Werbe-E-Mails erlaubt, soweit keine Ablehnung des Empfängers offenkundig ist. Allerdings läßt Art. 14 ausdrücklich strengere Bestimmungen einzelner Mitgliedsstaaten zu.

Problematisches Trennungsgebot

Die Trennung von Werbung und übrigem Inhalt ist nach § 9 II Mediendienste-Staatsvertrag (s. 6.) für Mediendienste ausdrücklich vorgeschrieben. In der Literatur wird das Trennungsgebot, ständiger Rechtsprechung zu den herkömmlichen Medien folgend, überwiegend bejaht; Verstöße werden als unlautere Werbung i.S.d. §§ 1, 3 UWG eingeordnet. Die Kennzeichnung entsprechender Teile als Werbung, erkennbar auch bei Hyperlinks, Inline-Links oder Frames, scheint daher Pflicht jedes Informationsanbieters zu sein. Kritische Stimmen machen jedoch darauf aufmerksam, daß die inhaltliche Trennung außerhalb presse- und rundfunkähnlicher Angebote praktisch kaum realisierbar ist: Unternehmensinformationen, soweit sie eine positive Einschätzung der Produkte und Leistungen beinhalten, sind Marketinginformationen.

Hyperlinks – grundsätzlich zulässig

Hyperlinks – wettbewerbsrechtliche Grenzen

Grundsätzlich zulässige Hyperlinks, auch auf WWW-Seiten anderer Unternehmen, haben ihre Grenzen unter anderem im Wettbewerbsrecht. Als unzulässig wurden so eingeordnet:

- die Einbeziehung der Marke eines Konkurrenten in Metatags, wodurch Suchmaschinen nach Anforderung der fremden Bezeichnung auf die eigene WWW-Seite verweisen – Verstoß gegen § 1 UWG.
- die Präsentation nicht als solcher erkennbarer fremder WWW-Seiten, auch von Teilen, zur Rufausbeutung von Konkurrenten – Verstoß gegen § 1 UWG.
- die Präsentation von WWW-Seiten fremder Hersteller durch renommierte Produzenten, um deren Produkte als eigene zu vertreiben (irreführende Angaben) – Verstoß gegen § 3 UWG.

5. Regelung und Rechtsanwendung kryptographischer Verfahren

Ein kryptographisches Verfahren a ermöglicht die Verschlüsselung v einer Nachricht t mittels eines Codes k, so daß der Empfänger von v durch Anwendung von a mittels k die unverschlüsselte Nachricht ermitteln kann:

Kryptographisches Verfahren – was ist das?

Sender: $\quad a_k(t) = v$

Empfänger: $\quad a_k(v) = t$

Kryptographische Verfahren und Codes sind wichtige Hilfsmittel sicheren elektronischen Geschäftsverkehrs und allgemein – auch in der Informatik – zum Geheimnisschutz. Die Bundesregierung hat mehrfach klargestellt, daß die Anwendung kryptographischer Verfahren in die Kompetenz der in Rechnernetzen agierenden Rechtssubjekte fällt und gesetzlich nicht eingeschränkt werden soll.

Verwendung kryptographischer Verfahren – ohne gesetzliche Beschränkung

Normiert wurde dagegen die Anwendung von (einigen) Verfahren, die die inhaltliche und personelle Echtheit übermittelter Daten sicherstellen sollen – bisher digitale Signaturen und nunmehr qualifizierte elektronische Signaturen.

Rechtlich geregelt: sichere Datenkommunikation

5.1. Digitale Signaturen

Im bis 2001 gültigen Signaturgesetz (SigG) wurden Rahmenbedingungen ausschließlich für digitale Signaturen statuiert. Diese setzen beim Sender und Empfänger von Daten t ein asymmetrisches kryptographisches Verfahren a mit einem Paar aus privatem (geheimem) und öffentlichen Schlüssel (s, p) voraus:

Früheres SigG – sichere digitale Signaturen

$$a_s(t) = d$$

$$a_p(d) = t$$

Die hier als d bezeichnete Verschlüsselung der Daten wird gemeinsam mit diesen übermittelt.

In der Praxis werden sichere digitale Signaturen bisher überwiegend mittels Chipkarten (Signaturerstellungseinheit) erzeugt, die den Algorithmus a und den privaten Schlüssel s eines Senders enthalten. Entwicklungssysteme für Internet-Software enthalten auch Komponenten zur Erstellung und Benutzung von digitalen Signatu-

Digitale Signaturen – Implementierung

ren, so *JAVA Cryptography Architecture (JCA) und JAVA Cryptography Extension (JCE)*. Angewendet werden auch kompliziertere Verfahren, die auf den oben skizzierten Voraussetzungen beruhen.

Die Komponenten s, p und a sollen für die verschiedenen Sender so gestaltet werden, daß Integrität und Authentizität der übermittelten Daten als sicher gelten. Verwendung und Verfahren waren den Anwendern grundsätzlich freigestellt. Normiert waren Rahmenbedingungen für sichere digitale Signaturen.

Digitale Signatur – elektronische Unterschrift?

Die digitale Signatur wird oft als elektronische Unterschrift eingeordnet. Dabei wird bisweilen übersehen, daß eine Unterschrift verschiedene Eigenschaften aufweist. Zu diesen gehören:

Unterschrift – Eigenschaften

- eindeutige Verbindung mit der unterschriebenen Willenserklärung (Immutabilität),
- Schutz vor voreiligen Willensäußerungen (Übereilungsschutz),
- eindeutiger Bezug zum Erklärenden (Originalität).

Immutabilität – digitale Signatur geeignet

Hinsichtlich der Immutabilität hat die digitale Signatur deutliche Vorteile gegenüber der eigenhändigen Unterschrift: Bei sicheren Schlüsseln und Verfahren führt jede Datenmanipulation zu einer veränderten Signatur und damit letztlich zur Aufdeckung.

Dagegen sind bei schriftlichen Dokumenten Änderungen oder Einfügungen möglich, die die Unterschrift nicht berühren. Auch die Warnfunktion vor einer übereilten Willensabgabe kann eine digitale Signatur zumindest ebenso erfüllen; Verfahren zur Signaturerstellung lassen sich in diesem Sinne verfeinern. Defizite weist die digitale Signatur jedoch hinsichtlich der Originalität auf: Der maschinelle Vorgang ist bei Kenntnis von Verfahren und privatem Schlüssel durch Dritte identisch reproduzierbar.

Originalität – digitale Signatur nicht ohne Probleme

Weitergabe der Chipkarte mit Algorithmus und privatem Schlüssel einschließlich der für diese zur Sicherung herangezogenen PIN kann bspw. die Originalität verletzen.

Intensiv erforscht werden daher gegenwärtig biometrische Verfahren zur Gewährleistung der Originalität sowohl von digitaler Signatur als auch einer tatsächlichen digitalen Unterschrift.

Einbeziehung biometrischer Verfahren

Verfügbar ist ein Prototyp zur vierdimensional (Schreibgeschwindigkeit, -druck, Länge, Breite) digital erfaßten Unterschrift, die mit dem Basisdokument untrennbar digital verbunden wird.

Wegen der Originalitätssicherung werden menschenwürdige biometrische Verfahren in der Vertragspraxis auf Dauer ohne Alternative bleiben. Ihre Einbeziehung in Verbindung mit Äquivalenz zur Unterschrift sowie die Berücksichtigung weiterer Vorgaben der EG-Richtlinie über gemeinschaftliche Rahmenbedingungen für elektronische Signaturen vom 13.12.99 (Genehmigungsfreiheit von Zertifizierungsdiensten, deren freiwillige Akkreditierung, Haftung, Datenschutz) führten zur kompletten Novellierung des SigG. Mit der seit 01.05.01 gültigen Neufassung treten qualifizierte elektronische Signaturen an die Stelle digitaler Signaturen.

Neues SigG – Umsetzung EG-Richtlinie

5.2. Elektronische Signaturen

Mit dem jetzt gültigen SigG ist die bisherige rechtliche Zweiteilung von Signaturverfahren durch eine Vierteilung ersetzt:

- sonstige Signaturverfahren,
- fortgeschrittene Signaturverfahren,
- qualifizierte Signaturverfahren und
- akkreditierte Signaturverfahren.

Signaturverfahren – Unterscheidung nach SigG

Begriffsbestimmungen **§ 2 SigG**

Im Sinne dieses Gesetzes sind

1. »elektronische Signaturen« Daten in elektronischer Form, die anderen elektronischen Daten beigefügt oder logisch mit ihnen verknüpft sind und zur Authentifizierung dienen,
2. »fortgeschrittene elektronische Signaturen« elektronische Signaturen nach Nummer 1, die
    a) ausschließlich dem Signaturschlüssel-Inhaber zugeordnet sind,
    b) die Identifizierung des Signaturschlüssel-Inhabers ermöglichen,
    c) mit Mitteln erzeugt werden, die der Signaturschlüssel-Inhaber unter seiner alleinigen Kontrolle halten kann, und
    d) mit den Daten, auf die sie sich beziehen, so verknüpft sind, dass eine nachträgliche Veränderung der Daten erkannt werden kann,
3. »qualifizierte elektronische Signaturen« elektronische Signaturen nach Nummer 2, die

a) auf einem zum Zeitpunkt ihrer Erzeugung gültigen qualifizierten Zertifikat beruhen und
b) mit einer sicheren Signaturerstellungseinheit erzeugt wurden,

[...]

15. »freiwillige Akkreditierung« Verfahren zur Erteilung einer Erlaubnis für den Betrieb eines Zertifizierungsdienstes, mit der besondere Rechte und Pflichten verbunden sind.

Elektronische Signatur

Elektronische Signaturen sind technologieneutral und ohne Sicherheitsanforderungen definiert.

Bereits eine gescannte, mit anderen elektronischen Dokumenten verknüpfte Unterschrift genügt der Definition in § 2 Nr. 1 SigG.

Fortgeschrittene elektronische Signatur – Verwendung von Signaturschlüssel und Signaturprüfschlüssel

Fortgeschrittene elektronische Signaturen umfassen die oben beschriebenen digitalen Signaturen mit Anforderungen an Eindeutigkeit, Authentizität, Schutzfähigkeit der Signaturerstellungseinheit und Integrität. Die Erstellung fortgeschrittener elektronischer Signaturen erfolgt beim Absender eines elektronischen Dokuments mittels privatem Schlüssel (nach § 2 Nr. 4 SigG allgemeiner: Signaturschlüssel), die Prüfung beim Empfänger mittels öffentlichem Schlüssel (nach § 2 Nr. 5 SigG allgemeiner: Signaturprüfschlüssel).

Implementierungen von Pretty Good Privacy (PGP) mit Speicherung der Signaturschlüssel auf maschinenlesbaren Datenträgern können bspw. die Anforderungen von § 2 Nr. 2 SigG erfüllen.

Qualifizierte elektronische Signatur – besondere fortgeschrittene elektronische Signatur

Qualifizierte elektronische Signaturen sind fortgeschrittene elektronische Signaturen, für die weitere Voraussetzungen zutreffen:

- Erstellung entsprechend einem qualifizierten Zertifikat nach § 2 Nr. 7 SigG – die Gewinnung von Schlüsselpaaren erfordert Spezialwissen und -technik und soll deshalb durch ausgezeichnete Stellen erfolgen: Zertifizierungsdiensteanbieter nach § 2 Nr. 8 SigG. Diese benutzen für die Übermittlung der Signaturprüfschlüssel spezielle Zertifikate – elektronische Bescheinigungen, die Signaturprüfschlüssel einer Person zuordnen und deren Identität bestätigen. Qualifizierte Zertifikate werden nur für natürliche Personen von Zertifizierungsdiensteanbietern ausgestellt, die allen Sicherheitsanforderungen von SigG und novellierter Signaturverordnung (SigV) genügen.

Zertifizierungsdiensteanbieter – vertrauenswürdiger Dritter

Sichere Signaturerstellungseinheit

- Erstellung mittels einer »sicheren Signaturerstellungseinheit« – nach § 2 Nr. 10 SigG – gesetzes- und verordnungskon-

forme Software- oder Hardwareeinheit zur Speicherung und Anwendung des jeweiligen Signaturschlüssels.
- Nach § 17 I SigG müssen sichere Signaturerstellungseinheiten auch gegen unberechtigte Nutzung der Signaturschlüssel schützen. Entsprechend müssen technische Komponenten der Zertifizierungsdienste nach § 17 III SigG auch Vorkehrungen enthalten, um bei Erzeugung und Übertragung von Signaturschlüsseln deren Geheimhaltung zu gewährleisten. Die Anforderungen werden in § 15 SigV spezifiziert. Ausdrücklich wird in § 15 I der Identifikation durch Besitz der Einheit (Chipkarte o.ä.) und Wissen (eines Passworts) als Voraussetzungen für die Anwendung eines Signaturschlüssels dieser Besitz in Kombination mit einem oder mehreren biometrischen Merkmalen gleichgestellt, wenn eine äquivalente Sicherheit erreicht wird.

Schutz gegen unberechtigte Nutzung von Signaturschlüsseln

Rechtliche Konsequenz ist nach § 126 III i.V.m. § 126b die Gleichstellung zu Dokumenten mit Schriftform:
- kein gesetzlicher Ausschluß der Gleichstellung,
- elektronische Dokumente mit qualifizierter elektronischer Signatur nach SigG,
- ausdrückliches oder konkludentes Einverständnis des Erklärungsempfängers mit der elektronischen Form,
- Vertrag – qualifizierte elektronische Signierung durch alle Vertragsparteien.

Rechtliche Konsequenz – Gleichstellung von elektronischer Form und Schriftform (s. 4.1.)

Zertifizierungsdiensteanbieter, qualifizierte Zertifikate und sichere Signaturerstellungseinheiten sind wesentliche Teile der Sicherungsinfrastruktur nach SigG. Die Subjekte der Sicherungsinfrastruktur bilden eine flache, aber sehr breite Struktur.

Sicherheitsinfrastruktur – Subjekte

- Zertifizierungsdiensteanbieter Z_i (i=1...n) müssen sich nicht mehr vorab überprüfen lassen; ihre Tätigkeit ist nach § 4 I SigG genehmigungsfrei.

Zertifizierungsdiensteanbieter – keine Genehmigung erforderlich

- Die notwendigen Voraussetzungen für den Betrieb nach § 4 II SigG i.V.m. § 2 SigV stimmen aber mit den Anforderungen überein, die für die Genehmigung bisheriger Zertifizierungsstellen zu erfüllen waren. Zertifizierungsdiensteanbieter müssen zuverlässig und fachkundig sein und den sonstigen Anforderungen von SigG und SigV genügen.

Zertifizierungsdiensteanbieter – strenge Anforderungen

Zertifizierungsdiensteanbieter – Anzeigepflicht

- Die Erfüllung der Betriebsvoraussetzungen ist nach § 4 III SigG i.V.m. § 1 SigV spätestens mit Betriebsaufnahme der zuständigen Behörde anzuzeigen. Diese ist die für die wettbewerbsrechtliche Regulierung der Telekommunikation nach § 66 TKG zuständige Regulierungsbehörde (R).

Zertifizierungsdiensteanbieter – keine gemeinsame Zertifizierungsstruktur

- Diensteanbieter, die qualifizierte Zertifikate bereitstellen, haben keine gemeinsame Zertifizierungsstruktur mit anderen Anbietern. Wird Interoperabilität bezüglich der Signaturschlüssel zwischen Schlüsselinhabern verschiedener Anbieter gewünscht bzw. erforderlich, ist die entsprechende Cross-Zertifizierung außerhalb der SigG-Normen praktische Aufgabe der Anbieter.

Akkreditierte Signaturverfahren – Akkreditierung durch Regulierungsbehörde der Telekommunikation

Die Cross-Zertifizierung entfällt bei akkreditierten Signaturverfahren. Diese sind besondere qualifizierte Signaturverfahren. Akkreditierte Zertifizierungsdiensteanbieter müssen weitergehende Sicherheitspflichten erfüllen und unterliegen einer Vorabüberprüfung durch die Regulierungsbehörde R nach § 15 SigG i.V.m. § 11 SigV.

Das bisherige freiwillige Genehmigungsverfahren nach § 4 SigG a.F. wurde rechtspraktisch durch das akkreditierte Signaturverfahren nach § 15 SigG ersetzt.

Die Subjektstruktur wird damit erweitert, wie das nachfolgende Bild zeigt.

Akkreditierte Signaturverfahren – Charakteristika

- Akkreditierte elektronische Signaturen sind am qualifizierten Zertifikat der Regulierungsbehörde nach § 16 SigG erkennbar.
- Akkreditierte Zertifizierungsdiensteanbieter erhalten nach § 15 II S. 3 SigG ein Gütezeichen der Regulierungsbehörde. Nach der Begründung des Gesetzentwurfs sollen damit die gegenüber qualifizierten elektronischen Signaturen höhere Sicherheit im Geschäftsverkehr deutlich gemacht und sichere Zertifizierungsstellen gefördert werden.

Empfänger benötigt Zertifikatsangaben

Aus Sicht eines Empfängers E elektronisch signierter Daten ist ein Absender A_f damit genau einem Zertifizierungsdiensteanbieter Z_g zugeordnet. E benötigt den Signaturprüfschlüssel von A_f, den ihm das von Z_g für A_f vergebene qualifizierte Zertifikat nebst anderen Angaben vermittelt:

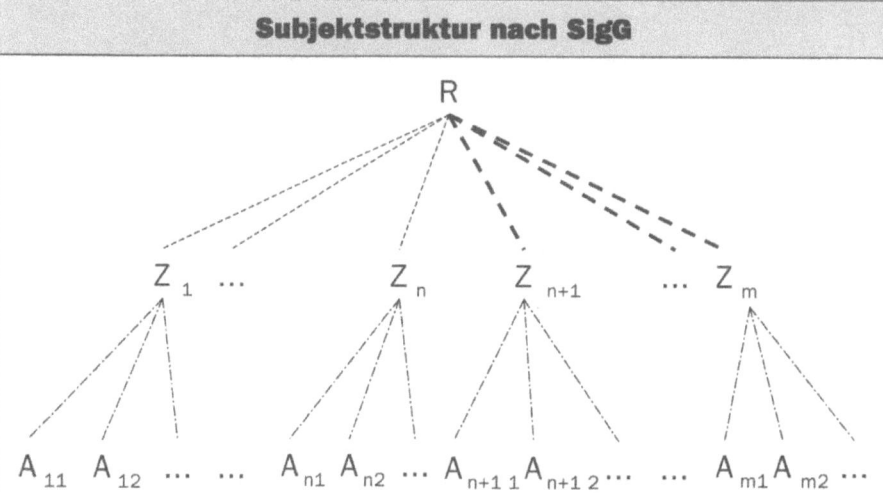

Legende:

A_{ij} (i=1...n) — Signaturschlüssel-Inhaber auf Basis qualifizierter elektronischer Signatur

A_{kj} (k=n+1...m) — Signaturschlüssel-Inhaber auf Basis akkreditierten Signaturverfahrens

Z_i (i=1...n) — Zertifizierungsdiensteanbieter für qualifizierte elektronische Signaturen

Z_k (k=n+1...m) — akkreditierte Zertifizierungsdiensteanbieter

R — Zuständige Behörde

--------- — Anzeige der Betriebsvoraussetzungen

— — — — — — Akkreditierung von Zertifizierungsdiensteanbietern

—·—·—·—·— Zertifizierung von Nutzern (Signaturschlüssel-Inhabern) auf Basis qualifizierter elektronischer Signatur

§ 7 SigG — Inhalt von qualifizierten Zertifikaten

(1) Ein qualifiziertes Zertifikat muss folgende Angaben enthalten und eine qualifizierte elektronische Signatur tragen:

1. den Namen des Signaturschlüssel-Inhabers, der im Falle einer Verwechslungsmöglichkeit mit einem Zusatz zu versehen ist, oder ein dem Signaturschlüssel-Inhaber zugeordnetes unverwechselbares Pseudonym, das als solches kenntlich sein muß,
2. den zugeordneten Signaturprüfschlüssel,
3. die Bezeichnung der Algorithmen, mit denen der Signaturprüfschlüssel des Signaturschlüssel-Inhabers sowie der Signaturprüfschlüssel des Zertifizierungsdiensteanbieters benutzt werden kann,
4. die laufende Nummer des Zertifikats,
5. Beginn und Ende der Gültigkeit des Zertifikates,
6. den Namen des Zertifizierungsdiensteanbieters und des Staates, in dem er niedergelassen ist,
7. Angaben, ob die Nutzung des Signaturschlüssels auf bestimmte Anwendungen nach Art und Umfang beschränkt ist,
8. Angaben, dass es sich um ein qualifiziertes Zertifikat handelt,

[...]

Zertifikatsinhalte sind also insbesondere:

Zertifikatsangaben

- Name oder Pseudonym von A_f,
- $p(A_f)$
- Bezeichnung der Algorithmen $a(A_f)$, $a(Z_g)$,
- Name von Z_g.

Empfänger benötigt Signaturprüfschlüssel

Der Empfänger E kann damit den Signaturprüfschlüssel $p(A_f)$ dem für A_f ausgestellten Zertifikat entnehmen. Entweder wird dies mit den Daten und der elektronischen Signatur übermittelt, oder E ruft das Zertifikat nach § 5 I S. 2 SigG i.V.m. § 4 SigV mit Genehmigung von A_f online bei Z_g ab. In jedem Fall wird die Prüfung des Zertifikats erforderlich, wozu E den Signaturprüfschlüssel des Zertifizierungsdiensteanbieters $p(Z_g)$ benötigt. Diesen kann er für akkreditierte Zertifizierungsdiensteanbieter dem von R für Z_g ausgestellten qualifizierten Zertifikat entnehmen, das nach § 16 II SigG von R online durch jedermann nachprüfbar und abrufbar zu halten ist.

Das nachfolgende Bild zeigt die Abläufe bei der Datenkommunikation unter Verwendung qualifizierter elektronischer Signaturen. Dabei werden in der Informatikpraxis wegen des Datenumfangs häufig nicht die Daten (t), sondern eine eindeutige Abbildung durch einen Hash-Algorithmus verschlüsselt und entschlüsselt.

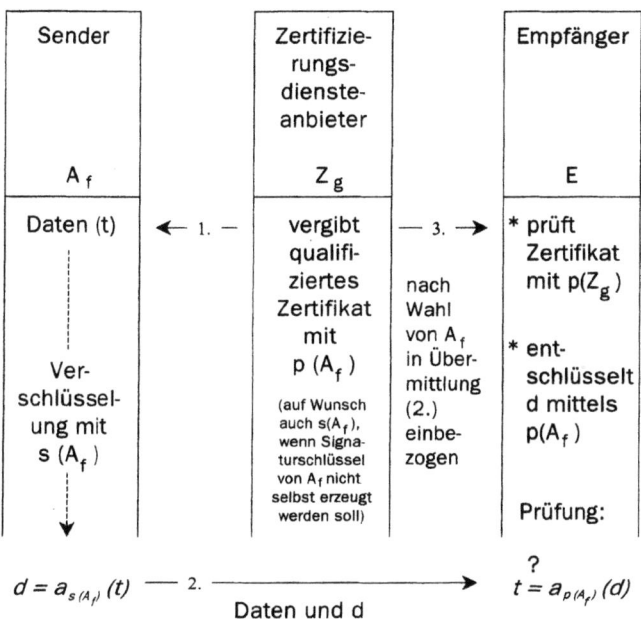

Datenkommunikation unter Verwendung qualifizierter elektronischer Signaturen nach dem SigG

Aus den komplizierten SigG-Bestimmungen ergeben sich folgende Pflichten der Zertifizierungsdiensteanbieter:

- Erstellung und Umsetzung eines Sicherheitskonzepts nach § 4 II SigG i.V.m. § 2 SigV;
- Anzeige der Tätigkeitsaufnahme gegenüber der Regulierungsbehörde [R] nach § 4 III SigG i.V.m. § 1 SigV;
- Zertifizierung von Antragstellern auf qualifizierte Zertifikate nach § 5 SigG i.V.m. §§ 3 ff SigV;
- Aufnahme weiterer Angaben in qualifizierte Zertifikate nach § 5 II SigG i.V.m. § 3 II SigV: Vertretungsmacht für Dritte nur mit deren nachgewiesener Einwilligung, berufsbezogene oder sonstige Angaben zur Person nur bei Vorlage einer entsprechenden Bestätigung der für die Angaben zuständigen Stelle;

Zertifizierungsdiensteanbieter – Pflichten (1)

Zertifizierungs-diensteanbieter – Pflichten (2)

- Treffen von Vorkehrungen für die Geheimhaltung der Signaturschlüssel beim Benutzer nach § 5 IV SigG i.V.m. § 5 I SigV;
- Gewährleistung der Online-Verfügbarkeit von qualifizierten Zertifikaten nach § 5 I S. 2 SigG i.V.m. § 4 SigV;
- Einsatz zuverlässigen Personals und von Produkten, die alle SigG-Anforderungen erfüllen, nach § 5 V SigG i.V.m. § 5 III SigV;
- Unterrichtung der Antragsteller mit Nachweisführung nach § 6 III SigG: über erforderliche Maßnahmen für die Sicherheit qualifizierter elektronischer Signaturen nach § 6 I SigV i.V.m. § 6 SigV, über die Rechtswirkung qualifizierter elektronischer Signaturen nach § 6 II SigG;
- Sperrung von qualifizierten Zertifikaten ex nunc unter den Voraussetzungen von § 8 I SigG i.V.m. § 7 SigV;
- Dokumentation der Sicherheitsmaßnahmen und der ausgestellten qualifizierten Zertifikate nach § 10 SigG i.V.m. § 8 SigV, damit die Daten und ihre Unversehrtheit jederzeit nachprüfbar sind;
- Vornahme erforderlicher Maßnahmen vor Tätigkeitsbeendigung nach § 13 SigG i.V.m. § 10 SigV: unverzügliche Anzeige gegenüber R, Besorgen eines Nachfolgers und Übertragung oder Sperrung der qualifizierten Zertifikate, Benachrichtigung der zertifizierten Benutzer, Übergabe der Dokumentation nach § 10 SigG an den Nachfolger oder R;
- Verschuldenshaftung mit Beweislastumkehr nach § 11 SigG für alle Leistungen nach SigG, die Schäden Dritter bewirken, einschließlich der Verschuldenshaftung für beauftragte Dritte;
- Deckungsvorsorge von mindestens 250.000 Euro für schuldhaft verursachte Schäden nach § 12 SigG i.V.m. § 9 SigV;
- Einhaltung von Datenschutzmaßgaben nach § 14 SigG.

Wesentliche Rechte und Pflichten der Regulierungsbehörde sind:

Regulierungsbehörde – Rechte und Pflichten

- Online-Präsentation der Namen aktiver und nicht mehr aktiver Zertifizierungsdiensteanbieter nach § 19 VI SigG;
- Kontrolle der Zertifizierungsdiensteanbieter auch ohne Anlaß nach § 19 II SigG;
- Untersagung der Tätigkeit von Zertifizierungsdiensteanbietern unter den Voraussetzungen von § 19 III SigG;
- Anordnung der Sperrung von gefälschten oder nicht hinreichend sicheren qualifizierten Zertifikaten nach § 19 IV SigG.

Zusätzliche Rechte und Pflichten hat die Regulierungsbehörde im Zusammenhang mit der Akkreditierung:

- Ausstellung qualifizierter Zertifikate für akkreditierte Zertifizierungsdiensteanbieter nach § 16 I SigG;
- Online-Präsentation qualifizierter Zertifikate einschließlich Sperrungen und Betriebsuntersagungen nach § 16 II SigG;
- Anerkennung von Prüf- und Bestätigungsstellen auf Antrag nach § 18 SigG i.V.m. § 16 SigV, die das Sicherheitskonzept von Antragstellern nach § 15 III SigG sowie die verwendeten Produkte nach § 15 VIII SigG »umfassend auf Eignung und praktische Umsetzung« wiederholt und nach sicherheitserheblichen Änderungen prüfen und bestätigen.

Akkreditierung –
Rechte und Pflichten der Regulierungsbehörde

Der Gesetzgeber hat mit der SigG-Novellierung wesentliche Voraussetzungen auch rechtlich sicherer Datenkommunikation geschaffen. Zwar bleiben Schwierigkeiten, die in der Natur sicherer Zertifizierungsdienste begründet sind:

- hohe Anforderungen an verwendete technische Komponenten,
- für Außenstehende schwer zu verstehende Verweisstruktur (SigG → SigV → Anlage 1 zur SigV → Maßnahmenkataloge).

Sichere Zertifizierung – aufwendiges Vorgehen

Die eigentlichen Kritikpunkte an der seit 1997 gültigen SigG-Fassung (fehlende rechtliche Konsequenzen verwendeter digitaler Signaturen, fehlende Harmonisierung mit Regelungen anderer Staaten – die Anerkennung ausländischer elektronischer Signaturen regelt § 23 SigG i.V.m. § 18 SigV, Fehlen von Haftungsregelungen) sind jedoch ausgeräumt.

SigG-Novellierung – Beseitigung bisheriger Kritikpunkte

6. Anbieter von Online-Diensten

Online-Dienste: Teledienste und Mediendienste

Schwierige Abgrenzung

Online-Dienste können Tele- oder Mediendienste sein. Die Abgrenzung ist im Einzelfall schwierig: Mediendienste sind durch redaktionelle Gestaltung zur Meinungsbildung für die Allgemeinheit gekennzeichnet, während Teledienste auf individuelle Nutzung von Informations- und Kommunikationsangeboten abstellen.

Mediendienste: MDStV

Mediendienste fallen in die Gesetzgebungskompetenz der Bundesländer. In allen Ländern gleiche inhaltliche Rahmenbedingungen sind im Mediendienste-Staatsvertrag von 1997 (MDStV) geregelt.

Teledienste: TDG

In Umsetzung der E-Commerce-Richtlinie ist seit dem 21.12.01 das modifizierte und erweiterte Teledienstegesetz (TDG) in Kraft. Geplant ist eine damit abgestimmte MDStV-Änderung.

§ 2 TDG

Geltungsbereich

(1) Die nachfolgenden Vorschriften gelten für alle <u>elektronischen Informations- und Kommunikationsdienste</u>, die für eine <u>individuelle Nutzung</u> von kombinierbaren Daten wie Zeichen, Bilder oder Töne bestimmt sind und denen eine <u>Übermittlung mittels Telekommunikation</u> zugrundeliegt (Teledienste).

(2) Teledienste im Sinne des Absatzes 1 sind insbesondere
1. Angebote im Bereich der Individualkommunikation (zum Beispiel Telebanking, Datenaustausch),
2. Angebote zur Information oder Kommunikation, soweit nicht die redaktionelle Gestaltung zur Meinungsbildung für die Allgemeinheit im Vordergrund steht (Datendienste, zum Beispiel Verkehrs-, Wetter-, Umwelt- und Börsendaten, Verbreitung von Informationen über Waren und Dienstleistungsangebote),
3. Angebote zur Nutzung des Internets oder weiterer Netze,
4. Angebote zur Nutzung von Telespielen,
5. Angebote von Waren und Dienstleistungen in elektronisch abrufbaren Datenbanken mit interaktivem Zugriff und unmittelbarer Bestellmöglichkeit.

(3) Absatz 1 gilt <u>unabhängig davon, ob die Nutzung</u> der Teledienste ganz oder teilweise <u>unentgeltlich oder gegen Entgelt möglich ist</u>. [...]

Eine WWW-Seite oder ein Online-Shop können nach der in § 2 I TDG gegebenen weiten Definition ein Teledienst sein.

Das TDG soll nach seinem § 1 einheitliche wirtschaftliche Rahmenbedingungen für Teledienste schaffen. Diese betreffen:

- das Herkunftslandprinzip für deutsche und in Deutschland tätige EU-Provider,
- die Zugangsfreiheit zu Telediensten,
- die Anbieterkennzeichnung und
- die Verantwortlichkeit der Diensteanbieter (Provider).

TDG-Regelungen: Herkunftslandprinzip – § 4, Zugangsfreiheit – § 5, Anbieterkennzeichnung – §§ 6 f, Verantwortlichkeit – § 8 ff

Herkunftslandprinzip

§ 4 TDG

(1) In der Bundesrepublik Deutschland niedergelassene Diensteanbieter und ihre Teledienste unterliegen den Anforderungen des deutschen Rechts auch dann, wenn die Teledienste in einem anderen Staat ... (der EU) ... geschäftsmäßig angeboten oder erbracht werden.

(2) Der freie Dienstleistungsverkehr von Telediensten, die in der Bundesrepublik Deutschland von Diensteanbietern geschäftsmäßig angeboten oder erbracht werden, die in einem anderen Staat ... (der EU) ... niedergelassen sind, wird nicht eingeschränkt [...].

Anforderungen und Zuständigkeit grundsätzlich nach deutschem Recht für in Deutschland niedergelassene Diensteanbieter – § 4 I:

- auch wenn Provider Teledienste in einem anderen EU-Mitgliedsstaat geschäftsmäßig anbietet oder erbringt,
- für geschäftsmäßig angebotene oder erbrachte Teledienste, d.h. auf Dauer angelegte Tätigkeit,
- mit in III ff statuierten Einschränkungen und Ausnahmen,
- betrifft zunächst das deutsche Internationale Privatrecht, was § 2 VI TDG verdeutlicht, daher:
- vertragliche Rechtswahlklauseln bleiben wichtig.

Anwendung deutschen Rechts für Diensteanbieter mit Niederlassung in Deutschland

Umgekehrt darf ein ausländischer Provider in Deutschland keinen Beschränkungen unterworfen werden – § 4 II:

- die über die rechtlichen Anforderungen seines EU-Niederlassungsstaates hinausgehen,
- mit in III ff statuierten Einschränkungen und Ausnahmen.

Keine rechtliche Beschränkung für ausländische EU-Provider

Wichtige Einschränkungen und Ausnahmen zum Herkunftslandprinzip für den Informatikbereich betreffen:

Multimedia- und Datenkommunikationsrecht

Einschränkungen und Ausnahmen zum Herkunftslandprinzip nach § 4 TDG

- die Freiheit der Rechtswahl (III Nr. 1),
- schuldrechtliche Vorschriften über Verbraucherverträge (III Nr. 2),
- das Urheberrecht und weiteren Rechtsschutz (IV Nr. 6),
- den Datenschutz (IV Nr. 10),
- den prozessualen Bereich (IV Nr. 1 f),
- die in Deutschland eben auch aus dem EU-Ausland unzulässige Werbung per E-Mail (IV Nr. 3).

Weitgehend evident sind die Bestimmungen zu Zugangsfreiheit (§ 5) und Anbieterkennzeichnung (§§ 6 f).

§ 5 TDG

Zugangsfreiheit

Teledienste sind im Rahmen der Gesetze zulassungs- und anmeldefrei.

Im Internet werden bspw. die verschiedensten Teledienste angeboten.

Bei geschäftsmäßigen Angeboten soll den Nutzern der Anbieter eines Teledienstes als der Adressat ihrer Willenserklärungen und eventueller Ansprüche sowie dessen rechtliche Einordnung ersichtlich sein. Dazu bestimmte Informationspflichten sind wesentlich erweitert worden. Nach § 6 TDG haben geschäftsmäßige Diensteanbieter folgende Daten so zu präsentieren, daß sie für Nutzer leicht zugänglich sind:

§ 6 TDG – Allgemeine Informationspflichten geschäftsmäßiger Diensteanbieter

- Name und Anschrift des Diensteanbieters und bei juristischen Personen zusätzlich den Vertretungsberechtigten (Nr. 1);
- Angaben zur Kontaktmöglichkeit mittels elektronischer Kommunikation (z.B. E-Mail-Adresse – Nr. 2);
- Angaben zur zuständigen Aufsichtsbehörde, soweit der Teledienst einer behördlichen Zulassung bedarf (Nr. 3);
- Angaben zum Register (Handels-, Vereins-, Genossenschafts- o.a. Register), in das der Provider eingetragen ist (Nr. 4);
- Angaben über die Zulassung zu einem reglementierten Beruf (z.B. Steuerberater, Rechtsanwalt u.a. – Nr. 5);
- Umsatzsteueridentifikation, soweit der Diensteanbieter umsatzsteuerpflichtig ist (Nr. 6).

Weitergehende Informationspflichten sollen nach § 6 S. 2 unberührt bleiben, im Informatiksektor insbes. Pflichten nach §§ 312c, 312e BGBM.

Zusätzlichen Anforderungen an die Präsentation müssen Diensteanbieter nach § 7 TDG bei kommerziellen Kommunikationen genügen. Das betrifft auch Anbieter, die sich über Werbung finanzieren oder die für andere Firmen Marketinginformationen übermitteln. Für sie gelten – neben den (allgemeinen) UWG-Maßgaben:

Randnotiz: § 7 TDG – Besondere Informationspflichten bei kommerziellen Kommunikationen

- klare Erkennbarkeit kommerzieller Kommunikationen als solche (Nr. 1);
- Identifizierbarkeit des Auftraggebers (Nr. 2);
- Transparenz von Angeboten zur Verkaufsförderung (wie Preisnachlässe oder Zugaben – Nr. 3);
- Transparenz von Preisausschreiben oder Gewinnspielen mit Werbecharakter (Nr. 4).

Rechtsfolgen von Verstößen gegen die Informationspflichten nach §§ 6 f TDG folgen aus dem UWG; Verstöße gegen § 6 I können nunmehr nach § 12 TDG auch mit Bußgeld geahndet werden.

Eine zentrale Position nimmt die Verantwortlichkeitsregelung für Diensteanbieter im Sinne eines Filters vor den allgemeinen Haftungsnormen ein für Rechtsverletzungen aller Art: Verstöße gegen das Urheber-, Wettbewerbs-, Kennzeichnungs-, Straf-, Datenschutzrecht u.a. Anscheinend überflüssig ist die Regelung für Content-Provider:

Randnotiz: Verantwortung §§ 8 – 11 TDG: Verantwortlichkeit von Diensteanbietern

Allgemeine Grundsätze

Randnotiz: § 8 TDG

> (1) Diensteanbieter sind für eigene Inhalte, die sie zur Nutzung bereithalten, nach den allgemeinen Gesetzen verantwortlich.
>
> (2) Diensteanbieter im Sinne der §§ 9 bis 11 sind nicht verpflichtet, die von ihnen übermittelten oder gespeicherten Informationen zu überwachen oder nach Umständen zu forschen, die auf eine rechtswidrige Tätigkeit hinweisen. Verpflichtungen zur Entfernung oder Sperrung der Nutzung von Informationen nach den allgemeinen Gesetzen bleiben auch im Fall der Nichtverantwortlichkeit des Diensteanbieters nach den §§ 9 bis 11 unberührt. Das Fernmeldegeheimnis nach § 85 des Telekommunikationsgesetzes ist zu wahren.

Die Regelung für die Content-Provider in § 8 I läßt für die oft angenommenen Abstriche an der Haftung wegen der spezifischen Informationsbereitstellung keinen Raum.
Der Anbieter einer WWW-Seite muß also für den Inhalt einstehen.

Randnotiz: Content-Provider – Haftung gegeben

Multimedia- und Datenkommunikationsrecht

Klarstellungen – auch für Umgang mit fremden Informationen

Weitere Klarstellungen für Provider vermittelt § 8 II, die nach Divergenzen in Literatur und Rechtsprechung sinnvoll waren:
- keine Überwachungs- und Kontrollpflicht bei Umgang mit fremden Informationen,
- keine Einschränkung von Lösch- und Sperrungspflichten nach anderen Gesetzen (z.B. nach § 69f I UrhG oder nach den Datenschutzvorschriften),
- Wahrung des Fernmeldegeheimnisses – Ausforschung oder Überwachung der Individualkommunikation des Nutzers ist unzulässig.

Eine Differenzierung hinsichtlich der verschuldensabhängigen Providerhaftung bestimmen nunmehr die §§ 9 – 11 TDG.

§ 9 TDG

Durchleitung von Informationen

(1) Diensteanbieter sind für fremde Informationen, die sie in einem Kommunikationsnetz übermitteln oder zu denen sie den Zugang zur Nutzung vermitteln, nicht verantwortlich, sofern sie
1. die Übermittlung nicht veranlasst,
2. den Adressaten der übermittelten Informationen nicht ausgewählt und
3. die übermittelten Informationen nicht ausgewählt oder verändert haben.

Satz 1 findet keine Anwendung, wenn der Diensteanbieter absichtlich mit einem der Nutzer seines Dienstes zusammenarbeitet, um rechtswidrige Handlungen zu begehen.

(2) Die Übermittlung von Informationen nach Absatz 1 und die Vermittlung des Zugangs zu ihnen umfasst auch die automatische kurzzeitige Zwischenspeicherung dieser Informationen, soweit dies nur zur Durchführung der Übermittlung im Kommunikationsnetz geschieht und die Informationen nicht länger gespeichert werden, als für die Übermittlung üblicherweise erforderlich ist.

Haftungsfreistellung für Diensteanbieter:

Keine Verantwortlichkeit bei »reiner Durchleitung«

- § 9 I S. 1 1. Alt. – fremde Inhalte, die lediglich übermittelt werden (Routing) → keine Verantwortlichkeit;
- § 9 I S. 1 2. Alt. – fremde Informationen, zu denen lediglich der Zugang vermittelt wird (Access-Provider) → keine Verantwortlichkeit;
- weitere Voraussetzungen (oben: »lediglich«) beim Dienstean-

bieter für die Haftungsfreistellung:
* I S. 2 – keine absichtliche Zusammenarbeit mit einem Nutzer, um rechtswidrige Handlung zu begehen;
* I S. 1 Nr. 1 – Übermittlung nicht veranlaßt;
* I S. 1 Nr. 2 – Adressaten nicht ausgewählt und
* I S. 1 Nr. 3 – übermittelte Informationen weder ausgewählt noch verändert.

- § 9 II – eingeschlossen automatisierte Zwischenspeicherung, wie zum »Sammeln« der TCP/IP-Datenpakete oder zum Speichern von E-Mails für den Abruf durch den Empfänger, wenn keine längere Speicherung erfolgt als für die Übermittlung üblicherweise erforderlich.

Klarstellung für automatisierte Zwischenspeicherung zur Übermittlung

Zwischenspeicherung zur beschleunigten Übermittlung von Informationen

§ 10 TDG

Diensteanbieter sind für eine automatische, zeitlich begrenzte Zwischenspeicherung, die allein dem Zweck dient, die Übermittlung der fremden Information an andere Nutzer auf deren Anfrage effizienter zu gestalten, nicht verantwortlich, sofern sie

1. die Informationen nicht verändern,
2. die Bedingungen für den Zugang zu den Informationen beachten,
3. die Regeln für die Aktualisierung der Information, die in weithin anerkannten und verwendeten Industriestandards festgelegt sind, beachten,
4. die erlaubte Anwendung von Technologien zur Sammlung von Daten über die Nutzung der Information, die in weithin anerkannten und verwendeten Industriestandards festgelegt sind, nicht beeinträchtigen und
5. unverzüglich handeln, um im Sinne dieser Vorschrift gespeicherte Informationen zu entfernen oder den Zugang zu ihnen zu sperren, sobald sie Kenntnis davon erhalten haben, dass die Informationen am ursprünglichen Ausgangsort der Übertragung aus dem Netz entfernt wurden oder der Zugang zu ihnen gesperrt wurde oder ein Gericht oder eine Verwaltungsbehörde die Entfernung oder Sperrung angeordnet hat.

§ 9 Abs. 1 Satz 2 gilt entsprechend.

Haftungsfreistellung für Diensteanbieter:

§ 10 TDG – keine Verantwortlichkeit für Caching

- § 10 S. 1 – fremde Inhalte, die lediglich im Rahmen der Übermittlung zwischengespeichert werden (Caching incl. Betrieb von Proxy-Servern und Spiegeln von Inhalten)
  → keine Verantwortlichkeit;
- weitere Voraussetzungen (oben: »lediglich«) beim Diensteanbieter für die Haftungsfreistellung:
  * S. 2 – keine absichtliche Zusammenarbeit mit einem Nutzer, um rechtswidrige Handlung zu begehen;
  * Nr. 1 – keine Veränderung der zwischengespeicherten Daten;
  * Nr. 2 – Beachtung von Zugangsbedingungen (z.B. zur Vergütung);
  * Nr. 3 – Einhaltung von Aktualisierungsstandards (so keine Präsentation veralteter, inzwischen aktualisierter WWW-Seiten), der Begriff der »weithin anerkannten und verwendeten Industriestandards« wurde unverändert aus Art. 13 der EC-Richtlinie übernommen;
  * Nr. 4 – keine Beeinträchtigung erlaubter Datensammlung (insbes. Cookies zur Feststellung von Zugriffszahlen);
  * Nr. 5 – unverzügliche Löschung oder Sperrung (insbes. rechtswidriger Inhalte) bei Kenntnis, daß diese Operationen mit den Originaldaten erfolgt oder rechtlich erforderlich sind.

§ 11 TDG

Speicherung von Informationen

Diensteanbieter sind für fremde Informationen, die sie für einen Nutzer speichern, nicht verantwortlich, sofern

1. sie keine Kenntnis von der rechtswidrigen Handlung oder der Information haben und ihnen im Falle von Schadensersatzansprüchen auch keine Tatsachen oder Umstände bekannt sind, aus denen die rechtswidrige Handlung oder die Information offensichtlich wird, oder
2. sie unverzüglich tätig geworden sind, um die Information zu entfernen oder den Zugang zu ihr zu sperren, sobald sie diese Kenntnis erlangt haben.

Satz 1 findet keine Anwendung, wenn der Nutzer dem Diensteanbieter untersteht oder von ihm beaufsichtigt wird.

Haftungsfreistellung für Host-Provider – § 11:

- keine strafrechtliche Verantwortlichkeit ohne Kenntnis der Rechtswidrigkeit der Inhalte;
- keine zivilrechtliche Verantwortlichkeit (für Schadensersatzansprüche) ohne offensichtliche Kenntnis der Rechtswidrigkeit der Inhalte;

§ 11 TDG – differenzierte Haftungsfreistellung für Host-Provider

Nach § 8 II S. 1 TDG sind die in §§ 9 – 11 angesprochenen Diensteanbieter nicht zur Überwachung der übermittelten oder gespeicherten fremden Inhalte und nicht zur Erforschung etwaiger rechtswidriger Inhalte verpflichtet. Für die zivilrechtliche Verantwortlichkeit der Host-Provider ist damit nach § 11 TDG grob fahrlässige Unkenntnis der Rechtswidrigkeit Voraussetzung.

Offen geblieben ist die haftungsrechtliche Einordnung von Hyperlinks. Dazu finden sich weder in der bisherigen Rechtsprechung noch in der Literatur eindeutige Aussagen. Zur Zuordnung zu einer der obigen Haftungsklassen muß so im Einzelfall die Zielstellung des Linksetzers hinterfragt werden. Lassen Darstellung und Umgebung des Links auf ein Zu-eigen-Machen der Inhalte durch den Linksetzer schließen, ist die Haftung nach § 8 I TDG anzunehmen.

Hyperlinks – differenzierte Einordnung

Abzuwarten bleibt, zu welchen Ergebnissen die EU-Kommission bei der Untersuchung kommen wird, ob Vorschläge zur Haftung der Anbieter von Hyperlinks erforderlich sind. Dazu ist sie nach Art. 21 II der E-Commerce-Richtlinie beauftragt.

EU-Einschätzung möglich

7. Anspruchsdurchsetzung aus internationalen Rechtsverhältnissen

In den vorhergehenden Abschnitten wurden Rechtsprobleme von Multimedia und Datenkommunikation unter der Voraussetzung skizziert, daß deutsches Recht angewendet wird. Insbesondere im Internet sind die deutschen (Rechts-)Grenzen jedoch sowohl bei Präsentation ausländischer WWW-Seiten wie bei Inanspruchnahme deutscher Angebote durch Ausländer sofort überschritten:

Internationale Rechtsverhältnisse – Probleme

- Welches Gericht ist für eine Klage zuständig?
- Welches Recht ist auf ein Problem anzuwenden?
- Wo und wie kann eine Gerichtsentscheidung vollstreckt werden?

Gerichtszuständigkeit

Betrachtet man nur zivilrechtliche Streitfälle eines deutschen mit einem ausländischen Unternehmen, so ist zunächst die Zuständigkeit eines angerufenen Gerichts nach seinem die internationale Zuständigkeit begründenden nationalen Recht (nationales Internationales Zivilprozeßrecht; in Deutschland: ZPO) zu klären. Vorrang haben danach jeweils zwischen den beteiligten Staaten ggf. abgeschlossene völkerrechtliche Verträge zur internationalen Gerichtszuständigkeit (Übereinkommen der Europäischen Gemeinschaft über die gerichtliche Zuständigkeit und die Vollstreckung gerichtlicher Entscheidungen in Zivil- und Handelssachen, Brüsseler Abkommen, Luganer Abkommen u.a.).

Nach einem Ende 2000 erreichten Einverständnis zwischen den EU-Justizministerien sollen Verbraucher ab März 2002 in ihrem Heimatstaat Ansprüche gegen Internet-Anbieter aus anderen EU-Staaten einklagen können. Voraussetzung ist, daß der jeweilige Anbieter in seine Internet-Präsentation ausdrücklich auch Kunden aus dem Käuferland einbezogen hat.

Kollisionsrecht

Sodann bestimmt das angerufene, zuständige Gericht das anwendbare Recht nach dem Internationalen Privatrecht (Kollisionsrecht) seines Staates, das in Deutschland insbesondere in Art. 3ff EGBGB statuiert ist. Häufige Kriterien in den verschiedenen nationalen Kollisionsregeln für die Bestimmung des materiellen Rechts sind:

- Anwendbarkeit internationaler Vereinbarungen zwischen den beteiligten Staaten, insbesondere das UN-Kaufrecht sowie das Übereinkommen über handelsbezogene Aspekte der Rechte des geistigen Eigentums (TRIPs) und die Revidierte Berner Übereinkunft zum Schutz von Werken der Literatur und Kunst (RBÜ);
- eventuelle Rechtswahl in einem Vertrag zwischen den Parteien;
- Erfolgsort;
- Vertragsabschlußort;
- Schadensort.

Kollisionsrechtliche Kriterien

Häufig, so bei mehreren Leistungen sowie mehreren Erfolgs- oder Schadensorten, wie sie für die Datenkommunikation charakteristisch sind, werden Abwägungen zwischen den Kriterien erforderlich. Erste Positionierungen zu Teilfragen zeigen, daß der schnelle und globale Datenzugriff originäre Lösungen verlangt. Gegenwärtig besteht für das Kollisionsrecht von Internetproblemen zwar kein rechtsfreier Raum, aber eine rechtliche Grauzone.

Internet – kollisionsrechtliche Grauzone

Die E-Commerce-Richtlinie vom 8. Juni 2000 ist auch als Versuch zu werten, die Probleme durch die nationalen Gesetzgeber unter Beachtung einiger globaler Vorgaben lösen zu lassen. Nach Art. 3 der Richtlinie soll jeder Mitgliedsstaat die gegenseitige Anerkennung der für Dienste der Informationsgesellschaft geltenden einzelstaatlichen Rechtsnormen (Herkunftslandprinzip) regeln. Diese Bestimmung ist in § 4 TDG umgesetzt. Konsequenz des mit einigen Ausnahmen statuierten Herkunftslandprinzips dürfte ein Sog der Diensteanbieter zu Staaten mit geringen rechtlichen Einschränkungen sein.

E-Commerce-Richtlinie – problematisches Herkunftslandprinzip

Vertragspartner und Provider sind gut beraten, schon bei der Vorbereitung von Aktivitäten in Rechnernetzen ihre Intentionen für die Gerichtszuständigkeit und das anwendbare materielle Recht zu verdeutlichen. In Verträgen enthaltene Gerichtsstandsklauseln werden nach den meisten Zuständigkeitsnormen ebenso anerkannt wie Rechtswahlklauseln nach den meisten Kollisionsnormen. Fraglich ist, ob für die Rechtsdurchsetzung nicht unbedingt multilaterale völkerrechtliche Verträge erforderlich sind, soweit Rechtssubjekte aus verschiedenen Staaten von der Datenkommunikation berührt sind. Anscheinend steht solchen Vereinbarungen der freie Informationszugriff im Internet entgegen.

Vertragliche Gerichtsstands- und Rechtswahlklauseln empfohlen

Erforderlichkeit multilateraler völkerrechtlicher Verträge

8. Wiederholungsfragen

1. Welche Rechte sollte der Multimedia-Entwickler für jedes in seine Produktion einbezogene Element prüfen? Lösung S. 173

2. Ist die Online-Nutzung urheberrechtlich geschützter Werke genehmigungspflichtig? Lösung S. 177 ff.

3. Was ist ein Datenbankwerk nach dem UrhG? Lösung S. 183 f.

4. Welche Rechte hat der Schöpfer eines Datenbankwerkes? Lösung S. 185

5. Was sind die Schutzvoraussetzungen für eine Datenbank nach dem UrhG, wer ist Rechtsinhaber? Lösung S. 186 f.

6. Welchen Schutz haben Kennzeicheninhaber gegenüber Nutzern gleichlautender Domain-Namen? Lösung S. 190 ff.

7. Sind elektronisch übermittelte Willenserklärungen unwirksam, wenn vertraglich Schriftform vereinbart wurde? Lösung S. 196

8. Welche Pflichten haben Unternehmer beim Betreiben eines Online-Shops? Lösung S. 202 ff.

9. Welche zusätzlichen Pflichten haben Unternehmer beim Online-Vertragsabschluß mit Verbrauchern? Lösung S. 204 ff.

10. Was sind qualifizierte elektronische Signaturen nach SigG? Lösung S. 212 f.

11. Welche Pflichten haben Zertifizierungsdiensteanbieter nach SigG? Lösung S. 217 f.

12. Welche Rechtsvorschriften sind für Online-Dienste zu beachten? Lösung S. 220

13. Warum ist die Haftung der Content-Provider in das TDG aufgenommen worden? Lösung S. 223

14. Wann haftet ein Host-Provider für Rechtsverletzungen durch von ihm bereitgehaltene fremde Inhalte? Lösung S. 227

15. Welche Probleme können mit Ausländern bei der Anspruchsdurchsetzung in Rechnernetzen auftreten? Lösung S. 228 f.

5. Kapitel

Datenschutz

1.	Datenschutz und Persönlichkeitsrecht	232
2.	System des BDSG	235
3.	Datenschutz in öffentlicher Verwaltung	260
4.	Datenschutz im nicht öffentlichen Bereich	270
5.	Datenschutz in Rechnernetzen	278
6.	Wiederholungsfragen	292

1. Datenschutz und Persönlichkeitsrecht

§ 1 I BDSG
(Bundes-
datenschutzgesetz)

Datenschutz –
Ziel

Besonderer Persönlichkeitsrechtsschutz

Datenschutz läßt sich nicht vom Wort her begreifen. Nicht Daten sind das Rechtsgut, nicht Schutz der Daten gegen Weitergabe ist primäres Ziel. Das Bundesdatenschutzgesetz beginnt mit der für alle Datenschutzvorschriften zutreffenden Zweckbeschreibung: Jede natürliche Person soll davor geschützt werden, daß sie durch den Umgang mit ihren personenbezogenen Daten in ihrem Persönlichkeitsrecht beeinträchtigt wird. Datenschutz ist also besonderer Persönlichkeitsrechtsschutz, dessen Grundlage Würde (Art. 1 I GG) und freie Selbstbestimmung des Menschen (Art. 2 I GG) sind.

DATENSCHUTZ

Historische Grundlagen

Unabhängig von Informationstechnik und -technologien enthält jedes Rechtssystem Datenschutznormen, wie zum Arzt-, Steuer- und Briefgeheimnis. Diese waren historisch ebenso eine Grundlage heutigen Datenschutzes wie die bereits Ende des 19. Jahrhunderts in den USA geführte privacy-Diskussion und die Auseinandersetzung mit der Informationsgewinnung und -gestaltung totalitärer Staaten, wie sie etwa Orwell in seinem Klassiker »1984« bestritten hatte. Meilensteine in der Bundesrepublik Deutschland waren das Hessische Datenschutzgesetz von 1970 als erste umfassende Regelung für den öffentlichen Bereich mit der besonderen Kontrolle durch einen unabhängigen Datenschutzbeauftragten, das 1971 von Steinmüller u.a. unterbreitete wissenschaftliche Gutachten zum Datenschutz und das erste Bundesdatenschutzgesetz von 1977.

Bundesrepublik Deutschland – historische Entwicklung

Grundlegend war das Volkszählungsurteil (BVerfG vom 15.12.83, BVerfGE 65, 1). Der Streit über die 1983 geplante Volkszählung hatte zu zahlreichen Verfassungsbeschwerden geführt. Vom BVerfG wurde das Volkszählungsgesetz in fast allen Punkten als verfassungsgemäß bestätigt. Lediglich Regelungen zum Melderegisterabgleich – die Erlaubnis der Kommunen, zugleich mit der Datenerhebung für statistische Zwecke auch ihre Melderegister zu aktualisieren – wurden als nicht mit dem Grundgesetz vereinbar verworfen. Die Bedeutung des Urteils liegt jedoch weniger in den Aussagen zum Volkszählungsgesetz, sondern vielmehr in den richtungsweisenden Ausführungen zur (staatlichen) Informationsverarbeitung überhaupt. Erstmalig wurde im Volkszählungsurteil das Recht auf informationelle Selbstbestimmung verbindlich als Grundrecht eingeordnet. Dieses gewährleistet »die Befugnis des einzelnen, grundsätzlich selbst über die Preisgabe und Verwendung seiner Daten zu bestimmen«.

Volkszählungsurteil des BVerfG Melderegisterabgleich

Informationelle Selbstbestimmung – Grundrecht

Einerseits soll das Recht auf informationelle Selbstbestimmung verhindern, daß der einzelne deshalb von Stellen in Staat und Wirtschaft abhängig wird, weil diese immer mehr von ihm wissen. Andererseits werden insbes. staatliche Stellen ihre Aufgaben oft nicht ausreichend erledigen können, zumal unter Nutzung von Informationstechnik, wenn sie ausschließlich auf freiwillige Mitwirkung der Bürger angewiesen wären. Das BVerfG hat daher Einschränkungen des Rechts auf informationelle Selbstbestimmung für zulässig erklärt, zugleich aber Grenzen für diese bestimmt:

Informationelle Selbstbestimmung – Einschränkungen zulässig

- Einschränkungen sind nur auf gesetzlicher Grundlage zulässig.
- Das einschränkende Gesetz muß im überwiegenden Allgemeininteresse liegen.
- Das einschränkende Gesetz muß normenklar sein. (Voraussetzungen und Folgen der Einschränkung müssen für den Betroffenen erkennbar sein.)
- Das einschränkende Gesetz muß dem Grundsatz der Verhältnismäßigkeit entsprechen. (Nur die Daten dürfen verlangt werden, die geeignet, erforderlich und im engeren Sinne angemessen für das gesetzgeberische Ziel sind.)

Informationelle Selbstbestimmung – Grenzen der Einschränkungen

Datenschutz

Informationelle Selbstbestimmung – Grenzen der Einschränkungen (2)

- Das einschränkende Gesetz muß organisatorische und verfahrensmäßige Sicherungsregelungen enthalten (Gewährleistung des Datenschutzes durch verschiedene Subjekte mit unterschiedlichen Beteiligungs- und Kontrollrechten).

Zweckbindung

Schließlich wurde im Volkszählungsurteil das für den Datenschutz grundlegende Prinzip der Zweckbindung herausgearbeitet. Personenbezogene Daten dürfen danach grundsätzlich nur für den Zweck verwendet werden, für den sie erhoben oder gespeichert wurden: »Nutzbarkeit und Verwendungsmöglichkeit... hängen einerseits von dem Zweck, dem die Erhebung dient, und andererseits von den der Informationstechnologie eigenen Verarbeitungs- und Verknüpfungsmöglichkeiten ab. Dadurch kann ein für sich gesehen belangloses Datum einen neuen Stellenwert bekommen; insoweit gibt es unter den Bedingungen der automatisierten Datenverarbeitung kein 'belangloses' Datum mehr.«

Volkszählungsurteil – Aktualität

Das BVerfG hat die im Volkszählungsurteil fixierten Grundsätze später mehrfach bestätigt und fortentwickelt. Gegner geltender Datenschutznormen kritisieren kaum die im Volkszählungsurteil genannten Grundsätze, fordern aber sowohl eine den umfassenden Informatikeinsatz berücksichtigende Konkretisierung wie eine Erweiterung. Darüber bestehende Meinungsverschiedenheiten haben zu derzeit inhomogenen Datenschutzvorschriften geführt.

EG-Datenschutzrichtlinie

Erst nach einigen Anläufen war die »Richtlinie des Europäischen Parlaments und des Rates vom 24. Oktober 1995 zum Schutz natürlicher Personen bei der Verarbeitung personenbezogener Daten und zum freien Datenverkehr« verabschiedet worden. Die Frist für die Umsetzung dieser EG-Datenschutzrichtlinie in das deutsche Datenschutzrecht war bereits 1998 abgelaufen. Nach mehreren gescheiterten, widersprüchlichen und eher auf punktuelle Veränderungen gerichteten Gesetzgebungsentwürfen zweier Bundesregierungen ist die im folgenden erläuterte Neufassung des Bundesdatenschutzgesetzes ab 19.5.2001 in Kraft. Die Bundesregierung hat jedoch zu erkennen gegeben, daß sie damit im wesentlichen der EG-Datenschutzrichtlinie genügen will. In einer zweiten, bald zu realisierenden Phase soll das gesamte, inzwischen zersplitterte, lückenhafte und nicht widerspruchsfreie Datenschutzrecht neu konzipiert werden.

BDSG-Novellierung: Umsetzung EG-Richtlinie

Neukonzipierung des Datenschutzrechts

2. System des BDSG

Das BDSG ist in sechs Abschnitte gegliedert. Der erste Abschnitt enthält Legaldefinitionen und Grundregeln, von denen die wichtigsten im folgenden erläutert werden.

Wesentliche Normen des zweiten Abschnitts zur Datenverarbeitung der öffentlichen Stellen werden unter 3. erörtert. Die grundlegenden Vorschriften zur Datenverarbeitung in der Wirtschaft (dritter Abschnitt des BDSG) werden anschließend (4.) dargestellt. Die Sondervorschriften des vierten Abschnitts, die Straf- und Bußgeldvorschriften des fünften Abschnitts sowie die Übergangsvorschriften des sechsten Abschnitts werden hier nicht behandelt.

Unter 5. werden dann wichtige Rechtsvorschriften zum Datenschutz in Rechnernetzen skizziert, die ebenso wie andere bereichsspezifische Datenschutzregelungen dem BDSG vorgehen.

Vorrang bereichsspezifischer Datenschutzregelungen – s. 2.1.

2.1. Anwendungsbereich des BDSG

Bevor in den folgenden Abschnitten die inhaltliche Anwendung des BDSG geklärt wird, sollen zunächst der personelle Anwendungsbereich sowie das Verhältnis zwischen diesem Gesetz und anderen Datenschutzregelungen skizziert werden.

Nach § 1 II ist das BDSG anzuwenden:
- von öffentlichen Stellen des Bundes (Nr. 1),
- ganz weitgehend von nicht öffentlichen Stellen (Nr. 3) und
- ausnahmsweise von öffentlichen Stellen der Länder (Nr. 2).

BDSG – Adressaten

Die Definition dieser Subjekte vermittelt § 2 BDSG. Öffentliche Stellen des Bundes sind nach I:
- Behörden des Bundes (z.B. das Umweltbundesamt),
- Organe der Rechtspflege des Bundes (z.B. der BGH),
- andere öffentlich-rechtlich organisierte Einrichtungen im Bundesbereich (z.B. die Deutsche Bundesbank),
- Vereinigungen der vorgenannten Stellen, unter den Voraussetzungen des § 2 III BDSG auch mit nicht-öffentlichen Stellen (z.B. der Verband Deutscher Rentenversicherungsträger e.V.),
- durch Gesetz bestimmte Nachfolger der Deutschen Bundespost, soweit und solange ihnen bisherige Monopole zustehen.

Öffentliche Stellen des Bundes

Nicht öffentliche Stellen sind nach § 2 IV BDSG:
- natürliche Personen,
- privatrechtlich organisierte Personenvereinigungen in allen möglichen Rechtsformen, soweit sie keine hoheitlichen Aufgaben öffentlicher Verwaltung (wie etwa der TÜV) wahrnehmen.

Öffentliche Stellen der Länder sind nach § 2 II BDSG:
- Behörden der Länder,
- Organe der Rechtspflege der Länder,
- andere öffentlich-rechtlich organisierte Einrichtungen im Landes- und Kommunalbereich,
- Vereinigungen der vorgenannten Stellen.

Aus § 1 II Nr. 2 BDSG ergibt sich, daß die öffentlichen Stellen der Länder ganz überwiegend das jeweilige Landesdatenschutzgesetz (LDSG) anzuwenden haben (s. dazu die Regelung des Anwendungsbereichs in den einzelnen LDSG). Allerdings enthalten die LDSG regelmäßig für öffentliche Stellen der Länder, die am Wettbewerb teilnehmen (z.B. Stadtwerke und Verkehrsbetriebe), Verweisungen auf das BDSG. Dem entspricht die Einbeziehung öffentlich-rechtlicher Wettbewerber in den Anwendungsbereich des Dritten Abschnitts nach § 27 I Nr. 2 BDSG.

Das BDSG stellt für öffentliche Stellen nach § 1 II Nr. 1f nicht auf die Art der Datensammlung oder die Computernutzung ab. Dagegen unterliegen nicht öffentliche Stellen dem BDSG nach § 1 II Nr. 3 nur, wenn sie mit personenbezogenen Daten per Computer umgehen oder wenn personenbezogene Daten in einer nicht automatisierten Datei (s. 2.2.) enthalten sind, jeweils aber nicht ausschließlich für persönliche oder familiäre Zwecke verwendet werden.

Bei einer ausschließlich für private Zwecke geführten Adreßtabelle ist das BDSG also nicht zu beachten, egal ob manuell erstellt oder auf Datenträgern eines Computers gespeichert.

Neben der Unterscheidung, ob das BDSG oder das jeweilige LDSG zu beachten ist, muß ggf. zusätzlich das Verhältnis zu anderen Datenschutzvorschriften beachtet werden. Von Informatikern wird oft übersehen, daß es bspw. im Sozial- und Personalwesen, aber auch in vielen anderen Bereichen zahlreiche Rechtsgrundlagen gibt, die gleiche Sachverhalte wie das BDSG regeln.

Nachrangigkeit des BDSG   § 1 BDSG

(3) Soweit andere Rechtsvorschriften des Bundes auf personenbezogene Daten einschließlich deren Veröffentlichung anzuwenden sind, gehen sie den Vorschriften dieses Gesetzes vor. Die Verpflichtung zur Wahrung gesetzlicher Geheimhaltungspflichten oder von Berufs- oder besonderen Amtsgeheimnisses, die nicht auf gesetzlichen Vorschriften beruhen, bleibt unberührt.

(4) Die Vorschriften dieses Gesetzes gehen denen des Verwaltungsverfahrensgesetzes vor, soweit bei der Ermittlung des Sachverhalts personenbezogene Daten verarbeitet werden.

Bereichsspezifische Regelungen des Bundesrechts über personenbezogene Daten gehen also dem BDSG mit Ausnahme des VwVfG vor. Diese Nachrangigkeit des BDSG zwingt in der Datenschutzpraxis zur Prüfung, ob der konkrete Umgang mit personenbezogenen Daten in einer speziellen Rechtsvorschrift des Bundes geregelt ist. Insoweit für Rechnernetze bestehende Normen werden unter 5. erörtert. Entsprechende Subsidiaritätsklauseln enthalten alle LDSG.

Vorrang bereichsspezifischer Datenschutzregelungen

Zusätzlich sind nach § 1 III S. 2 BDSG Berufs- und Amtsgeheimnisse zu beachten, egal ob sie auf gesetzlichen Vorschriften, Standesrecht oder der Rechtsprechung beruhen. Von besonderer praktischer Bedeutung sind so die ärztliche Schweigepflicht, das Steuergeheimnis sowie das Post- und Fernmeldegeheimnis.

Beachtung von Berufs- und Amtsgeheimnissen

2.2. Legaldefinitionen

Bevor die den Datenschutz prägenden Rechte und Pflichten erläutert werden können, sind weitere vom Gesetz herangezogene Begriffe zu klären. Das ist auch erforderlich, weil einige Definitionen nicht der in der Informatik üblichen Zuordnung entsprechen.

Grundlegend ist die Definition personenbezogener Daten, denn das BDSG statuiert »nur« den Umgang mit solchen Daten:

Weitere Begriffsbestimmungen   § 3 BDSG

(1) Personenbezogene Daten sind Einzelangaben über persönliche oder sachliche Verhältnisse einer bestimmten oder bestimmbaren natürlichen Person (Betroffener).

Datenschutz

Personenbezogene Daten – Merkmale

Die Analyse eines konkreten Datenschutzproblems muß immer mit der Frage beginnen, welcher Art die betreffenden Daten sind. Personenbezogene Daten sind:

- Einzelangaben
- über persönliche oder sachliche Verhältnisse
- einer bestimmten oder bestimmbaren natürlichen Person (Betroffener).

Einzelangabe

Weite Begriffsausdehnung

Der Begriff der Einzelangabe soll von zusammengefaßten Daten unterscheiden, die eine Aussage für mehrere Personen treffen, nicht aber für einen einzelnen. Aus informatischer Sicht handelt es sich um beliebige Namen oder Attribute einer natürlichen Person, in die auch Werturteile oder Äußerungen Dritter einbezogen sein können. Abweichend vom Begriffsverständnis der Informatik ist der Computerbezug jedoch nicht notwendig.

Bestimmte oder bestimmbare natürliche Person

Die Einzelangaben müssen sich auf eine natürliche Person beziehen; Rechtspositionen von Personenvereinigungen berühren den Datenschutz grundsätzlich nicht. Allerdings ist nicht Bestimmtheit hinreichend, sondern die Bestimmbarkeit der natürlichen Person.

Die Firma eines Einzelkaufmanns ist also bspw. ein personenbezogenes Datum, denn aus den Eintragungen im Handelsregister kann auf die Person des Kaufmanns geschlossen werden.

Ob eine Person im Einzelfall bestimmbar ist, muß entsprechend § 3 VI nach dem bei der verantwortlichen Stelle (s.u.) erforderlichen Aufwand geklärt werden.

Neu: besondere Arten personenbezogener Daten – sensible Daten

Die zu erörternden Regelungen über die Zulässigkeit des Datenumganges gelten zunächst für beliebige personenbezogene Daten. Nunmehr sind jedoch strengere Bestimmungen für »besondere Arten personenbezogener Daten« statuiert. Dazu wird zunächst nur definiert, was darunter zu verstehen ist:

§ 3 BDSG

Besondere Arten personenbezogener Daten

(9) Besondere Arten personenbezogener Daten sind Angaben über die rassische und ethnischer Herkunft, politische Meinungen, religiöse oder philosophische Überzeugungen, Gewerkschaftszugehörigkeit, Gesundheit oder Sexualleben.

Die verschiedenen Phasen der im BDSG geregelten »Datenverarbeitung« weichen wiederum teilweise von der üblichen Begriffsverwendung ab:

Operationen mit personenbezogenen Daten § 3 BDSG

(3) <u>Erheben</u> ist das Beschaffen von Daten über den Betroffenen.

(4) <u>Verarbeiten</u> ist das Speichern, Verändern, Übermitteln, Sperren und Löschen personenbezogener Daten. Im einzelnen ist, ungeachtet der dabei angewendeten Verfahren:

<u>Speichern</u> das Erfassen, Aufnehmen oder Aufbewahren personenbezogener Daten auf einem Datenträger zum Zwecke ihrer weiteren Verarbeitung oder Nutzung,

<u>Verändern</u> das inhaltliche Umgestalten gespeicherter personenbezogener Daten,

<u>Übermitteln</u> das Bekanntgeben gespeicherter oder durch Datenverarbeitung gewonnener personenbezogener Daten an einen Dritten in der Weise, daß

die Daten an den Dritten weitergegeben werden oder

der Dritte zur Einsicht oder zum Abruf bereitgehaltene Daten einsieht oder abruft,

<u>Sperren</u> das Kennzeichnen gespeicherter personenbezogener Daten, um ihre weitere Verarbeitung oder Nutzung einzuschränken,

<u>Löschen</u> das Unkenntlichmachen gespeicherter personenbezogener Daten.

(5) <u>Nutzen</u> ist jede Verwendung personenbezogener Daten, soweit es sich nicht um Verarbeitung handelt.

(6) <u>Anonymisieren</u> ist das Verändern personenbezogener Daten derart, daß die Einzelangaben über persönliche oder sachliche Verhältnisse nicht mehr oder nur mit einem unverhältnismäßig großen Aufwand an Zeit, Kosten und Arbeitskraft einer bestimmten oder bestimmbaren natürlichen Person zugeordnet werden können.

(6a) <u>Pseudonymisieren</u> ist das Ersetzen des Namens und anderer Identifikationsmerkmale durch ein Kennzeichen zu dem Zweck, die Bestimmung das Betroffenen auszuschließen oder wesentlich zu erschweren.

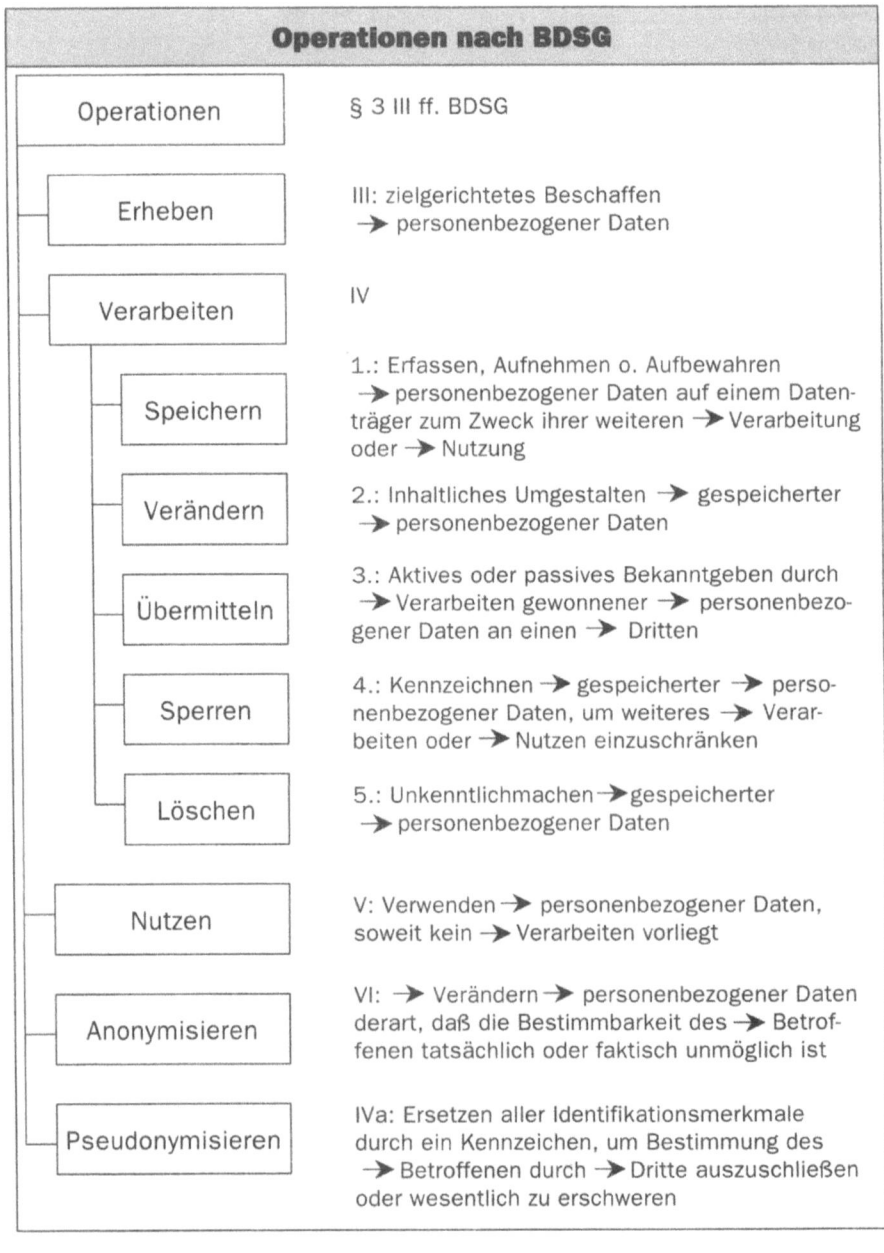

Wesentliche Inhalte und Zusammenhänge der Operationen soll die nebenstehende Übersicht verdeutlichen. Besonderheiten in der Begriffsverwendung betreffen:

- Verarbeiten: Oberbegriff für Speichern, Verändern, Übermitteln, Sperren und Löschen.
- Übermitteln: kann sowohl Weitergabe von Daten durch die verantwortliche Stelle an einen Dritten wie Einsicht oder Abruf von Daten durch einen Dritten sein, welchem die verantwortliche Stelle die Daten bereitgehalten hat. Entscheidend ist, daß die Bekanntgabe tatsächlich erfolgt.
- Sperren: Das erforderliche Kennzeichnen kann unterschiedlich realisiert werden, etwa in einem speziellen Datenfeld, durch Programmroutine oder durch Nutzung von Systemvoraussetzungen (DELETE in zahlreichen Anwendungssystemen!).
- Löschen: bedeutet physisches Löschen, z.B. durch Vernichten, Überschreiben oder »Schwärzen«.
- Nutzen: umfaßt jede Verwendung, die nicht Verarbeiten ist. Beispiele sind das Anzeigen am Bildschirm, das Drucken einer Liste und der im Volkszählungsurteil erörterte Bandabgleich.

Operationen

Übermitteln (u.a.): Verarbeiten!

Übermitteln: aktive oder passive verantwortliche Stelle

Funktionalität DELETE: oft Sperren

Löschen – physisches Löschen

Nutzen ist kein Verarbeiten!

Nach § 1 II Nr. 3 BDSG (entsprechend § 27 I) ist für den nicht öffentlichen Bereich nur der Umgang mit personenbezogenen Daten auf Computermedien und in nicht automatisierten Dateien statuiert. Die damit auszuwertenden Definitionen zur Form der Daten sind jedoch verwirrend:

Einschränkungen für Datensammlungen im nicht öffentlichen Bereich – s. auch 4.1.

Automatisierte Verarbeitung und nicht automatisierte Datei

§ 3 BDSG

(2) Automatisierte Verarbeitung ist die Erhebung, Verarbeitung oder Nutzung personenbezogener Daten unter Einsatz von Datenverarbeitungsanlagen. Eine nicht automatisierte Datei ist jede nicht-automatisierte Sammlung personenbezogener Daten, die gleichartig aufgebaut ist und nach bestimmten Merkmalen zugänglich ist und ausgewertet werden kann.

Paradox ist damit, daß die verschiedenen Dateierklärungen der Informatik gerade nicht unter die BDSG-Dateidefinition fallen, sondern als Ergebnis automatisierter Verarbeitung i.S.d. BDSG einzuordnen sind. Anders als in früheren BDSG-Fassungen wird der Dateibegriff nur noch für außerhalb von Computern geführte, strukturierte Datensammlungen (nicht automatisierte Datei) verwendet:

Nicht automatisierte Datei – keine Datei i.S.d. Informatik

Datensammlungen und
BDSG-Anwendbarkeit

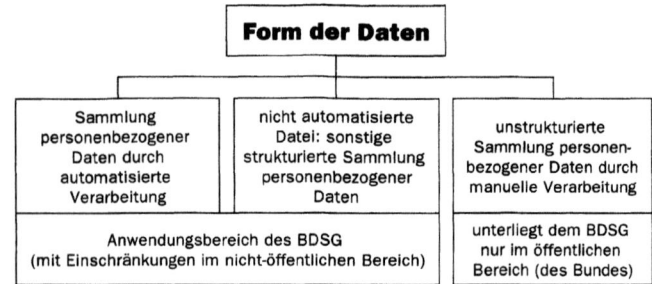

Schließlich sollen weitere, neben dem Betroffenen (s. § 3 I BDSG) wichtige Subjekte betrachtet werden, deren Definition das BDSG ebenfalls in § 3 enthält:

§ 3 BDSG

Subjekte

(7) Verantwortliche Stelle ist jede Person oder Stelle, die personenbezogene Daten für sich selbst erhebt, verarbeitet oder nutzt oder dies durch andere im Auftrag vornehmen läßt.

(8) Empfänger ist jede Person oder Stelle, die Daten erhält. Dritter ist jede Person oder Stelle außerhalb der verantwortlichen Stelle. Dritte sind nicht der Betroffene sowie diejenigen Personen oder Stellen, die im Inland oder im Geltungsbereich der Rechtsvorschriften zum Schutz personenbezogener Daten der Mitgliedstaaten der Europäischen Union personenbezogene Daten im Auftrag erheben, verarbeiten oder nutzen.

Verantwortliche Stelle

Den Zusammenhang zwischen Subjekten und Operationen verdeutlicht das nebenstehende Bild. Dabei ist die zentrale Position der verantwortlichen Stelle nicht zufällig. Die vom Gesetz festgelegten Rechte und Pflichten beim Erheben, Verarbeiten und Nutzen personenbezogener Daten führen regelmäßig zur Aktivität der verantwortlichen Stelle, insbes. hinsichtlich der Zulässigkeitsprüfung.

Nach § 3 VII BDSG muß die verantwortliche Stelle Daten nicht notwendig selbst physisch speichern. Verantwortliche Stelle ist nämlich auch der Auftraggeber bei der immer wichtigeren DV-Kooperation (s. zur Auftragsverarbeitung § 11 BDSG) einschließlich des Outsourcing.

Auftrags-datenverarbeitung – Auftraggeber: verantwortliche Stelle

Als Dritter gilt nach § 3 VIII S. 2 f BDSG jeder potentielle Adressat des Übermittelns. Der neu eingeführte Begriff des Empfängers umfaßt neben dem Dritten, dem Betroffenen und dem Auftragnehmer bei Auftragsverarbeitung und -nutzung auch die verschiedenen Organisationseinheiten innerhalb der speichernden Stelle.

Dritter

Dritter – spezieller Empfänger

Zusammenhang zwischen Subjekten und Operationen nach BDSG

- Auftragnehmer
  - Verarbeiten
  - Nutzen
- Nutzen
- Verantwortliche Stelle
  - Übermitteln → Dritter
- Erheben
- Verarbeiten
- Natürliche Person (Betroffener)

Legende:
- Operation
- Empfänger

2.3. Grundregel des Datenschutzes

Besteht Klarheit über das Vorliegen personenbezogener Daten, so ist als nächstes die folgende Grundregel zu beachten:

§ 4 BDSG — **Zulässigkeit der Datenerhebung, -verarbeitung, -nutzung**

> (1) Die Erhebung, Verarbeitung und Nutzung personenbezogener Daten sind nur zulässig, soweit dieses Gesetz oder eine andere Rechtsvorschrift dies erlaubt oder anordnet oder der Betroffene eingewilligt hat.
> (2) Personenbezogene Daten sind beim Betroffenen zu erheben [...]

Verbot mit Erlaubnisvorbehalt

Für die Erhebung, Verarbeitung und Nutzung personenbezogener Daten gilt nach Abs. 1 also ein sogen. Verbot mit Erlaubnisvorbehalt: Erhebung, Verarbeitung und Nutzung sind verboten, es sei denn bestimmte Erlaubnistatbestände liegen vor. Diese umfassen:

Erlaubnistatbestände

- das BDSG selbst (§§ 12 ff, 27 ff);
- andere Rechtsvorschriften;
- die Einwilligung, d.h. die vor Datenumgang erteilte Zustimmung des Betroffenen.

Erhebung grundsätzlich beim Betroffenen

Soweit die Erhebung zulässig ist, sind Daten nach § 4 II grundsätzlich beim Betroffenen zu erheben. Geschieht dies, so sind ihm nach § 4 III mitzuteilen:

Informationspflicht gegenüber dem Betroffenen beim Erheben

- Identität der verantwortlichen Stelle;
- Verwendungszweck;
- Kategorien eventueller Empfänger, wenn der Betroffene nicht mit der Übermittlung an diese rechnen muß;
- ggf. zur Auskunft verpflichtende oder Rechtsvorteile ermöglichende Rechtsgrundlage, sonst Hinweis auf die Freiwilligkeit;
- mögliche Rechtsnachteile bei Angabenverweigerung.

Ausnahmsweise dürfen personenbezogene Daten nach II ohne Mitwirkung des Betroffenen nur erhoben werden, wenn dies

Ausnahmen

- aus gesetzlichen Gründen unabweisbar ist,
- die von der öffentlichen Stelle zu erfüllende Verwaltungsaufgabe oder der Geschäftszweck der nicht öffentlichen Stelle eine Erhebung bei anderen Personen oder Stellen erfordert oder

- die Erhebung beim Betroffenen einen unverhältnismäßigen Aufwand verursachen würde (bspw. weil er schwer zu erreichen ist).

In den letzten beiden Fällen dürfen außerdem keine Anhaltspunkte für überwiegende schutzwürdige Interessen des Betroffenen (s.u.) an seiner Mitwirkung bestehen.

Erfolgt die Erhebung statt beim Betroffenen bei einer nicht öffentlichen Stelle (z.B. in der Privatwirtschaft bei seinem Arbeitgeber), so muß diese – anstelle des Betroffenen – nach § 4 IV darauf hingewiesen werden, inwiefern sie zur Auskunft verpflichtet ist oder ob sie die Daten freiwillig mitteilen würde. Zusätzlich hat die befragte Stelle – regelmäßig nach § 28 BDSG – zu prüfen, ob sie die Übermittlung vornehmen darf, um die es sich hier handelt.

Informationspflicht gegenüber nicht öffentlicher Stelle beim Erheben

Zusätzlich Prüfpflicht der nicht öffentlichen Stelle – s. 4.2.

Mehrfach sind bei der Anwendung des BDSG, wie in § 4 II, die »schutzwürdigen Interessen des Betroffenen« zu beachten. Leider definiert das BDSG diesen vagen Begriff nicht. Die Schutzwürdigkeit muß sich immer aus der Realisierung des Grundrechts auf informationelle Selbstbestimmung ergeben, darf aber nicht nur subjektiv begründet sein. Vielmehr muß die schutzwürdige Position auf einem objektiv anerkannten rechtlichen Interesse beruhen.

»Schutzwürdige Interessen des Betroffenen« – was ist damit gemeint?

Bspw. zieht der Approbationsentzug eines Arztes kein schutzwürdiges Interesse des betreffenden Arztes nach sich, nach dem die Speicherung dieses Datums bei der Ärztekammer oder die Übermittlung an bisherige Patienten zu unterbleiben hätten. Der Arzt mag am Wegfall interessiert sein, doch dem stehen Interessen der Allgemeinheit an solider medizinischer Betreuung gegenüber.

Für das Verhältnis zwischen BDSG und anderen Rechtsvorschriften sind die in § 1 IV f BDSG statuierten Regeln zu beachten, die bereits in 2.1 erläutert wurden. Wenn eine dieser Normen die interessierende Operation mit personenbezogenen Daten erlaubt oder anordnet, kommt es auf die Einwilligung des Betroffenen nicht an. Ist die Einwilligung hingegen erforderlich, müssen die folgenden Voraussetzungen erfüllt sein:

§ 4a BDSG

Einwilligung des Betroffenen

(1) Die Einwilligung ist nur wirksam, wenn sie auf der freien Entscheidung des Betroffenen beruht. Er ist auf den vorgesehenen Zweck der Erhebung, Verarbeitung oder Nutzung sowie, soweit nach den Umständen des Einzelfalles erforderlich oder auf Verlangen, auf die Folgen der Verweigerung der Einwilligung hinzuweisen. Die Einwilligung bedarf der Schriftform, soweit nicht wegen besonderer Umstände eine andere Form angemessen ist. Soll die Einwilligung zusammen mit anderen Erklärungen schriftlich erteilt werden, ist sie besonders hervorzuheben.

(2) [...]

(3) Soweit besondere Arten personenbezogener Daten (§ 3 Abs. 9) erhoben, verarbeitet oder genutzt werden, muss sich die Einwilligung darüber hinaus ausdrücklich auf diese Daten beziehen.

Voraussetzungen für die Wirksamkeit der Einwilligung:

Einwilligung – besondere Voraussetzungen

- Einwilligung wurde vor Datenumgang erteilt;
- Betroffener hat ohne Zwang über den Umgang mit seinen Daten entschieden;
- »informierte Einwilligung«: Betroffener wurde über konkreten Verwendungszweck und ggf. bestehende negative Konsequenzen eventueller Verweigerung (z.B. wegfallende Ansprüche oder nachfolgende Sanktionen) informiert;
- grundsätzlich Schriftform – Betroffener muß die Einwilligung nachweisbar persönlich abgeben;
- äußerliche Hervorhebung bei gemeinsamer Abgabe mit anderen Willenserklärungen;
- ausdrücklicher Bezug auf nach § 3 IX BDSG bestimmte sensitive Daten, wenn die Einwilligung für diese gelten soll.

2.4. Datengeheimnis

Primär sind die verantwortlichen Stellen nach § 3 VII BDSG die zur Einhaltung der Datenschutzvorschriften Verpflichteten. Ganz überwiegend sind diese kollektive Subjekte, wie Behörden oder Personenvereinigungen. Zwischen ihrer Aufgabenerfüllung und den bei ihnen (wie auch den bei den Empfängern) Beschäftigten schlägt der § 5 BDSG eine Brücke:

Datengeheimnis betrifft bei kollektiven Subjekten beschäftigte Personen

Datengeheimnis § 5 BDSG

> Den bei der Datenverarbeitung beschäftigten Personen ist untersagt, personenbezogene Daten unbefugt zu erheben, zu verarbeiten oder zu nutzen (Datengeheimnis). Diese Personen sind, soweit sie bei nicht öffentlichen Stellen beschäftigt sind, bei der Aufnahme ihrer Tätigkeit auf das Datengeheimnis zu verpflichten. Das Datengeheimnis besteht auch nach Beendigung ihrer Tätigkeit fort.

Verpflichtung zum Datengeheimnis:

Verpflichtung zum Datengeheimnis

- richtet sich an jede natürliche Person bei einer verantwortlichen Stelle (§ 3 VII) oder einem Empfänger (§ 3 VIII), die mit dem Datenumgang beschäftigt ist;
- untersagt jeden unbefugten Umgang mit personenbezogenen Daten – unzulässig ist jeder Umgang, dessen Berechtigung weder aus Gesetz, Verordnung, Anordnung, Vertrag oder Weisung abgeleitet werden kann; unbefugter Umgang umfaßt auch die Umgehung von Vorkehrungen zur Datensicherheit;
- obliegt nicht öffentlichen Stellen für die bei ihnen beschäftigten Personen vor Aufnahme der Tätigkeit durch eindeutigen Hinweis auf die Schweigepflicht, damit zweckmäßigerweise schriftlich; besteht bei öffentlichen Stellen aufgrund dienst- und arbeitsrechtlicher Vorschriften ohnehin;

Datensicherheit – s. 2.5.

- gilt auch nach Beendigung der Tätigkeit.

2.5. Beziehungen zur Datensicherheit

In § 9 BDSG und der damit verbundenen Anlage werden als einziger Vorschrift des Gesetzes auch Vorgaben zur Datensicherheit statuiert:

Datensicherheit – § 9 BDSG

§ 9 BDSG — Technische und organisatorische Maßnahmen

> Öffentliche und nicht öffentliche Stellen, die selbst oder im Auftrag personenbezogene Daten erheben, verarbeiten oder nutzen, haben die technischen und organisatorischen Maßnahmen zu treffen, die erforderlich sind, um die Ausführung der Vorschriften dieses Gesetzes, insbesondere die in der Anlage zu diesem Gesetz genannten Anforderungen, zu gewährleisten. Erforderlich sind Maßnahmen nur, wenn ihr Aufwand in einem angemessenen Verhältnis zu dem angestrebten Schutzzweck steht.

Der Begriff der Datensicherung wird im BDSG nicht definiert. Häufig wird darunter die Gesamtheit der Maßnahmen verstanden, die den Schutz der Daten vor unbefugtem Zugriff und Verlust bezwecken. In diesem Sinne vermittelt die Anlage zu § 9 eine geeignete Checkliste allgemein gehaltener Gebote:

Acht Gebote der Datensicherheit bei automatisierter Verarbeitung und Nutzung

1. Zutrittskontrolle (Verhinderung des räumlichen Zutritts unbefugter Personen);
2. Zugangskontrolle (Verhinderung der Nutzung durch unbefugte Personen);
3. Zugriffskontrolle (Verhinderung von Zugriffsmißbrauch);
4. Weitergabekontrolle (Abwehr von Manipulationen bei Übertragung und Transport sowie Verhinderung von unkontrollierten Übermittlungen);
5. Eingabekontrolle (Feststellbarkeit erfolgter Eingaben, Veränderungen und Löschungen);
6. Auftragskontrolle (Abwehr von Auftragsüberschreitungen des Auftragnehmers);
7. Verfügbarkeitskontrolle (Schutz vor zufälliger Zerstörung oder Verlust);
8. Trennungsgebot (Gebot der getrennten Verarbeitung von zu unterschiedlichen Zwecken erhobenen Daten).

Diese Gebote beziehen sich »nur« auf die automatisierte Verarbeitung und Nutzung personenbezogener Daten (unabhängig von Art und Umfang evtl. Datenkommunikation sowie verwendeter Informationstechnik). Sie sind in konkrete Maßnahmen umzusetzen, bei denen der Aufwand angemessen ist für den vom Gesetz angestrebten Schutzzweck – das informationelle Selbstbestimmungsrecht.

Einerseits sind also die in der Anlage zu § 9 BDSG aktualisierten Gebote der Datensicherung unter Beachtung des (für die jeweils Betroffenen!) angestrebten Schutzzweckes sowie des Standes von Technik und Organisation beim Datenumgang zu konkretisieren. Zum anderen sind sie sinnvollerweise auch für nicht personenbezogene Daten zu beachten. Damit zusammenhängend finden sich schließlich in der Informatik Definitionen zur Datensicherheit (»jederzeitige Vollständigkeit und Korrektheit der Daten«), die die o.g. Zielstellung teils einschränken und teils erweitern.

Datensicherheit – keine Begrenzung auf personenbezogene Daten

Datensicherheit – andere Zielstellungen

2.6. Einrichtung automatisierter Abrufverfahren

Das BDSG enthält mit § 10 nur eine Spezialregelung für den Datenumgang in Rechnernetzen. Spezielle Rechtsvorschriften zum Datenschutz in Rechnernetzen werden unter 5. erörtert.

§ 10 BDSG – (nur) Einrichtung automatisierter Abrufverfahren

§ 10 BDSG normiert die Einrichtung sog. automatisierter Abrufverfahren zur Datenübermittlung mit Ausnahme öffentlicher Datenbanken, wie sich aus V ergibt. Nicht geregelt ist damit die Zulässigkeit der Übermittlung als solche. Diese ergibt sich für Provider aus dem TDDSG bzw. dem MDStV (s. 5.1), für Zertifizierungsdiensteanbieter aus dem SigG (s. 5.2) und für Netzbetreiber aus der TDSV (s. 5.3). Sonst folgt sie aus den §§ 15 f bzw. 28 f BDSG, worauf in 3.4. und 4.2. f eingegangen wird. Entsprechend unterliegt der Datenumgang in Rechnernetzen ohne Übermittlung, insbes. Speicherung, Änderung und Nutzung in lokalen Rechnernetzen den Regelungen der §§ 14 bzw. 28 f BDSG, soweit es nicht um Operationen von Diensteanbietern oder Netzbetreibern geht.

Automatisierte Abrufverfahren – Zulässigkeit der Übermittlung

Automatisierte Abrufverfahren ermöglichen den Abruf personenbezogener Daten im Dialog oder als Stapelverarbeitung durch Dritte. Bei Einrichtung eines solchen Verfahrens sind folgende Maßgaben zu beachten:

- § 10 I BDSG – Die Zulässigkeit der Einrichtung hängt ab von einer Abwägung der schutzwürdigen Interessen Betroffener mit den Aufgaben oder Geschäftszwecken der beteiligten Stellen. Die Einrichtung ist nur zulässig, wenn die Abwägung ergibt, daß das Verfahren angemessen ist (z.B. bei Bedarf an besonders schnellen Auskünften oder an Massenübermittlungen).

Automatisierte Abrufverfahren – Voraussetzungen

Automatisierte Abrufverfahren – Pflichten beteiligter Stellen

- § 10 II BDSG – Die beteiligten Stellen haben schriftlich definierte Charakteristika festzulegen, damit die Zulässigkeit des Verfahrens kontrolliert werden kann. Die Charakteristika sollen damit die nach I erforderliche Abwägung ermöglichen.
- § 10 III BDSG – Im öffentlichen Bereich bestehen zusätzliche Informations- und Zustimmungspflichten bei der Einrichtung.

Automatisierte Abrufverfahren – Verantwortung des empfangenden Dritten

- § 10 IV BDSG – Ausnahmsweise trägt der Dritte, an den übermittelt wird, die Verantwortung für die Zulässigkeit des einzelnen Abrufs. (Er ist zu diesem Zeitpunkt der einzig Aktive.) Allerdings muß die speichernde Stelle für geeignete Kontrollmöglichkeiten (Stichprobenverfahren, Protokollierung, Dokumentation) sorgen.

2.7. Gewährleistung des Datenschutzes

Datenschutz ist besonderer Persönlichkeitsrechtsschutz. Adressat wichtiger Rechtsnormen ist die verantwortliche Stelle. Dennoch sind die Regelungen keineswegs auf Verhältnisse zwischen Betroffenen und verantwortlicher Stelle einerseits sowie zwischen verantwortlicher Stelle und Auftragnehmern bzw. Dritten andererseits beschränkt. Datenschutz ist konzipiert als Wahrnehmung unterschiedlicher, nur teilweise miteinander korrespondierender Befugnisse von verschiedenen Subjekten. Das soll das nebenstehende Bild veranschaulichen.

Datenschutz – Befugnisse verschiedener Subjekte

Für folgende Subjekte werden nachfolgend wesentliche Befugnisse skizziert:

- verantwortliche Stelle
- Betroffener
- Bundesbeauftragter für den Datenschutz
- Landesbeauftragter für den Datenschutz
- Aufsichtsbehörde
- (Interner) Datenschutzbeauftragter
- Berufsverbände und andere Vereinigungen
- Anbieter von Informatikprodukten
- Gutachter im Datenschutzaudit

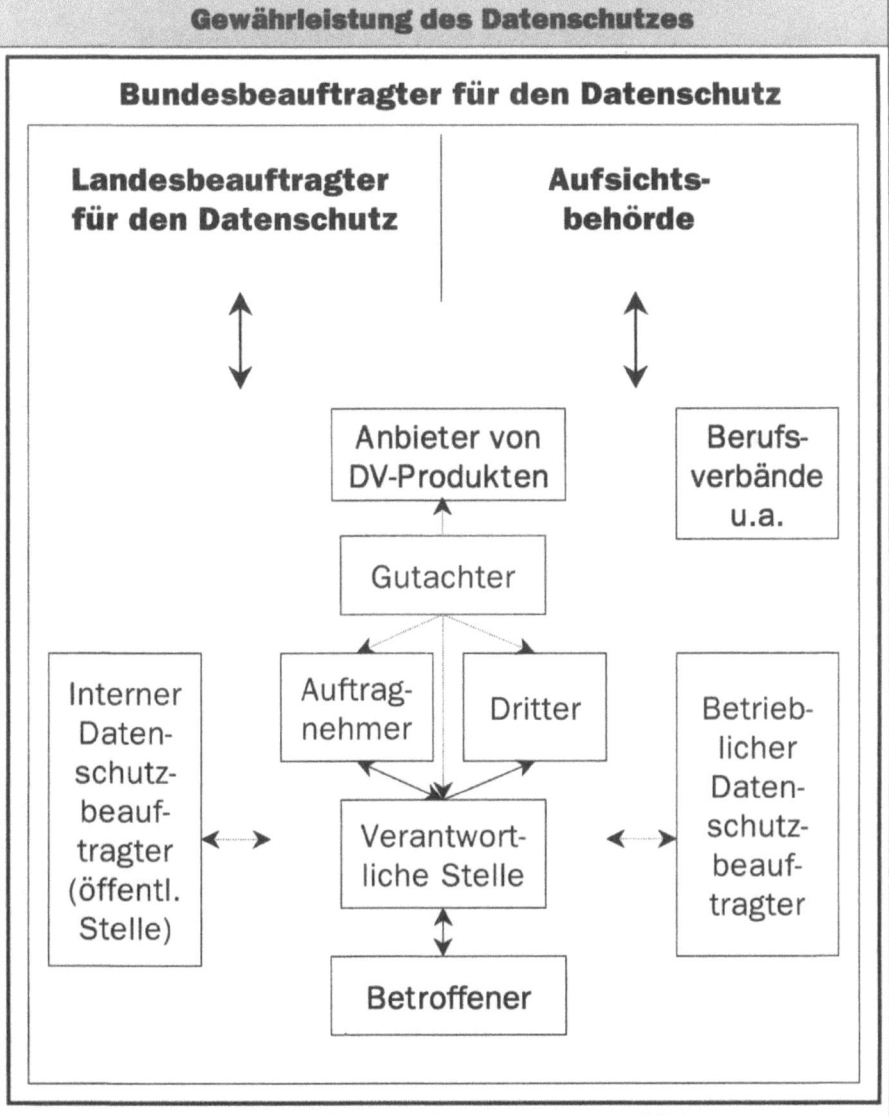

Wie bereits ausgeführt wurde, hat die verantwortliche Stelle die Zulässigkeit des jeweiligen Datenumganges sicherzustellen. Neu ist die dazu aufgenommene Regelung zur Systemgestaltung:

§ 3a BDSG

Datenvermeidung und Datensparsamkeit

Gestaltung und Auswahl von Datenverarbeitungssystemen haben sich an dem Ziel auszurichten, keine oder so wenig personenbezogene Daten wie möglich zu erheben, zu verarbeiten oder zu nutzen. Insbesondere ist von den Möglichkeiten der Anonymisierung und Pseudonymisierung Gebrauch zu machen, soweit dies möglich ist und der Aufwand in einem angemessenen Verhältnis zu dem angestrebten Schutzzweck steht.

Systemdatenschutz durch Anonymisierung und Pseudonymisierung

Bereits die Systemgestaltung soll also den Umgang mit personenbezogenen Daten minimieren. Vorrang zur Erreichung dieses Systemdatenschutzes haben nach S. 2 anonyme und pseudonyme Formen, die die Identität der Betroffenen während der eigentlichen Datenverarbeitung nicht oder für Dritte schwer feststellbar machen.

Personenbezogene Daten – s. 2.2.

Feststellung der zutreffenden Rechtsvorschrift – s. 2.3.

Bei einem konkreten Problem muß dann nach Klärung, ob es sich um personenbezogene Daten handelt, und Feststellung der zutreffenden Rechtsvorschrift die Zulässigkeit für die jeweiligen Operationen geprüft werden. Die entsprechenden Regeln werden für den öffentlichen Bereich unter 3. und für den nicht öffentlichen Bereich unter 4. erläutert. Auf die nach § 4d V BDSG nunmehr zusätzlich erforderliche Vorabprüfung für automatisierte Verarbeitungen mit besonderen Risiken für die Betroffenen wird bei der Skizze des Datenschutzbeauftragten (2.8.) eingegangen.

Vorabprüfung

Grundsätzlich keine automatisierte Einzelentscheidung!

Schließlich hat die verantwortliche Stelle nach § 6a BDSG automatisierte Einzelentscheidungen (mit rechtlichen Folgen oder erheblicher Beeinträchtigung des Betroffenen, ohne erneute menschliche Überprüfung – z.B. Scoring-Verfahren zur Arbeitnehmerauswahl) zu vermeiden, falls nicht folgende Ausnahmen gegeben sind:

Ausnahmen

- Entscheidung erfolgt als Abschluß oder Erfüllung eines Vertrages bzw. eines vergleichbaren Rechtsverhältnisses auf Begehren des Betroffenen oder
- Möglichkeit des Betroffenen, seinen Standpunkt geltend zu machen, oder andere Maßnahme zur Wahrung der berechtigten Interessen des Betroffenen und nachfolgende Prüfung der Entscheidung durch die verantwortliche Stelle.

Der Betroffene hat ein umfassendes Recht auf Auskunft von der verantwortlichen Stelle sowie ggf. auf Berichtigung, Löschung oder Sperrung der über ihn gespeicherten Daten, worauf unter 3.5. und 4.4. ausführlicher eingegangen wird. Keinesfalls können diese Rechte nach § 6 I BDSG durch Vertrag oder Betriebsvereinbarung (als wichtige Beispiele des dort genannten Rechtsgeschäfts) ausgeschlossen oder eingeschränkt werden. Untersetzt werden diese Befugnisse durch Rechte auf Benachrichtigung, die ebenfalls in 3.5. und 4.4. erörtert werden.

Rechte des Betroffenen

Auskunft, Berichtigung, Löschung oder Sperrung – unabdingbare Rechte des Betroffenen

Der Betroffene verfügt nunmehr über eine eigenständige Anspruchsgrundlage im BDSG für eine Verschuldenshaftung der verantwortlichen Stelle:

Eigenständige Anspruchsgrundlage für Schadensersatz des Betroffenen

Schadensersatz

§ 7 BDSG

> Fügt eine verantwortliche Stelle dem Betroffenen durch eine nach den Vorschriften dieses Gesetzes oder nach anderen Vorschriften unzulässige oder unrichtige Erhebung, Verarbeitung oder Nutzung seiner personenbezogenen Daten schuldhaft einen Schaden zu, ist sie oder ihr Träger dem Betroffenen zum Schadensersatz verpflichtet. Die Ersatzpflicht entfällt, soweit die verantwortliche Stelle die nach den Umständen des Falles gebotene Sorgfalt beachtet hat.

Schadensersatz der verantwortlichen Stelle:
- im öffentlichen wie im nicht öffentlichen Bereich
- bei unzulässigem oder unrichtigem Umgang mit personenbezogenen Daten
- aus automatisierter wie auch aus nicht automatisierter Datenverarbeitung
- nach BDSG oder nach anderen Datenschutzvorschriften
- im Fall schuldhafter Pflichtverletzung
- mit dem Verschuldensmaßstab von § 276 I BGB,
- wobei die verantwortliche Stelle die Beweispflicht trifft, daß sie den Schaden nicht verschuldet hat.

Schadensersatz der verantwortlichen Stelle – Voraussetzungen

Zusätzlich normiert § 8 BDSG einen verschuldensunabhängigen, begrenzten Schadensersatz öffentlicher Stellen bei unzulässiger oder unrichtiger automatisierter Erhebung, Verarbeitung oder Nutzung personenbezogener Daten. Die Geltendmachung höherer und anderer Schadensersatzansprüche nach anderen Vorschriften bleibt nach § 7 wie nach § 8 BDSG unberührt.

Verschuldensunabhängiger Schadensersatz öffentlicher Stellen bei unzulässigem oder unrichtigem Datenumgang mittels Computer

Datenschutz

Bundesbeauftragter für den Datenschutz –
s. 3.3.

Der Betroffene hat schließlich umfassende Anrufungsrechte. Wer der Ansicht ist, beim Umgang mit seinen personenbezogenen Daten durch eine öffentliche Stelle des Bundes in seinen Rechten verletzt worden zu sein, kann sich nach § 21 BDSG an den Bundesbeauftragten für den Datenschutz wenden.

Landesbeauftragter für den Datenschutz –
s. jeweiliges LDSG

Entsprechend kann nach dem jeweiligen LDSG der Landesbeauftragte für den Datenschutz bei Pflichtverletzungen öffentlicher Stellen des Landes angerufen werden. (Auf die in den einzelnen LDSG ausgestalteten Aufgaben der Landesbeauftragten wird hier nicht weiter eingegangen.)

Aufsichtsbehörde

Bei Pflichtverletzungen einer nicht öffentlichen Stelle kann sich der Betroffene schließlich an die zuständige Aufsichtsbehörde wenden, die nach § 38 I BDSG die Ausführung aller Datenschutzvorschriften im nicht öffentlichen Bereich überwacht. Die örtliche Zuständigkeit der Aufsichtsbehörden ergibt sich nach § 38 VI BDSG aus Landesrecht; teilweise sind die Landesbeauftragten für den Datenschutz zugleich Aufsichtsbehörde.

Aufgaben

Aufsichtsbehörden haben die in § 38 BDSG geregelten Aufsichts- und Kontrollaufgaben. Kontrollen sind nunmehr auch ohne Anlaß möglich. Die Aufsichtsbehörden führen nach § 38 II BDSG außerdem ein von jedermann einsehbares Register über besondere automatisierte Verarbeitungen nicht öffentlicher Stellen, insbes. von zum Zwecke der Übermittlung (s. dazu 4.1.) oder der anonymisierten Übermittlung geschäftsmäßig gespeicherten personenbezogenen Daten. Voraussetzungen der Meldepflicht sind in § 4d, Inhalt von Meldepflicht und Register in § 4e BDSG festgelegt. Wesentlich erweitert wurde das Aufgabenspektrum durch § 38a BDSG.

Recht von Berufsverbänden und anderen Vereinigungen gegenüber der Aufsichtsbehörde

Danach können Berufsverbände und andere Vereinigungen, die Gruppen verantwortlicher Stellen vertreten, Entwürfe zu datenschutzrechtlichen Verhaltensregeln der zuständigen Aufsichtsbehörde unterbreiten. Diese ist dann verpflichtet, die Vereinbarkeit der Entwürfe mit dem geltenden Datenschutzrecht zu überprüfen.

Schließlich kann sich der Betroffene nach § 4f V S. 2 BDSG jederzeit an den Datenschutzbeauftragten einer verantwortlichen Stelle wenden, dessen Bestellung und Aufgaben unter 2.8. erläutert werden.

Neu aufgenommen in das BDSG ist auch eine Regelung zur Prüfung und Bewertung datenschutzkonformer Informatikprodukte, wie sie sich für andere Produkte und Verfahren im Umweltbereich und im Qualitätsmanagement bewährt hat:

Datenschutzaudit § 9a BDSG

Zur Verbesserung des Datenschutzes und der Datensicherheit können Anbieter von Datenverarbeitungssystemen und -programmen und datenverarbeitende Stellen ihr Datenschutzkonzept sowie ihre technischen Einrichtungen durch unabhängige und zugelassene Gutachter prüfen und bewerten lassen sowie das Ergebnis der Prüfung veröffentlichen. Die näheren Anforderungen an die Prüfung und Bewertung, das Verfahren sowie die Auswahl und Zulassung der Gutachter werden durch besonderes Gesetz geregelt.

Datenschutzaudit:
- Ziel ist die Förderung datenschutzkonformer Informatikprodukte durch freiwillige Zertifizierung.
- Informatikprodukte können durch unabhängige Gutachter geprüft und bewertet, Ergebnisse können veröffentlicht werden.
- Regelung der Anforderungen an das Audit sowie von Auswahl und Zulassung der Gutachter wird durch besonderes Gesetz erfolgen, da diese Berufsbeschränkungen darstellen und damit dem verfassungsrechtlichen Gesetzesvorbehalt unterliegen.

Anbieter und Benutzer können ihre Informatikprodukte hinsichtlich des Datenschutzes zertifizieren lassen.

2.8. Interner Datenschutzbeauftragter

Jede öffentliche Stelle im Geltungsbereich des BDSG und jede nicht öffentliche Stelle haben unter definierten, praktisch häufig erfüllten Voraussetzungen nach § 4f I BDSG einen internen Datenschutzbeauftragten (DSB) zu bestellen, und zwar dann, wenn:
- eine öffentliche Stelle personenbezogene Daten automatisiert erhebt, verarbeitet oder nutzt;
- eine nicht öffentliche Stelle personenbezogene Daten geschäftsmäßig zum Zweck der Übermittlung oder der anonymisierten Übermittlung erhebt, verarbeitet oder nutzt (s. 4.2.);
- eine nicht öffentliche Stelle eine Vorabkontrolle (s.u.) durchzuführen hat;

Interner Datenschutzbeauftragter – Voraussetzungen der bestellenden Stelle

Datenschutz

Interner Datenschutzbeauftragter – Voraussetzungen der bestellenden Stelle (2)

- eine nicht öffentliche Stelle mindestens fünf Arbeitnehmer in der automatisierten Personendatenverarbeitung beschäftigt oder
- in der Regel mindestens zwanzig Personen bei der Stelle auf andere Weise mit personenbezogenen Daten umgehen.

Regelmäßig sind diese Voraussetzungen erfüllt bei öffentlichen Stellen, die personenbezogene Daten mittels PC speichern, und bereits bei mittleren Unternehmen, wenn Kundendaten personenbezogene Komponenten enthalten und in Workstation- oder PC-Dateien gespeichert sind oder wenn in der Personalabteilung eine PC-Nutzung erfolgt.

Unerheblich ist dabei, ob eine oder mehrere und welche Operationen mit personenbezogenen Daten erfolgen.

Erforderliche Fachkunde und Zuverlässigkeit

Bestellt werden darf nach § 4f II BDSG nur, wer die »erforderliche Fachkunde und Zuverlässigkeit« besitzt. Damit sind einmal erhebliche subjektive Anforderungen gemeint:

Interner Datenschutzbeauftragter – subjektive Voraussetzungen

- Kenntnis der für die Stelle beachtlichen Datenschutzbestimmungen,
- Kenntnis der dort genutzten Informationstechnologien,
- Kenntnis der Behörden- bzw. Unternehmensorganisation,
- didaktische Fähigkeiten,
- Weiterbildungsanforderungen an sich selbst und
- charakterliche Voraussetzungen.

Objektive Voraussetzungen

Zusätzlich muß der DSB objektiv in der Lage sein, die geforderten Aufgaben der Selbstkontrolle (s.u.) wahrzunehmen. Insoweit ist davon auszugehen, daß Gesellschafter, Geschäftsführer, Leiter der DV-Abteilung, Vertriebs- oder Personalleiter nicht zum DSB bestellt werden können.

Interner Datenschutzbeauftragter – subjektive Voraussetzungen

Der DSB ist Selbstkontrollinstanz des Datenschutzes in seiner Stelle. § 4f III BDSG regelt seine herausgehobene Position in der Behörde bzw. im Unternehmen: Er ist dem Leiter der Stelle direkt zu unterstellen und hinsichtlich des Datenschutzes weisungsfrei.

Dem stehen Erteilung von Prüfaufträgen und Dienstaufsicht durch den Leiter nicht entgegen. Zu gewährleisten ist aber die unabhängige und alle Datenschutzfragen umfassende Beratung des Leiters.

Exponierte Stellung

Untersetzt wird die exponierte Stellung des DSB durch die in § 4f III S. 4 BDSG normierten engen Grenzen für seine Abberufung und die nach § 4f V S. 1 BDSG bestehende Pflicht der verantwortlichen Stelle zur sächlichen und personellen Unterstützung.

Der DSB muß nach § 4f I schriftlich, durch nicht öffentliche Stellen innerhalb eines Monats nach Aufnahme ihrer Tätigkeit bestellt werden. Über die genannten Voraussetzungen hinaus besteht hinsichtlich der Bestellung Entscheidungsfreiheit. Das unterstreicht § 4f II S. 2 f, wonach als DSB auch eine Person außerhalb der verantwortlichen Stelle bestellt werden kann. In der Praxis finden sich Datenschutzbeauftragte, die

- ausschließlich diese Tätigkeit ausüben (vorrangig in Großunternehmen und großen Bundesbehörden),
- dieser Tätigkeit neben einer anderen (wie Systemanalytiker, Programmierer oder Sicherheitsbeauftragter) nachgehen;
- für mehrere verantwortliche Stellen tätig sind (bspw. im Konzern, die Bestellung muß dann mehrmalig gesondert erfolgen);
- als externe DSB arbeiten (wie spezialisierte Rechtsanwälte, Informatiker oder auch für mehrere öffentliche Stellen bestellte Bedienstete).

§ 4g BDSG regelt die Aufgaben des DSB. Nach I S. 1 hat er auf die Einhaltung aller Datenschutzvorschriften hinzuwirken. Das bedeutet nicht, daß er für den Datenumgang selbst zuständig ist. Die Verantwortung bleibt letztlich bei der Leitung der verantwortlichen Stelle. Klar ist ebenso, daß diese Verantwortung auch besteht, wenn kein DSB bestellt werden muß.

In I S. 3 werden enumerativ wichtige Aufgaben des DSB angeführt, ohne weitere Tätigkeiten (z.B. Erarbeitung und Aktualisierung eines Datenschutzhandbuches, Beratung zu Personalfragen) auszuschließen. Die im Gesetz genannten Aufgaben (Überwachung der Programmnutzung – Nr.1 und Schulung der Mitarbeiter – Nr. 2) bilden aber zweifelsohne die Schwerpunkte seiner Arbeit.

Als Hilfsmittel ist dem DSB nach II S. 1 eine wohldefinierte Übersicht »zur Verfügung zu stellen«. Die Art der Bereitstellung ist nicht geregelt. Diese muß die jeweilige Leitung festlegen, wenn der DSB auch bei der Realisierung mitwirken wird. Der Inhalt umfaßt zugriffsberechtigte Personen und in § 4e normierte Angaben bei automatisierten Verarbeitungen – aus Sicht der Informatik letztlich eine Dateiübersicht. Die Angaben wären nach § 4d I, II BDSG durch nicht öffentliche Stellen an die zuständige Aufsichtsbehörde zu melden, wenn kein DSB bestellt wird. Diese führt nach § 38 II

Datenschutz

Meldepflicht gegenüber Aufsichtsbehörde, wenn kein Datenschutzbeauftragter bestellt wird

Recht auf Einsicht durch jedermann

BDSG ein Register mit den meldepflichtigen Angaben, das von jedermann eingesehen werden kann. Entsprechend macht der DSB nach § 4g II S. 2 seine Übersicht zu nichtmeldepflichtigen automatisierten Verarbeitungen (mit geringen Einschränkungen) jedermann auf Antrag verfügbar.

Pflicht zur Vorabkontrolle

Die Übersicht soll dem DSB auch die Vorabkontrolle für automatisierte Verarbeitungen mit besonderen Risiken für die Betroffenen ermöglichen, zu der er nach § 4d VI BDSG ebenfalls verpflichtet ist:

§ 4d BDSG

Vorabkontrolle

(5) Soweit automatisierte Verarbeitungen besondere Risiken für die Rechte und Freiheiten der Betroffenen aufweisen, unterliegen sie der Prüfung vor Beginn der Verarbeitung (Vorabkontrolle). Eine Vorabkontrolle ist insbesondere durchzuführen, wenn

1. besondere Arten personenbezogener Daten (§ 3 Abs. 9) verarbeitet werden oder

2. die Verarbeitung personenbezogener Daten dazu bestimmt ist, die Persönlichkeit des Betroffenen zu bewerten einschließlich seiner Fähigkeiten, seiner Leistung oder seines Verhaltens,

es sei denn, dass eine gesetzliche Verpflichtung oder eine Einwilligung des Betroffenen vorliegt oder die Erhebung, Verarbeitung oder Nutzung der Zweckbestimmung eines Vertragsverhältnisses oder vertragsähnlichen Vertrauensverhältnisses mit dem Betroffenen dient.

Vorabkontrolle:

Vorabkontrolle vor Verarbeitungsbeginn

- bedeutet, Verarbeitungen unbedingt vor ihrem Beginn hinsichtlich der datenschutzrechtlichen Anforderungen zu prüfen;

Nicht für jede automatisierte Verarbeitung

- ist nicht für alle automatisierten Verarbeitungen erforderlich, sondern nur für jene mit besonderen Risiken für Rechte und Freiheiten der Betroffenen (Beispiele in Erwägungsgrund 53 der EG-Richtlinie: Ausschluß Betroffener von der Inanspruchnahme eines Rechts, einer Leistung oder eines Vertrages);

Betrifft öffentliche und nicht öffentliche Stellen

- ist sowohl im öffentlichen *(Beispiele: Verzeichnisse mit Vorstrafen oder ungünstigen verwaltungsrechtlichen Entscheidungen)* als auch im nicht-öffentlichen Bereich *(Beispiele: Risikodateien der Versicherungswirtschaft)* vorzunehmen;

- betrifft notwendig die Verarbeitung besonderer Arten personenbezogener Daten nach § 3 IX BDSG sowie die Verarbeitung personenbezogener Daten zur Persönlichkeitsbewertung des Betroffenen, soweit die Verarbeitung nicht auf Grundlage einer gesetzlichen Verpflichtung, einer Einwilligung oder der Zweckbestimmung eines Vertrages oder vertragsähnlichen Vertrauensverhältnisses dient; *(Vorabkontrolle erforderlich bei automatisierter Verarbeitung von sensitiven Daten sowie zur Persönlichkeitsbewertung)*
- ist nach § 4d VI S. 1 f durch den DSB durchzuführen, nachdem er die in § 4g II S. 1 geregelte Übersicht erhalten hat; *(Durch den Datenschutzbeauftragten)*
- bei Zweifelsfällen muß sich der DSB nach § 4d VI S. 3 an die Aufsichtsbehörde (bzw. an den Bundesbeauftragten für den Datenschutz) wenden; die Aufsichtsbehörde gibt dann im Rahmen ihrer Befugnisse nach § 38 als Ergebnis ihrer Überprüfung eine Stellungnahme ab. *(Pflicht zur Klärung von Zweifelsfällen)*

In anderen Zweifelsfällen kann sich der DSB nach § 4g I S. 2 an die Aufsichtsbehörde bzw. an den Bundesbeauftragten für den Datenschutz wenden. Primär orientiert das BDSG jedoch auf die Eigenkontrolle der verantwortlichen Stelle durch den DSB. In diesem Sinne sollte das Recht des DSB, sich an die Aufsichtsbehörde bzw. den Bundesbeauftragten für den Datenschutz zu wenden, als Fragerecht zur Klärung von Zweifelsfragen und erst als ultima ratio bei Datenschutzverletzungen eingeordnet werden. Andererseits muß der DSB dieses Recht wahrnehmen, wenn nur so Datenschutzverstößen zu begegnen ist. Denn nach § 38 V S. 3 BDSG kann die Aufsichtsbehörde die Abberufung des DSB verlangen, wenn er nicht die zur Erfüllung seiner Aufgaben erforderliche Fachkunde und Zuverlässigkeit besitzt.

Orientierung auf Eigenkontrolle

Anrufung der Aufsichtsbehörde bzw. des Bundesbeauftragten – ultima ratio

3. Datenschutz in öffentlicher Verwaltung

Zweiter Abschnitt des BDSG – Ausnahmeregelungen für öffentliche Stellen des Bundes (s. 2.3.)

Das Primärproblem des Datenschutzes für die verantwortliche Stelle ist die Klärung, welche personenbezogenen Daten sie unter welchen rechtlichen Voraussetzungen erheben, speichern, weiter verarbeiten und nutzen darf. Das Herangehen an diese Fragen soll nunmehr für öffentliche Stellen erläutert werden, wenn diese die Ausnahmeregelungen des BDSG anzuwenden haben.

3.1. Ausnahmetatbestände

Zutreffende Regelungen sind die §§ 13 ff BDSG. Es sei noch einmal hervorgehoben, daß es sich auch insofern um Ausnahmeregelungen handelt, als hier dem grundsätzlichen Erhebungs-, Verarbeitungs- und Nutzungsverbot entgegenstehende Erlaubnisse statuiert sind, nicht aber in anderen (vorrangigen) Rechtsvorschriften.

Soweit der Datenumgang auf den öffentlichen Bereich beschränkt bleibt, enthält das BDSG drei grundsätzliche Forderungen:

Drei grundsätzliche Forderungen

- Erforderlichkeit der Daten (§§ 13 I, 14 I, 15 I Nr. 1, 16 I Nr.1);
- Einhaltung der Zweckbindung (§§ 14 I, 15 III, 16 I Nr. 1) und
- für nach § 3 IX BDSG bestimmte sensitive Daten (s. 2.2) die Einhaltung zusätzlicher strenger Vorgaben (§ 13 II, 14 V f).

Erforderlichkeit der Daten

Erforderlichkeit der Daten ist dann gegeben, wenn eine Aufgabe ohne den Datenumgang nicht erfüllt werden kann. Es reicht nicht aus, daß die betreffende Operation mit den Daten lediglich geeignet für die Verwaltungsaufgabe ist. Insbesondere ist damit eine Datenspeicherung für weitere Aufgaben (»auf Vorrat«) ausgeschlossen. Gesetzliche Maßgabe ist eine Erforderlichkeit im engen Sinne. Zur Aufgabenerfüllung erforderlich sind allerdings auch Daten, die für Fach- und Rechtsaufsicht (s. § 14 III BDSG) und Datenschutzkontrollinstanz (s. § 24) verfügbar zu halten sind.

Einhaltung der Zweckbindung

Das Zweckbindungsprinzip wurde bereits beim Volkszählungsurteil erläutert. Zweckbindung bedeutet, den Datenumgang auf den gesetzlich zulässigen Zweck zu begrenzen. Sie gilt nicht nur zwischen verschiedenen Stellen, sondern auch wenn eine Stelle verschiedenen Aufgaben nachgeht. Ein Datenaustausch darf nicht erfolgen (»informationelle Gewaltenteilung«).

3.2. Erheben

Die neue Regelung enthält neben der Erforderlichkeit (I) strenge Voraussetzungen für sensitive Daten (II):

Erforderlichkeit der Daten – s. 3.1.

Datenerhebung

§ 13 BDSG

(1) Das Erheben personenbezogener Daten ist zulässig, wenn ihre Kenntnis zur Erfüllung der Aufgaben der verantwortlichen Stellen erforderlich ist. [...]

(2) Das <u>Erheben besonderer Arten personenbezogener Daten</u> nach § 3 Abs. 9 ist <u>nur zulässig</u>, soweit

1. eine Rechtsvorschrift dies vorsieht oder aus Gründen eines wichtigen öffentlichen Interesses zwingend erfordert,
2. der Betroffene nach Maßgabe des § 4a Abs. 3 eingewilligt hat,
3. dies zum Schutz lebenswichtiger Interessen des Betroffenen oder eines Dritten erforderlich ist, sofern der Betroffene aus physischen oder rechtlichen Gründen außerstande ist, seine Einwilligung zu geben,
4. es sich um Daten handelt, die der Betroffene offenkundig öffentlich gemacht hat,
5. dies zur Abwehr einer erheblichen Gefahr für die öffentliche Sicherheit erforderlich ist,
6. dies zur Abwehr erheblicher Nachteile für das Gemeinwohl oder zur Wahrung erheblicher Belange des Gemeinwohls zwingend erforderlich ist,
7. dies zum Zweck der Gesundheitsvorsorge, der medizinischen Diagnostik, der Gesundheitsversorgung oder Behandlung oder für die Verwaltung von Gesundheitsdiensten erforderlich ist [...],
8. dies zur Durchführung wissenschaftlicher Forschung erforderlich ist [...] oder
9. dies aus zwingenden Gründen der Verteidigung oder der Erfüllung über- oder zwischenstaatlicher Verpflichtungen einer öffentlichen Stelle des Bundes auf dem Gebiet der Krisenbewältigung oder Konfliktverhinderung oder für humanitäre Maßnahmen erforderlich ist.

Datenschutz

Erhebungsverbot für besondere Arten personenbezogener Daten

Ausnahmetatbestände

Abs. 2 statuiert ein Erhebungsverbot für besondere Arten personenbezogener Daten mit folgenden Ausnahmetatbeständen:

- die nach § 4 i.V.m. § 4a BDSG ohnehin gegebene Zulässigkeit nach Einwilligung des Betroffenen (Zi. 2) sowie aufgrund entsprechender bereichsspezifischer Rechtsvorschriften (Zi. 1 1. Alt. – wie zu einigen Daten im Gesundheits- und Sozialrecht);
- die Sachverhaltsermittlung zum Tatbestand spezieller Rechtsvorschriften, wenn ein wichtiges öffentliches Interesse die Erhebung zwingend erfordert (Zi. 1 2. Alt. – Erwägungsgrund 35 der EG-Richtlinie: bspw. verfassungs- oder völkerrechtlich benannte Zwecke staatlich anerkannter Religionsgesellschaften);
- den Schutz lebenswichtiger Interessen des Betroffenen oder eines Dritten, sofern der Betroffene aus physischen (z.B. Nichterreichbarkeit) oder rechtlichen Gründen (Unfähigkeit zur Erklärungsabgabe) nicht einwilligen kann, eine mutmaßliche Einwilligung aber anzunehmen ist (Zi. 3);
- die unzweifelhafte Entscheidung des Betroffenen über die Veröffentlichung seiner Daten (Zi. 4);
- die vor allem Polizei- und Sicherheitsbehörden betreffende Abwehr einer erheblichen Gefahr für die öffentliche Sicherheit (Zi. 5),
- die Wahrung des Gemeinwohls (Zi. 6) mit einer hoch anzusetzenden Schwelle für entsprechende Ausnahmen,
- den medizinischen Sektor (Zi. 7), soweit die Daten für gesundheitsbezogene Dienstleistungen erforderlich sind und die Verarbeitung durch Personal erfolgt, das zur Wahrung entsprechender Berufs- oder Amtsgeheimnisse verpflichtet ist;
- Forschungsvorhaben (Zi. 8), deren Ausnahmecharakter aus dem Gewicht des öffentlichen Interesses an der Forschung zu bestimmen ist;
- zwingende Gründe der Verteidigung, der internationalen Krisenbewältigung und Konfliktverhinderung sowie humanitärer Maßnahmen (Zi. 9).

Wahrung von Berufs- oder Amtsgeheimnissen – s. 2.1.

§ 4 II f BDSG – s. 2.3.

Zusätzlich sind die in § 4 II f BDSG statuierten Maßgaben zu beachten, wonach personenbezogene Daten grundsätzlich beim Betroffenen zu erheben sind.

3.3. Speichern, Verändern und Nutzen

Die Regelung in § 14 BDSG vermittelt eine deutliche Strukturierung:

- In I werden mit der Erforderlichkeit für die Aufgabenerfüllung der verantwortlichen Stelle und der Zweckbindung die bereits erörterten grundsätzlichen Zulässigkeitskriterien genannt.
- II vermittelt für die Operationen Ausnahmen vom Grundsatz der Zweckbindung (s.u.).
- In III wird klargestellt, welcher Datenumgang (insbes. für Aufsichts-, Weisungs- und Kontrollbefugnisse) nicht als Zweckänderung anzusehen ist.
- IV bestimmt, daß lediglich zur Datenschutzkontrolle oder zur Datensicherung (im engen oder weiten Sinn) gespeicherte personenbezogene Daten auch nur für diese Zwecke verwendet werden dürfen, also nicht den Ausnahmen nach II und nicht den Erweiterungen nach III unterliegen.
- V f schließlich reduzieren die Ausnahmen für besondere Arten personenbezogener Daten nach § 3 IV.

Erforderlichkeit, Zweckbindung – s. 3.1.

Der Zweckänderungskatalog nach II beinhaltet:

- Erweiterungen, die nach § 4 BDSG ohnehin bestehen;
- offensichtlich im Interesse des Betroffenen liegende Ausnahmen;
- die Überprüfung von Angaben des Betroffenen, weil begründete Zweifel an ihrer Richtigkeit bestehen;
- die Entnahme aus tatsächlichen oder zulässigen Veröffentlichungen, soweit das entgegenstehende schutzwürdige Interesse des Betroffenen nicht offensichtlich überwiegt;
- die Wahrung des Gemeinwohls und die Gefahrenabwehr;
- die Verfolgung von Straftaten oder Ordnungswidrigkeiten;
- die Abwehr einer schwerwiegenden Beeinträchtigung einer anderen Person oder
- die Durchführung wissenschaftlicher Forschung (unter genauer festgelegten Voraussetzungen).

Zweckbindung – Ausnahmen

Für besondere Arten personenbezogener Daten wird dieser Katalog nach V f unter Bezugnahme auf § 13 II BDSG bzw. in Anknüpfung an die dortigen Regelungen reduziert.

Sensitive Daten – Anknüpfung an § 13 II BDSG (s. 3.2.)

3.4. Übermitteln

Die Übermittlungsregelung für den öffentlichen Bereich unterscheidet, ob der personenbezogene Daten empfangende Dritte

- eine andere öffentliche Stelle (§ 15 BDSG) oder
- eine nicht öffentliche Stelle (§ 16 BDSG) ist.

Empfänger: öffentliche Stelle

Voraussetzungen für Zulässigkeit der Übermittlung

Der Transfer personenbezogener Daten zwischen öffentlichen Stellen ist nach § 15 BDSG zulässig, wenn

- er für die Aufgabenerfüllung des Senders oder des empfangenden Dritten erforderlich ist und
- der Verwendungszweck des Dritten mit dem des Übermittlers übereinstimmt oder
- eine nach § 14 BDSG zulässige Zweckänderung vorliegt.

Empfänger: nicht öffentliche Stelle

privatnützige Übermittlung – Voraussetzungen für Zulässigkeit

Beim Transfer von öffentlichen an nicht öffentliche Stellen ist nach § 16 BDSG ebenso zu verfahren, wenn die Übermittlung zur Aufgabenerfüllung des Senders erforderlich ist. Andernfalls muß der interessierte Dritte nicht nur sein berechtigtes Interesse an den Daten glaubhaft darlegen, sondern der Betroffene darf auch kein schutzwürdiges Interesse am Übermittlungsausschluß haben. Besteht also ein schutzwürdiges Interesse, so ist nach § 16 I Nr. 2 unerheblich, wie stark das Interesse des potentiellen Empfängers ist. Für besondere Arten personenbezogener Daten ist die Übermittlung unter den Voraussetzungen nach § 14 V f zulässig. Diese werden jedoch erweitert um die Geltendmachung, Ausübung und Verteidigung rechtlicher Ansprüche: Zu deren Durchsetzung dürfen erforderliche personenbezogene Daten auch an Beteiligte von gerichtlichen und außergerichtlichen Verfahren übermittelt werden.

Zweckbindung beim Empfänger

Für den empfangenden Dritten besteht nach § 16 IV grundsätzlich eine strenge Zweckbindung, auf die ihn die übermittelnde Stelle ausdrücklich hinweisen muß.

Privatnützige Übermittlung – Informationspflicht

Im Fall der Initiative des Dritten muß die übermittelnde Stelle den Betroffenen nach § 16 III über die erfolgte Übermittlung informieren. Das ist dann nicht erforderlich, wenn der Betroffene bereits von der Übermittlung weiß oder die Information die öffentliche Sicherheit beeinträchtigen würde. Zusätzlich hat die verantwortliche Stelle – wie bei jedem anderen Datenumgang – ggf. nach § 19a BDSG bestehende Informationspflichten zu beachten.

3.5. Rechte der Betroffenen

Das Grundrecht auf informationelle Selbstbestimmung korrespondiert mit den Rechten der Betroffenen, die ihnen bei (dennoch) erfolgtem Umgang mit ihren personenbezogenen Daten zustehen. Für den öffentlichen Bereich sind das insbes.:

- das Auskunftsrecht;
- das Recht auf Benachrichtigung;
- das Recht auf Berichtigung, Löschung und Sperrung;
- das Widerspruchsrecht;
- das Anrufungsrecht des Bundesdatenschutzbeauftragten und
- das Recht auf Schadensersatz (§ 8 neben § 7 BDSG).

Rechte der Betroffenen

Bundesdatenschutzbeauftragter – s. 3.6.

Schadensersatz – s. 2.7.

Das Auskunftsrecht des Betroffenen gegenüber einer öffentlichen verantwortlichen Stelle ist in § 19 BDSG geregelt. Nach I kann jeder Auskunft verlangen

- darüber, ob und welche Daten zu seiner Person gespeichert sind;
- über Empfänger oder Kategorien von Empfängern, an die die Daten weitergegeben werden;
- über den Zweck der Speicherung (also die betreffende Verwaltungsaufgabe) sowie
- über Herkunft der Daten.

Auskunft – Inhalt

Problematisch ist, daß Datenquellen nicht gespeichert werden müssen, darüber nur Auskunft zu erteilen ist, wenn diese Subjekte der verantwortlichen Stelle (noch) bekannt sind. Zudem wird nach III über die Übermittlung an einen Nachrichtendienst (im Rahmen geforderter Auskunft) nur mit dessen Zustimmung informiert.

Datenquellen – keine Pflicht zur Speicherung

Gemäß der Definition des Anwendungsbereichs umfaßt das Auskunftsrecht in beliebiger Form gespeicherte personenbezogene Daten. Nach § 19 I S. 3 BDSG muß der Betroffene allerdings für unstrukturierte Datensammlungen außerhalb von Computern die Suche unterstützende Angaben machen. Nach I S. 4 bestimmt die verantwortliche Stelle die Art der Auskunft.

Anwendungsbereich – s. 2.1.

Die Auskunft erfolgt nach § 19 VII generell unentgeltlich.

Kostenlose Auskunft

Das Auskunftsrecht bezieht sich auf gespeicherte, also auch auf gesperrte (s.u.) Daten. Ausnahmen gelten nach II für Datensicherungs- und Kontrolldaten sowie für Daten, die zur Einhaltung von

Auskunftsrecht – Ausnahmen

Datenschutz

Auskunftsrecht – Ausnahmen

Aufbewahrungsvorschriften gesperrt sind. Diese unterliegen nicht dem Auskunftsanspruch, wenn die Auskunftserteilung einen unverhältnismäßigen Aufwand erfordern würde. Weitere Ausnahmen, so für laufende polizeiliche Ermittlungen, enthält IV. In den dort geregelten Fällen ist die Auskunft nach VI grundsätzlich dem Bundesbeauftragten für den Datenschutz zu erteilen. Dieser informiert dann den Betroffenen in allgemeiner Form.

Eingefügt wurde die Benachrichtigungspflicht der verantwortlichen öffentlichen Stelle nach § 19a BDSG für den Fall, daß personenbezogene Daten ohne Kenntnis des Betroffenen erhoben wurden. Der Betroffene ist dann nach I zu informieren über:

Benachrichtigung – Inhalt

- die Speicherung,
- die Identität der verantwortlichen Stelle sowie
- die Zweckbestimmungen der Erhebung, eventuellen weiteren Verarbeitung und Nutzung.

Ausnahmsweise entfällt die Benachrichtigungspflicht:

Benachrichtigungspflicht – Ausnahmen

- hinsichtlich der Kategorien von Empfängern bei eventueller Übermittlung, wenn der Betroffene nach den Umständen des Einzelfalls nicht mit der Übermittlung rechnen muß (I S. 2);
- bei auf andere Weise vom Betroffenen erlangter Kenntnis von der Verarbeitung (II Nr. 1);
- bei Erfordernis eines unverhältnismäßigen Aufwandes für die Benachrichtigung (II Nr. 2) und
- bei gesetzlich explizit vorgesehener Verarbeitung (II Nr. 3).

Die Voraussetzungen für die Inanspruchnahme der beiden letzten Voraussetzungen hat die verantwortliche Stelle nach II S. 2 schriftlich zu fixieren.

Für die Benachrichtigungspflicht gelten nach III weiter die oben skizzierten Ausnahmen nach § 19 II bis IV entsprechend.

Rechte der Betroffenen – Pflichten der verantwortlichen Stelle

Ebenso wie § 19a normiert § 20 gleichermaßen Pflichten der verantwortlichen öffentlichen Stelle, hier zu Berichtigung, Sperrung und Löschung gespeicherter personenbezogener Daten bei Vorliegen definierter Voraussetzungen, wie Rechte der Betroffenen.

Naturgemäß sind letztere die besten Sachwalter bezüglich der Pflege von zu ihrer Person gespeicherten Daten. So haben verantwortliche Stellen oft keine Kenntnis einer eventuellen Unkor-

rektheit der Daten, oder sie scheuen den zur Bereinigung erforderlichen Aufwand.

Die lapidare Maßgabe von § 20 I S. 1, daß personenbezogene Daten zu berichtigen sind, wenn sie unrichtig sind, ergibt also unzweifelhaft auch ein entsprechendes Recht des Betroffenen. Dieser sollte folglich darauf hinweisen, wenn seine Daten nicht (mehr) richtig sind. Jedoch werden unrichtige personenbezogene Daten in unstrukturierten Datensammlungen außerhalb von Computern nach I S. 2 nicht korrigiert, sondern es ist ein Berichtigungsvermerk hinzuzufügen. Ebenso ist für derartige Datensammlungen festzuhalten, wenn der Betroffene die Richtigkeit bestreitet.

Berichtigung

Unstrukturierte Datensammlungen – Berichtigungsvermerk

Nach II sind personenbezogene Daten, die automatisiert verarbeitet oder in nicht automatisierten Dateien gespeichert sind, grundsätzlich zu löschen, wenn:

- die Speicherung unzulässig ist (die Regelungen des § 14 also mißachtet wurden) oder
- die Daten nicht mehr gebraucht werden.

Löschung

Voraussetzungen

LÖSCHEN VON DATEIEN

Datenschutz

Sperrung – Voraussetzungen

Praktisch tritt an die Stelle der Löschung oft die Sperrung. Nach III sind die Daten nämlich zu sperren, wenn der Löschung besondere Gründe entgegenstehen, und zwar:

- gesetzliche, satzungsgemäße oder vertraglich festgelegte Aufbewahrungsfristen;
- schutzwürdige Interessen des Betroffenen (die meist auf den Wegfall der Speicherung orientieren, sich aber im Einzelfall – etwa bei Beweisnot – auf die Fortsetzung richten können);
- ein unverhältnismäßig hoher Aufwand für das Löschen wegen der besonderen Art der Speicherung.

Sperrung – Sonderfälle

Nach IV sind computerisierte oder in nicht automatisierten Dateien gespeicherte personenbezogene Daten auch zu sperren, wenn der Betroffene ihre Richtigkeit bestreitet und sich weder Richtigkeit noch Unrichtigkeit feststellen läßt. Schließlich sind nach VI Daten in sonstigen Datensammlungen zu sperren, wenn sie zur Aufgabenerfüllung nicht mehr erforderlich sind und ohne Sperrung die schutzwürdigen Interessen des Betroffenen beeinträchtigt würden.

Sperrung – Verwertungsverbot

Gesperrte Daten unterliegen einem Verwertungsverbot. Sie dürfen ohne Einwilligung des Betroffenen nach VII nur ausnahmsweise übermittelt oder genutzt werden, wenn dies ohne Sperrung zulässig wäre (also nach §§ 14 ff BDSG zu prüfen ist) und unerläßlich ist:

Ausnahmen

- zu wissenschaftlichen Zwecken,
- zur Behebung einer bestehenden Beweisnot,
- im überwiegenden Interesse der verantwortlichen Stelle oder eines Dritten.

Bereits erfolgte Übermittlung – Informationspflicht

Im Fall erfolgter Berichtigung, der Löschung oder Sperrung wegen unzulässiger Speicherung sowie der Sperrung bestrittener Daten hat die verantwortliche Stelle nach VIII zudem eine Nachberichtspflicht: Sie hat die Stellen zu verständigen, an die die Daten zur Speicherung übermittelt wurden. Diese Pflicht besteht jedoch nur, wenn sie keinen unverhältnismäßigen Aufwand erfordert. Auch eine Benachrichtigung zu Lasten des Betroffenen ist zu verhindern.

Widerspruchsrecht – Ausnahme

Die Betroffenenrechte wurden schließlich erweitert um ein Widerspruchsrecht nach V für Fälle rechtmäßigen Datenumganges. Begründet ist der Widerspruch jedoch nur in seltenen Ausnahmefällen, wenn eine besondere persönliche Situation des Betroffenen das öffentliche Interesse am Datenumgang zurücktreten läßt.

3.6. Aufgaben und Befugnisse des Bundesbeauftragten für den Datenschutz

Der Bundesbeauftragte wird nach § 22 I BDSG vom Bundestag auf Vorschlag der Bundesregierung gewählt. Er kontrolliert nach § 24 I die Einhaltung aller Datenschutzvorschriften bei den öffentlichen Stellen des Bundes. Er ist in Ausübung seines Amtes nach § 22 IV unabhängig und nur dem Gesetz unterworfen.

Wahl durch den Bundestag

Unabhängigkeit

Die umfassende Kontrollbefugnis ist in § 24 ausgestaltet. Alle öffentlichen Stellen des Bundes haben ihn und seine Mitarbeiter dabei nach IV zu unterstützen.

Kontrollrecht

Weitere wesentliche Aufgaben sind:

- Bearbeitung von Eingaben nach § 21;
- Beratung von Bundestag, Bundesregierung und allen öffentlichen Stellen des Bundes nach § 26 II f;
- Beobachtung der Datenschutzentwicklung nach § 26 I S. 2;
- Zusammenarbeit mit anderen Datenschutzkontrollinstanzen nach § 26 IV (Landesbeauftragte, Aufsichtsbehörden – s. 2.7.) und
- Wahrnehmung von Auskunftsrechten anstelle Betroffener nach § 19 VI (s. 3.5.).

Weitere Aufgaben

Stellt der Datenschutzbeauftragte Verstöße gegen Datenschutzvorschriften oder sonstige Mängel beim Umgang mit personenbezogenen Daten fest, so kann er nach § 25 eine formale Beanstandung aussprechen. Er fordert dann zur Stellungnahme innerhalb einer von ihm zu bestimmenden Frist auf.

Datenschutzverletzung – formale Beanstandung

Der Datenschutzbeauftragte besitzt jedoch keine Weisungsbefugnisse gegenüber den von ihm kontrollierten öffentlichen Stellen des Bundes. Dennoch hat er neben der Beanstandung zusätzliche Möglichkeiten indirekter Einwirkung. Er erstellt nämlich nach § 26 I alle zwei Jahre einen Tätigkeitsbericht für den Bundestag, und er kann sich nach § 26 II S. 3 jederzeit an den Bundestag wenden. Die so ausgeübte Kritik findet regelmäßig starke öffentliche Beachtung.

Keine Weisungsbefugnis

indirekte Einwirkung

4. Datenschutz im nicht öffentlichen Bereich

Dritter Abschnitt – Ausnahmeregelungen für nicht öffentlichen Bereich

Spezielle Regelungen für verantwortliche Stellen im nicht öffentlichen Bereich enthält der dritte Abschnitt des BDSG.

4.1. Voraussetzungen

Adressaten des dritten Abschnitts sind nach § 27 I BDSG:

Adressaten

- nicht öffentliche Stellen (Rechtssubjekte der privaten Wirtschaft, sonstige Personenvereinigungen und natürliche Personen – s. § 2 IV BDSG) und
- öffentlich-rechtliche Wettbewerber.

Weitere Voraussetzungen für die Anwendbarkeit der Normen des dritten Abschnitts sind nach § 27:

Zusätzliche Voraussetzungen

- Datenumgang nicht ausschließlich für persönliche oder familiäre Tätigkeiten und
- mittels Computern verarbeitete, genutzte oder dafür erhobene personenbezogene Daten oder
- personenbezogene Daten in oder aus nicht-automatisierten Dateien.

Zusammenhang mit § 4 BDSG – s. 2.3.

Klar ist damit, daß jedes Unternehmen die nachfolgend erläuterten Regelungen der §§ 28 ff auszuwerten hat. In jedem Einzelfall ist jedoch zu prüfen, ob der Datenumgang nach § 4 nicht durch eine vorrangige Vorschrift des Bundesrechts (§ 1 IV) oder die Einwilligung des Betroffenen legitimiert ist.

Im nicht öffentlichen Bereich sieht das BDSG eine Unterscheidung nach dem Zweck des Datenumganges vor:

- »für eigene Zwecke« – § 28 oder
- »geschäftsmäßig zum Zwecke der Übermittlung« – §§ 29 f.

Datenumgang für eigene Zwecke

Gemeint sind bei der ersten Gruppe die Stellen, bei denen automatisierte Verarbeitung oder nicht-automatisierte Dateien Hilfsmittel für die (eigentlichen) Geschäftszwecke sind.

Dazu gehören bspw. Produktions- und Handelsunternehmen, aber auch zahlreiche Unternehmen im Dienstleistungsbereich.

Bei der anderen Gruppe ist die Übermittlung personenbezogener Daten der Geschäftszweck: Auskunfteien, Kreditschutzorganisationen, Adressenhändler, Meinungsforschungsinstitute u.a.

Geschäftsmäßige Speicherung zum Zwecke der Übermittlung

4.2. Datenumgang für eigene Zwecke

Datenumgang für eigene Zwecke erfolgt vorwiegend durch unmittelbaren Verkehr mit den Betroffenen, die Mitarbeiter, Kunden oder sonstige Partner der verantwortlichen Stelle sind. Insofern löst sich die zunächst verwirrende Regelung in § 28 I, III BDSG zumeist in die Beachtung von I Nr. 1 auf, weil eben verantwortliche Stelle und Betroffener häufig in einem Vertragsverhältnis oder zumindest vertragsähnlichen Vertrauensverhältnis zueinander stehen:

Häufig: Vertragsverhältnisse mit Betroffenen

Datenerhebung, -verarbeitung und -nutzung für eigene Zwecke

§ 28 BDSG

(1) Das Erheben, Speichern, Verändern oder Übermitteln personenbezogener Daten oder ihre Nutzung als Mittel für die Erfüllung eigener Geschäftszwecke ist zulässig

1. wenn es der Zweckbestimmung eines Vertragsverhältnisses oder vertragsähnlichen Vertrauensverhältnisses mit dem Betroffenen dient,

2. soweit es zur Wahrung berechtigter Interessen der verantwortlichen Stelle erforderlich ist und kein Grund zu der Annahme besteht, daß das schutzwürdige Interesse des Betroffenen an dem Ausschluß der Verarbeitung oder Nutzung überwiegt oder

3. wenn die Daten aus allgemein zugänglichen Quellen entnommen werden können oder die verantwortliche Stelle sie veröffentlichen dürfte, es sei denn, daß das schutzwürdige Interesse des Betroffenen an dem Ausschluß der Verarbeitung oder Nutzung gegenüber dem berechtigten Interesse der verantwortliche Stelle offensichtlich überwiegt.

Bei der Erhebung personenbezogener Daten sind die Zwecke, für die die Daten verarbeitet oder genutzt werden sollen, konkret festzulegen.

(2) Für einen anderen Zweck dürfen sie nur unter den Voraussetzungen des Absatzes 1 Satz 1 Nr. 2 und 3 übermittelt oder genutzt werden.

(3) ...

§ 28 I BDSG

In I sind also wesentliche Tatbestandsvoraussetzungen für das Erheben, Speichern, Verändern, Übermitteln und Nutzen statuiert. Da der Betroffene zudem nach § 4 III BDSG bereits bei Erhebung bzw. nach § 33 I bei erstmaliger Speicherung oder Übermittlung (s. 4.4.) über die Zweckbestimmungen des Datenumganges zu informieren ist, wird die verantwortliche Stelle nach § 28 I S. 2 verpflichtet, diese Zwecke bei der Erhebung zu fixieren.

Festlegung der »eigenen Zwecke«

Erweiterung durch § 28 III BDSG

Widerspruchsrecht – Werbung, Markt- oder Meinungsforschung

Die Tatbestandvoraussetzungen für das Übermitteln und Nutzen sind jedoch in III noch erweitert. Immer hat der Betroffene nach IV ein Widerspruchsrecht gegen Nutzung und Übermittlung seiner Daten durch die verantwortliche Stelle bzw. Nutzung und Verarbeitung durch Dritte zur Werbung wie auch zur Markt- oder Meinungsforschung. Zusätzlich ist in II und V die Zweckbindung bezüglich des Datenumganges für eigene Zwecke normiert.

Sensitive Daten – Verbotsregelung

Schließlich statuieren VI ff für besondere Arten personenbezogener Daten nach § 3 IX BDSG das generelle Verbot des Datenumganges mit enumerativen Ausnahmetatbeständen, soweit keine Einwilligung des Betroffenen gegeben ist. Die Ausnahmen betreffen:

Ausnahmen

- den Schutz lebenswichtiger Interessen des Betroffenen oder eines Dritten, wenn der Betroffene zur Einwilligung außerstande ist (VI Nr. 1);
- offenkundige Veröffentlichung der Daten durch den Betroffenen (VI Nr. 2);
- Geltendmachung, Ausübung oder Verteidigung rechtlicher Ansprüche, soweit das schutzwürdige Betroffeneninteresse am Ausschluß des Datenumganges nicht überwiegt (VI Nr. 3);
- die Forschung (unter besonderen Voraussetzungen – VI Nr. 4);
- den medizinischen Sektor, soweit die Daten für gesundheitsbezogene Dienstleistungen erforderlich sind und die Verarbeitung durch Personen erfolgt, die zur Wahrung entsprechender Berufs- oder Amtsgeheimnisse verpflichtet sind (VII);
- Abwehr einer erheblichen Gefahr für die öffentliche Sicherheit (VIII S. 2 1. Alt.);
- Verfolgung von Straftaten von erheblicher Bedeutung (VIII S. 2 2. Alt.);
- Mitglieder von oder Personen mit regelmäßigen Kontakten zu politisch, philosophisch, religiös oder gewerkschaftlich ausgerichteten Organisationen, soweit der Datenumgang für die Tätigkeit der Organisation erforderlich ist (IX).

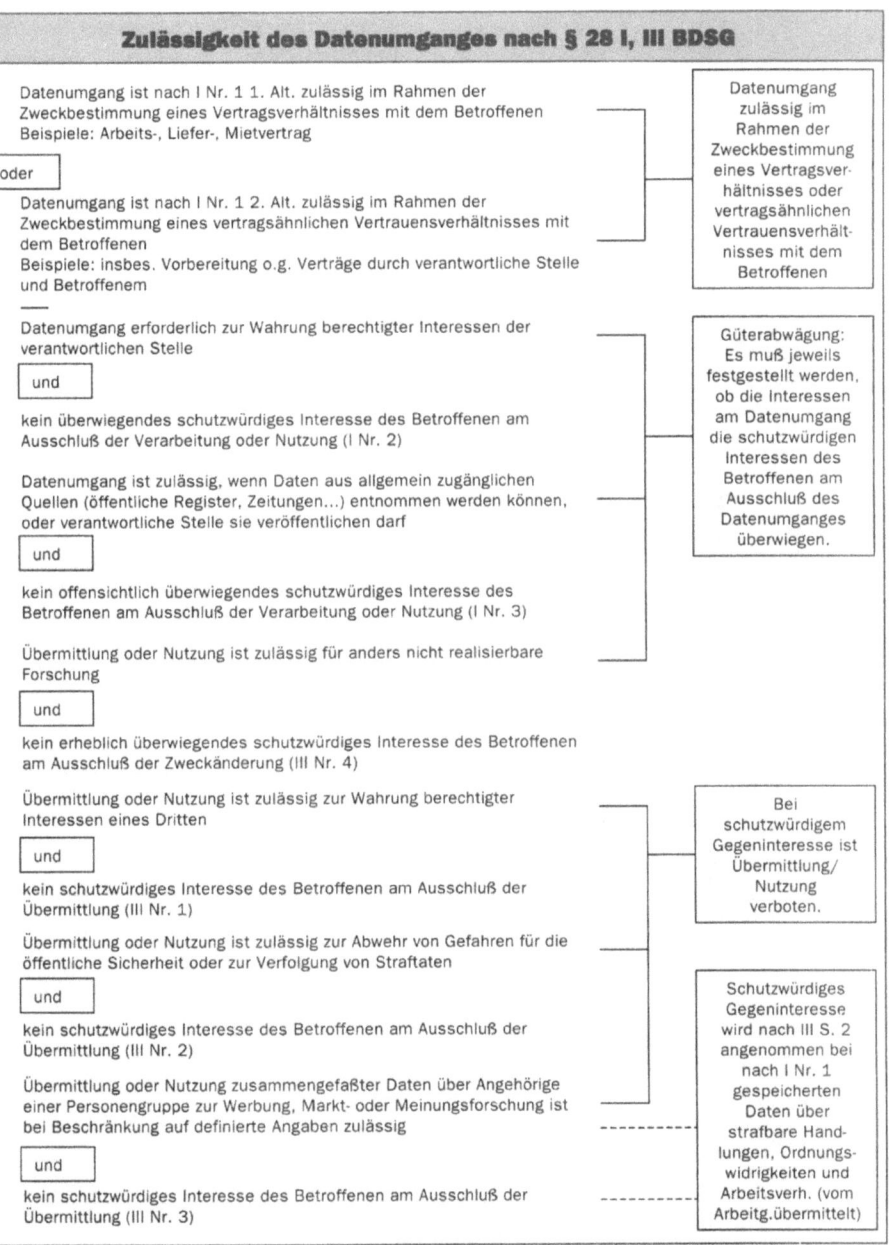

Für alle anderen personenbezogenen Daten bestehen hinsichtlich des Datenumganges für eigene Zwecke nach I und III letztlich drei Klassen der Zulässigkeitsprüfung:

Vertrag oder vertragsähnliches Vertrauensverhältnis

Beachtung schutzwürdiger Interessen des Betroffenen

- Zweckbestimmung eines Vertragsverhältnisses oder vertragsähnlichen Vertrauensverhältnisses mit dem Betroffenen;
- Güterabwägung zwischen Interesse am Datenumgang und schutzwürdigem Interesse des Betroffenen;
- schutzwürdiges Gegeninteresse des Betroffenen.

Das ergibt sich aus der vorstehenden Übersicht zur Zulässigkeit des Datenumganges nach § 28 I, III.

4.3. Geschäftsmäßige Erhebung und Speicherung zum Zwecke der Übermittlung

Beachtung schutzwürdiger Interessen des Betroffenen

Regelungen in § 29 BDSG

Verweise auf § 28 BDSG

Die in §§ 29 ff BDSG geregelte geschäftsmäßige Erhebung und Speicherung zum Zwecke der Übermittlung und der nachfolgende Umgang mit den so verfügbaren personenbezogenen Daten erfordern die strikte Beachtung und Auswertung der schutzwürdigen Interessen der Betroffenen, soweit diese bekannt oder erkennbar sind. Das gilt mit Ausnahme von Erhebung und Speicherung zur späteren Übermittlung anonymisierter Daten (§ 30), wie explizit in § 29 I S. 1 (Erheben, Speichern, Verändern) und in § 29 II S. 1 (Übermitteln) klargestellt wird.

Zusätzlich gelten die Regelungen von § 28 für:

- die Fixierung der Zweckbestimmungen von Erhebung, Verarbeitung und Nutzung bereits bei der Erhebung (§ 29 I S. 2 – § 28 I S. 2);
- das Widerspruchsrecht des Betroffenen gegen die Nutzung oder Übermittlung seiner Daten durch die verantwortliche Stelle bzw. die Nutzung oder Verarbeitung durch einen Dritten zur Werbung, Markt- oder Meinungsforschung (§ 29 IV – § 28 IV);
- die Zweckbindung übermittelter Daten und die entsprechende Hinweispflicht der übermittelnden Stelle (§ 29 IV – § 28 V);
- die strengeren Voraussetzungen zum Umgang mit nach § 3 IX bestimmten sensitiven Daten (§ 29 V – § 28 VI ff).

Schließlich haben Herausgeber elektronischer oder gedruckter Adreß-, Telefon-, Branchen- oder vergleichbarer Verzeichnisse nach § 29 III die Pflicht, dem eventuellen Willen von Betroffenen zu entsprechen, daß ihre Eintragung in die Verzeichnisse unterbleiben soll. Voraussetzung hierfür ist die Kenntlichmachung des einer Eintragung entgegenstehenden Willens in das übermittelte Basisregister oder -verzeichnis, das der Herausgeber als Grundlage für sein Verzeichnis auswertet. Zusätzlich hat der Herausgeber eine solche Kennzeichnung zu übernehmen.

<small>Herausgeber elektronischer oder gedruckter Adreß- o.ä. Verzeichnisse

Kenntlichmachung des Betroffenenwillens

Pflicht zur Kennzeichnungsübernahme</small>

Die Übermittlung in anonymisierter Form als solche mußte in § 30 nicht geregelt werden, da sie nach § 1 II i.V.m. § 3 I BDSG datenschutzrechtlich ohne Belang ist. Die Rechtsgrundlagen von Erhebung und Speicherung der zugrundeliegenden personenbezogenen Daten ergeben sich nicht aus § 29, wie § 30 IV klarstellt, sondern aus § 4a i.V.m. § 4 I BDSG (Einwilligung) und ausnahmsweise (spätere Übermittlung von zur Erfüllung eigener Geschäftszwecke gespeicherter Daten an Markt- oder Meinungsforschungsinstitute) aus § 28. Für besondere personenbezogene Daten (§ 3 IX) gelten nach § 30 V wiederum die strengeren Bestimmungen in § 28 VI ff.

<small>Übermittlung in anonymisierter Form – kein Datenschutzproblem</small>

Geregelt ist hingegen in § 30 I die Verpflichtung der verantwortlichen Stelle, bei vorgesehener Übermittlung in anonymisierter Form Identifikationsmerkmale der natürlichen Personen gesondert zu speichern. Diese dürfen mit anderen Einzelangaben (später) nur zusammengeführt werden, soweit dies für die Zweckerfüllung (vorgesehene Wiederholungsbefragungen oder Langzeitstudien) oder zu (nachfolgenden) wissenschaftlichen Zwecken erforderlich ist.

<small>Vorgesehene Übermittlung in anonymisierter Form – gesonderte Speicherung der Identifikationsmerkmale</small>

4.4. Rechte der Betroffenen

Im BDSG statuierte Rechte der Betroffenen gegenüber nicht öffentlichen Stellen betreffen:

- das Recht auf Benachrichtigung,
- das Auskunftsrecht,
- das Recht auf Berichtigung, Löschung und Sperrung sowie
- das Recht auf Schadensersatz (§ 7).

Mit Ausnahme eventueller Schadensersatzansprüche entsprechen diese Rechte weitgehend denen gegenüber öffentlichen Stellen.

Nach § 33 I BDSG ist grundsätzlich eine Benachrichtigungspflicht der verantwortlichen Stelle gegenüber dem Betroffenen gegeben, wenn personenbezogene Daten ohne Kenntnis des Betroffenen gespeichert werden. Bei Speicherung für eigene Zwecke ist zum Zeitpunkt der ersten Speicherung zu informieren über:

- die Speicherung,
- die Identität der verantwortlichen Stelle,
- die Art der gespeicherten Daten sowie
- die Zweckbestimmung der Erhebung, Verarbeitung und eventuellen Nutzung.

Dagegen ist bei geschäftsmäßiger Speicherung zum Zwecke der Übermittlung erst zum Zeitpunkt der ersten Übermittlung zu informieren über:

- die Übermittlung,
- die Identität der verantwortlichen Stelle und
- die Art der übermittelten Daten.

Über Empfängerkategorien bei eventueller Übermittlung ist jeweils nur zu informieren, wenn der Betroffene nach den Umständen des Einzelfalls nicht mit der Übermittlung rechnen muß.

Neben der Kenntnis des Betroffenen sind in § 33 II auch andere mögliche Voraussetzungen für den Wegfall der Benachrichtigungspflicht genannt. Mit geringen Ausnahmen (Nr. 8) hat die verantwortliche Stelle diese Voraussetzungen schriftlich festzuhalten.

Das in § 34 BDSG statuierte Auskunftsrecht des Betroffenen weist folgende Modifikationen gegenüber dem Auskunftsrecht nach § 19 BDSG auf:

- Grundsätzlich erstreckt sich das Auskunftsrecht nur auf automatisiert verarbeitete bzw. offensichtlich aus automatisierter Verarbeitung entnommene und in nicht automatisierten Dateien gespeicherte personenbezogene Daten. Nach § 34 II kann der Betroffene jedoch auch von Stellen, die geschäftsmäßig personenbezogene Daten zum Zwecke der Auskunftserteilung speichern, Auskunft verlangen, selbst wenn die Daten in anderer Form gespeichert sind. *(Auskunftsrecht – Modifikationen gegenüber öffentlichem Bereich (s. 3.5.))*
- Werden personenbezogene Daten geschäftsmäßig zum Zwecke der Übermittlung gespeichert, muß nach I S. 3 und II S. 2 keine Auskunft über Herkunft und Empfänger gegeben werden, wenn das Interesse an der Wahrung des Betriebs- und Geschäftsgeheimnisses überwiegt.
- Auch im nicht öffentlichen Bereich ist die Auskunftserteilung nach V grundsätzlich unentgeltlich. Nur wenn die von Auskunfteien, Kreditschutzorgansiationen o.ä. erhaltene Auskunft gegenüber Dritten zu wirtschaftlichen Zwecken (wie zum Bonitätsnachweis) genutzt werden kann, sind die direkt zurechenbaren Auskunftskosten zu ersetzen.

Auch die in § 35 BDSG geregelten Rechte auf Berichtigung, Löschung und Sperrung folgen weitgehend den für öffentliche Stellen nach § 20 geltenden Normen. Der verantwortlichen Stelle werden jedoch zusätzliche Anforderungen auferlegt: *(Berichtigung, Löschung, Sperrung – weitgehend wie im öffentlichen Bereich (s. 3.5.))*

- zum Beweis der Richtigkeit von nach § 3 IX bestimmten sensitiven Daten und von Daten über strafbare Handlungen oder Ordnungswidrigkeiten mit der Löschpflicht nach II Nr. 2, wenn der Beweis nicht erbracht werden kann; *(Löschung – zusätzliche Anforderungen)*
- zur Zulässigkeitsprüfung der Speicherung am Ende von jeweils vier Kalenderjahren nach erstmaliger Speicherung zum Zweck geschäftsmäßiger Übermittlung (II Nr. 4).

5. Datenschutz in Rechnernetzen

Netzvorschriften – betreffen Anbieter und fast jeden Benutzer

Unter den nach § 4 I BDSG zu beachtenden und nach § 1 IV vorrangigen speziellen Rechtsvorschriften betreffen neuere Regelungen über den Umgang mit personenbezogenen Daten in Rechnernetzen inzwischen fast jeden Computerbenutzer ebenso wie die verschiedenen Anbieter unterschiedlicher Telekommunikationsleistungen. Die gegenwärtige Informatikpraxis ist jedoch durch häufige Unkenntnis der netzspezifischen Datenschutznormen und, wo diese bekannt sind, durch deren teilweise Mißachtung gekennzeichnet. Das mag zum einen in der Zersplitterung der Rechtsvorschriften sowie einigen widersprüchlichen oder unzureichenden Normen begründet sein. Zum anderen kennen viele Benutzer die informationstechnologischen Besonderheiten, wie Protokolle, Cookies, JAVA- und ActiveX-Funktionen, sowie die damit verbundenen Risiken nicht. In den Regelungen vorgesehene Möglichkeiten zum Selbstschutz sind folglich trügerisch. Schließlich sind externe Kontrollinstitutionen, vor allem die Aufsichtsbehörden, oft derart überlastet, daß kaum eine externe Kontrolle erfolgt.

Netzvorschriften – Probleme

Dennoch gibt es keine Alternative zum erkennbaren Ziel des Gesetzgebers, das informationelle Selbstbestimmungsrecht unter Beachtung und auch insoweit aktiver Benutzung der Informations- und Kommunikationstechnologien zu gewährleisten. Zwar bedürfen die gegenwärtigen Regelungen, in sich und untereinander, aus den oben skizzierten Gründen einer Homogenisierung. Invarianten sind dabei die Regelungsebenen, die die folgende Übersicht nebst den in den folgenden Abschnitten erläuterten gegenwärtigen Rechtsvorschriften und deren Adressaten zeigt:

Netzvorschriften – Übersicht

Regelungsebene zum Datenschutz in Rechnernetzen	derzeitige Rechtsvorschriften	Adressaten
Inhaltsebene – s. 2.1.; 4. (insbes. Vertragsabschluß und -realisierung im elektronischen Geschäftsverkehr)	BDSG, inh. Spezialregelungen	Kunden, Lieferanten, Banken u.a.
Tele- und Mediendienste – s. 5.1. (»Behälterebene«)	TDDSG; MDStV	Nutzer, Diensteanbieter
Anwendung kryptographischer Verfahren – s. 5.2.	SigG, SigV	Nutzer, Zertifizierungsdiensteanbieter
Telekommunikationsinfrastruktur – s. 5.3. (»Transportebene«)	TKG; TDSV; TKÜV	Sender, Empfänger; Netzbetreiber; Anbieter herkömmlicher TK-Dienstleistungen

5.1. TDDSG und MDStV

Teledienste sind nach § 2 I TDG »alle elektronischen Informations- und Kommunikationsdienste, die für eine individuelle Nutzung von kombinierbaren Daten [...] bestimmt sind und denen eine Übermittlung mittels Telekommunikation zugrunde liegt«. Das allgemeine Regelungsziel des zum 21.12.2001 novellierten TDDSG ist nach dessen § 1 der Schutz der Nutzer beim Umgang mit ihren personenbezogener Daten durch Anbieter von Telediensten. Die TDDSG-Normen gehen nach § 1 II nur soweit dem BDSG vor, wie das TDDSG eine abweichende oder ergänzende Regelung enthält.

So werden personenbezogene Daten nicht definiert; folglich gilt die BDSG-Definition. Dagegen werden Nutzer in § 2 Nr. 2 TDDSG ausdrücklich bestimmt als natürliche Personen, die Teledienste in Anspruch nehmen.

Teledienste – s. viertes Kapitel, 6.

Personenbezogene Daten – § 3 I BDSG (s. 2.2.)

Wesentliche Regelungen des TDDSG zum Umgang mit personenbezogenen Daten durch den Diensteanbieter betreffen:

- den Erlaubnisvorbehalt für den Datenumgang,
- das Kopplungsverbot zwischen Diensteerbringung und Nutzereinwilligung in anderen Datenumgang bei Monopolstellung des Diensteanbieters,
- die Zulässigkeit einer elektronischen Einwilligung des Nutzers,
- die (Vorbereitung für eine) anonyme oder pseudonyme Inanspruchnahme von Telediensten,
- die Unterrichtung des Nutzers vor dem Datenumgang,
- ein grundsätzlich kostenfreies (online-) Auskunftsrecht des Nutzers beim Diensteanbieter,
- den Umgang mit Bestands- und Nutzungsdaten,
- die (hier nicht erläuterte) Einordnung wesentlicher Pflichtverletzungen von Diensteanbietern als bußgeldbewehrte Ordnungswidrigkeiten (§ 9 TDDSG).

TDDSG – Regelungen

Erlaubnisvorbehalt, Kopplungsverbot und Zulässigkeit der online-Einwilligung sind in § 3 TDDSG statuiert:

§ 3 TDDSG

Grundsätze

(1) Personenbezogene Daten dürfen vom Diensteanbieter zur Durchführung von Telediensten nur erhoben, verarbeitet oder genutzt werden, soweit dieses Gesetz oder eine andere Rechtsvorschrift es erlaubt oder der Nutzer eingewilligt hat.

(2) Der Diensteanbieter darf für die Durchführung von Telediensten erhobene personenbezogene Daten für andere Zwecke nur verarbeiten und nutzen, soweit dieses Gesetz oder eine andere Rechtsvorschrift es erlaubt oder der Nutzer eingewilligt hat.

(3) Die Einwilligung kann unter den Voraussetzungen von § 4 Absatz 2 elektronisch erklärt werden.

(4) Der Diensteanbieter darf die Erbringung von Telediensten nicht von einer Einwilligung des Nutzers in eine Verarbeitung oder Nutzung seiner Daten für andere Zwecke abhängig machen, wenn dem Nutzer ein anderer Zugang zu diesen Telediensten nicht oder in nicht zumutbarer Weise möglich ist.

⇒ Erlaubnisvorbehalt

Der Datenumgang ist nur zulässig, wenn er durch das TDDSG (s.u.) oder eine andere Rechtsvorschrift erlaubt ist oder eine Einwilligung erfolgte (I):

Erlaubnisvorbehalt

- betrifft alle Operationen mit personenbezogenen Daten im Rahmen von Telediensten;
- strenge Zweckbindung für erhobene Daten (II).

⇒ Kopplungsverbot

Diensteanbieter mit Monopolstellung dürfen die Erbringung von Telediensten nicht von einer Nutzereinwilligung in den Datenumgang für andere Zwecke abhängig machen (IV):

Kopplungsverbot

- besonderer Schutz des Nutzers bei seiner Einwilligungsentscheidung im Fall der Monopolstellung des Diensteanbieters;
- Entscheidungsfreiheit sowohl des Nutzers wie des Diensteanbieters hinsichtlich eines Vertrags über die Inanspruchnahme eines Teledienstes (Vertragsabschlußfreiheit), wenn gewünschter Dienst bei mehreren Anbietern nachgefragt werden kann.

Elektronische Einwilligung – Zulässigkeit

⇒ Möglichkeit elektronischer Einwilligung

Neben der weiterhin möglichen schriftlichen Einwilligung (§ 4a I BDSG) ist auch eine elektronische Einwilligung des Nutzers in den

Datenumgang zulässig (III). Daraus resultieren folgende Pflichten des Diensteanbieters, falls er diese Form ermöglichen will:

Pflichten des Diensteanbieters – elektronische Einwilligung § 4 TDDSG

> (2) Bietet der Diensteanbieter dem Nutzer die elektronische Einwilligung an, so hat er sicherzustellen, dass
> 1. sie nur durch eine eindeutige und bewusste Handlung des Nutzers erfolgen kann,
> 2. die Einwilligung protokolliert wird und
> 3. der Inhalt der Einwilligung jederzeit vom Nutzer abgerufen werden kann.
>
> (3) Der Diensteanbieter hat den Nutzer vor Erklärung seiner Einwilligung auf sein Recht auf jederzeitigen Widerruf mit Wirkung für die Zukunft hinzuweisen [...]

⇒ Ausgestaltung elektronischer Einwilligung

- Hinweispflicht des Diensteanbieters auf jederzeitiges Widerrufsrecht des Nutzers (§ 4 III) sowie vom Diensteanbieter zu schaffende Voraussetzungen (§ 4 II):
- Schutz vor übereilter Einwilligung (wie bei einfachem Mausklick) – eindeutiges und bewußtes Erklärungshandeln (z.B. hervorgehobene, bestätigende Wiederholung zur auf dem Bildschirm in wesentlichen Teilen präsentierten Einwilligung),
- Protokollierung und jederzeitige Abrufbarkeit durch Nutzer.

Elektronische Einwilligung – Pflichten des Diensteanbieters

Bereits die technische und technologische Systemgestaltung soll zur Vermeidung eines unzulässigen Datenumganges beitragen. Dieser Systemdatenschutz ist allgemein in § 3a S. 1 BDSG statuiert und wird durch die Pflicht zu Anonymisierung oder Pseudonymisierung untersetzt:

Systemdatenschutz – § 3a S. 1 BDSG (s. 2.7.)

Pflichten des Diensteanbieters § 4 TDDSG

> (6) Der Diensteanbieter hat dem Nutzer die Inanspruchnahme von Telediensten und ihre Bezahlung anonym oder unter einem Pseudonym zu ermöglichen, soweit dies technisch möglich und zumutbar ist. Der Nutzer ist über diese Möglichkeit zu informieren.

⇒ Anonyme oder pseudonyme Inanspruchnahme von Diensten, soweit möglich und zumutbar

Anonyme oder pseudonyme Inanspruchnahme – Vorbereitung durch Diensteanbieter

- Die Pflicht des Diensteanbieters, die anonyme oder pseudonyme Inanspruchnahme zu ermöglichen, umfaßt die gesamte Beziehung mit dem Nutzer: die ggf. auch wiederholte Dienstnutzung und die eventuelle Bezahlung.
- Anonymität ist nach § 3 VI BDSG bestimmt: Faktische Anonymität reicht aus. Bestimmte technische Verfahren sind nicht vorgeschrieben.
  Denkbar sind etwa vorausbezahlte Wertkarten, aufladbare Chipkarten oder spezielle Computerprogramme.
- Pseudonymität ist nach § 3 VIa BDSG bestimmt.
  Die Zuordnung der Identifikationsmerkmale zum Nutzer soll dem Diensteanbieter, wenn überhaupt, nur mittels einer Referenzliste möglich sein.
- Informationspflicht des Diensteanbieters über Möglichkeiten anonymer oder pseudonymer Inanspruchnahme.
- Die Pflicht zur Ermöglichung anonymer oder pseudonymer Inanspruchnahme wird begrenzt durch die rechtlichen (so verschiedentlich Pflicht zur Namensanforderung) und aktuellen technischen Möglichkeiten sowie
- durch die nach dem Geschäftszweck zu ermittelnde individuelle (wirtschaftliche) Zumutbarkeit für den Diensteanbieter.

Komplettiert wird der Systemdatenschutz durch evidente Regelungen in § 4 II, erweitert durch § 4 IV TDDSG:

Systemdatenschutz – weitere Pflichten des Diensteanbieters

- jederzeitige Abbruchmöglichkeit der Dienstinanspruchnahme durch den Nutzer (Nr. 1),
- Löschungsverpflichtung unmittelbar nach Nutzungsende (Nr. 2),
- Sicherung des Datenumganges gegen Kenntnisnahme Dritter (Nr. 3),
- getrennte Verarbeitung personenbezogener Daten über Inanspruchnahme verschiedener Teledienste (Nr. 4 – Einschränkung durch § 6 für Abrechnungszwecke).

Weitere Rechte und Pflichten der Beteiligten:

Pflichten des Diensteanbieters § 4 TDDSG

(1) Der Diensteanbieter hat den Nutzer zu Beginn des Nutzungsvorgangs über Art, Umfang, Ort und Zwecke der Erhebung, Verarbeitung und Nutzung personenbezogener Daten sowie über die Verarbeitung seiner Daten in Staaten außerhalb des Anwendungsbereichs der Richtlinie... zu unterrichten, sofern eine solche Unterrichtung nicht bereits erfolgt ist. Bei automatisierten Verfahren, die eine spätere Identifizierung des Nutzers ermöglichen und eine Erhebung, Verarbeitung oder Nutzung personenbezogener Daten vorbereiten, ist der Nutzer vor Beginn dieses Verfahrens zu unterrichten. Der Inhalt der Unterrichtung muß für den Nutzer jederzeit abrufbar sein.

[...]

(5) Die Weitervermittlung zu einem anderen Diensteanbieter ist dem Nutzer anzuzeigen.

(6) ...

(7) Der Diensteanbieter hat dem Nutzer auf Verlangen unentgeltlich und unverzüglich Auskunft über die zu seiner Person oder zu seinem Pseudonym gespeicherten Daten zu erteilen. Die Auskunft kann auf Verlangen des Nutzers auch elektronisch erteilt werden.

⇒ Unterrichtungspflicht

Nutzer von Telediensten sind umfassend zu unterrichten (I):

- bereits zu Beginn der Dienstenutzung;
- unabhängig von einer eventuellen Einwilligung des Nutzers;
- über alle vom Diensteanbieter vorgesehenen Operationen mit personenbezogenen Daten;
- über Umfang und Zweck der Operationen sowie die eventuelle Verarbeitung im Ausland;
- auch über automatisierte Verfahren, die den späteren Umgang mit personenbezogenen Daten durch den Diensteanbieter vorbereiten (z.B. die Auswertung sog. cookies);
- jederzeitige Abrufbarkeit des Inhalts der Unterrichtung durch den Nutzer.
- Die Informationspflicht gegenüber dem Nutzer umfaßt zusätzlich die eventuelle Weitervermittlung zu einem anderen Diensteanbieter (V).

Unterrichtungspflicht

⇒ Online-Auskunftsrecht beim Diensteanbieter (§ 4 VII)

Datenschutz

Kostenfreies online-Auskunftsrecht

- Wahl des Nutzers zwischen Einsichtnahme in seine Daten beim Diensteanbieter und elektronischer Auskunft.
- Kostenfreiheit der Auskunft.

Den Umgang mit Bestandsdaten normiert im eigentlichen § 5 TDDSG:

Bestandsdaten – Umgang

- Bestandsdaten sind personenbezogene Daten eines Nutzers, die zur Begründung, inhaltlichen Ausgestaltung oder Änderung eines Vertragsverhältnisses über die Nutzung von Telediensten erforderlich sind.
- Bestandsdaten dürfen nach § 5 S. 1 durch Diensteanbieter erhoben, verarbeitet und genutzt werden, soweit dies für die Inanspruchnahme von Telediensten erforderlich ist.
- Bestandsdaten können nach § 5 S. 2 für Zwecke der Strafverfolgung an Strafverfolgungsbehörden und Gerichte nach Maßgabe zutreffender Rechtsnormen übermittelt werden.
- Sonst dürfen Bestandsdaten nach § 5 i.V.m. § 3 II für andere Zwecke als den Vertragszweck nur mit ausdrücklicher Einwilligung des Nutzers erhoben, verarbeitet und genutzt werden.
- Die Regelung ist (ebenso wie die zu Nutzungsdaten – s.u.) strenger als § 28 IV BDSG, der Betroffenen hinsichtlich der Nutzung oder Übermittlung zum Zwecke der Werbung, Markt- oder Meinungsforschung nur ein Widerspruchsrecht einräumt.

Den Umgang mit Nutzungsdaten regelt § 6 TDDSG:

Nutzungsdaten – Umgang (1)

- Nutzungsdaten sind personenbezogene Daten des Nutzers, die vom Diensteanbieter bei der Inanspruchnahme von Telediensten erhoben werden.

  Beispielhaft genannt werden in § 6 I Identifikationsmerkmale des Nutzers, Angaben über Beginn, Ende und Umfang der jeweiligen Nutzung sowie über den in Anspruch genommenen Teledienst. Gemeint sind aber auch Daten, die während der Nutzung des Teledienstes anfallen, wie bspw. Eingaben des Nutzers bei der Interaktion mit dem Dienst.

- Nutzungsdaten dürfen nach § 6 I TDDSG durch den Diensteanbieter erhoben, verarbeitet und genutzt werden, soweit dies für die Inanspruchnahme und Abrechnung von Telediensten erforderlich ist.

Datenschutz

- Nutzungsdaten sind nach § 6 IV f TDDSG frühestmöglich, spätestens nach Ende der Nutzung zu löschen, soweit sie nicht als Abrechnungsdaten noch erforderlich sind.
- Zum Zwecke der Marktforschung dürfen anderen Diensteanbietern anonymisierte Nutzungsdaten nach § 6 V S. 4 TDDSG übermittelt werden.
- Nicht vom TDDSG erfaßt sind die sogen. Verbindungsdaten i.S.d. § 6 I TDSV (s. 5.3.), auf die die TDSV anzuwenden ist.
- In die Nutzungsdatenregelung aufgenommen ist nunmehr die ausnahmsweise Erstellung von Nutzerprofilen:

⇒ Nutzerprofile bei Verwendung von Pseudonymen zulässig (§ 6 I i.V.m. III TDDSG)

- Die Regelung stellt einen Kompromiß dar zwischen den Marketinginteressen der Diensteanbieter und den Nutzerinteressen an Anonymität ihres Konsumentenverhaltens.

  Technisch ist es Diensteanbietern möglich, Dauer und Häufigkeit der Inanspruchnahme von Dienstkomponenten (z.B. Abruf von WWW-Seiten) durch Nutzer zu speichern und zu klassifizieren – personenbezogene Nutzungsprofile zu erstellen.

- Zulässig ist die Erstellung von Nutzerprofilen für Pseudonyme, wenn keine Verbindung zur Person hergestellt wird, die sich hinter dem Pseudonym verbirgt.
- Der Nutzer hat ein Widerspruchsrecht gegen die Erstellung, über das er zu unterrichten ist.
- Ob die Inanspruchnahme anonym, pseudonym oder unter eigenem Namen bzw. anderem Identifikationsmerkmal erfolgt, entscheidet bei entsprechenden Angeboten der Nutzer. Er kann so von vornherein personenbezogene Nutzungsprofile verhindern.

Zu den erläuterten Normen des TDDSG soll der MDStV inhaltlich parallele Regelungen enthalten für Mediendienste (nach § 2 I MDStV an die Allgemeinheit gerichtete Informations- und Kommunikationsdienste – bei Übermittlung mittels Telekommunikation). Zusätzlich war bisher in § 17 MDStV ein Datenschutz-Audit für Mediendienste statuiert, wie es nunmehr nach § 9a BDSG (beliebigen) Anbietern von Hardware und Software und datenverarbeitenden Stellen ermöglicht wird. Einbezogen sind damit auch die Anbieter von Telediensten.

Marginalien: Nutzungsdaten – Umgang (2); Nutzerprofile; MDStV – parallele Regelungen; Datenschutz-Audit – nunmehr § 9a BDSG (s. 2.7.)

5.2. Datenschutzbestimmungen im SigG

Signaturen nach SigG – Maßnahmen nach § 9 BDSG

Qualifizierte elektronische Signaturen sollen die inhaltliche und personelle Echtheit übermittelter Daten sicherstellen. Insofern gehört die Anwendung von SigG und SigV (s. viertes Kapitel, 5.2) auf die Übermittlung personenbezogener Daten zu den in § 9 BDSG statuierten technischen und organisatorischen Maßnahmen (s. insbes. Nr. 4 und 7 der Anlage zu § 9).

Inhalt von qualifizierten Zertifikaten – personenbezogene Daten

Unmittelbar den Datenschutz betrifft die Regelung des Inhalts von qualifizierten Zertifikaten in § 7 SigG. Der notwendige Inhalt wird in Abs. 1 bestimmt. Anstelle des zu den Mindestangaben gehörenden Namens kann der Antragsteller (natürliche Person) nach § 5 III SigG ein Pseudonym in das Zertifikat einbeziehen lassen. Wahlfrei sind nach § 5 II Angaben über seine Vertretungsmacht für eine dritte Person sowie berufsbezogene oder sonstige Angaben zu seiner Person. Allerdings ist hinsichtlich der Vertretungsmacht die Einwilligung der vertretenen Person nachzuweisen; die berufsbezogenen oder sonstigen Angaben erfordern die Vorlage einer entsprechenden Bestätigung der für die Angaben zuständigen Stelle.

Vertretungsmacht, berufsbezogene oder sonstige Angaben – Voraussetzungen

Entsprechend müssen diese Subjekte (vertretener Dritter, zuständige Stelle) nach § 5 III der verlangten Verwendung eines Pseudonyms zustimmen. Schließlich haben diese Subjekte nach § 8 II SigG einen Anspruch auf Zertifikatssperrung, wenn die Voraussetzungen für die Angaben später entfallen.

Explizit regelt § 14 den Datenschutz:

§ 14 SigG

Datenschutz

(1) Der Zertifizierungsdiensteanbieter darf personenbezogene Daten nur unmittelbar beim Betroffenen selbst und nur insoweit erheben, als dies für Zwecke eines qualifizierten Zertifikates erforderlich ist. Eine Datenerhebung bei Dritten ist nur mit Einwilligung des Betroffenen zulässig. Für andere als die in Satz 1 genannten Zwecke dürfen die Daten nur verwendet werden, wenn dieses Gesetz es erlaubt oder der Betroffene eingewilligt hat.

(2) Bei einem Signaturschlüssel-Inhaber mit Pseudonym hat der Zertifizierungsdiensteanbieter die Daten über dessen Identität auf Ersuchen an die zuständigen Stellen zu übermitteln, soweit dies für die Verfolgung von Straftaten oder Ordnungswidrigkeiten, zur Abwehr von Gefahren für die öffentliche Sicherheit oder Ordnung oder für die Erfüllung der gesetzlichen Aufgaben der Verfassungsschutzbehörden des Bundes und der Länder, des Bundesnachrichtendienstes, des Militärischen Abschirmdienstes oder der Finanzbehörden erforderlich ist oder soweit Gerichte dies im Rahmen anhängiger Verfahren nach Maßgabe der hierfür geltenden Bestimmungen anordnen. Die Auskünfte sind zu dokumentieren. Die ersuchende Behörde hat den Signaturschlüssel-Inhaber über die Aufdeckung des Pseudonyms zu unterrichten, sobald dadurch die Wahrnehmung der gesetzlichen Aufgaben nicht mehr beeinträchtigt wird oder wenn das Interesse des Signaturschlüssel-Inhabers an der Unterrichtung überwiegt.

[...]

⇒ Erhebung personenbezogener Daten durch Zertifizierungsdiensteanbieter nur für Zertifikatszwecke (I)
- Erhebung beim Betroffenen oder bei Dritten, bei diesen nur mit Einwilligung des Betroffenen;
- strenge Zweckbindung für erhobene Daten.

Erhebung

⇒ Pseudonymdaten sind auf Ersuchen von Sicherheits-, Geheimdienst- und Finanzbehörden an diese zu übermitteln bei Erforderlichkeit für deren Aufgabenerfüllung (II 1. Alt.)
- Unterrichtungspflicht der ersuchenden Behörde gegenüber dem Pseudonyminhaber über die Aufdeckung → Entscheidungsmöglichkeit über Beibehaltung des Pseudonyms.
- Unterrichtung muß dann erfolgen, wenn diese die gesetzliche Behördenaufgabe nicht mehr beeinträchtigt oder wenn das Interesse des Pseudonyminhabers an der Unterrichtung überwiegt.

Übermittlung an Sicherheits-, Geheimdienst- oder Finanzbehörden

Datenschutz

⇒ Pseudonymdaten sind auf entsprechende Anordnung von Gerichten nach Maßgabe einschlägiger Bestimmungen (der ZPO) an diese zu übermitteln (II 2. Alt.)

- gerichtlich kontrolliertes Aufdeckungsverfahren zu Gunsten Privater;
- Sicherung der Zumutbarkeit nach § 4 VI TDDSG geforderter Möglichkeit pseudonymer Inanspruchnahme von Telediensten und Bezahlung – Reaktionsmöglichkeit auf nichtgehörige Erfüllung unter einem Pseudonym handelnder Vertragspartner;
- der Zertifizierungsdiensteanbieter darf die Übermittlung von Pseudonymdaten auf gerichtliche Anordnung unter Beachtung der ZPO-Maßgaben nicht mit Hinweis auf den Datenschutz verweigern.

5.3. Telekommunikationsverbindungen

Dem BDSG vorgehende Spezialregelung ist auch das Telekommunikationsgesetz (TKG), dessen Zweck nach § 1 TKG die Regulierung der Telekommunikation ist. Dabei ragen einige der ausdrücklich statuierten Regelungsziele in den Datenschutz hinein:

Regulierung

> Die Regulierung der Telekommunikation und der Frequenzordnung ist eine hoheitliche Aufgabe des Bundes.
> Ziele der Regulierung sind:
> die Wahrung der Interessen der Nutzer auf dem Gebiet der Telekommunikation und des Funkwesens sowie die Wahrung des Fernmeldegeheimnisses,
> [...]

Das in Art. 10 GG geregelte Fernmeldegeheimnis wird nach § 85 TKG einfachgesetzlich umgesetzt.

Der im TKG verwendete Begriff der Telekommunikation beschränkt sich auf die Verbindung zwischen Sender und Empfänger:

Begriffsbestimmungen § 3 TKG

Im Sinne dieses Gesetzes ...

16. ist »Telekommunikation« der technische Vorgang des Aussendens, Übermittelns und Empfangens von Nachrichten jeglicher Art in der Form von Zeichen, Sprache, Bildern oder Tönen mittels Telekommunikationsanlagen,

[...]

Datenschutzbestimmungen des TKG betreffen daher die Telekommunikationsinfrastruktur; verschiedentlich wird von der Transportebene gesprochen.

Eine den Datenschutz bei der Telekommunikation betreffende Verordnungsermächtigung und in dieser Verordnung zu beachtende Prinzipien regelt § 89 TKG. Auf dieser Grundlage wurde die seit dem 21.12.2000 gültige Telekommunikations-Datenschutzverordnung (TDSV) erlassen.

TDSV – Datenschutz beim technischen Vorgang des Sendens, Übermittelns und Empfangens von Nachrichten mittels Tk-Anlagen

Normadressaten (Diensteanbieter) der TDSV sind nach § 1 I Unternehmen und Personen, die geschäftsmäßig Telekommunikationsdienste erbringen oder an deren Erbringung mitwirken:

TDSV – Diensteanbieter

- Nach § 3 Nr. 5 TKG ist das »geschäftsmäßige Erbringen von Telekommunikationsdiensten« das »nachhaltige Angebot von Telekommunikation einschließlich des Angebots von Übertragungswegen für Dritte mit oder ohne Gewinnerzielungsabsicht«.
- Gegenstand eines Telekommunikationsdienstes ist folglich die Bereitstellung eines Systems der Telekommunikation zur Kommunikation mit Dritten; eingeschlossen sind herkömmliche Telefon- ebenso wie Mobilfunk- und Rechnernetze.
- Geschäftsmäßig ist die Erbringung, wenn sie auf Dauer (nicht notwendig gewerblich) angelegt ist.

Wesentliche Rechte und Pflichten der Diensteanbieter ergeben sich aus:

- § 3 I, III TDSV – Verbotsregelung mit Erlaubnisvorbehalt (wie § 4 I BDSG) mit ausdrücklichem Verweis auf die Einwilligungsregelung des BDSG (§ 4a) und der TDSV (§ 4);

TDSV – Pflichten der Diensteanbieter

Datenschutz

TDSV – Befugnisse der Diensteanbieter

- § 3 II TDSV – Kopplungsverbot: Diensteanbieter dürfen die Erbringung von Telekommunikationsdiensten nicht von einer Einwilligung des Beteiligten in den Datenumgang für andere Zwecke abhängig machen;
- § 3 V TDSV – Informationspflicht der Diensteanbieter gegenüber Kunden und Beteiligten über grundlegende Verarbeitungstatbestände ihrer Daten, wobei das Auskunftsrecht nach BDSG unberührt bleibt;
- § 4 TDSV – mögliche elektronische Einwilligung;
- § 5 TDSV – Erhebung, Verarbeitung und Nutzung von für Vertragsverhältnisse über Telekommunikationsdienste erforderlichen Bestandsdaten (Name, Anschrift, Adresse u.a.) durch Diensteanbieter;
- § 6 TDSV – Erhebung, Verarbeitung und Nutzung von definierten, für die Telekommunikationsverbindung erforderlichen Verbindungsdaten durch Diensteanbieter (entsprechende Daten werden im TDDSG als Nutzungs- und Abrechnungsdaten bezeichnet – s. 5.1.);
- § 9 TDSV – Beseitigung von Störungen und Mißbrauchsaufdeckung (mit ungenauer Vorgabe der Voraussetzungen für die maximal sechsmonatige Speicherung von Verbindungsdaten zur Mißbrauchsaufdeckung in II);
- § 13 – Herausgabe öffentlicher Kundenverzeichnisse;
- § 16 – Nachrichtenübermittlung mit Zwischenspeicherung.

Aus dem Blickwinkel der Informatik fällt auf, daß weitere Erlaubnistatbestände für den Umgang mit personenbezogenen Daten auf Sprachtelefondienste fokussiert sind. Auch sind wichtige Forderungen von Datenschutzbeauftragten zur Behebung von Datenschutzdefiziten bei der Telekommunikationsinfrastruktur unberücksichtigt geblieben:

TDSV – Defizite

- Bereitstellung von Optionen für anonyme Inanspruchnahme,
- Angebot von Verschlüsselungsmöglichkeiten als kostenlose Standardleistung,
- Einführung eines Mediennutzungsgeheimnisses,
- wirksamer Schutz beruflicher Schweigepflichten.

Am 29.01.2002 ist schließlich nach mehreren Anläufen die Verordnung über die technische und organisatorische Umsetzung von Maßnahmen zur Überwachung der Telekommunikation (TKÜV) in Kraft getreten. Sie regelt Voraussetzungen und Durchführung von Überwachungsmaßnahmen der Telekommunikation.

TKÜV – Überwachung der Telekommunikation

Die TKÜV ist auch datenschutzrechtliche Regelung, weil die Telekommunikation natürlicher Personen zum Umfang der Überwachung nach § 5 I TKÜV gehört, wenngleich diese im Rahmen der gesetzlich vorgeschriebenen Anordnung durch die Rufnummer oder eine andere Anschlußkennung nach § 7 I TKÜV bewirkt wird.

Individualkontrolle mittels Anschlußkennung

Den Umfang der Überwachung bestimmen die nach StPO, Artikel 10-Gesetz und Außenwirtschaftsgesetz befugten Personen durch Anordnung. Eine Überwachung kann nach diesen Vorschriften bei Verdacht bestimmter schwerer Straftaten im Einzelfall anordnet werden. Grundsätzlich ist eine solche Anordnung von einem Richter zu erlassen.

Anordnung der Überwachung bei Verdacht bestimmter schwerer Straftaten

Verpflichtete nach § 2 TKÜV, die geforderte Überwachungsmöglichkeiten nach §§ 5 ff TKÜV vorzubereiten haben, sind auch Provider, die die Übermittlung von E-Mails ermöglichen. Sonst gehören Internet-Provider nach § 2 II TKÜV ebenso nicht zu den zur Vorbereitung zur Überwachung Verpflichteten wie Betreiber lokaler Netze mit weniger als 1.000 Teilnehmern.

E-Mail-Übermittlung gehört zum Objektbereich

Die erheblichen technischen Anforderungen, die die Verpflichteten zu erfüllen haben, sind in §§ 6 ff TKÜV statuiert.

6. Wiederholungsfragen

1. Ist das BDSG anzuwenden, wenn auch eine andere Rechtsvorschrift ein konkretes Datenschutzproblem regelt?
Lösung S. 237

2. Was sind personenbezogene Daten? Lösung S. 237 f.

3. Wie sind Daten nach BDSG zu löschen? Lösung S. 241

4. Wer ist verantwortliche Stelle nach BDSG? Lösung S. 242 f.

5. Wann ist der Umgang mit personenbezogenen Daten grundsätzlich zulässig? Lösung S. 244

6. Warum regelt § 5 BDSG nur für nicht öffentliche Stellen die Verpflichtung zum Datengeheimnis? Lösung S. 247

7. Was bestimmt das BDSG zur Datensicherheit?
Lösung S. 247 f.

8. Unter welchen Voraussetzungen muß ein (interner) Datenschutzbeauftragter bestellt werden? Lösung S. 255 f.

9. Wann ist nach BDSG die Erhebung personenbezogener Daten durch öffentliche Stellen zulässig? Lösung S. 261 f.

10. Welche Rechte haben Betroffene gegenüber Bundesbehörden?
Lösung S. 265 ff.

11. Welche Zwecke sind beim Datenumgang »für eigene Zwecke« nach § 28 BDSG gemeint? Lösung S. 270

12. Dürfen Betriebe zur Vertragserfüllung mit Betroffenen notwendige personenbezogene Daten speichern?
Lösung S. 271 ff.

13. Wann dürfen Firmen personenbezogene Daten zum Zweck geschäftsmäßiger Übermittlung speichern? Lösung S. 274 f.

14. Wann ist das TDDSG anzuwenden? Lösung S. 279

15. Welche Voraussetzungen bestimmt das TDDSG für eine elektronische Einwilligung in den Datenumgang? Lösung S. 281

Register

A

Ablieferung
Vollzug der vollständigen Verfügbarkeit über die Kaufsache durch den Käufer einer beweglichen Sache – Beginn der Verjährungsfrist für Mängelansprüche (§ 438 II BGBM). ⇨ 63, 65, 144, 148, 153, 163 f., 166

Abnahme
Körperliche Entgegennahme des Werkes mit der Billigung vertragsgemäßer Herstellung (§ 640 BGB) bzw. Übernahme der Kaufsache (§ 433 II BGB). ⇨ 17 f., 28, 32 f., 35 ff., 40, 51, 62, 65, 67, 142 f., 148, 151 ff., 156 ff., 162 ff., 166 f., 201

Access-Provider
Provider (Diensteanbieter), der (lediglich) einen Internet-Zugang anbietet (§ 9 I TDG). ⇨ 224

AGB
Allgemeine Geschäftsbedingungen (§ 305 I BGBM). ⇨ 20 f., 28, 30 f., 40, 57, 67 f., 75, 88, 136 ff., 147 f., 150, 164, 166 f., 196, 201 f., 204

AGBG
Gesetz zur Regelung des Rechts der Allgemeinen Geschäftsbedingungen, das Vertragspartner von AGB-Verwendern vor unangemessenen Einschränkungen der Vertragsfreiheit schützen soll (nunmehr §§ 305 ff BGBM). ⇨ 20 f., 30

Akkreditierung
Verfahren zur Vorabprüfung von Zertifizierungsdiensteanbietern durch die Regulierungsbehörde der Telekommunikation (§§ 2, 15 f SigG, 11 SigV). ⇨ 211 f., 219

Algorithmus
Allgemeines Verfahren, das durch eine endliche Folge von Instruktionen beschrieben werden kann – insbes. Verfahren zur Übertragung von Eingabedaten durch Abarbeitung eines Computerprogramms in Ausgabedaten. ⇨ 119, 124, 132, 209 f., 217

Anerkenntnis
Tatsächliches Schuldnerverhalten, aus dem sich das Bewußtsein vom Bestehen des Anspruchs eindeutig ergibt (§ 212 I BGBM). ⇨ 66, 165, 197

Anfechtung
Rückwirkende Vernichtung eines fehlerhaften Rechtsgeschäfts (insbes. Vertrags) durch einseitige Willenserklärung (§§ 119 ff, 142 BGB). ⇨ 24 ff., 198 ff.

Angebot
Antrag zum Vertragsabschluß (§§ 145 ff BGB), verschiedentlich jedoch auch ohne Bindungswirkung präsentierte Vertragsbedingungen. ⇨ 18 ff., 23 f., 27, 33, 73, 108, 113, 133, 148 f., 154, 166, 194, 200 f., 203 f., 207 f., 220 ff., 228, 285, 289, 290

Annahme
Einseitige Willenserklärung, durch die ein Antrag (§ 145 BGB) vorbehaltlos bejaht wird und der Vertragsabschluß bewirkt wird (§§ 147 ff BGB). ⇨ 18 ff., 24, 194, 200, 203 f.

Annahmeverzug
Nichtentgegennahme der dem Gläubiger angebotenen Leistung (Gläubigerverzug – § 293 BGB). ⇨ 33, 37, 155

Anonymisieren
Verändern personenbezogener Daten derart, daß die Einzelangaben nicht oder nur noch mit unverhältnismäßig großem Aufwand einer natürlichen Person zugeordnet werden können (§ 3 VI BDSG). ⇨ 239 f.

Anpassung
Dem Werkvertragsrecht unterliegende Änderung von Softwareprodukten zur Berücksichtigung individueller Anwenderanforderungen (auch als Customizing bezeichnet). ⇨ 7, 16 f., 140, 142, 148

Anspruch
Recht, von einem anderen ein Tun oder Unterlassen zu verlangen (§ 194 I BGB). ⇨ 10, 17, 27, 32, 45, 49, 54, 56 f., 60 ff., 100, 102 f., 108, 133, 148, 190, 193, 286

Anspruchskonkurrenz
Bestehen verschiedener Ansprüche für den gleichen Sachverhalt. ⇨ 11, 70, 73, 102, 132

Arbeitgeber
Natürliche Person oder Personenvereinigung, die einen anderen (Arbeitnehmer) gegen Entgelt beschäftigt. ⇨ 5, 126 f., 174, 245

Arbeitnehmer
Leistet aufgrund eines privatrechtlichen Vertrags für einen anderen gegen Entgelt unselbständige Dienste in persönlicher Abhängigkeit. ⇨ 5, 39, 44, 126, 151 f., 256

Arbeitsspeicher
Schreib-/Lesespeicher (RAM) im Hauptspeicher eines Computers, der die aktuellen Programmbefehle und Daten enthält. ⇨ 29 ff., 129 f.

Arbeitsverhältnis
Rechtsverhältnis zwischen Arbeitgeber und Arbeitnehmer, das aufgrund eines wirksamen Arbeitsvertrags besteht. ⇨ 89, 95, 126

Arbeitsvertrag
Spezieller Dienstvertrag, mit dem sich der Arbeitnehmer gegenüber dem Arbeitgeber zu entgeltlicher Arbeitsleistung verpflichtet. ⇨ 17, 31, 126, 174, 197

Arglistiges Verschweigen
Wissentliche Nichtaufklärung über eine Tatsache trotz Pflicht zur Offenbarung. ⇨ 30, 65

ASP
Application Service Providing ist eine spezielle Form des Outsourcing: Der ASP-Anbieter stellt Informatik-Produkte und -Leistungen (z.B. Speicherkapazität) auf seinem Server für Kunden zeitlich begrenzt zur Benutzung bereit. ⇨ 30, 138

Aufklärungspflicht
Pflicht, über bestimmte Umstände oder Gefahren aufzuklären (Instruktionspflicht). Bei Verletzung Schadensersatz aus positiver Vertragsverletzung, c.i.c., §§ 823 ff BGB oder § 1 ProdHaftG. ⇨ 22, 36, 61, 145

Aufrechnung
Rechtsgeschäft, durch das zwei sich gegenüberstehende Forderungen wechselseitig getilgt werden (§§ 387 ff BGB). ⇨ 23, 29

Aufsichtsbehörde
hat umfassende Aufsichts- und Kontrollaufgaben zur Datenschutzüberwachung im nicht öffentlichen Bereich (§ 38 BDSG). ⇨ 222, 250 f., 254, 257, 259, 269, 278

Auftraggeber
ist beim Werkvertrag der Besteller (§ 631 I BGB), beim Dienstvertrag der Dienstherr (§ 611 BGB). ⇨ 17, 28, 31, 34 ff., 54, 61, 99, 127, 133, 136, 139 f., 142, 148, 151, 173 f., 180, 187, 223, 243

Auftragnehmer
ist beim Werkvertrag der Unternehmer (§ 631 I BGB), beim Dienstvertrag der Dienstverpflichtete (§ 611 BGB). ⇨ 16, 26, 28, 34, 112, 133, 139 f., 142, 147 f., 151, 187, 243, 248, 250

Aufwendungsersatz
Kann der Gläubiger anstelle des Schadensersatzes statt der Leistung verlangen – praktisch bei zu ideellen Zwecken abgeschlossenen Verträgen (§ 284 BGBM). ⇨ 32, 45, 49, 56, 57

Auskunft
Ein Auskunftsrecht haben Inhaber eines nach dem UrhG geschützten Rechts (§ 97 I S. 2 UrhG) und Inhaber eines Marken- oder Titelrechts (§ 19 MarkenG) jeweils bei Rechtsverletzungen sowie natürliche Personen (Betroffene – §§ 19, 34 BDSG) und Nutzer von Telediensten (§ 4 VII TDDSG) jeweils bezüglich ihrer personenbezogenen Daten. ⇨ 103, 115, 244 f., 253, 265 f., 269, 271, 276 f., 279, 283 f., 290

Ausschließlichkeitsrecht
Ausschließlich dem Rechtsinhaber zustehendes Recht. ⇨ 12, 94, 102, 118, 127, 128, 131, 172, 179, 187, 193

Authentizität
Sicherheit, daß die Datenkommunikation durch den gewünschten Benutzer (bei elektronischen Signaturen: durch den Signaturschlüssel-Inhaber) erfolgt (§ 2 SigG). ⇨ 194, 210, 212

Automatisierte Verarbeitung
Erhebung, Verarbeitung oder Nutzung personenbezogener Daten unter Einsatz von Computern (§ 3 II BDSG). ⇨ 241 f., 248, 252, 254, 258, 270

BDSG
Bundesdatenschutzgesetz, das natürliche Personen vor Beeinträchtigung ihres Persönlichkeitsrechts durch Umgang mit ihren personenbezogenen Daten schützen soll (§ 1 I BDSG). ⇨ 232 ff.

Benachrichtigung
Eine Benachrichtigungspflicht der verantwortlichen Stelle gegenüber dem Betroffenen besteht, wenn dieser keine Kenntnis vom Umgang mit seinen personenbezogenen Daten hat (§§ 19a, 33 BDSG). ⇨ 253, 265, 266, 268, 276

Benutzen
Vom Inhaber eines Schutzrechts vertraglich eingeräumte Erlaubnis zu bestimmten Operationen mit dem Schutzobjekt (z.B. Programmabarbeitung). ⇨ 7 f., 99, 125, 128 ff., 136, 138, 144 ff., 156, 158, 168, 180, 212, 257, 278

Beratung
Vertrag über Beratung, soweit diese als Hauptpflicht ausgestaltet wurde, ist Dienstvertrag (§§ 611 ff BGB). ⇨ 31, 34, 39, 140, 159

Beratungspflicht
Pflicht, den (potentiellen) Vertragspartner auf dessen Wunsch gewissenhaft und vollständig über bestimmte Vertragsumstände zu beraten. Bei Verletzung Schadensersatz aus positiver Vertragsverletzung oder c.i.c. ⇨ 22, 144 f., 159

Berechtigtes Interesse
Jedes von der Rechtsordnung anerkannte Interesse (§§ 6a, 16 I, 28 f BDSG). ⇨ 252, 264, 271, 273

Berichtigen
Form des Veränderns personenbezogener Daten (§§ 3 IV, 6 I, 20 I, 35 I BDSG). ⇨ 253, 265 ff., 276 f.

Besondere Arten personenbezogener Daten
Neu im BDSG definierte sensitive Daten, für die strenge Bestimmungen statuiert sind (§§ 3 IX, 4a III, 4d V, 13 II, 14 V f, 28 VI ff, 29 V, 30 V BDSG). ⇨ 238, 246, 258, 262 ff., 272

Bestandsdaten
Personenbezogene Daten eines Nutzers, die für Vertragsverhältnisse über die Nutzung von Telediensten (§ 5 I TDDSG) bzw. von Telekommunikationsdiensten (§§ 2, 5 I TDSV) erforderlich sind. ⇨ 284, 290

Besteller
Auftraggeber beim Werkvertrag (§ 631 I BGB). ⇨ 34 ff., 55 ff., 65, 151, 155, 163
Verschiedentlich wird auch der ein Angebot (Bestellung) unterbreitende Käufer als Besteller bezeichnet. ⇨ 200

Betriebssystem
Gesamtheit von Computerprogrammen zur Steuerung der Arbeitsabläufe von Computern und zur Ressourcenverwaltung von Computern und Benutzern. ⇨ 27, 117, 123, 128, 130, 134 f., 137, 184

Betriebsvereinbarung
Privatrechtlicher Vertrag zwischen Arbeitgeber und Betriebsrat über gegenseitige Pflichten, Angelegenheiten des Betriebs, die Betriebsverfassung und die Arbeitsverhältnisse im Betrieb. ⇨ 253

Betroffener
Natürliche Person, deren Angaben in personenbezogenen Daten enthalten sind (§ 3 I BDSG). ⇨ 233, 237 f., 246, 249 f., 258, 269, 271

Beweislast
Zuweisung, wer im Prozeß etwas zu beweisen hat (z.B. §§ 280 I, 286 IV, 443 II, 476 BGBM, 7 BDSG). ⇨ 34, 46 f., 49, 51, 57, 59 ff., 68, 72, 150, 157, 169, 218, 253

Beweisverfahren
Antrag des Gläubigers auf selbständiges Beweisverfahren (Feststellung insbes. des Ist-Zustandes als Anspruchsvoraussetzung – früher Beweissicherungsverfahren) bewirkt Verjährungshemmung (§ 204 I Nr. 7 BGBM). ⇨ 65

BGB
Bürgerliches Gesetzbuch, das die Rechtsbeziehungen der Privatpersonen umfassend regelt. ⇨ 3 ff., 16, 18 ff., 23 f., 26 ff., 43 ff., 56, 58 ff., 62 f., 65, 67, 69 ff., 103, 137 ff., 143, 145 ff., 150, 152 ff., 155, 157 f., 167, 169, 190, 192 ff., 196 ff., 203, 205 f.

BGBalt
Nach der Schuldrechtsmodernisierung ab 01.01.02 ungültige BGB-Norm(en). ⇨ 4, 35, 43 f., 46, 59, 146, 150, 160 f.

BGBM
Nach der Schuldrechtsmodernisierung ab 01.01.02 gültige BGB-Norm(en). ⇨ 4, 19 ff., 27 ff., 41, 43 ff., 54 ff., 64 ff., 72, 119, 131, 136 ff., 145 f., 148 ff., 158 ff., 167, 197 f., 201 ff., 222

Biometrisches Verfahren
Verfahren der Datensicherheit unter Einbeziehung von körperlichen Merkmalen der zu erkennenden Menschen. ⇨ 210 f.

Browsen
Schnelles Suchen in gespeicherten Dokumenten, insbes. im WWW. ⇨ 177

Bundesbeauftragter für den Datenschutz
Zentrale Koordinierungs- und Kontrollinstitution für den Datenschutz (§§ 22 ff BDSG). ⇨ 254, 259, 265, 269

Cache
Speicher/Server, in dem Programmbefehle, Daten oder Dateien vorsorglich temporär für die mögliche Verarbeitung kopiert werden. ⇨ 129, 226

CD
Compact Disc – praktisch derzeit wichtigster optischer Datenspeicher. ⇨ 47, 62, 81, 90, 103, 108, 130, 172, 177, 183, 188

Chipkarte
Plastikkarte, die unter einer Kontaktplatte einen Chip mit (benutzerspezifischen) Daten und teilweise zusätzlich einen Prozessor mit RAM enthält. ⇨ 209 f., 213, 282

c.i.c.
Culpa in contrahendo (Verschulden bei Vertragsabschluß) hat nunmehr eine gesetzliche Grundlage (§ 311 II BGBM). Bereits durch auf Vertragsabschluß gerichtete Kontakte entsteht ein Schuldverhältnis mit möglichen Schadensersatzansprüchen. ⇨ 22, 154, 159, 204

CISG
Konvention über den internationalen Warenkauf (UNKK). ⇨ 31, 150, 229

Clearingstelle Multimedia
CMMV – Vermittler, bei dem Multimedia-Produzenten die Rechteinhaber der in ihren Produkten vorgesehenen Inhalte erfragen können. ⇨ 93, 180

Computer
Frei programmierbares technisches Arbeitsmittel mit einem Arbeitsspeicher und Anschlußmöglichkeiten für Peripheriegeräte. ⇨ 2, 5, 7, 9 f., 12, 16, 22 f., 29, 41, 50, 57, 71 f., 74, 79 ff., 90, 93, 98, 100, 105, 111, 114, 116 f., 122 ff., 126 ff., 166, 168 f., 183, 188, 195, 198, 236, 238, 241, 265, 267 f., 270, 278, 282

Computerprogramm
Arbeitsvorschrift (Programm) für die CPU aus einer Folge von Befehlen (Instruktionen). ⇨ 5, 7, 12, 57, 74, 79 f., 82 f., 93, 98, 100, 105, 111, 116 f., 122 ff., 126 ff., 130 ff., 168, 183, 195, 282

Content-Provider
Provider (Diensteanbieter), der eigene Inhalte (z.B. WWW-Seiten) anbietet (§ 8 I TDG). ⇨ 223 f.

Cookies
Von WWW-Servern bereitgestellte Daten über deren Benutzung (in der Regel ohne Kenntnis des Benutzers). ⇨ 226, 278, 283

CPU
Zentralprozessor – führt (bei den gängigen Computern der von Neumann-Architektur) die Befehle des Computerprogramms nacheinander aus. ⇨ 23, 129 f., 136 f.

Datei
(Meist strukturierter) Bestand inhaltlich zusammengehörender Daten auf dem Datenträger eines externen Speichergerätes. ⇨ 26, 60 f., 85, 87, 115, 161, 172, 176, 205 f., 236, 241, 256 ff., 267 f., 270, 277

Daten
Aus Sicht der Informatik Informationen, die im Computer verarbeitet werden (anders dagegen personenbezogene Daten beim Datenschutz!). ⇨ 6 ff., 10 f., 26, 36, 61, 129, 135, 161, 168, 172, 183, 186 f., 195, 199, 201, 209 ff., 214, 216 ff., 220, 222, 225 f., 232 ff., 236 ff., 241 ff., 252 ff., 258 ff., 274 ff., 282 ff., 286 f., 290

Datenbank
I.S.d. UrhG eine Sammlung von unabhängigen Elementen, die systematisch oder methodisch angeordnet und einzeln zugänglich sind und deren Beschaffung, Überprüfung oder Darstellung eine wesentliche Investition erfordert (§ 87a I UrhG). ⇨ 6, 93, 101, 172 ff., 181 ff., 186 ff.
Dagegen wird unter einer Datenbank in der Informatik eine Gesamtheit von zusammengehörenden Dateien und ihren Verbindungen verstanden (auch in anderen Rechtsvorschriften!). ⇨ 6 f., 18, 35, 61, 78 f., 81, 91, 98, 100, 116, 172 f., 180 f., 183 f., 203, 220, 249

Datenbankwerk
Sammlung von unabhängigen, systematisch oder methodisch geordneten und einzeln zugänglichen Elementen, die aufgrund der Auswahl oder Anordnung der Elemente eine persönliche geistige Schöpfung darstellt (§ 4 UrhG). ⇨ 6, 82 f., 85, 93, 98, 105, 172 f., 181, 183 ff., 188

Datenschutz
soll natürliche Personen vor Beeinträchtigung ihres Persönlichkeitsrechts durch Umgang mit ihren personenbezogenen Daten schützen (§ 1 I BDSG). ⇨ 4 ff., 31, 34, 39, 71, 118, 173, 194, 211, 218, 222 ff., 232 ff., 244, 247, 249 ff., 263, 265 f., 269 f., 275, 278, 281 f., 285 f., 288 ff.

Datenschutzaudit
Freiwillige Prüfung und Bewertung von Informatikprodukten hinsichtlich Datenschutz und Datensicherheit durch unabhängige und zugelassene Gutachter (§ 9a BDSG). ⇨ 250, 255, 285

Datenschutzbeauftragter
Jede öffentliche Stelle im Geltungsbereich des BDSG und jede nicht öffentliche Stelle haben unter definierten, praktisch häufig erfüllten Voraussetzungen einen Datenschutzbeauftragten zu bestellen (§§ 4f, 4g BDSG). ⇨ 31, 34, 39, 250, 255 ff.

Datensicherheit
Bewahrung von Daten vor Beeinträchtigung und Mißbrauch – wird teilweise gesetzlich normiert (SigG, §§ 9, 9a BDSG). ⇨ 209 ff., 247, 249, 255

Datenträger
Physische Substanzen, die Daten aufnehmen und speichern können sowie das zerstörungsfreie Lesen dieser Daten durch Computer gestatten. ⇨ 94, 97, 103, 130, 138, 146, 148, 166, 188, 205 f., 212, 236, 239

Dauerschuldverhältnis
Schuldverhältnis, dessen Rechte und Pflichten über einen längeren Zeitraum wiederholt entstehen und bestehen (z.B. Miet- und Dienstvertrag). ⇨ 24, 27, 205

Deep Link
Hyperlink auf eine der Startseite untergeordnete WWW-Seite. ⇨ 176, 178

Dekompilierung
Maschinelle Übertragung des abarbeitungsfähigen oder anderen Codes eines Computerprogramms in einen Quellcode – urheberrechtlich nur ausnahmsweise zulässig (§ 69e UrhG). ⇨ 9, 125, 130 f., 156

Deliktsrecht
Recht der unerlaubten Handlungen (§§ 823 ff BGB). ⇨ 70, 72, 168 f.

Diensteanbieter
Anbieter von Telediensten (Provider – §§ 4 ff TDG) und von Mediendiensten (§§ 5 ff MDStV) sowie Unternehmen und Personen, die geschäftsmäßig Telekommunikationsdienste erbringen oder an deren Erbringung mitwirken (§ 1 I TDSV). ⇨ 194, 212 ff., 216 ff., 221 ff., 229, 249, 278 ff.

Dienstvertrag
Gegenseitiger Vertrag, mit dem sich der Dienstverpflichtete zur Leistung bestimmter Dienste und der Dienstherr zur Gewährung einer Vergütung verpflichtet (§§ 611 ff BGB). ⇨ 31, 34, 39 f., 49, 139 f., 142, 187, 203

Digitale Signaturen
waren Objekte des SigG alter Fassung und sind insoweit nunmehr ersetzt durch qualifizierte elektronische Signaturen (§ 2 SigG). ⇨ 209 f., 219

Dokumentation
Notwendiger Bestandteil von Informatikprodukten, wird für Software nach DIN 66230 in Anwendungsdokumentation und Datenverarbeitungs-technische Dokumentation getrennt. ⇨ 75, 128, 132, 144, 146 f., 149, 153, 156 f., 160 f., 166, 187, 218, 250

Domain-Name
Eindeutiger logischer Name von Benutzern bzw. Benutzergesamtheiten im Internet (gemeint ist die Second-

Level-Domain unterhalb der jeweiligen Top-Level-Domain).
⇨ 7, 115, 189 ff.

Dongle
Hardware-Zusatz zur Verhinderung von Raubkopien sowie allgemein zur Zugriffskontrolle. ⇨ 131, 146

Downloading
Dateiübertragung (insbes. von Software) in Rechnernetzen auf den Benutzercomputer. ⇨ 138, 144, 166, 176 f.

Dritter
Im Schuldrecht ein am Rechtsgeschäft (z.B. Vertrag) Unbeteiligter. ⇨ 16, 35, 39, 180, 193, 218
Dagegen bestimmt das BDSG jede Person oder Stelle außerhalb der verantwortlichen Stelle als Dritten, nicht aber den Betroffenen und einen evtl. Auftragnehmer (§ 3 VIII S. 2 BDSG). ⇨ 238 ff., 242 f., 282, 286

DVD
Digital Versatile Disk – optischer Datenspeicher mit großer Kapazität, der die klassische CD-ROM zunehmend ablöst. ⇨ 177

E

EDI
Electronic Data Interchange – gemeint ist der strukturierte Datenaustausch zwischen Geschäftspartnern insbes. für Routinevorgänge (Bestellungen, Rechnungen, Mahnungen usw.). ⇨ 195

EDIFACT
Electronic Data Interchange for Administration, Commerce and Transport betrifft national und international verabredete Syntaxregeln für den Aufbau der auszutauschenden Daten. ⇨ 195

EGBGB
Einführungsgesetz zum Bürgerlichen Gesetzbuch – enthält die kollisionsrechtlichen Normen des deutschen Internationalen Privatrechts u.a. ⇨ 150, 228

EG-Richtlinie
Für alle Mitgliedsstaaten der Europäischen Union verbindlicher Rechtsakt, der von diesen in innerstaatliches Recht umgesetzt werden muß. ⇨ 4 ff., 33, 78, 104, 123, 131, 135, 179, 181, 187, 211, 258, 262
Wesentlich für den Informatikbereich:
Richtlinie 1991/259/EWG vom 14. Mai 1991 über den Rechtsschutz von Computerprogrammen. ⇨ 123 f., 131
Richtlinie 1995/46/EG vom 24. Oktober 1995 zum Schutz natürlicher Personen bei der Verarbeitung personenbezogener Daten und zum freien Datenverkehr. ⇨ 4, 234, 258, 262
Richtlinie 1996/9/EG vom 11. März 1996 über den rechtlichen Schutz von Datenbanken. ⇨ 181, 187
Richtlinie 1997/7/EG vom 20. Mai 1997 über den Verbraucherschutz bei Vertragsabschlüssen im Fernabsatz. ⇨ 204, 208
Richtlinie 1999/93/EG vom 13. Dezember 1999 über gemeinschaftliche Rahmenbedingungen für elektronische Signaturen. ⇨ 211
Richtlinie 2000/31/EG vom 8. Juni 2000 über bestimmte rechtliche Aspekte der Dienste in der Informationsgesellschaft, insbesondere des elektronischen Geschäftsverkehrs, im Binnenmarkt (E-Commerce-Richtlinie). ⇨ 200 f., 220, 226 f.
Richtlinie 2001/29/EG zur Harmonisierung bestimmter Aspekte des Urheberrechts und der verwandten Schutzrechte in der Informationsgesellschaft. ⇨ 179

Eigene Zwecke
Datenumgang für eigene Zwecke umfaßt alle Operationen mit personenbezogenen Daten durch nicht öffentliche Stellen, bei denen automatisierte Verarbeitung oder nicht automatisierte Dateien Hilfsmittel für die eigentlichen Geschäftszwecke sind (§ 28 BDSG). ⇨ 270 ff.

Einwilligung
des Betroffenen ist eine mögliche, wohldefinierte Voraussetzung für den Umgang mit personenbezogenen Daten (§§ 4, 4a BDSG, 3 ff TDDSG, 14 SigG, 3 TDSV). ⇨ 244 ff., 258 f., 261 f., 268, 270, 272, 275, 279 ff., 283 f., 286 f., 289, 290

Electronic Commerce
Abwicklung informationeller Beziehungen im Prozeß des Güter- und Dienstaustauschs vermittels öffentlicher und nicht öffentlicher Rechnernetze (Elektronischer Geschäftsverkehr). ⇨ 7, 194 ff., 220

Elektronische Auskunft
Nutzer von Telediensten können das Auskunftsrecht über ihre personenbezogenen Daten gegenüber Diensteanbietern auch elektronisch wahrnehmen (§ 3 VII TDDSG). ⇨ 283 f.

Elektronische Einwilligung
Neben der schriftlichen Einwilligung (§ 4 a BDSG) ist auch eine elektronische Einwilligung der Nutzer von Telediensten (§§ 3 f TDDSG) und von Telekommunikationsdiensten (Beteiligte – § 4 TDSV) unter wohldefinierten Voraussetzungen möglich. ⇨ 279 ff., 290

Elektronische Signaturen
Daten in elektronischer Form, die anderen elektronischen Daten beigefügt oder logisch mit ihnen verknüpft sind und zur Authentifizierung dienen (§ 2 SigG) – eine Teilmenge bilden die im SigG umfassend normierten qualifizierten elektronischen Signaturen. ⇨ 197, 209, 211 f., 214, 286

E-Mail
Electronic Mail ist ein Dienst zum individuellen Informationsaustausch zwischen Benutzern von Rechnernetzen durch Versenden und Empfangen von Nachrichten mit (Adressen-)Kopf und (Text-)Korpus. ⇨ 24, 143, 178, 195, 198 ff., 203, 205, 207 f., 222, 225, 291

Entwickler
von Informatikprodukten ist bei für die Entwicklung zutreffendem Werkvertrag der Unternehmer (§ 631 I BGB). ⇨ 3, 7 f., 17, 27 f., 34 f., 43, 61, 66, 70, 75, 84, 89, 91 f., 100, 106, 109, 118 f., 124, 127, 128, 131, 133 ff., 145 f., 151, 153 f., 163 f., 168 f., 172 ff., 176, 180 f., 184

Erfindung
Lehre zum planmäßigen Handeln unter Einsatz beherrschbarer Naturkräfte zur unmittelbaren Erreichung eines kausal übersehbaren Erfolgs (§§ 1 ff PatG). ⇨ 116 ff., 132, 135, 138

Erforderlichkeit für die Aufgabenerfüllung
ist dann gegeben, wenn die Aufgabe ohne den Umgang mit den personenbezogenen Daten überhaupt nicht erfüllt werden kann. ⇨ 260 ff., 287

Erfüllungsgehilfe
ist, wer mit Willen des Schuldners bei Erfüllung von dessen Pflichten tätig wird (§ 278 BGB). ⇨ 41 ff., 46, 57, 167

Erheben
Zielgerichtetes Beschaffen personenbezogener Daten (§ 3 III BDSG). ⇨ 239, 242, 244, 247 f., 252, 260 ff., 271 f., 274, 286

Erlaubnisvorbehalt
Vorliegen von Erlaubnistatbeständen bei grundsätzlichem Verbot des Umgangs mit personenbezogenen Daten (§§ 4 I BDSG, 3 I TDDSG, 3 I TDSV). ⇨ 244, 279 f., 289

Ersatzlieferung
Recht des Käufers auf unentgeltliche Lieferung einer mangelfreien anderen Sache, die der verkauften Sache gleich ist, bei Vorliegen eines Mangels (§§ 437 Nr. 1, 439 BGB). ⇨ 52, 68, 146

Erschöpfungsgrundsatz
Erschöpfung des Verbreitungsrechts am veräußerten Werkexemplar mit Ausnahme der Vermietung (§ 17 II, 69c Nr. 3 S. 2, 87b II UrhG). ⇨ 94, 128, 136, 177

Escrow
Hinterlegung des Quellcodes bei einem Dritten, der diesen bei Eintritt vertraglich bestimmter Ereignisse an den Software-Benutzer herausgibt. ⇨ 145 f., 157

Fahrlässigkeit
Außerachtlassen der im Verkehr erforderlichen Sorgfalt (§ 276 I S. 2 BGB). ⇨ 28, 41, 43 f., 57, 64, 102 f., 167, 201

Fehler
Negative Abweichung des Ist-Zustandes einer Sache oder eines Werkes von der Soll-Beschaffenheit (§§ 434 f, 536, 633 II f BGBM). ⇨ 44, 47, 49 ff., 57, 60, 62 f., 70 ff., 128, 131, 140, 146, 154, 157 f., 160 ff., 165 ff., 199

Fernabsatzvertrag
Vertrag über Warenlieferung oder Erbringung von Dienstleistungen, der zwischen einem Unternehmer und einem Verbraucher unter ausschließlicher Verwendung (herkömmlicher oder elektronischer) Kommunikationsmittel abgeschlossen wird im Rahmen des vom Unternehmer für den Fernabsatz organisierten Vertriebs- oder Dienstleistungssystems (§ 312b I BGBM). ⇨ 204 ff.

FernAbsG
Fernabsatzgesetz – zum Verbraucherschutz bei Fernabsatzverträgen (Electronic Commerce ebenso wie Versandhandel u.a. – nunmehr §§ 312b ff BGBM). ⇨ 204 ff.

Festplatte
Fest im Laufwerk montierter Magnetplattenstapel mit sequentiellem und wahlfreiem Zugriff, den das Betriebssystem organisiert ⇨ 130, 177

Filetransfer
Von den Protokollen der verbreiteten Rechnernetzbetriebssysteme unterstützter Kommunikationsdienst zur Dateiübertragung (Abruf und Senden – unter TCP/IP: FTP). ⇨ 143, 178, 195, 198, 200

Filmwerk
Gesamtkunstwerk in Einheit von bewegtem Bild und Ton (§ 2 I Nr. 6 UrhG). ⇨ 79, 82 f., 92, 99, 105, 115

Firma
Name des Kaufmanns, unter der er seine Geschäfte betreibt (§ 17 I HGB). ⇨ 71, 103, 201, 238

FormG
Gesetz zur Anpassung der Formvorschriften des Privatrechts und anderer Vorschriften an den modernen Rechtsgeschäftsverkehr (Formgesetz). ⇨ 37, 143, 196, 199

Frame
Hyperlink in einem verschiedene WWW-Seiten verknüpfenden Rahmen, der den Eindruck erweckt, daß die verwiesene Seite unmittelbar vom Linkgeber bereitgestellt wird. ⇨ 176 ff., 208

Frei von Rechten Dritter
Der Kaufgegenstand (Sache oder Recht) ist dem Käufer so zu verschaffen, daß er darüber ohne Einschränkungen durch Rechte Dritter verfügen kann. (§§ 433, 435, 453 BGBM). ⇨ 31 f.

Fristsetzung
Aufforderung zur Leistung unter Hinzufügung einer Frist. (§§ 281 I, 323 I BGBM). ⇨ 37, 48 f., 55, 57, 59, 154, 162

Garantie
Verbindliche Zusage des einen Teils, dem anderen Teil für einen bestimmten Erfolg verschuldensunabhängig einzustehen (insbes. Qualitätsgarantie – § 443 BGBM). ⇨ 34, 43 f., 58 f., 63, 158, 164, 205

Gattung
Durch gemeinschaftliche Merkmale gekennzeichnete Sachen (§ 243 I BGB). ⇨ 29, 44, 62, 144, 146, 193

Gattungsschuld
Verpflichtung zur Leistung eines nur der Gattung nach bestimmten Gegenstandes (§ 243 I BGB). ⇨ 29, 44, 146

Gefährdungshaftung
Verschuldensunabhängiger, gesetzlicher Schutz vor eintretenden Schäden bei erhöhter Gefährdung fremder Rechtsgüter. ⇨ 69, 253

Geheimnisschutz
betrifft im Informatikbereich vor allem:
den Schutz von Betriebs- und Geschäftsgeheimnissen und von Vorlagen (§§ 17 f UWG, 34 BDSG); ⇨ 107 f., 110 ff., 133, 277
den Schutz von Amts- und Berufsgeheimnissen (§§ 1 III, 13 II Nr. 7, 28 VII BDSG); ⇨ 237, 262, 272
sowie das Datengeheimnis (§ 5 BDSG). ⇨ 247

Geschäftsgrundlage
wird durch die Umstände und Vorstellungen gebildet, die zur Grundlage eines abgeschlossenen Vertrages geworden sind (§ 313 BGBM). ⇨ 27

Geschäftsmäßige Tätigkeit
ist auf Wiederholung angelegt mit oder ohne Gewinnerzielungsabsicht. ⇨ 221 f., 255, 270 f., 274, 276 f., 289

Gewährleistung
Gesetzliche Schuldnerverpflichtung, für die Mängelfreiheit einer Sache, eines Rechts oder eines Werkes einzustehen (§§ 434 ff, 536 ff, 633 ff BGBM). ⇨ 23, 30, 35 ff., 40, 49, 51, 58 f., 62 ff., 74, 139 f., 142, 148, 150, 157 ff., 167, 205

Gewöhnliche Verwendung
ist aus der Benutzung gleichartiger Sachen unter durchschnittlichen Verhältnissen des Käufers bzw. Bestellers zu bestimmen (§§ 434 I S. 2 Nr. 2, 633 II S. 2 Nr. 2 BGBM). ⇨ 50, 149, 161

Gläubiger
Leistungsberechtigter im Schuldverhältnis. ⇨ 17, 23, 33, 45 ff., 56, 60 ff., 64 f., 159

Gläubigerverzug
Nichtentgegennahme der dem Gläubiger angebotenen Leistung (Annahmeverzug – § 293 BGB). ⇨ 33, 159

Haftung
Einstehenmüssen für eine Pflichtverletzung. ⇨ 3, 7, 19, 26, 28, 30, 36, 41 ff., 49, 57, 60, 68 ff., 152, 159, 166 ff., 194, 199, 211, 218 f., 223 ff., 253

Handelskauf
Kaufvertrag, der für mindestens einen Teil ein Handelsgeschäft ist (§§ 373 ff HGB). ⇨ 31, 45 f., 62 f., 163 f.

Hardware
Physische Ausrüstungen (elektronische, elektrische, magnetische, optische u.a. Einrichtungen) der Informatik (im engeren Sinne materielle Komponenten eines Computers). ⇨ 6 f., 20, 22 f., 28 ff., 34, 36 f., 40, 47, 60, 78 f., 112, 124, 137, 147, 155, 160, 172 f., 201, 213, 285

Hauptpflicht
Pflicht zur Erbringung der eigentlichen Leistung aus einem Schuldverhältnis, für die dann die §§ 320 ff BGB gelten. ⇨ 28, 30, 32 f., 35 f., 61, 64, 146 f., 150, 153, 156 f., 167

Hemmung
Zeitweises Aussetzen des Laufs der Verjährungsfrist (§ 209 BGBM). ⇨ 10, 65 f., 164 f.

Herkunftslandprinzip
Anerkennung der für ausländische Rechtssubjekte jeweils geltenden innerstaatlichen Rechtsnormen durch andere Staaten. ⇨ 221 f., 229

Hersteller
Unternehmer beim Werkvertrag (§ 631 I BGB). ⇨ 16, 34 ff., 43, 70, 151 ff.
Weitergehend die Produkthaftung: Hersteller von Grundstoffen und Teilprodukten, Quasihersteller, Importeure und ersatzweise Lieferanten sind eingeschlossen (§ 4 ProdHaftG). ⇨ 73 ff.
Dagegen gilt für Datenbanken i.S.d. UrhG der Investor als Hersteller (§ 87a II UrhG). ⇨ 6, 186 ff.

HGB
Handelsgesetzbuch. ⇨ 21, 29, 31, 45 f., 58, 62 f., 67, 71, 163 f., 190, 193

Host-Provider
Provider, der seine Ressourcen (Hardware, Server u.a.) einem Benutzer anbietet (zur differenzierten Haftung § 11 TDG). ⇨ 227

HTML
Hypertext Markup Language – die ursprüngliche Sprache zur Beschreibung von Internet-Seiten. ⇨ 172

Hyperlink
Verweis auf (fremde) WWW-Seiten. ⇨ 176, 178, 207 f., 227

I

Ideenschutz
ist durch Patent- und Vertragsrecht, nicht aber durch das Urheberrecht möglich. ⇨ 81, 116, 119, 124

Implementierung
Realisierungsphase im Entwicklungsprozeß – bei Software Umsetzung des Entwurfs in abarbeitungsfähige Programme. ⇨ 152, 212

Individualsoftware/-programm
Speziell für die Erfordernisse eines Benutzers entwickelte(s) Software/Programm. ⇨ 35, 112, 139 f., 151 ff.

Informatikprodukte
IuKT-Objekte, insbes. Software, Datenbankprodukte und Multimediasysteme. ⇨ 6 ff., 16, 35, 47, 51, 65 f., 78, 87, 100, 106 f., 111 ff., 115 ff., 189, 250, 255

Informationelle Selbstbestimmung
Befugnis jeder natürlichen Person, grundsätzlich selbst über Preisgabe und Verwendung ihrer Daten zu bestimmen. ⇨ 5, 118, 233, 245, 248, 265, 278

Informationspflicht
Pflicht eines Rechtssubjekts zur Information eines anderen. ⇨ 119, 154 f., 201, 203 ff., 222 f., 232 f., 264, 282 f., 290

Informationstechnik
Häufig: Hardware, Methoden der Software-Entwicklung und Verfahren der Kommunikationstechnik; verschiedentlich: nur Hardware. ⇨ 232 f., 248

Informationstechnologie
Verfahren zur Realisierung oder Unterstützung von Informationsverarbeitungsaufgaben mittels Informationstechnik. ⇨ 2 ff., 39, 234, 256

Inländerbehandlung
Rechtliche Gleichstellung ausländischer Rechtssubjekte mit Inländern. ⇨ 104 f.

Inline-Link
Präsentation von verschiedenen Objekten (Bilder, Tabellen, Texte u.a.) im WWW durch Verweis auf andere fremde Dateien. ⇨ 176 ff., 208

Installation
Herstellung der Funktionsfähigkeit von Software oder Hardware – werkvertragliche Leistung, soweit erfolgsorientiert (nicht nur Routinenabarbeitung). ⇨ 30, 60, 63, 140, 142, 147, 162, 166

Integration
Systemfertigstellung – physische Verbindung aller Komponenten, System- und Abnahmetest ⇨ 152

Integrität
Unversehrtheit von Daten. ⇨ 161, 169, 210, 212, 249

Interaktion
Wechselseitiger Datenaustausch zwischen Anwender und Computer (als Anwendersystem, meist im Dialog). ⇨ 6, 184, 284

Internationales Privatrecht
Kollisionsrecht zur Feststellung des auf internationale Rechtsbeziehungen anzuwendenden materiellen Rechts. ⇨ 150, 228

Internet
Weltweite, offene Verknüpfung von Rechnernetzen (Servern und Computern) mittels des TCP/IP-Protokolls. ⇨ 3, 5, 7, 71, 81, 90, 93, 96, 108, 112, 130, 138, 172 f., 176, 178, 186, 188 ff., 193 ff., 200, 206 f., 209, 220, 222, 228 f., 291

Interoperabilität
Zusammenwirken eines Computerprogramms mit (beliebigen) anderen Computerprogrammen (§ 69e I UrhG). ⇨ 9, 125, 131

Irrtum
Unbewußtes Auseinanderfallen von Willenserklärung und wirklich Gewolltem (§ 119 BGB). ⇨ 24 ff., 199 f.

IuKDG
Informations- und Kommunikationsdienstegesetz (auch Multimediagesetz) – Artikelgesetz, mit dem 1997 Ur-

sprungsfassungen von SigG, TDG, TDDSG sowie Erweiterungen des UrhG u.a. statuiert wurden. ⇨ 6, 67, 181

IuKT
Informations- und Kommunikationstechnologien. ⇨ 2 ff., 27

JAVA
Für die Entwicklung von Internet-Applikationen umfassend genutzte Programmiersprache. ⇨ 172, 210, 278

Juristische Person
Personenvereinigung mit eigener Rechtsfähigkeit (e.V., GmbH, AG u.a.). ⇨ 192

Kauf
Schuldrechtlicher, gegenseitiger Vertrag, bei dem Verschaffung einer Sache (Sachkauf – von der Rechtsprechung auf Überlassung von Softwareprodukten ohne zeitliche Begrenzung gegen Einmalzahlung angewendet) oder eines Rechts gegen Zahlung des Kaufpreises geschuldet wird (§§ 433, 453 BGBM). ⇨ 19 f., 22, 26, 29 ff., 36, 40 f., 43 ff., 49 ff., 54, 56 ff., 62 f., 65, 67 f., 93 f., 96, 119, 137, 139 f., 142, 144, 146 ff-, 160 ff., 166 f., 201, 203, 223, 229, 238

Kaufmann
Kaufmann ist, wer ein Handelsgewerbe betreibt (§§ 1 ff HGB). Auf Kaufleute ist neben dem BGB das Handelsrecht anzuwenden. ⇨ 19 f., 61 f., 163 f., 238

Kaufmännisches Bestätigungsschreiben
Schriftliche Bestätigung des Ergebnisses erfolgter Vertragsverhandlungen unter Kaufleuten, bei dem Schweigen als Inhaltsannahme gilt ⇨ 19 f.

Kennzeichenschutz
Regelung im MarkenG sowie für bestimmte Kennzeichen auch in anderen Rechtsvorschriften (§ 12 BGB, § 37 II HGB, §§ 1 und 3 UWG). ⇨ 7, 112 ff., 134, 189 f., 223

Klage
Gerichtliche Geltendmachung eines Anspruchs oder anderen Begehrens – bewirkt für Ansprüche Verjährungshemmung (§ 204 I Nr. 1 BGBM). ⇨ 64 f., 109, 136, 191, 228

Kleine Münze
Im Urheberrecht Werke, die gerade noch persönliche geistige Schöpfungen darstellen (§§ 2 II, 4 I, 69a III UrhG) ⇨ 80, 126

Kollisionsrecht
Regelung zutreffender unter potentiell mehreren Rechtsnormen, insbes. für internationale Rechtsverhältnisse ⇨ 31, 104, 150, 228 f.

Kommunikation
Austausch von Informationen, insbes. von Daten.⇨ 2, 5, 7, 31, 90, 94, 108 f., 119, 130, 143, 176 f., 195, 198 ff., 202 f., 205, 214, 217, 219 f., 222 ff., 228 f., 248, 278 f., 285, 288 ff.

Kommunikationstechnologie
Verfahren zur Realisierung oder Unterstützung der Datenkommunikation (in Rechnernetzen). ⇨ 7 ff., 278

Kompatibilität
Vereinbarkeit eines Elements (Informatikprodukt oder Hardware) mit einem anderen. ⇨ 59, 160

Konkludentes Handeln
Schlüssiges Handeln.⇨ 21, 158

Kontrollrechte
haben ausgezeichnete Behörden (Regulierungsbehörde, Bundesdatenschutzbeauftragter, Aufsichtsbehörde) nach SigG und BDSG. ⇨ 219, 234, 254, 269

Kopieren
Übertragen auf einen Datenträger (Vervielfältigen). ⇨ 17, 61, 78, 93, 130, 134, 146, 173

Kopierschutz
Hardware oder Programm zur Verhinderung des Kopierens von Daten oder Programmen. ⇨ 109, 132 f.

Kopplungsverbot
Verbot für Diensteanbieter, die Diensteerbringung von einer Einwilligung in den Datenumgang für andere Zwecke abhängig zu machen. ⇨ 279 f, 290

Kryptographisches Verfahren
Verschlüsselungsverfahren. ⇨ 7, 209 ff., 278

KUG
Kunsturhebergesetz von 1907, von dem mit der UrhG-Statuierung von 1965 nur wenige Vorschriften zum Schutz von Bildnissen (§§ 22 ff) in Kraft geblieben sind. ⇨ 71, 118, 173, 175

Kündigung
Einseitige Willenserklärung, durch die ein Dauerschuldverhältnis mit Wirkung für die Zukunft beendet wird. ⇨ 17, 23 f., 27, 37 f., 40, 55, 115, 134, 143 f., 155, 164, 197, 205

L

Laden
Programmübertragung in den (Arbeits-)Speicher. ⇨ 127, 129 f., 177

Landesbeauftragter für den Datenschutz
kontrolliert nach dem jeweiligen LDSG bei den öffentlichen Stellen der Länder die Einhaltung der Datenschutzvorschriften ⇨ 250 f., 254, 269

Laufbild
Fernsehaufzeichnung, Video oder Film ohne Werkqualität (§§ 94 f UrhG). ⇨ 83, 99, 101

LDSG
Landesdatenschutzgesetz, das den Umgang mit personenbezogenen Daten durch öffentliche Stellen des jeweiligen Bundeslandes regelt. ⇨ 232, 236 f., 254

Leasing
Modifizierte Miete. ⇨ 30, 40, 140

Leistungsort
Ort, an dem der Schuldner die Leistung zu erbringen hat (§ 269 BGB). ⇨ 32, 43, 46

Leistungsschutz
Schutz erbrachter Leistungen nach dem Wettbewerbsrecht (auch nach UrhG und nach anderen Rechtsvorschriften). ⇨ 83, 92 f., 100 ff., 108, 115, 132, 173 f., 181, 186 f.

Leistungsschutzrecht
Dem Urheberrecht verwandtes Schutzrecht für Leistungen ohne Werkqualität (oder zur Vermittlung fremder Werke an die Öffentlichkeit – §§ 70 ff, 94 f UrhG). ⇨ 83, 92 f., 100 f., 173 f., 186

Lichtbild
Fotografie ohne Werkqualität (§ 72 UrhG). ⇨ 101 f., 118, 174

Lichtbildwerk
Fotografie mit Werkqualität (§ 2 I Nr. 5 UrhG). ⇨ 79, 82 f.

Lieferant
Verkäufer (§ 433 I BGB), selten Oberbegriff für Verkäufer und Unternehmer (§ 633 I BGB). ⇨ 44, 61, 145, 163 f., 166, 201, 278

Link
Verweis auf eigene WWW-Seiten oder Dateien, oft Kurzform für Hyperlink. ⇨ 87, 176

Lizenz
Vertraglich eingeräumte Nutzungsberechtigung eines Werkes. ⇨ 86, 89 ff., 103, 111 f., 117 ff., 127, 136, 138, 178

Löschen
Unkenntlichmachen von gespeicherten personenbezogenen Daten (§ 3 IV Nr. 5 BDSG). ⇨ 253, 239 ff., 265 ff., 276 f., 282, 285
Außerhalb des Datenschutzes meist Entfernen (von Daten). ⇨ 129, 190, 193, 224

Mahnung
Aufforderung des Schuldners an den Gläubiger, die geschuldete Leistung zu erbringen (§ 286 I BGBM). ⇨ 47, 153, 155, 194

Mangel
Beeinträchtigung eines Rechts oder der Beschaffenheit einer Sache oder eines Werks, die zu Rechten des Gläubigers führt (z.B. §§ 434 f, 437, 536 ff, 633 f BGBM). ⇨ 30, 32, 34, 36, 49 ff., 54 ff., 59, 63, 65, 66, 74, 146 f., 150 f., 160, 162 ff.

Mängelbeseitigung
Der primäre Nacherfüllungsanspruch bei einem Mangel ist für den Käufer als Wahlrecht zwischen Mängelbeseitigung (Nachbesserung) und Nachlieferung (§ 439 BGBM), für den Unternehmer beim Nacherfüllungsverlangen des Bestellers als Wahlrecht zwischen Mängelbeseitigung und Neuherstellung (§ 636 BGBM) sowie für den Mieter als impliziter Anspruch (§§ 535 I S. 2, 536a I) ausgestaltet. ⇨ 51 f., 54, 162, 166

Mängelrüge
Anzeige eines Mangels. ⇨ 62, 66, 163 ff.

Mängelselbstbeseitigung
Beseitigung eines Mangels der Mietsache bzw. des Werkes durch den Mieter bzw. Besteller (§§ 536a II, 637 BGBM). ⇨ 51, 54 f., 62, 162

Marke
Zur Unterscheidung der Waren und Dienstleistungen eines Unternehmens von denjenigen anderer Unternehmen geeignetes Kennzeichen (§ 3 I MarkenG). ⇨ 14, 21, 67, 70, 74, 106, 110, 112 ff., 132, 134, 166, 173, 174, 183, 189, 190 ff., 207 f.

MarkenG
Markengesetz zum Schutz von Marken, geschäftlichen Bezeichnungen und geographischen Herkunftsangaben (§ 1 MarkenG). ⇨ 14, 21, 67, 70, 106, 112 ff., 134, 173 f., 189 ff., 193

MDStV
Mediendienste-Staatsvertrag zur Regelung von Rahmenbedingungen für Mediendienste von 1997, soll 2002 in neuer Fassung in Kraft treten. ⇨ 203, 220, 249, 278 f., 285

Mediendienst
An die Allgemeinheit gerichteter elektronischer Informations- und Kommunikationsdienst (§ 2 I MDStV). ⇨ 202 f., 208, 220, 278, 285

Meldepflicht
Verfahren zur automatisierten Verarbeitung personenbezogener Daten sind von nicht öffentlichen Stellen insbes. bei geschäftsmäßiger Speicherung zum Zweck der Übermittlung an die Aufsichtsbehörde zu melden (§§ 4d, 4e BDSG). ⇨ 254, 258

Metatag
Wahlweises Speichern von Zusatzdaten, die beim normalen WWW-Abruf nicht erkennbar, für spezielle (Such-) Programme aber auswertbar sind. ⇨ 176, 208, 236

Miete
Schuldrechtlicher, gegenseitiger Vertrag, bei dem Gebrauchsgewährung der vermieten Sache gegen Entgeltzahlung (nunmehr: «Miete») während der Mietzeit geschuldet wird (§ 535 BGB). ⇨ 24, 32, 37 f., 40, 51, 54 f., 62, 94, 139 f., 160 f., 273

Minderung
Herabsetzen des Kaufpreises, Mietzinses oder Werklohns wegen eines Mangels (§§ 441, 536, 638 BGBM). ⇨ 32, 46, 55 f., 65, 154, 162, 167

Miturheber
Schöpfer eines gemeinsam mit anderen geschaffenen Werkes ohne gesonderte Verwertungsmöglichkeit der Einzelanteile (§ 8 UrhG). ⇨ 84 ff., 174

Mitverschulden
Verschulden, durch das der Geschädigte an der Schadensentsehung mitgewirkt hat, führt zur Reduzierung des Schadensersatzes (§ 254 BGB). ⇨ 46

Mitwirkung
Nebenpflicht des einen im Zusammenhang mit der Leistungspflicht des anderen beim gegenseitigen Vertrag. ⇨ 37, 60, 64, 147, 153 ff.
Im Urheberrecht Beteiligung der Miturheber an der gemeinsamen Schöpfung (§ 8 III UrhG). ⇨ 84 f.

Multimedia
Rechnergestützte Verbindung von digitalen Medien zur interaktiven Benutzung. ⇨ 6 ff., 18, 20, 28, 78 ff., 85, 89 ff., 99, 101, 116, 172 ff., 180 f., 184 f., 202, 206, 228

Multimediaprodukt
Multimediasystem mit Dokumentation und dazugehörigen Daten für die Lieferung an einen Anwender. ⇨ 85, 94, 99, 101, 116, 172 f., 180

Multimediasystem
Kombination von Hardware, Software- und Datenbankprodukten, die dem Anwender visuell und akustisch, offline oder online eine Interaktion mit dem System ermöglichen. ⇨ 6 f., 79, 172 f., 180 ff.

Nachbesserung
Der primäre Nacherfüllungsanspruch bei einem Mangel ist für den Käufer als Wahlrecht zwischen Nachbesserung (Mängelbeseitigung) und Nachlieferung (§ 439 BGBM), für den Unternehmer beim Nacherfüllerverlangen des Bestellers als Wahlrecht zwischen Nachbesserung und Neuherstellung (§ 636 BGBM) sowie für den Mieter als impliziter Anspruch (§§ 535 I S. 2, 536a I) ausgestaltet. ⇨ 51, 54 f., 57 f., 68, 150, 154, 162 f.

Nacherfüllung
Primäranspruch des Käufers und Bestellers (§§ 439, 636 BGBM), impliziter Anspruch des Mieters (§ 536a I BGB) bei einem Mangel. ⇨ 23, 32, 51 ff., 57, 64 ff., 162, 164 f., 167

Nachlieferung
Recht des Käufers bei einem Mangel auf Verschaffung einer mangelfreien Sache (Ersatzlieferung – § 439 BGBM). ⇨ 52, 54

Namensrecht
Schutz von natürlichen Personen und Personenvereinigungen gegen unberechtigten Gebrauch ihres Namens (§ 12 BGB). ⇨ 71, 87, 192

Natürliche Person
Jeder lebende Mensch. ⇨ 7 f., 118, 192, 212, 232, 236, 238, 247, 270, 279, 286

Nebenpflicht
Nachrangige Pflicht zur Vorbereitung, Durchführung und Sicherung einer vertraglichen Hauptpflicht sowie zur Rücksicht auf die Rechte, Rechtsgüter und Interessen des Vertragspartners (§ 241 II BGBM). ⇨ 28, 36, 39, 60 f., 64

Neubeginn der Verjährung
Erneuter Beginn der Verjährungsfrist durch Schuldneranerkenntnis des Anspruchs oder gerichtliche bzw. behördliche Vollstreckungshandlung (§ 212 BGBM). ⇨ 10, 66, 165

Nicht automatisierte Datei
Ohne Computerbenutzung erstellte strukturierte Sammlung von personenbezogenen Daten (§ 3 II S. 2 BDSG). ⇨ 236, 241, 270

Nicht öffentliche Stelle
Natürliche Person oder privatrechtliche Personenvereinigung ohne hoheitliche Aufgaben (§ 2 IV BDSG). ⇨ 5, 236, 248, 255 ff., 264, 270

Nutzen
Verwendung personenbezogener Daten, die keine Verarbeitung ist (§ 3 V BDSG). ⇨ 239 ff., 246 ff., 253, 255, 260, 263, 271 ff., 280, 283 f.

Nutzerprofil
Sammlung von für den Nutzer hinsichtlich der Inanspruchnahme eines Teledienstes charakteristischen Daten (z.B. Dauer und Häufigkeit des Abrufs bestimmter WWW-Seiten - § 6 III TDDSG). ⇨ 285

Nutzung
Dem Verwertungsrecht des Urhebers unterliegende Handlung mit einem Werk durch einen anderen (§§ 31 ff UrhG). ⇨ 84 ff., 88 ff., 99, 128 ff., 136, 138, 174, 176, 178, 185
Bei der Datenkommunikation auch Inanspruchnahme von Telediensten (§ 2 I TDG) und Telekommunikationsdiensten (§ 2 Nr. 1 TDSV). ⇨ 195, 202, 223 f.
Umgangssprachlich und auch in Rechtsvorschriften: Verwendung. ⇨ 216, 225

Nutzungsart
Jede selbständige wirtschaftliche Verwertungsform eines Werkes (§ 31 UrhG). ⇨ 86, 88, 90, 93, 99, 128, 177 f.

Nutzungsdaten
Vom Diensteanbieter erhobene personenbezogene Daten über die Inanspruchnahme von Telediensten (§ 6 I TDDSG). ⇨ 279, 284 f.

Nutzungsrecht
Vom Urheber einem anderen eingeräumtes Recht, das Werk auf einzelne oder alle Nutzungsarten zu nutzen (§ 31 I UrhG). ⇨ 86, 88 ff., 92, 98 f., 102, 119, 126 ff., 136 f., 142, 156, 172, 174, 178, 185, 202

Nutzungszweck
ist bei Zweifeln über die Einräumung von Nutzungsrechten zu beachten (§ 31 V UrhG). ⇨ 87 ff., 177

Oberfläche
Audiovisuelle Gestaltung der Benutzerschnittstelle eines Informatikprodukts. ⇨ 109 f., 184

Objektcode
Vom Computer (unmittelbar) abarbeitungsfähiger Code. ⇨ 124, 131, 156

OEM-Software
Nur in Verbindung mit Hardware zum Verkauf bestimmtes Softwareprodukt. ⇨ 128, 137

Öffentliche Stelle
Behörde; Organ der Rechtspflege; andere öffentlich-rechtlich organisierte Einrichtung; Vereinigung der vorgenannten Stellen oder Vereinigung des privaten Rechts, die hoheitliche Aufgaben wahrnimmt (§ 2 BDSG). ⇨ 5, 235 f., 248, 254 ff., 260, 264, 270, 277

Öffentliche Wiedergabe
Bündel von Verwertungsrechten in unkörperlicher Form (§ 15 II UrhG). ⇨ 90, 95 f., 99 ff., 187 f., 179

Öffentlicher Schlüssel
Von Empfängern einer digitalen Signatur zur Prüfung verwendeter Schlüssel (§ 2 Nr. 5 SigG allgemeiner: Signaturprüfschlüssel). ⇨ 209, 212

Öffentlichkeit
Mehrzahl von Personen, deren Kreis nicht bestimmt abgegrenzt ist und die auch nicht persönlich miteinander verbunden sind (§ 15 III UrhG). ⇨ 89, 94 ff., 101
Enger aber im Urheberpersönlichkeitsrecht: Mehrzahl von Personen, deren Kenntnisnahme der Urheber nicht steuern kann (§ 6 I UrhG). ⇨ 87

Office-Software
Paket von Softwareprodukten für Büro-Standardanwendungen (Textverarbeitung, Präsentation, Datenbankverwaltung, Tabellenkalkulation, E-Mail u.a.). ⇨ 135, 161

Offline
erfolgt eine Computerbenutzung ohne (Datenkommunikation im) Rechnernetz. ⇨ 6, 94, 97, 177, 191

Online
erfolgt der Datenaustausch in Rechnernetzen. ⇨ 6 f., 20 f., 94, 96, 97, 105, 143, 148, 176 ff., 191, 200 f., 206, 216, 218 ff., 279, 283

Online-Shop
Leistungs-, insbes. Produktpräsentation zum Verkauf im Internet. ⇨ 200 f., 221

Outsourcing
Vergabe von Informationsverarbeitungsaufgaben an externe Unternehmen. ⇨ 243

Patches
Änderungen des Programmcodes. ⇨ 30, 140, 147

Patent
Einem Erfinder oder dessen Rechtsnachfolger vom Staat erteiltes Ausschließlichkeitsrecht, eine Erfindung zu benutzen (§ 9 PatG). ⇨ 79, 113, 116 ff., 134 f.

PatG
Patentgesetz, das Voraussetzungen, Verfahren und Rechtsfolgen der Patenterteilung regelt. ⇨ 112, 116 f., 134, 173 f.

PC
Personal Computer. ⇨ 128, 130, 172, 256

Persönliche geistige Schöpfung
Ergebnis persönlichen Schaffens von wahrnehmbarer Erscheinungsform mit geistigem Gehalt und schöpferischer Eigenart (§§ 2 II, 4, 69a III UrhG). ⇨ 79 ff, 123, 174, 183 f.

Person
Rechtssubjekt (Mensch oder rechtsfähige Vereinigung), das Träger von Rechten und Pflichten sein kann. ⇨ 17, 75, 129, 212, 217, 236, 242, 247, 257, 286

Personenbezogene Daten
Einzelangaben über persönliche oder sachliche Verhältnisse einer bestimmten oder bestimmbaren natürlichen Person (§ 3 I BDSG). ⇨ 234, 236 ff., 242, 244, 247 ff., 252, 255 f., 262 ff., 270, 275 ff., 279 f., 284, 286

Personenvereinigung
Zusammenschluß von Personen, im engeren Sinne aber keine juristische Person. ⇨ 192, 236, 238, 247, 270

Pflege
Anpassung an Änderungswünsche und Veränderungen im Anwendungsbereich sowie Fehlerbeseitigung außerhalb der Gewährleistung. ⇨ 112, 148 f.

Pflichtenheft
Katalog sämtlicher Leistungsanforderungen (Leistungsbeschreibung). ⇨ 61, 139, 141 f., 151, 153 ff.

Portierung
Übertragung eines Computerprogramms in eine andere Hardware- oder Softwareumgebung. ⇨ 130, 141

Positive Vertragsverletzung
Vom Schuldner zu vertretende Vertragsverletzung, deren Rechtsfolge nicht durch die Normen zum Verzug, zur Unmöglichkeit und zur Mängelhaftung spezialgesetzlich geregelt sind (§§ 280 I, 282 BGBM). ⇨ 42, 60 f., 156, 159

Privater Schlüssel
Vom Sender zur Erstellung einer digitalen Signatur verwendeter vertraulicher Schlüssel (§ 2 Nr. 4 SigG allgemeiner: Signaturschlüssel). ⇨ 209 f., 212

ProdHaftG
Produkthaftungsgesetz. ⇨ 31, 69, 73 ff., 167 f.

Produkthaftung
Verschuldensunabhängige Haftung eines Produktherstellers für Konstruktions-, Fabrikations- und Instruktionsfehler (§§ 1 ff ProdHaftG). ⇨ 69 ff.

Produzentenhaftung
Verschuldensabhängige Haftung des Produzenten eines verwendeten Produkts für Konstruktions-, Fabrikations-, Instruktions- und Produktbeobachtungsfehler (§ 823 I BGB). ⇨ 71 ff., 168 f.

Programmentwurf
Festlegung und Beschreibung der Programmkomponenten und ihrer Verbindungen.⇨ 124, 133, 151

Programmkopie
Vervielfältigungsexemplar eines Computerprogramms. ⇨ 12, 17, 130, 132, 146

Programmsperre
Vom Entwickler (oder Überlasser) in ein Computerprogramm eingefügte Befehlsfolge zur Abarbeitung nur unter von ihm bestimmten Bedingungen. ⇨ 61, 146, 159

Programmtest
Abarbeitung eines Computerprogramms mit Testdaten, um die Pflichtenhefterfüllung bzw. Übereinstimmung mit dem Soll-Zustand zu überprüfen. ⇨ 37, 44, 129, 155, 157, 163, 169

Programmvirus
In ein Computerprogramm eingefügte Befehlsfolge, die sich selbst in andere Programme einfügt und weitere unerwünschte Wirkungen erzielt (auch als Computervirus bezeichnet). ⇨ 60 f., 70, 160

Protokoll
Regelsystem zum Aufbau, zur Überwachung (Aufrechterhaltung) und zum Abbau von Datenkommunikationsverbindungen in Rechnernetzen. ⇨ 176, 200, 278

Provider
Anbieter von Telediensten. ⇨ 7, 191, 194, 221 f., 227, 229, 249, 291

Proxy-Server
Spezieller Cache-Server (§ 10 TDG). ⇨ 226

Pseudonym
Kennzeichen, das den Namen und andere Identifikationsmerkmale (im Datenschutz: des Betroffenen) ersetzt, um die Bestimmung des Namensinhabers auszuschließen oder wesentlich zu erschweren (§ 3 VIa BDSG). ⇨ 86 f., 216, 239, 252, 279, 281 ff., 285 ff.

Qualifizierte elektronische Signatur
Anderen Daten beigefügte oder mit diesen verbundene Daten, die Authentizität und Erkennbarkeit nachträglicher Datenveränderung gewährleisten, auf einem gültigen qualifizierten Zertifikat beruhen und mit einer sicheren

Register

Signaturerstellungseinheit erzeugt wurden (§ 2 Nr. 3 SigG). ⇨ 197, 209, 211 f., 216, 286

Qualifiziertes Zertifikat
Von einem Zertifizierungsdiensteanbieter ausgestellte elektronische Bescheinigung, mit der ein Signaturprüfschlüssel einer natürlichen Person zugeordnet und die Identität dieser Person bestätigt wird (§ 2 Nr. 7, § 7 SigG). ⇨ 212 ff., 286

Quellcode
Für die Entwicklung eines Computerprogramms (Programmierung zur Erzeugung von Quelltext) verwendeter Code, üblicherweise in einer höheren oder objektorientierten Programmiersprache. ⇨ 112, 131, 133, 145, 156 f.

RAM
Random Access Memory – Schreib-/Lesespeicher; oft mit dem Arbeitsspeicher gleichgesetzt, der ein RAM ist. ⇨ 29, 177

Raubkopie
Durch strafrechtlich belangbare, identische Vervielfältigung hergestelltes Werkexemplar. ⇨ 99, 103, 109, 133

RBÜ
Revidierte Berner Übereinkunft zum Schutz von Werken der Literatur und Kunst – völkerrechtliches Abkommen, dem fast alle Industrieländer beigetreten sind. ⇨ 104 f., 229

Rechnernetz
Verbindung unabhängiger Computer zur Datenkommunikation. ⇨ 7 ff., 26, 130, 143, 194 f., 199, 201, 203 f., 207, 209, 229, 235, 237, 249, 278, 289

Recht am eigenen Bild
Verbreitung und öffentliche Ausstellung von Bildnissen sind grundsätzlich zustimmungspflichtig (§§ 22 f KUG). ⇨ 71, 118

Rechtsgeschäft
Gezielte Herbeiführung privatrechtlicher Folgen durch eine oder mehrere Willenserklärungen und sonstige Wirksamkeitsvoraussetzungen (z.B. Vertrag). ⇨ 16 f., 22, 196, 253

Rechtsinhaber
Nach UrhG Urheber, deren Erben, Inhaber von Nutzungsrechten, Leistungsschutzberechtigte u.a. ⇨ 9, 92, 94, 102, 105 f., 109, 127 ff., 132, 137, 180, 187

Rechtskauf
Kaufvertrag über ein Recht (z.B. Patent, Gesellschaftsanteil – §§ 453 BGBM). ⇨ 31

Rechtsmangel
Vertragswidrige Belastung einer Sache bzw. eines Werkes mit Rechten Dritter (§§ 435, 633 III BGBM), beim Mietvertrag aber (erst) Beeinträchtigung des vertragsmäßigen Gebrauchs durch das Recht eines Dritten (§ 536 III BGBM). ⇨ 32, 35 f., 38, 159

Rechtsnorm
Gesetzliche Bestimmung, auch Inhalt völkerrechtlicher Abkommen. ⇨ 3 f., 8 ff., 10, 71, 79, 110, 161, 166, 229, 250, 284

Rechtsschutz
In Rechtsnormen statuierter und zwangsweise durchsetzbarer Schutz von Personen (hier: bezüglich ihrer Rechtsgüter). ⇨ 3, 5, 7, 9, 9, 78, 80 f., 83 ff., 92, 100, 104 ff., 108 ff., 112, 114, 116, 118 f., 122 ff., 126, 132, 134, 136 f., 156, 172, 180 ff., 222, 232, 250

Rechtsverletzung
Verletzung einer Rechtsnorm oder des Rechts einer anderen Person. ⇨ 9, 72, 85, 101, 103, 115, 119, 159, 172, 194, 223

Rechtswidrigkeit
Rechtswidrig ist jede der Rechtsordnung widersprechende Handlung. ⇨ 9, 41, 70, 227

Regulierungsbehörde
Für die Regulierung der Telekommunikation und zugleich für Zertifizierungsdiensteanbieter zuständige Behörde (§§ 4 III SigG, 66 TKG). ⇨ 214, 217 ff.

Reklamation
Geltendmachung von Mängelansprüchen. ⇨ 62, 66, 143, 164, 194

ROM
Read Only Memory – Nur-Lesespeicher (z.B. Festwertspeicher des Hauptspeichers). ⇨ 47, 62, 90, 103, 130, 172, 177, 183, 188

Rückgaberecht
Recht des Verbrauchers zur Rückgabe der Sache, das der Unternehmer anstelle des Widerrufsrechts gewähren kann (§§ 312d, 356 BGBM). ⇨ 204 ff.

Rücktritt
Vertraglich oder gesetzlich vorgesehene rückwirkende Vertragsaufhebung durch einseitige Erklärung (§§ 346 ff BGBM). ⇨ 23 f., 27, 32, 49, 55 ff., 64 f., 155, 159, 162, 167

Rügepflicht
Besteht beim beiderseitigen Handelskauf für Sachmängel, Mengenfehler und Falschlieferungen (§§ 377 f HGB). ⇨ 62 f., 150, 163 f.

Sachkauf
Schuldrechtlicher, gegenseitiger Vertrag, bei dem Übergabe, Übereignung und mängelfreie Verschaffung einer Sache gegen Zahlung des Kaufpreises geschuldet wird (§ 433 BGBM – von der Rechtsprechung auf Überlassung von Softwareprodukten ohne zeitliche Begrenzung gegen Einmalzahlung angewendet). ⇨ 31 f., 50, 139, 144, 147 f., 160

Sachmangel
Abweichung von der vereinbarten Beschaffenheit, Abweichung der Eignung für den vertraglich vorausgesetzten Gebrauch oder Abweichung der Eignung für die gewöhnliche Verwendung (§§ 434 I, 536, 633 II BGBM) sowie unsachgemäße Montage, mangelhafte Montageanleitung (§ 434 II BGBM), Falschlieferung (§ 434 III BGBM), Herstellung eines anderen Werkes oder eines Werkes in zu geringer Menge (§ 633 II S. 3 BGBM). ⇨ 26, 49 f., 59, 63, 162

Sammelwerk
Sammlung von unabhängigen Elementen, die aufgrund der Auswahl oder Anordnung der Elemente eine persönliche geistige Schöpfung ist (§ 4 I UrhG). ⇨ 82 f., 181, 183, 185

Schadensersatz
Ausgleich eines Schadens, den der Geschädigte durch den Schädiger erlitten hat (§§ 249 ff BGB). ⇨ 16 f., 22, 26, 32 f., 45 f., 49, 55 ff., 61 f., 65, 69, 71 ff., 102 f., 108, 110, 112, 115, 136, 138, 150, 154 f., 159, 162, 168, 174, 193, 204, 226 f., 253, 265, 276

Schadensersatz statt der Leistung
Ausgleich des Schadens aus nicht erfolgter oder nicht wie geschuldet erbrachter Leistung (§§ 281 ff, 440, 636 BGBM). ⇨ 22, 45 f., 49, 56, 61, 155, 159

Schadensminderung
Obliegenheit des Geschädigten, einen eingetretenen Schaden so gering wie möglich zu halten (§ 254 BGB). ⇨ 46

Schnittstelle
Übergang an der Grenze zwischen zwei gleichartigen Einheiten (Hardware oder Software) mit vereinbarten Regeln für die Übergabe von Daten oder Signalen (DIN 44300). ⇨ 124, 131

Schranke des Urheberrechts
Ausnahme von den ausschließlichen Verwertungsrechten des Urhebers (§§ 45 ff UrhG). ⇨ 99 f., 185, 188

Schriftform
Schriftliche Niederlegung eines Rechtsgeschäfts, der nunmehr die elektronische Übermittlung (gewillkürte Schriftform – § 127 II BGB) bzw. die elektronische Übermittlung mit qualifizierter elektronischer Signatur (gesetzliche Schriftform – § 126a i.V.m. § 126 III BGB) gleichgestellt ist. ⇨ 143, 166, 195 ff., 199, 207, 213, 246

Schuldner
Leistungsverpflichteter im Schuldverhältnis. ⇨ 17, 23, 41 f., 49, 60 f.

Schuldnerverzug
Überschreiten des Leistungstermins, das der Schuldner zu vertreten hat, bei noch möglicher Leistung (§§ 280 II, 286 BGBM). ⇨ 3, 42, 47, 52, 55, 156, 159

Schuldrechtsmodernisierung
Durch Gesetz zur Modernisierung des Schuldrechts vom 26.11.2001 zum 1.1.2002 in Kraft getretene umfassende Aktualisierung des BGB. ⇨ 4, 37, 51, 65, 68, 139, 144, 147, 150, 164

Schuldverhältnis
Durch Vertrag (z.B. Kauf) oder Gesetz (z.B. unerlaubte Handlung) entstandene Rechtsbeziehung zwischen zwei oder mehreren Personen, dem Gläubiger das Recht gibt, vom Schuldner eine Leistung zu verlangen. ⇨ 17, 22 f., 28, 41, 60 f., 69 f., 103, 205

Schutzdauer
Dauer eines Schutzrechts. ⇨ 86, 113, 117, 185

Schutzrecht
Recht einer Person gegenüber anderen Personen auf Schutz eines Rechtsgutes. ⇨ 5, 14, 78 f., 83, 92 f., 100 f., 105, 118 f., 173 f., 177, 179 ff., 183, 186, 223, 234, 254, 258, 275, 291

Schutzvoraussetzung
Voraussetzung für das Bestehen eines Schutzrechts. ⇨ 82 f., 101, 110, 122 f., 126, 131 f., 172, 174, 184, 186

Schutzwürdiges Interesse des Betroffenen
Aus dem Grundrecht auf informationelle Selbstbestimmung resultierendes, nicht nur subjektiv begründetes Interesse des Betroffenen (am Unterbleiben des Umganges mit seinen personenbezogenen Daten). ⇨ 245, 249, 264, 268, 271 ff.

Selbstnachbesserung
Nachbesserung durch den Mieter bzw. Besteller (Mängelselbstbeseitigung – §§ 536a II, 637 BGBM). ⇨ 52 f., 57, 131

Server
Rechnernetzkomponente, deren Leistung allen angeschlossenen Teilnehmern (Clients) zur Verfügung steht. ⇨ 93, 166, 176 ff., 189, 199 f., 226

Sicherungskopie
Vervielfältigungsexemplar zur Sicherung gegen Defekte und andere Benutzungseinschränkungen (§ 69d II UrhG). ⇨ 9, 129 f., 146 f.

SigG
Signaturgesetz, das Rahmenbedingungen für sichere elektronische Signaturen regelt (§ 1 SigG). ⇨ 4 f., 7 f., 70, 197, 209, 211 ff., 249, 278, 286

Signaturerstellungseinheit
Software- oder Hardwareeinheit zur Speicherung und Anwendung des jeweiligen Signaturschlüssels (§ 2 Nr. 10 SigG). ⇨ 209, 212 f.

Signaturprüfschlüssel
Zur Überprüfung einer elektronischen Signatur verwendete elektronische Daten (z.B. öffentlicher kryptographischer Schlüssel – § 2 Nr. 5 SigG). ⇨ 212, 214, 216

Signaturschlüssel
Zur Erstellung einer elektronischen Signatur verwendete einmalige elektronische Daten (z.B. privater kryptographischer Schlüssel – § 2 Nr. 4 SigG). ⇨ 199, 211 ff., 216, 218, 287

SigV
Signaturverordnung zur Durchführung der SigG-Vorschriften (§ 24 SigG). ⇨ 212 ff., 216 ff., 278, 286

Sklavische Nachahmung
Nachahmung eines Informatik-Produkts mit identischer Funktionalität. ⇨ 109, 133

Software
Geistiges Produkt zur Arbeit mit einem Datenverarbeitungssystem, das aus Computerprogrammen, Verfahren und den dazugehörigen Beschreibungen besteht (ISO 2382-1, 8402). ⇨ 6 ff., 17 f., 20, 22, 30 f., 35, 37, 40, 44, 47, 60 f., 70, 74 f., 78 f., 81, 91, 115 f., 122 f., 128, 132 ff., 137 ff., 149, 151, 153, 156 ff., 166, 168 f., 172 f., 180 f., 184 f., 197, 203, 209, 213

Software-Engineering
Prinzipien, Methoden, Werkzeuge, Normen und Hilfsmittel zur technischen und organisatorischen Unterstützung der Softwareentwicklung. ⇨ 169

Softwareprodukt
Software und dazugehörige Daten für die Lieferung an einen Anwender. ⇨ 6, 131, 133 f., 144, 148 f., 159 f., 162 ff., 166 f.

Speichern
In der Informatik: Übertragen und Aufbewahren in Speichern (z.B. Festplatte oder Arbeitsspeicher). ⇨ 93, 127, 129, 176 f., 185, 188, 198, 201 ff., 212 f., 223 ff., 236, 249, 256, 290
Im Datenschutz: Erfassen, Aufnahmen oder Aufbewahren personenbezogener Daten auf einem Datenträger zum Zwecke ihrer weiteren Verarbeitung oder Nutzung (§ 3 IV Nr. 1 BDSG). ⇨ 8, 234, 239 ff., 243, 245, 249 f., 253 f., 256, 260, 263, 265 ff., 271 ff., 283, 285, 290

Sperren
Kennzeichnen gespeicherter personenbezogener Daten, um ihre weitere Verarbeitung oder Nutzung einzuschränken (§ 3 IV Nr. 4 BDSG). ⇨ 239 ff., 253, 265 f., 276 f.

Speziesschuld
Verpflichtung zur Leistung einer individuell bestimmten Sache (Speziesschuld). ⇨ 29, 144

Spezifikation
Erarbeitung aller Leistungsanforderungen, die im Pflichtenheft fixiert werden. ⇨ 28, 30, 133, 140 f., 151, 153 ff., 169, 207

Sprachwerk
ist geschützt nach dem UrhG (§ 2 I Nr. 1 UrhG beispielhaft: Schriftwerke, Reden und Computerprogramme). ⇨ 79, 82, 123 f.

Stand der Technik
Allgemein bekannte und anerkannte Kenntnisse (§ 3 PatG, § 1 II Nr. 5 ProdHaftG). ⇨ 72 f., 117, 149, 154 f.

Standardsoftware
Verfügbare Software. ⇨ 138 f., 148, 151, 163

Stapelverarbeitung
Abarbeitung eines vollständig beschriebenen, als Ganzes erteilten Auftrags. ⇨ 249

Stellvertretung
Rechtsgeschäftliches Handeln des Vertreters, dessen Willenserklärung im Namen des Vertretenen für und gegen den Vertretenen wirkt (verkürzt: Vertretung – §§ 164 ff BGB). ⇨ 16, 194, 201, 205, 218, 222, 286

Störung der Geschäftsgrundlage
Schwerwiegende Veränderung von Umständen oder Vorstellungen, die zum Vertragsabschluß geführt haben und Vertragsgrundlage geworden sind (§ 313 BGBM). ⇨ 27

Strafrecht
Gesamtheit der Rechtsnormen, die Inhalt und Umfang der staatlichen Strafbefugnis bestimmen. ⇨ 3, 5, 12 ff., 69, 101, 110, 118, 223, 227, 235, 258, 262, 272 f., 277, 284, 287, 291

Stückschuld
Verpflichtung zur Leistung einer individuell bestimmten Sache (Speziesschuld). ⇨ 29, 144

Support
Unterstützung (bei der Anwendung von Informatikprodukten). ⇨ 140 f., 143

Systemdatenschutz
Grundlegende Zielstellung der Gestaltung von DV-Systemen: geringstmöglicher Umgang mit personenbezogenen Daten (§ 3a S. 1 BDSG). ⇨ 252, 281 f.

Systemsoftware
Betriebssysteme, Datenbankbetriebssysteme und andere systemnahe Software sowie Übersetzungsprogramme. ⇨ 72, 184

Tabellenkalkulation
Office-Software für Aufbau und Auswertung von Tabellen in Form von Arbeitsblättern. ⇨ 146

TCP/IP
Transmission Control Protocol / Internet Protocol – Standardprotokoll im Internet. ⇨ 93, 176, 225

TDDSG
Teledienstedatenschutzgesetz, das den Schutz personenbezogener Daten der Nutzer von Telediensten regeln soll (§ 1 I TDDSG). ⇨ 21, 208, 249, 278 ff., 288, 290

TDG
Teledienstegesetz, das einheitliche wirtschaftliche Rahmenbedingungen für Teledienste regeln soll (§ 1 TDG). ⇨ 21, 178, 203, 220 ff., 229, 279

TDSV
Telekommunikations-Datenschutzverordnung, die den Datenschutz beim technischen Vorgang geschäftsmäßiger Telekommunikation regeln soll. ⇨ 249, 278, 285, 289 f.

Teledienst
Die individuelle Nutzung ermöglichender elektronischer Informations- und Kommunikationsdienst (§ 2 I TDG). ⇨ 4, 203, 220 ff., 279 ff., 288

Telekommunikation
Technischer Vorgang des Aussendens, Übermittelns und Empfangens von Nachrichten jeglicher Art in der Form von Zeichen, Sprache, Bildern oder Tönen mittels Telekommunikationsanlagen (§ 3 Nr. 16 TKG). ⇨ 5, 109, 130, 214, 220, 223, 278 f., 285, 288 f., 290 f.

Testdaten
Zur Überprüfung (der Richtigkeit) eines Computerprogramms verwendete Daten. ⇨ 37, 155, 157

Textform
Durch das Formgesetz eingeführte Form zur normativen Vereinheitlichung massenhafter Erklärungen (§ 126b BGB). ⇨ 199, 205 ff.

Textverarbeitung
Office-Software für die Bearbeitung und Verwaltung von Texten sowie die Verknüpfung mit anderen Office-Komponenten. ⇨ 146, 149, 161, 195

Titelschutz
Rechtsschutz für Titel (von Informatikprodukten – insbes. §§ 3 I, 5 I MarkenG). ⇨ 113, 115, 134

TKG
Telekommunikationsgesetz, das die Regulierung der Telekommunikation normieren soll. ⇨ 214, 278, 288 f.

TKÜV
Telekommunikationsüberwachungsverordnung zur Regelung der Voraussetzungen und Durchführung von Überwachungsmaßnahmen der Telekommunikation. ⇨ 278, 291

Trennungsgebot
Wettbewerbsrecht: Pflicht zur Trennung von Werbung und redaktionellem Inhalt in Veröffentlichungen (Mediendienste: § 9 II MDStV). ⇨ 208
Datenschutz: Pflicht zur getrennten Verarbeitung von zu unterschiedlichen Zwecken erhobenen personenbezogenen Daten (Anlage zu § 9 BDSG). ⇨ 248

TRIPs
Übereinkommen über handelsbezogene Aspekte der Rechte des geistigen Eigentums (zwischen den Staaten der Welthandelsorganisation). ⇨ 104 f., 116, 229

Übergabe
Verschaffung unmittelbaren körperlichen Besitzes (§ 854 BGB). ⇨ 23, 32 f., 41, 51, 94, 138, 144 ff., 153, 155 ff., 163, 166, 207, 218

Überlasser
Ist beim (häufig anzunehmenden) Kauf der Verkäufer, bei Miete der Vermieter und beim Werkvertrag der Unternehmer. ⇨ 17, 26, 61, 66, 106, 119, 131, 136, 145 ff., 150, 166 f.

Überlassung
Übergabe eines Informatikprodukts zum Zweck der Benutzung. ⇨ 7, 16 f., 26, 29 f., 37, 40, 61, 95, 118, 128, 131, 137, 139, 140 ff., 144, 146 ff., 151, 159, 162 f., 166, 202

Übermitteln
Schuldrecht: Weitergabe einer Willenserklärung durch eine andere Person oder technische Einrichtung einer anderen Person (§ 120 BGB). ⇨ 24 ff., 61, 143, 194 ff., 198 f.
Telekommunikation: Weiterleitung von Nachrichten mittels Telekommunikationsanlagen (§ 3 Nr. 16 TKG). ⇨ 60 f., 93, 96, 143, 194 ff., 198 f., 205, 209 f., 212, 216, 220, 223 ff., 248, 279, 285 f.
Datenschutz: Aktives oder passives Bekanntgeben durch Verarbeiten gewonnener personenbezogener Daten an einen Dritten (§ 3 IV Nr. 3 BDSG). ⇨ 239 ff., 243 ff., 248 ff., 254 f., 264 ff., 268, 270 ff., 284 ff.

Register

Übersetzen
Informatik: Umwandeln eines Computerprogramms vom Quellcode in Objektcode bzw. umgekehrt (§ 69c Nr. 2 UrhG). ⇨ 98, 127, 130

Umgestaltung
Oberbegriff für Bearbeitung, Übersetzung, Arrangement u.a. (§ 23 UrhG). ⇨ 98 f., 177 f.

Unerlaubte Handlung
Rechtswidriger Eingriff in ein geschütztes Rechtsgut, der zum Schadensersatz verpflichtet und für den mit Ausnahme der Gefährdungshaftung Verschulden Voraussetzung ist (z.B. § 823 BGB). ⇨ 69 f., 103, 168 f.

UNKK
UN-Kaufrechtskonvention – Konvention über den internationalen Warenkauf (CISG). ⇨ 31, 150, 229

Unmöglichkeit
Leistungsstörung, bei der die geschuldete Leistung vom Schuldner endgültig nicht mehr erbracht werden kann (§§ 275, 283 ff, 311a, 326 BGBM). ⇨ 42, 55, 60

Unterlassung
Nichtwiederholung eines rechtswidrigen Verhaltens (§§ 541, 1004 BGB, 97 I UrhG, 1 UWG, 14, 15 MarkenG). ⇨ 38, 73, 102 f., 108, 110, 112, 115, 129, 134, 136, 189 ff.

Unternehmer
Werkvertrag: Hersteller des Werkes (§ 631 BGB). ⇨ 16, 34 f., 52 ff., 57, 187
Verbraucherschutz: Bei Abschluß eines Rechtsgeschäfts in Ausübung ihrer gewerblichen oder selbständigen beruflichen Tätigkeit handelnde Person (§§ 14, 241a BGB, 310, 312, 312b ff, 474 f, 478 f, 491 BGBM). ⇨ 21, 33, 48, 68, 167, 202 ff.

Unterschrift
Eigenhändiger, bewußt fixierter Namensschriftzug des Unterzeichners (§§ 126 BGB). ⇨ 199, 210 f. 212

Untersuchungspflicht
Pflicht des Käufers beim beiderseitigen Handelskauf, die Ware unverzüglich nach Empfang auf Mängel, Richtigkeit und Menge zu überprüfen (§§ 377 f HGB). ⇨ 62 f., 163 f.

Update
Datenträger mit geändertem Informatikprodukt. ⇨ 30, 128, 137, 140, 147

Upgrade
Datenträger mit zum Hardwarewechsel geändertem Informatikprodukt. ⇨ 30, 128, 137, 140

Urheber
Schöpfer eines urheberrechtlich geschützten Werkes (§ 7 UrhG). ⇨ 83 ff., 98 f., 102 ff., 107, 118 f., 126, 136, 174, 177, 180, 185, 223

Urheberpersönlichkeitsrecht
Gesamtheit von Rechten zum Schutz des Urhebers in seinen Beziehungen zum Werk (§§ 12 ff UrhG). ⇨ 85 ff., 104 f., 177, 185

Urheberrecht
Gesamtheit von Rechten zum Schutz des Urhebers an seinem Werk (§ 11 UrhG). ⇨ 4, 9, 14, 17 f., 32, 71, 78 ff., 91 f., 98 ff., 104 ff., 115, 117, 122 ff., 126 ff., 132, 136, 138, 156, 159, 172 ff., 176 ff., 183 ff., 188, 222

UrhG
Urheberrechtsgesetz, das das Urheberrecht und dem Urheberrecht verwandte Schutzrechte (Leistungsschutzrechte) regeln soll. ⇨ 4 ff., 9, 14, 17 f., 21, 57, 67, 70 f., 78 ff., 92 ff., 106, 109, 112, 122 ff., 131 ff., 136 f., 156, 172 ff., 177 ff., 181, 183, 185 ff., 224

UWG
Gesetz gegen den unlauteren Wettbewerb, das die Verhinderung unlauterer Wettbewerbshandlungen regeln soll. ⇨ 5, 14, 39, 67, 70, 106, 108 ff., 115, 119, 132 f., 146, 173 f., 178, 181, 186, 190, 192 ff., 204, 208, 223

Verändern
Inhaltliches Umgestalten gespeicherter personenbezogener Daten (§ 3 IV Nr. 2 BDSG). ⇨ 3, 225, 239 ff., 263, 271 f., 274

Verantwortliche Stelle
Jede Person oder Stelle, die personenbezogene Daten für sich selbst erhebt, verarbeitet oder nutzt oder dies durch andere im Auftrag vornehmen läßt (§ 3 VII BDSG). ⇨ 168, 241, 242 f., 250 ff., 257, 260, 264 ff., 268, 270 ff., 274, 276

Verantwortlichkeit
Einstehenmüssen für Leistungsstörungen und andere Schäden (§§ 276 ff BGBM, 97 I UrhG, 1, 17 ff UWG, 14 VI f, 15 V f MarkenG, 11 SigG, 8 ff TDG, 7 f BDSG). ⇨ 41, 221, 223 f., 226 f., 253

Verarbeiten
Speichern, Verändern, Übermitteln, Sperren und Löschen personenbezogener Daten (§ 3 IV BDSG). ⇨ 239 ff., 247 f., 252, 255, 260, 280, 285

Veräußerung
Besitzübergabe auf Dauer (§§ 17 II, 69c Nr. 3 UrhG). ⇨ 12, 90, 94, 125 ff., 177

Verbindungsdaten
Personenbezogene Daten eines an der Telekommunikation Beteiligten, die bei Bereitstellung und Erbringung von

Telekommunikationsdiensten
erhoben werden (§§ 2 Nr. 4, 6 I TDSV). ⇨ 285, 290

Verbraucher
Jede natürliche Person, die ein Rechtsgeschäft weder zum Zweck eigener gewerblicher noch beruflicher Tätigkeit abschließt (§§ 13, 241a BGB, 310, 312, 312b ff, 474 f, 478 f, 491 ff BGBM). ⇨ 20, 33, 45, 162, 193, 202 f., 205 ff-., 228

Verbraucherkredit
Darlehen eines Unternehmers an einen Verbraucher (§§ 491 ff BGBM). ⇨ 206

Verbrauchsgüterkauf
Kauf einer beweglichen Sache durch einen Verbraucher von einem Unternehmer (§§ 474 ff BGBM). ⇨ 31, 33, 51, 59, 65, 68, 148 f., 162 ff.

Verbreitung
Anbieten in der Öffentlichkeit und Inverkehrbringen eines Werkexemplars (§ 17 I UrhG). ⇨ 12, 89 f., 92 ff., 97 ff., 103, 127 f., 177 ff., 187 f.

VerbrKrG
Verbraucherkreditgesetz, das durch die Schuldrechtsmodernisierung in das BGB integriert ist (§§ 491 ff BGBM). ⇨ 206

Verbundenes Werk
Kombination mit einem anderen Werk zu gemeinsamer Verwertung (§ 9 UrhG). ⇨ 85

Vereinbarte Beschaffenheit
Vertragliche Sollbeschaffenheit (§§ 434 I, 633 II BGBM). ⇨ 50, 149, 160

Vergütung
Leistungsentgelt. ⇨ 18, 36 f., 39, 85, 89, 92, 95, 100, 142, 144, 158, 174, 226

Verifikation
Nachweis der Korrektheit. ⇨ 134 f., 145, 169

Verjährung
Recht des Schuldners, nach Ablauf der Verjährungsfrist die Leistung zu verweigern (Verjährungseinrede – § 214 I BGBM). ⇨ 10, 33, 63 ff., 68, 141, 144, 150, 158, 164 ff.

Verjährungsfrist
Zeitraum, nach dem der Schuldner die Leistung verweigern darf (§§ 195 ff, 214 ff, 309 Nr. 8b lit. ff, 438, 475 II, 634a BGBM). ⇨ 33, 63 ff., 68, 144, 150, 158, 164, 166

Vermietung
Spezielle Verbreitung: zeitlich begrenzte, mittelbar oder unmittelbar Erwerbszwecken dienende Gebrauchsüberlassung (§ 17 III UrhG). ⇨ 38, 90, 92, 94 f., 105, 127 f.

Vernichtung
Anspruch eines Schutzrechtsinhabers bei Rechtsverletzungen (§§ 69f I, 97 f UrhG, 18 MarkenG, 37 KUG). ⇨ 17, 103, 115, 118 f., 132, 174

Veröffentlichung
Zugänglichmachen für die Öffentlichkeit (§§ 6 I UrhG, 1 III, 9a, 13 II, 14 II, 28 BDSG). ⇨ 84 ff., 98, 131, 178, 185, 237, 262 f., 272

Verschulden
Vorsätzliche oder fahrlässige Pflichtverletzung (§ 276 BGB). ⇨ 22, 32, 41, 43 f., 46, 55 f., 69 f., 72, 103, 110, 150, 155 f., 159, 162, 168 f., 193, 218, 224, 253

Verschuldenshaftung
Verschuldensabhängiger gesetzlicher Schutz vor eintretenden Schäden. ⇨ 69 ff., 103, 110, 218, 223, 253

Vertrag
Zweiseitiges Rechtsgeschäft, das durch Übereinstimmung von Antrag (durch einen Partei – § 145 f BGB) und Annahme (durch die andere Partei – §§ 147 ff BGB) zustande kommt. ⇨ 3 ff., 16 ff., 27 f., 30, 32, 34 f., 37, 41, 43, 50, 64, 68 f., 89, 103, 117, 130, 136, 139, 141 f., 148 ff., 153, 158, 160, 161 f., 196 f., 200 ff., 213, 229, 247, 253

Vertraglicher Gebrauch
Mängel sind beim Kauf- und Werkvertrag auch Einschränkungen der nach dem Vertrag vorausgesetzten Verwendung (§§ 434 I S. 2 Nr. 1, 633 II S. 2 Nr. 1 BGBM) und beim Mietvertrag nicht unerhebliche Einschränkungen der Tauglichkeit zum vertragsgemäßen Gebrauch (§ 536 I BGBM). ⇨ 50, 149, 160 f.

Vertragsabschluß
Zustandekommen eines Vertrages durch zwei übereinstimmende Willenserklärungen (Antrag und Annahme – §§ 145 ff BGB). ⇨ 3, 18, 20 ff., 26 ff., 51, 56, 62, 143, 147, 150, 153, 159 f., 162, 176, 194 f., 198 ff., 206, 229, 278, 280

Vertragsähnliches Vertrauensverhältnis
Zweiseitiges Vertrauensverhältnis zwischen Betroffenem und verantwortlicher Stelle (z.B. beiderseitige Vertragsvorbereitung – §§ 4d V, 28 I Nr. 1 BDSG). ⇨ 258 f., 271, 273 f.

Vertretung
Stellvertretung (§§ 164 ff BGB). ⇨ 16, 194, 201, 205, 218, 222, 286

Vertretungsmacht
Voraussetzung wirksamer Stellvertretung (§ 164 BGB). ⇨ 16, 217, 286

Vervielfältigung
Herstellung eines körperlichen Vervielfältigungsstückes (Werkexemplar – § 16 UrhG). ⇨ 12, 89, 90, 92 ff., 97 ff., 103 f., 111, 123, 127 ff., 137 f., 159, 177 ff., 185, 187 f.

Verwandtes Schutzrecht
Dem Urheberrecht verwandtes Schutzrecht (Leistungsschutzrecht – §§ 70 ff, 94 f UrhG). ⇨ 83, 92 f., 100 f., 173 f., 186

Verwertungsgesellschaft
Verwertungsgesellschaften üben Verwertungsrechte anstelle der Urheber aus, indem sie Lizenzverträge mit Nutzern abschließen, Nutzungsentgelte einziehen und weitere aus dem Urheberrecht resultierende Rechte wahrnehmen. ⇨ 90 ff., 95, 180

Verwertungsrecht
Gesamtheit von Rechten zur nutzbringenden Verwertung des Werkes durch den Urheber (§§ 15 ff UrhG). ⇨ 84 ff., 91, 95 ff., 102, 123, 127, 177, 179, 185

Verzug
Nichtvornahme einer Leistung trotz Fälligkeit (Gläubigerverzug, Schuldnerverzug – häufig verkürzt als Verzug bezeichnet). ⇨ 3, 28, 33, 37 f., 40, 47 f., 55, 60, 153 ff., 159

Verzugsschaden
Aus Schuldnerverzug entstandener Schaden (§ 280 II BGBM). ⇨ 33, 47, 154

Volkszählungsurteil
Das BVerfG hat mit dem Urteil vom 15.12.1983 das Recht auf informationelle Selbstbestimmung verbindlich als Grundrecht eingeordnet und zugleich Grenzen dieses Rechts bestimmt, die in den Datenschutzvorschriften statuiert sind. ⇨ 233 f., 241, 260

Vorabkontrolle
Ist durch den Datenschutzbeauftragten für automatisierte Verarbeitungen personenbezogener Daten mit besonderen Risiken für die Betroffenen vor Verarbeitungsbeginn durchzuführen (§ 4d V BDSG). ⇨ 252, 255, 258

Vorlagenfreibeuterei
Unbefugte Verwertung oder Mitteilung von im Geschäftsverkehr anvertrauten Vorlagen oder Vorschriften technischer Art (§ 18 UWG). ⇨ 11, 110, 133

Vorsatz
Wissen und Wollen eines rechtswidrigen Erfolges (§ 276 BGBM). ⇨ 19, 41, 43 f., 102 f., 115, 167

Vorvertragliches Schuldverhältnis
Rechtsgeschäftsähnliches Schuldverhältnis, das (bereits) durch Vertragsanbahnung oder -vorbereitung entsteht (§ 311 II BGBM). ⇨ 22

Wartung
Aktualisierung und Erweiterung sowie Fehlerbeseitigung außerhalb der Gewährleistung von Informatikprodukten, auch Fehlerprüfung und -beseitigung von Hardware. ⇨ 30, 36, 40, 123, 131, 157, 166

Weisung
Für den Angewiesenen verbindliche Aufforderung, etwas Bestimmtes zu tun oder zu unterlassen. ⇨ 31, 39, 112, 126, 140, 142, 147, 151, 162, 236, 247, 256, 263, 269

Weitergabe
Die unberechtigte Weitergabe von Informatikprodukten kann positive Vertragsverletzung und/oder Verstoß gegen §§ 17 f UWG sein. ⇨ 112, 119, 133, 137, 159
Die Weitergabe von personenbezogenen Daten an einen Dritten ist Übermitteln (§ 3 IV Nr. 3 BDSG). ⇨ 232, 239, 241, 265

Werbung
Für den Informatikbereich beachtliche Rechtsnormen zur Werbung betreffen:
- die unlautere Werbung (§§ 1, 3 ff UWG). ⇨ 106 ff., 194, 207 ff., 221
- den Schutz der Inhaber von Marken und geschäftlichen Bezeichnungen gegen Nutzer von Domain-Namen (§§ 14 f MarkenG). ⇨ 191
- die Trennung von Werbung und redaktionellem Inhalt (§ 9 II MDStV). ⇨ 208
- das Widerspruchsrecht gegen den Umgang mit personenbezogenen Daten zur Werbung (§ 28 IV BDSG). ⇨ 272, 284

Werk
Im Schuldrecht Herbeiführung eines bestimmten Arbeitsergebnisses (Erfolg – § 631 BGB). ⇨ 24, 26, 34 f., 151, 153
Im Urheberrecht persönliche geistige Schöpfung (§§ 2 II, 4 I, 69a III UrhG). ⇨ 79 ff., 92 ff., 104 f., 122 f., 128 f., 172 ff., 177 ff., 188, 229

Werklieferungsvertrag
Werkvertrag, bei dem der Unternehmer zur Herstellung oder Erzeugung und zur Lieferung einer beweglichen Sache verpflichtet ist (§ 651 BGBM). ⇨ 35 f., 151

Werktitel
Dem Markenrechtsschutz unterliegende Namen oder besondere Bezeichnungen von Druckschriften, Filmwerken, Tonwerken, Bühnenwerken oder sonstigen vergleichbaren Werken (auch Computerprogrammen – §§ 1, 5 I, III MarkenG). ⇨ 115, 134

Werkvertrag
Auf Herstellung eines Werkes durch den Unternehmer gegen Entgeltzahlung durch den Besteller gerichteter Vertrag (§ 631 I BGB). ⇨ 24, 30, 34 ff., 41, 49, 51, 54,

56 ff., 63, 65, 67, 119, 131, 139 f., 142, 147 f., 151 ff., 157 f., 160, 162, 164, 166

Wettbewerbsrecht
Gesamtheit der Rechtsnormen zur Bekämpfung unlauterer Wettbewerbshandlungen und zur Bestandssicherung des freien Wettbewerbs in der Marktwirtschaft. ⇨ 3, 5, 14, 79, 102, 106 f., 111, 118, 132, 176, 194, 204, 208, 214

Widerrufsrecht
Der Verbraucher hat bei Verbraucherverträgen, so auch bei Fernabsatzverträgen (§ 312d BGBM) und bei Verbraucherkreditverträgen (§ 495 BGBM), ein Recht auf Widerruf ohne Begründung.(§ 355 BGBM). ⇨ 203 ff.
Der Betroffene hat das Recht, eine erteilte Einwilligung in den Umgang mit seinen personenbezogenen Daten jederzeit zu widerrufen, auf das er vor elektronischer Einwilligung vom Diensteanbieter hinzuweisen ist (§ 4 III TDDSG). ⇨ 281

Widerspruchsrecht
Unter verschiedenen Voraussetzungen ist der Betroffene berechtigt, dem weiteren Umgang mit seinen personenbezogenen Daten zu widersprechen (§§ 20 V, 28 IV, 29 IV BDSG, 6 TDDSG). ⇨ 265, 268, 272, 274, 284 f.

Willenserklärung
Äußerung eines auf Herbeiführung einer bestimmten Rechtswirkung gerichteten Willens. ⇨ 16 ff., 23 f., 194 ff., 198, 210, 222, 246

WWW
World Wide Web – (verschiedentlich mit dem Internet gleichgesetzter) Basisdienst im Internet. ⇨ 47, 176 ff., 183 f., 187, 189, 194, 199, 201 f., 205, 208, 221, 223, 226, 228, 285

Z

Zahlung
Erfüllung einer Geldschuld (§§ 270, 387 ff, 433 II, 535, 611 f, 631 I BGB). ⇨ 17 f., 23, 28 f., 32, 36, 38, 40, 47 f., 59, 63, 65, 139, 144 ff., 158 f., 177, 194, 201, 206 f., 281 f., 288

Zertifizierung
Prüfung und Bestätigung der Konformität von Informatikprodukten und Personen mit statuierten Anforderungen (qualifizierte elektronische Signaturen – § 5 SigG; Datenschutzaudit – § 9a BDSG). ⇨ 211 ff., 216 ff., 249, 255, 278, 286 ff.

Zertifizierungsdienst
Erstellung von qualifizierten Zertifikaten u.a. auf Antrag (§§ 4 ff SigG). ⇨ 211 ff., 216 ff., 249, 278, 286 ff.

Zertifizierungsdiensteanbieter
Natürliche oder juristische Person, die qualifizierte Zertifikate u.a. ausstellt (§ 2 Nr. 8 SigG). ⇨ 212 ff., 216 ff., 249, 278, 286 ff.

Zugang einer Willenserklärung
Eine Willenserklärung gilt als zugegangen, wenn sie so in den Machtbereich des Empfängers gelangt, daß dieser unter normalen Möglichkeiten vom Inhalt Kenntnis nehmen kann (§§ 130 I BGB, 312e I S. 2 BGBM). ⇨ 196, 198, 202, 204

Zweckbindung
Grundlegendes Datenschutzprinzip: Begrenzung des Umgangs mit personenbezogenen Daten auf den gesetzlich zulässigen Zweck (§§ 14 ff, 28 f BDSG, 3 II TDDSG, 14 I SigG). ⇨ 234, 260, 263 f., 272, 274, 280, 287

Zweckübertragungslehre
Mit Vergabe eines unspezifizierten Nutzungsrechts werden alle Nutzungen eingeräumt, die aus dem mit der Vergabe resultierenden Zweck resultieren (§ 31 V UrhG). ⇨ 88 f., 127, 136, 177

Zwingende Norm
In Rechtsvorschriften bestimmte Norm, von der in Verträgen nicht abgewichen werden darf (z.B. § 276 III BGBM). ⇨ 19, 30, 33, 127, 132, 201, 204